国家社科基金
GUOJIA SHEKE JIJIN HOUQI ZIZHU XIANGMU
后期资助项目

考古学研究指要

A Student Guide to Archaeological Research

陈胜前 著

中国人民大学出版社
·北京·

国家社科基金后期资助项目
出版说明

　　后期资助项目是国家社科基金设立的一类重要项目，旨在鼓励广大社科研究者潜心治学，支持基础研究多出优秀成果。它是经过严格评审，从接近完成的科研成果中遴选立项的。为扩大后期资助项目的影响，更好地推动学术发展，促进成果转化，全国哲学社会科学工作办公室按照"统一设计、统一标识、统一版式、形成系列"的总体要求，组织出版国家社科基金后期资助项目成果。

全国哲学社会科学工作办公室

目　　录

序　言

从根本上说，只有我们独立自主的思考才真正具有真理与生命。

——叔本华

　　考古学研究听起来很神圣，但其实是一件水到渠成的事。对于一个以考古学为专业学习领域的学生而言，并不需要考虑能不能做考古学研究的问题，或者说，现在考虑这个问题已经太晚了，因为你已经进入这个领域，已经上了"贼船"。我们现在有一个完整的教育体系，可以一点一点地告诉大家怎么做研究。经过本科、硕士、博士阶段的一系列训练，考古学研究就变成了一件必须去做的事，一件可以按部就班去做的事，剩下的问题是如何做出最好的研究。这既可以针对整个学科而言，也可以针对个人而言，书中两者我都会谈到。不过这里，我首先想讲讲我个人的研究体验，一方面作为个人的自我介绍，另一方面提供某种借鉴，虽然教训可能要远多于经验。对作者的了解也有助于理解本书的构架与内容。

　　我们这代人在"文革"中出生，"文革"刚结束就上学。父辈的青年时代正好就在那个动荡的时候，因此，几乎没有人有家学渊源。天才就更不存在了，所能够依靠的就是学习与训练。我也就是这样走上考古学研究道路的。当然，如果说完全没有家庭原因也有一点夸张，对我个人来说，家庭教育对我走上研究道路还是有一定影响的。我的爷爷和父亲都是中医，我父亲对我的影响尤其大。他是自学成才，遇到很多挫折，自己的体会比较多。医生治病，做得对或不对，很快就会得到反馈。中医面对一个病人，需要根据每个病人的症状开药方。好的中医师不会直接套用传统药方，因为每个人的状况不一样，需要医生认真地掌握基本原理，根据实际情况灵活运用。中医的经典需要背得滚瓜烂熟，还需要深入理解。我父亲小时候在我爷爷的严格监督下背熟了那些中医典籍，后来自学时抄了许多读书笔记。他的读书体验对我启发很大，我明白了知道和理解原理是不一样的，理解要有切身的体会。我从父亲那里还知道两件事很重要：一是来自实践的独立思考，另一是做笔记。

我的第一次研究实践就是本科时的学年论文，那个时候我已经经过了田野考古实习，论文也就以实习的材料为基础来写。第一次写研究笔记，有什么想法就写下来，没有想法的时候接着写，反复推敲：我为什么写不下去？遇到了什么问题？应该有什么办法？自己跟自己交谈、辩论。论文题目是《辽河流域聚落形态的初步研究》，试图通过研究聚落形态了解辽西史前社会组织与演化阶段。当时想从民族学材料中找到一些证据，结果很令人失望。那是1991年，当时找资料比较困难，图书馆的资料总是找不到或是被人借走。资料室对本科生开放的时间有限，还没有复印机，资料靠手抄，效率很低，绝大部分的精力都用在找资料上了。资料查找的困难直接影响到了我大学毕业读研究生时的选择。有一段时间，我是很想学商周考古的，但这个方向所需的资料太庞大，如果没有相当的经济基础，很难把这些资料备齐。后来想学秦汉考古，联系了俞伟超先生，但是俞伟超先生已经离开北大，不带学生了。最终选择了旧石器考古，因为旧石器考古涉及人类进化，需要自然科学，让人觉得旧石器考古研究比较科学，比较简捷；另外，旧石器考古对英语的要求比较高，国际交流更多，更有利于学习西方先进的东西。

研究生阶段算是正式开始学习研究了，那时研究生是非常少的，一年招两万多人。研究生教育也还处于初步阶段，课程少，也不系统。不过人少的话，每个学生所能得到的资源会多一些。在北大，新石器考古方向的硕士研究生要写硕士论文，会被派出去参加半年到一年的田野工作，主持考古工地，整理并研究发掘材料。现在就不太可能让一个研究生主持遗址的发掘工作。我学的是旧石器考古方向，写毕业论文时，第一次体会到做研究是一个很让人焦虑的过程。

首先涉及选题的问题。现在许多老师会告诉学生你要做什么，但那个时候老师从来不提这个问题，一切都靠自己。对什么方向感兴趣，大抵还是比较好确定的。我听过严文明先生给研究生开的课程"新石器时代考古研究"，对农业起源产生了兴趣，想研究一下新旧石器时代过渡的问题。但这是一个很大的题目，很容易做得很空泛，写这个问题的文章颇有一些如此。如果硕士论文写成这样，无疑是失败的。想到华北地区的资料稍丰富一点，于是我就想从研究华北地区开始。

我去了河北文物研究所，看到泥河湾的材料比较多，于是将关注点缩小到泥河湾地区。但是泥河湾的材料有的比较系统，有的很零散，有的材料可以看到，还有的是我不可能掌握到的。当时我看了籍箕滩和西水地两个遗址的材料，籍箕滩遗址的材料特别好，于是想做这两个遗址的材料。动手后发现时间不够，因为每个遗址都有一两万件东西，根本做不完，最后我选择只做其中的细石核。细石核具有稳定的器物形态，可以做测量统计，可以看到它有不同的阶段：毛坯阶段、剥片阶段、耗尽阶段等。为什么一个遗址之中会存在不同阶段的产品呢？有的是因为技术或原料上的原因，剥片面上出现了断坎；有的是因为原料几乎耗尽；还有的正处在剥片的高峰阶段却被扔掉了，后来我读完博士之后写了一篇文章解释这个问题，这与废弃过程相关。归纳选题过程如下：我从整个新旧石器过渡问题出发，缩小到华北地区，再缩小到泥河湾地区，再缩小到两个遗址，再从两个遗址缩小到细石核，最后集中研究细石核的技术。

　　突破口是测量统计细石核，做完之后，发现论文可以写了。实际真正写作的时间只有一周，前面折腾了近半年。起点是暑假，很焦虑，所研究的问题很大，不知道从哪里着手。焦虑使得身体抵抗力下降，手上的湿疹感染蔓延。病好之后我去河北，蒙谢飞老师帮助，有了材料。但还是不知道怎么办才好，最后想到测量统计。材料分析完成后，写作就很快了。当时很有时间压力，我报了次年4月的GRE（全称为Graduate Record Examination）考试，所以当年11月必须写完初稿，后面才有较为充分的时间准备GRE。学校的生活比较单纯，可以集中时间学英语，毕业后再考时间就难以集中了。4月中旬考完GRE，休息一段时间后再把论文修改完成。写硕士论文有一个深刻的体会，写论文的过程是你的关注点不断明确的过程，做研究一开始你可能并不清楚，随着研究的深入，慢慢地把握问题，问题逐渐明确。有了明确的问题之后才好办，有时候你无法突破是因为你没有明确的问题，特别笼统的话，就像打仗一样，不知道对手在哪里，不知道如何下手，知道了就总会有办法，哪怕很困难。

　　后来去美国读博士，读博士的过程比较漫长，六年时间，需要用英文写论文。英文写作是一个很困难的问题，我当时用的方法不是很好。应该把困难的问题分成若干个部分来解决，先写中文的纲要，再写成英文的详细版本，再提高语法，再完善。一步到位是很困难的，思考专业问题时思考英语写作，效果不是那么理想。写博士论文时也很有压力，当时我的两个导师都已退休，如果不毕业就很有可能不能毕业了。学校12月初放假，有一个月的假期，那一个月办公楼里很少有人。我进入了写作状态，每天凌晨 2 点后睡，6 点起床，依然很兴奋。这也许就是心理学上讲的高峰体验，此时做事情的最大快乐并不是那个博士学位，也不是相应的物质回报，而是觉得做这件事情很不错，好像发现了什么东西，感觉自己有一种价值感、意义感。这种感觉是特别美好的，也是每个人都想反复得到的，可惜不容易。在后来的日子中，我注意到这是在一个人全身心投入之后，在特别高峰状态时才会有的感觉。

我写论文前面几章的草稿用了一年多，后面几章的草稿在一个月就写完了。曾国藩讲学问要猛火煮，慢火温。有道理，当关注点集中到一定程度之后，才会有灵感迸发。对很多人来说，博士论文是学术研究水平最高的时候，这个时候年轻，有精力，有足够的勇气，敢于挑战各种观点，有超功利的态度，也有好几年的时间去专心致志琢磨一个问题，后来你几乎不可能再有这样的时间了。所以，要珍惜博士期间的研究，那个时候把学问"煮"透了，后来就是慢火温的过程。博士毕业后我在中国科学院做了两年博士后，开始接触实践工作，同时考虑选择一个安身立命的地方，在北京待了两年，发现生活很难安顿下来。你把所有精力放在生活上，就没剩多少精力来做学问了。想了想，我去了长春。

我在长春待了九年，到现在我还是觉得去长春是一个特别好的选择。长春特别安静，五个月的冬天，外面很冷，家里很温暖，出不了门，就闭门读书呗。东北偏僻，亲戚朋友也很少来拜访你，生活很简单。那九年，总结起来就是做了一件工作：内化再造。读博士期间，老师布置了很多经典著作，其实没有时间读，有的只是翻了一下，或者读的时候也只是知道，并不理解，没有时间消化。在长春时有机会重新消化，给学生上课也能够再把一些基础著作进行深入的阅读，这对研究的帮助特别大。自己进行研究就是再造，先消化所学，然后再创造。博士只是进入学问的一个门槛，只是说明你具备可以独立研究的资格。后面你需要把所学的东西消化掉，要形成自己的东西，这就是内化再造的过程。

过去几年，也就是我来北京工作之后，因为社会接触范围扩大的关系，我的研究视野开始走出考古学的范围，寻求为更广泛的群体，包括公众与其他学科的研究者，提供一种属于考古学的视角。当然，从前的研究也都在进行之中。我有不少的研究规划，但是规划似乎总是赶不上变化。从前辈学者那里，我大体可以体会到一名研究者的学术发展历程，但我不知道这种一般性的模式是否适合我。未来仍然是一个未知数，唯一可以确知的，就是研究需要终生不懈地求索。

　　回想一下自己曾经做的很多选择，出发点、目的都是一样的，那就是最有利于我的研究，有利于研究的发展。我自己有个体会，研究到了一定程度，有了自己的思想中心，那时看任何东西可能都是专业书，都会和自己的研究联系起来。但没有确定自己的方向的时候，书看得太散会分散注意力。如今手机所带来的最大危害就是分散注意力。如果说做研究有什么诀窍的话，那就是集中注意力去发现（明确）问题与解决问题。这件事说起来容易做起来难，过去许多年我一直都在状态好与状态差之间波动。当问题集中，自己又感兴趣，并且有能力解决的时候，状态往往很好。当找不到问题，或者问题过于困难，自己一下子解决不了的时候，也会焦虑不堪，甚至会怀疑自己是否适合做研究。

　　无论如何，我还是欣赏一种积极与豁达的态度。积极就是努力去做，豁达就是能够接受自己。毕竟一个人的精力、天赋、基础都是有限度的，仅凭自己一个人，有些研究是不可能完成的。做到前者不易，做到后者更难。我最喜欢研究的地方便是通过努力所得的发现与创造，由此体会到生命的意义。这个意义不是谁给予的，不是工资或职位，这个东西是由劳动与创造体现的，是自己给自己的，是非常纯粹的快乐，这种体验是非常好的。诚如开头引用叔本华所言，所有的思想只有你个人的东西才有价值，你抄了别人的东西还是别人的，没有生命。无疑我们需要学习前人，但更需要消化前人的知识，进行再创造，这样得到的东西才真正有生命，真正有价值。

　　我们通常说研究是一门艺术。既然是艺术，它就不可能有如自然科学那样放之四海而皆准的规律，而更多是个体性的、体验性的，非亲身涉足其中，是不可能进行评判的。因此，这里提供的显然不是一个通用的指要，而是一个纯粹个人的研究体验史，只能是一种借鉴。不是说艺术之中没有一些通则，只是这些通则是极其宽泛的，一旦进入技巧的层面，往往又失去了学习的意义，就像你学中国画，笔笔都像齐白石，但你不可能成为齐白石。齐白石之所以成为大家，是因为创新，模仿与因袭只能让人平庸。当然，学中国画的人仍然需要学习齐白石，需要认真研究他，师其精神而非皮毛。我相信读者会吸收书中有价值的内容，同时以其中的不足为镜鉴，发现、开拓出自己的研究路径。

第一章　考古学研究的范畴

在我们正式开始进行考古学研究时，首先要弄清楚的问题就是究竟什么是考古学研究，换句话说，我们需要弄清楚考古学研究的性质。当今时代我们可以看到各种名号的"考古学研究"，让人莫衷一是。荒诞者如各种盗墓小说、野史，一本正经者如各种"民间科学家"的研究，更有甚者，一些自然科学家也发表有关考古学的论述。对于普通民众来说，真正的考古学研究远不如这些观点惊人的所谓的"考古学研究"吸引人。我们所说的真正的考古学研究所指为何呢？它具体包括哪些内容？它又是怎么形成的？本章就旨在回答这一系列的问题。

一、什么是研究？为什么要研究？

生活之中我们常常听说"研究研究"这样的说法，不过这不是令人愉快的话，大多是拖延的遁词。但是我们这里所说的研究是指研究的本义，考古学研究首先就是一种研究。所谓研究，就是认真、用心地去探索事物背后的真相、道理等，或是解决某个具体的问题。"研"是琢磨，也意味着反复；"究"意味着认真地探索，追根溯源，穷根问底。从另一个角度来说，研究也必定意味着对现状不满，我们希望看到现状背后的东西，希望解决现状中存在的问题。也就是说，研究意味着批评，批评现状，批评前人工作存在的不足；也必定意味着反思，因为研究是反复去做的事，其中也暗含着研究过程中存在许多失败的可能。

一部人类的历史就是一部研究的历史。我的一个研究方向是旧石器考古，从中可以了解到的是，人类刚开始只是学会了从砾石上打击剥离石片，用其锋利的刃缘来切割食物。后来人类学会预制台面，把打击点凸显出来，结合剥片面上的脊线，生产合乎期望大小、形状的石片；再后来能够生产出标准化的石刃，我们称之为石叶或细石叶。石器技术的发展是个不断尝试、不断学习、不断积累的过程，它很好地体现了人类探索知识的基本特征。这也就是说，研究是一个向前人学习的过程。对于研究者而言，需要明确自己的工作与前人贡献的区分，不埋没前人，也不委屈自己。

就为什么研究而言，中国学术传统中讲求"经世致用"，就是解决实际问题。然而，知其然而不知其所以然，这样的"用"是难以长久的，就像一些古代的技艺秘诀，很难为后人所掌握。而要做到知其所以然，就一定要研究现象背后的道理。这一点古希腊人非常值得我们学习，他们强调为求知而求知，追求得到纯粹的知识，如数学。他们的这种精神构成了后来科学精神的基础，他们发展出来的抽象逻辑成为科学的基石。专求实用的中国文化错过了发展科学的良机，至今许多人一提及研究，就会问有什么用，殊不知实用的基础就是那些看似"无用"的道理（或原理）。他们不知道科学是在人文的土壤中生长起来的，古希腊的科学其实就是他们的人文——探求纯粹的知识。没有人文，也没有科学。当科学工作者鄙视人文的时候，他们浑然忘记了科学的本质是什么，即一种不懈探索未知世界的人文精神。

研究是人的追求，是人的天职，反映人的本质，体现人自身的觉醒。人之异于动物的地方就在于，人会能动地探究周围的世界，还有反思自身。经过千百万年，人已经把研究发展为一种内在的精神。为什么研究呢？研究并不需要理由！研究是人的习惯，是人的能力，是人之心灵成长的需要，是人超越自身以及环境局限的途径。今天当我们享受各种高科技的便利的时候，当我们观赏博物馆中那些文化遗产的时候，当我们徜徉在优美的国家考古公园中的时候，应该想起，这些成果正是过去无数研究者的发现与创造。

二、什么是学术研究？

考古学研究是一种学术研究，通俗地说就是一门学问，这是我们首先需要明了的。而所谓学术研究，指的是现代学术研究，它是一个起源并形成于西方的知识探索体系。它有两个非常鲜明的特征：其一，它是一个论证体系，即所得观点是需要论证的，需要缜密的论证，而不能想当然。论证过程需要用到理论、方法、材料，而这些理论、方法、材料本身也是论证过程的产物，或者是经过论证过程检验的。就像考古学所研究的考古材料，它们不能是随意采集的东西，按照考古学的要求，这些材料需要有层位关系、共存关系等，为了得到这些关系，就需要严格细致的发掘。也正因为对基础材料准确性的强调，从而把考古学研究与"民科"（民间科学家）漫无边际的推论区别开来。论证的过程需要遵循基本逻辑规则，不能只选择某些事实，不能搞推理上的"大跃进"。民科的研究通常是选择有利于自己观点的事实，把考古学家一两百年的研究积累视为无物，可以想见，这样得到的结论是非常可疑的。我们现在所写的论文都需要完成一个论证过程，论证所提观点的合理性，没有论证的论文，我们就会认为算不上论文；如果论证不充分，我们就会说这样的论文在论证上存在缺陷。

其二，是对理论知识的强调，即通过研究，我们希望得到统一性、普遍性的认识。这种认识体现在概念与命题之上，比如，有人提出农业起源于社会威望的竞争。这是一个命题、一个观点，其中涉及的概念是农业、社会威望、社会竞争等。之所以可以提出这个观点，是基于对全世界史前农业起源现象的某个视角的观察。如果这个认识得到某种程度的证明，那么就会形成理论知识（当然以后还可以否证）。学术研究需要实现这一抽象的过程，简单罗列事实算不上研究。即便是分类，也需要有标准，这些标准需要有意义。考古学研究的器物类型学，所有标准中暗含的意义就是，不同群体的人会用到不同类型的器物，或者说不同时代的人会偏好不同风格的器物。我们对器物、遗迹的研究最后抽象出一个概念，那就是"考古学文化"。通过它，再去讨论古代不同地区人群的关系，以及一个时代不同时段的变化。没有获得普遍认识的研究，就无法为他人所用，就无法实现学术积累的目的。

三、什么是考古学研究的外延问题？

这里说的是考古学研究的外延与内涵的问题。从逻辑学来讲，外延就是指字面意思，内涵指的是隐喻与暗示的意思。有时候说到用词不准确，一般说的是内涵不准确。内涵与外延必须保持一致，这样才便于交流。考古学研究的字面意思是什么呢？隐含的意思又是什么呢？这是我们首先需要弄清楚的问题。

从字面上讲，考古学研究就是考古学的研究，也就是探索考古学的途径。其中的关键就是考古学的定义。按照《中国大百科全书·考古学卷》所给的定义：考古学属于人文科学，是历史科学的重要组成部分，其任务在于根据古代人类通过各种活动遗留下的实物，以研究人类古代社会的历史①。当然，关于考古学是否属于人文科学，是存在争议的，比如过程考古学的主要开创者宾福德（L. R. Binford）就提出应该把考古学发展为一门类似地质学那样的科学。按照北美的学科分类，考古学常常被视为人类学的分支，而不是历史学。但是不管怎么说，将考古学视为一门广义上的科学是没有问题的，剩下的问题就是，究竟属于人文科学还是更严格意义上的类似自然科学那样的科学。

科学的目标是发现真理，发现真实。我们常说要重建过去，发现被遗忘的历史，寻找真实的历史。考古学就是要用客观、具体的事实材料来回答这些问题。科学有四项基本主张：崇尚理性，追求真理，尊重客观，符合现实②。没有科学，考古学与八卦、盗墓小说又有什么区别呢？考古学家需要拿事实说话，尊重客观事实，从这些方面讲，考古学应该属于科学的范畴。

然而，考古学不仅仅是一门科学。严格意义上的科学只有物理和化学。它们研究具体客观的对象，探索自然规律，研究结果可量化、可检验。在一定意义上，考古学非常像自然科学，因为它研究具体的实物材料，研究对象具体客观。它回答一些很明确的问题，比如年代，比如器物的功能。我们可以确信考古遗存与人类的某些活动相关。这里不涉及主观性的问题，考古学的研究对象是实物材料，不像历史学研究文献，其中某些内容可能会被主观有意识地改造。如果把考古学视为研究考古材料的科学，那么它就可能真正发展为一门类似地质学那样的自然科学。但是，先师宾福德的这个梦想恐怕是无法实现了。20世纪最后20年，考古学发生了"人文转向"，考古学研究者发现考古学也有人文的方面。

科学与人文似乎是针锋相对的。其实，二者有很强的一致性，举例来说，我发现我看过最真实的清史就是《红楼梦》，它是一部小说，通过虚构的情节与人物，以直观具体的方式来把握一个封建王朝的衰落。它不是

---

① 夏鼐、王仲殊：《考古学》，《中国大百科全书·考古学卷》，中国大百科全书出版社，1986。

② 修·高奇：《科学方法实践》，王义豹译，清华大学出版社，2005，第22页。

真实历史的描述，而是另一种意义上的真实，与科学不同。再比如看一些当代著名艺术家的作品，张晓刚的风格是合影照式的，岳敏君以傻笑系列闻名，曾梵志的画作线条冰冷僵硬，周春芽的主题往往是俗艳的花朵。他们的表现形式各不相同，但是这些艺术家都把握住了这个时代某种意义上的精神内核，即肤浅、粗野、浮华和造作。他们不需要收集数据、做统计分析，他们以非常直观的形式来探索社会深层次的内涵。所以，我们可以说，好的艺术家也是科学家。他们都是透过现象看本质，如曹雪芹这样伟大的文学家构建的是一个时代的无比真实的模型。科学家在研究，文学家也在研究，考古学家也在研究，不过是用实物遗存材料说话。

提取实物遗存有关古人的信息这是考古学研究的主要工作。通过调查发现遗存，然后进行科学的发掘，也就是让出土物带有层位关系，尤其是共存关系；再对考古遗存进行多学科分析，提取年代、环境、使用等方面的信息。在此基础上，考古学家发展进一步的解释：这些考古材料意味着什么。例如，旧石器时代的许家窑遗址，发掘出四千多颗马科动物的牙齿，同时还发现一千多颗石球。这些发现意味着什么呢？这些发现需要解释。这些石球是不是用来狩猎马科动物的？如何狩猎？这种狩猎方式又意味着怎样的人类生存状态？如此层层追问，我们就逐渐深入人类演化的机制中。

当然，同一批考古材料不会只有一种解释。当代考古学认为，我们应该考虑到更多的视角：性别、民族、阶层、地域、宗教，如此等等。尤其是对于历史时期的遗存，不同性别、民族、阶层、地域、宗教的视角可能会带来不同的认识。于是，这里就产生了一个问题：考古学解释的目的是寻求唯一正确的解释吗？显然不是。不同视角的解释可能都是合理的，只是出发点不一样。这种研究跟上面所说的许家窑遗址研究很不一样，我们称之为人文的研究。当我们强调人文的解释时，就强调多元的解释。科学与人文是考古学研究的两个基本范畴，后文还会进一步加以说明。

总体而言，如果我们要对考古学研究进行简要的归纳的话，当代考古学研究可以归纳为八个范式：过程考古、后过程考古、文化历史考古、生态考古、进化论考古、马克思主义考古、能动性考古、古典-历史考古等[①]。所谓范式，这是一个科学哲学的概念，是对研究形态的提炼。其提出者

①　陈胜前：《当代西方考古学研究范式述评》，《考古》2011 年第 10 期。

科学哲学家托马斯·库恩（T. S. Kuhn）说："选择这个术语，我的意思是指某些普遍接受的科学实践既有范例——这些范例包括定律、理论、应用、仪器设备等在内，它们为特定统一的科学研究传统提供基础模型"①。国内引用的说法通常指"科学共同体的一切共有信念，这种共有信念建立在某种公认的并成为传统的重大科学成就的基础上，为共同体成员提供一种把握研究对象的概念框架、一套理论和方法论信条、一个可供效仿的解题范例，它规定了一个时期中这门科学的发展方向和研究途径，同时也决定了共同体成员的某种形而上学的信念和价值观标准"②。

范式是分析考古学研究形态非常有用的概念，我们可以将之理解为一套包括核心概念纲领、支撑理论与方法以及相应社会实践在内的相互关联的体系。我们在进行考古学研究时，必定要依赖一定的概念、方法、实践体系，也就是范式。它不是某个个人私底下的思考，而是在一定学术圈中共享，并在特定的时候进入社会实践，比如说学术出版中，那些能够共享范式的论著更容易被理解、接受，最终出版。因此，理解考古学研究的范式，是理解考古学发展的重要途径。

具体从研究过程来看，考古学研究通常可以被形象地理解为"透物见人"，即通过研究考古材料来了解古人。它可以分为五个层次来理解：

第一个层次是获取材料，对所获材料进行描述、分类、测量等，这个层次的研究是中国考古学中最常见的研究。通过科学的调查发掘，运用考古地层学与考古类型学来整理材料，把考古材料安置在一定时空框架中，通常就是建立一种考古学文化或类型。

第二个层次是要知道、了解考古材料是怎么形成的，是否经过扰动，是否人类刻意废弃或储存的。这是中国考古学研究中经常被忽视的方面。我们需要知道，有共存关系不等于有行为上的关联。了解考古材料的形成过程，是我们进行下一步人类行为推理的前提。

第三个层次是要了解考古材料反映了什么样的人类行为，也就是比较狭义的透物见人过程。这其中涉及众多考古学方法，如石器考古、陶器考古、聚落考古、墓葬考古、动物考古、植物考古、DNA 考古、GIS（Ge-

---

① T. S. Kuhn, *The Structure of Scientific Revolutions*, 3rd. ed (Chicago: University of Chicago Press, 1996), p. 10.

② 黄颂杰等编撰《现代西方哲学辞典》，上海辞书出版社，2007，第 450 - 451 页。

ographic Information System，地理信息系统）考古、考古年代学等。考古学运用这些方法的目的是，要知道考古材料所反映的人类行为。其中一部分涉及自然科学，其古今一致性的基础比较好，可以直接进行推理，如 DNA 考古、同位素考古、放射性碳测年等，只要方法本身的理论基础没什么问题，所得结论都比较可靠。而涉及人类行为时，由于人类行为的发生年代久远，许多行为是现代社会所不见的，推理的难度明显增大。为了理解考古材料，这个层次的考古学研究需要用到"中程理论"。它的原意是，要在考古材料与古人行为之间架起一座桥梁，常用的方法包括民族考古、实验考古、历史考古等。但是，我们现在知道，这些方法只能提供近似古人的模型。因此，更准确地说，中程理论所提供的是参考框架。没有这个框架，考古学家运用零碎的考古材料复原人类的过去将非常困难，需要强调的是，这个框架是用来参考的。

前三个层次的考古学研究都是围绕考古材料展开的，它们让考古学研究类似于刑侦破案。但是考古学研究的目的并不限于此，考古学需要探索更深层次的人类社会问题。于是，第四个层次的考古学研究会结合其他学科，例如人类学、社会学、历史学等，再进一步回答更宏观的问题，比如文明（国家）起源问题，尤其是起源的机制问题。这里考古学需要跟许多学科结合，理解人类社会不断复杂化的原因。

第五个层次，也即最后，万法归一，考古学研究也会上升到哲学层面，比如晚年的柴尔德（Childe），所写的著作更类似于哲学著作，后过程考古学大家霍德（Hodder）如今所写的论著也很接近哲学。当然，不是说考古学研究都需要上升到哲学层面才叫作完满或深入，而是说考古学研究需要考虑到本体论、认识论和价值论方面的问题。我们在反思考古学理论的时候往往需要分析其立论的根基，也就是本体论、认识论和价值论。我们如果想真正了解过程考古与后过程考古的区别，就必须深入上述三个方面，两个范式在这三个方面存在明显的差别①。

以上就是考古学研究的五个层次，也是从具体到理论化、抽象化的过程；这个过程也可以反过来，从理论推向经验事实。前者为归纳，后者为演绎，加上中程理论那样的类比研究，考古学研究综合运用了三种推理逻辑。

---

① 陈胜前：《理解后过程考古学：考古学的人文转向》，《东南文化》2013 年第 5 期。

四、什么是考古学研究的内涵问题?

内涵基本就是指考古学研究隐喻与暗示的意思,不同语境中的内涵可能不同。不过,对于学生而言,选择考古学研究,往往意味着职业或事业,我们大体可以就这样的内涵做些讨论。这涉及研究者的境界问题,研究存在不同的境界,境界的提升有助于我们获得考古学研究的意义。

第一,考古学研究作为养家糊口的工作。这是研究为稻粱谋的问题,意味着你需要在研究所、大学、博物馆或其他相关机构,不论是国家级的还是地方级的,找一份工作。如果你喜欢从事基础研究,大学相对更加合适;如果你想做应用较强的研究,博物馆、文化遗产单位更好;如果你想更多涉及材料、更多田野实践,考古所比较合适;如果你对自然科学比较感兴趣,旧石器、古人类等可以尝试;女同学如果感到社会存在性别歧视或者不喜欢太多野外工作,可以考虑考古技术方面的研究,如动植物考古、同位素考古等;如果对历史感兴趣,可以做文物相关的工作;如果喜欢文艺,可以考虑艺术考古、美术考古、佛教考古等。总之,在考古学中找到一份自己喜欢且适合自己的工作是有可能的。如果仅仅考虑谋生的问题,考古学研究是足够的。这是一份需要较长期训练的工作,一般都是在事业单位工作,从现有的社会生活来看,工作压力并不大,收入中等。

第二,社会认同的问题,也就是个人成功的问题。张岱在《陶庵梦忆》中有一文记录当时的手工艺大师,结尾有句话:"何物不足以贵人,特人自贱之耳。"这是说,任何东西都能让人成功,就看你做得好不好,做好了在任何领域都可以成功。考古学研究同样如此,要想在这个领域取得成功,我比较认同一句话:学归根底,道尚贯通。矢志不渝地勤学深思是少不了的,当然仅仅这样并不足以让人成功。成功是与社会相关的,而社会不是个人所能左右的。因此,我们能够追求的也许只能是学问高深,对社会成功只能淡泊处之。一个人要想获得社会成功,需要机遇,或者需要投入很大的精力去从事社会活动,而从事学术研究的人往往不擅长于此,而且过多的社会活动必定会影响到在学术上的投入。正所谓:非宁静无以致远,非淡泊无以明志。

第三,更高远的追求,为国家、社会、民族。相信每一个受过相当教育的人,内心里还是有那么一点崇高的追求的,希望自己对他人、对社会有所贡献。从另外一个角度说，在这样的层次上，人摆脱了个人利益，人的内心会比较充实、纯净，就像孟子所说的"吾善养吾浩然之气"。这对个人健康有好处，现代人最大的杀手是压力。如果只关注自己，压力尤其大。如果能够超越个人，压力自然会小一些。考古学研究是一项文化事业，正如横渠四句所言：为天地立心，为生民立命，为往圣继绝学，为万世开太平。天地本无心，而是人所赋予的，松竹梅本为草木，中国文化中它们成了气节的象征；文化还赋予社会规范，赋予生活韵味，经过千百年的传承，我们才成其为中国人。孔夫子因为为中国人塑造政治、社会、家庭的规范而成为万世师表，他给我们的社会带来稳定的秩序，正所谓"为万世开太平"。考古学研究与文化传统的传承是密切相关的，文化传承不只是文字、书，更多是实物，实物更具体、更直接。简言之，考古学研究是有其重要的社会意义的，并不像某些人所认为的是没有用的知识。

第四，最高的境界就是哲学家冯友兰先生所说的天地境界。为了研究而研究，全身心投入，所谓名利成功等都浑然忘却，只是觉得从事这项工作很美好。就像爱因斯坦说的，有一种宗教般的情感，觉得宇宙的存在有一种神奇的奥秘，吸引他去发现。这种境界无疑是考古学研究者梦寐以求的，它类似于心理学家马斯洛所说的"自我实现"。当然，这种境界不仅需要个人的天赋，更需要身心的修炼。

五、考古学研究的流变

考古学研究之所以呈现为现在的面貌，无疑是历史发展的产物。了解考古学研究的流变过程也是开展考古学研究的基础。下面简要介绍一下这个过程，了解考古研究究竟是什么性质的研究，考古学研究可以在一个什么样的范畴里进行。

（一）科学考古学的诞生

广义上，我们把考古学称为科学。一般意义上说，科学就是系统的、经过实践检验的知识体系。考古学的渊源很古老，很早之前，人就对古物感兴趣，但是这种兴趣并没有成为科学，考古学成为科学是比较晚近时期的事。16、17 世纪，科学思想崛起，开始出现"新工具"（实验就是近代科学强大的工具）。中国文化就是因为没有掌握这种新工具，与西方拉开了差距。科学以理性为基础，研究客观世界，探索真理，而不是乞求神灵。以伦敦的霍乱为例，开始时大家认为是宗教问题，得罪了上帝，也有人以为是伦敦的环境污染问题，但是后来发现这些都不是致病的原因，直到有人对霍乱问题进行了专门研究，发现致病源是水源问题，水源与排污管道连接，水源受到了污染。解决了这个问题，就控制住了霍乱。这种解决具体问题的方式依靠严密的逻辑，逐一排除，反复检验，直到找到原因。

在考古学形成之前，古老的遗物通常被视为神灵的遗留，或者被看作奇珍异宝。西方中世纪时，宗教盛行，一切都是上帝的奇迹，并不需要研究与解释。此时，中国的金石之学繁荣，收藏古物、考释铭文，已有一些近代考古学的特征，但士大夫阶层的兴趣仅限于此。他们不关注器物出土的位置关系，以及器物本身所揭示的历史信息。加之自然科学发展滞后，对地层的形成也缺乏了解，因此也就没能发展为科学的考古学。

特里格（B. G. Trigger）认为近代科学考古学有两个源头：北欧的科学古物学和英法的旧石器考古[①]。更准确地说，应该有三个来源，从早到晚分别是艺术史、科学古物学和旧石器考古，这三个分支对后来考古学结构的影响非常明显，让考古学成为跨越人文、社会与自然科学三者的交叉学科。

1. 艺术史最早是在 18 世纪温克尔曼（Wincklemann）研究庞贝古城的发掘材料开始的。以前的欧洲古物学以收藏为目的，为的是个人的艺术爱好。艺术史与古物学最大的区别就是，温克尔曼开始从器物中了解历史。一旦要从器物中研究历史，就会发现器物出土的空间关系特别重要，比如一个雕塑，出土在火塘边和出土在寺庙里，意义一定是不同的。西方考古学到现在还有很强的艺术史的传统，它与历史时期考古的关系密切，例如美术考古、佛教考古等，往往都与艺术史研究相关。

2. 稍晚出现的是科学古物学，它对于古物出土背景、空间关系（context），尤其是共存关系十分重视，这就把它与此前的古物学区分开来。最经典的研究就是 19 世纪 30 年代出现的"三代论"。这一理论首先出现在北欧地区。不同于地中海沿岸，北欧地区的历史很短，早期的民族历史只能通过一些古物的研究来重建。所以，科学古物学的发展主要与民族探源这样的社会问题相关，后来发展为新石器-原史考古。

----

① B. G. Trigger, *A History of Archaeological Thought* (Cambridge: Cambridge University Press, 1989).

3. 最后出现的旧石器考古，这个领域主要研究人类的由来。欧洲受到基督教思想的约束，一直把《创世记》作为人类的历史起源。尽管人们早已意识到这种记录可能并不可靠，但一直没有实物证据。直到 19 世纪，地质学提出古今一致的原理（影响史前的地质过程同样在影响现代），为旧石器考古研究提供了突破点。1859 年是旧石器考古的元年，考古学家伊文思（Evans）和地质学家赖尔（Lyell）等学者先后去法国考察了出土石器与动物化石的阿布维利遗址，法国海关官员德佩斯（de Perthes）在地层中发现了两面对称的阿布维利手斧。这些学者肯定了德佩斯的发现。1860 年达尔文的《物种起源》发表。这两个事件相结合，改变了整个 19 世纪后期人类的思想，神创论为进化论所取代。旧石器考古与地质学、医学、古生物学等学科密切相关，处在自然科学的范畴中。

归纳说来，考古学是一个比较典型的交叉学科，其中艺术史-历史考古偏向人文科学，由科学古物学发展而来的新石器-原史考古偏向社会科学（涉及社会组织演化、民族探源等），而旧石器考古领域属于自然科学（与人类进化相关）。19 世纪晚期，考古学正式成为一门独立的学科。不过，其中三个领域或分支都是受到科学发展的产物。三个领域各自有其适用的理论、方法与发展历程，形成了考古学研究领域三个不同的研究传统，这是我们在以后的考古学研究中需要注意到的。

（二）考古学研究科学性的提升

考古学的科学性首先体现在自然科学方法广泛应用于考古学中，比如孢粉分析、树木年轮断代，代表性事件是格拉汉姆·克拉克（Grahame Clark）在剑桥大学建立起一系列考古科学实验室。加之 20 世纪 40 年代末开始的碳十四测年法，使得精确测定绝对年代成为可能，考古学的科学色彩增加了很多。

1959 年美国考古学家考德威尔（J. Caldwell）提出"新的美国考古学"，这是新考古学最早的名称[①]。他认为之前的美国西南考古只是通过对考古资料排列分类重建历史，这不够科学，他希望建立一种科学的考古学，认为考古学要研究文化过程（process），也就是研究文化发展变化的机制，不能只讲现象，而要研究为什么的问题。以前讲的是 when、where、what、who，现在要研究 why 和 how。这里我们需要理解一个关键概念——文化。之前我们把文化视为一个群体的标志，文化是一个群体

---

① J. Caldwell, "The New American Archaeology," *Science* 129 (1959): 303-307.

共享的特征组合，而从文化过程的角度来看，文化就是人类适应外在环境的一个手段。

讲到这里不得不提到一个人，即宾福德，是过程考古学的主要代表之一，他从 20 世纪 60 年代开始提倡过程考古学。宾福德的突出贡献是中程理论研究，他从事民族考古研究，研究考古材料的形成过程，以及这个形成过程和古人行为之间有多大的差距。对于这个研究，他做了很多尝试：最早的时候，宾福德到法国和法国著名旧石器考古学家博尔德（Bordes）合作研究莫斯特石器组合，他做了很多统计工作，发现这些研究结果还是无法反映古代人类的生活，他得到的仍然是器物的形态特征。于是，他想寻找一个类似于当时尼安德特人生活的冰原环境，看看人类行为与物质遗存究竟存在怎样的关系，最后找到了阿拉斯加的因纽特人。

他研究因纽特人是怎样利用空间的，惊奇地发现一位因纽特的猎人一生的生活范围将近 30 万平方公里，一个遗址的范围往往能扩展到几公里[①]。相比而言，我们的旧石器考古发掘面积往往都很小，一般都是几十平方米，我们的发掘范围相对于古人的生活范围是九牛一毛。而且他还发现因纽特人在不同活动地点留下的东西是不一样的，有的地方用作屠宰点，有的用作狩猎瞭望点，如此等等，但正是这些不同的东西构成了同一个群体的生活遗存。而我们在划分考古学文化时的基本原则是基于共性，而非差异性，我们的考古学研究与民族考古结果是矛盾的。

宾福德还注意到一些微观的空间分布特征，例如古人坐在火塘边是怎么布局的，可能做些什么。类似的经典案例比如水洞沟遗址 2 号地点，曾经有一个发掘平面，它的一面遗物丰富，其他三面很少，这很可能是因为人们围绕火塘时都是坐在上风向，人们往下风向扔垃圾。

宾福德还系统做了与农业起源机制相关的研究。我们总是在寻找农业起源的最早发生地，但是农业起源为什么最早出现在这里呢，我们很少回答。宾福德研究农业起源的文化机制问题，也就是狩猎采集的文化适应机制，回答狩猎采集者为什么放弃狩猎采集而转变为农民的问题。

从宾福德的研究案例中，我们可以看出过程考古学研究强调研究的统一性与普遍性，寻找跨地域、跨文化的广泛适应性，因此，过程考古学解释的经常是宏大的问题。

---

① 路易斯·宾福德：《追寻人类的过去：解释考古材料》，陈胜前译，上海三联书店，2009。

（三）考古学研究的人文转向

强调科学的考古学研究到 20 世纪 80 年代受到了挑战，一般地讲，纯正的科学研究，强调先提出假说，然后用客观材料验证假说。但是考古学遇到了能不能验证的问题，考古材料本身不会说话，考古材料的意义是考古学家解释之后才产生的，而解释本身就含有主观意识，于是验证假说就变成了用观念来验证观念。这个问题其实并不仅仅存在于考古学当中，20 世纪中期科学本身就出现了问题。波普尔提出了否证论，即"真理不可证实，只能证伪"，这是对科学真理性的挑战。后来托马斯·库恩又提出范式的概念，指出科学范式是一个科学共同体的信念，属于一个信仰共同体的社会构建，而不是基于真理，科学的神圣性再次受到重创。费耶阿本德（Paul Karl Feyerabend）指出，科学家在研究中并没有依据什么方法，一流的科学家创造方法，二流的科学家追随方法。

简言之，20 世纪后半叶，过程考古学在哲学基础上受到了严重的挑战；在实践上也受到挑战，因为考古材料是非常珍贵的财富，不可能为了验证观点就进行发掘，验证十分困难。

此时，新的考古学思想出现了，它就过程考古学的本体论、认识论与价值论都提出了异议：

1. 理论和材料的关系。新思想认为材料本身是带有理论的，认识必定带有自身先在的概念。依赖概念就是依赖前人的认识，或者说，材料中暗含着解题的方式。例如，我们如果现在研究古人的生活方式，马上就会发现既有的材料无法回答这个问题。因为我们现在获取材料时注重的是层位关系所反映的年代，关注器物上的纹饰和器型特征。材料本身暗含的是文化群体之间的相互关系，而没有收集与器物使用相关的信息。随着理论认识的深化，这种情况现在开始改变了，发掘者开始注意保留器物使用痕迹，包括器物里面的残留物，我们研究古人的生活方式逐渐成为可能。总之，不同的理论立场直接决定要去找什么材料，什么样的材料限定了研究深入的途径。

2. 两者之间面临解释与阐释的区分。过程考古学强调科学解释，认为科学是客观和中立的，持科学态度的考古学家需要保持客观、中立。而后过程考古学认为不存在检验，只有阐释。阐释是主观的，是多角度的，不同角度可以都是合理的。阐释必定涉及价值判断，不存在价值中立。

总的来看，20 世纪 80 年代，作为科学的考古学面临着挑战。随后考古学研究出现了人文转向。后过程考古学的哲学基础是后现代思想，具有很强的人文色彩。为了理解什么是人文，我们可以从孔子说起，比如研究孔子，按照科学的目标，就是要了解孔子真实的思想，而这能够实现吗？能够验证吗？显然不可能。更切实的视角是不断阐释孔子的思想，历朝历代就是这么做的，最终形成了儒家学说。为什么要不断研究孔子呢？这是因为孔子的学说能够提供一个社会规范、价值体系，告诉人们应该怎么生活。这种思想千百年来潜移默化地熏陶中国人，慢慢变成中国人的标志，成了中国文化传统。研究的过程就是不断阐释的过程，也是一个思想传承的过程，研究是一个使思想发挥社会作用的过程。后过程考古学把考古材料视为文本（就像孔子学说一样），可以反复解读，多元阐释。

再举个例子，20世纪50年代，一批中国著名画家到东欧写生，但是作品远没有我们所看到的中国山水美，就像用毛笔在画素描。这是为什么呢？这是因为中国的山水已经为千百年的中国文化所诗化、人化，看到巴山蜀水觉得很神秘，看到西湖觉得很灵秀，整个山水、草木在中国人眼中已经不是纯粹自然的东西了，都是被人参与、被人改造的，一草一木都是有文化、有历史的。人生活的世界是一个历史的世界，所有的东西都是有意义的，都是点点滴滴积累起来的。正是基于类似的原因，后过程考古学不承认客观。它不是否定物的存在，而是否定物存在的方式。同时，物质材料是能动的，这个能动讲的就是人的主观能动性，用物来塑造自己的思想，塑造自己的目标。

中国考古学的渊源是金石学，之前我们以为金石学是不科学的、落后的，但现在发现金石学中带有很浓厚的人文气息，就像吕大临所说的："观其器，诵其言，形容仿佛，以追三代之遗风。"宋朝士大夫希望通过观赏、研究西周铜器，来寻找并传承周朝完善和谐的政治理想。同样，在西方对应的是研究古希腊罗马的古典考古，古典考古的意义在于传承西方文化，它是西方之所以为西方的重要基石。

后过程考古学特别强调考古材料是有意义地构建起来的。而要体会到它的意义，需要体验。并不是所有的东西都是去看的，一个器物，不直接面对体验，只靠现象的分期排队是不够的。物质材料是能动的，考古学应该研究物对社会、人的思想的塑造，也就是物质性。所有的物质都是有意义的，哪怕是简单的线条。再者，后过程考古学强调不同的视角，即不同的阶级、民族、地方、性别、宗教，这些不同视角的解读没有正确与错误之分。要真正掌握考古材料的意义，必须还原到当时的情境中，或者说尽可能理解考古材料存在的历史情境（context），所以后过程考古学又被称为情境考古学（Contextual Archaeology）。

科学是重建历史的一种方式，文学、神话也是重建历史的方式，说科学是唯一正确的重建方式，用科学唯一性的时候扼杀了很多东西，科学变成了霸权工具。科学有合理性，但不是唯一的。历史上，科学和人文是相互纠结的，互相联系又互相矛盾，如果没有人文的革命，是不可能有科学的，例如文艺复兴摆脱宗教的束缚。科学受到人文的滋养，科学发达之后批判人文，这是一种科学的傲慢。当科学成果应用到社会时，科学最终实现的目标由人文来决定。

我拟引用建筑师王澍的一段话来结束这一小节，他的观点偏向后现代，与后过程考古学很相似，强调地方、传统、体验、情境、多元，反对宏大叙事，反对普遍统一。中国的建筑似乎开始范式转型了，中国考古学或许也会有的。王澍说："在1999年世界建筑师大会的中国建筑展上，我明确提出了'园林的方法'，在这种方法的视野下，作为那种纪念性造型物体的建筑学观念被抛弃了，它将被一种更重视场所和气氛的建筑学所代替，作为那种有着意义等级秩序的建筑语言被抛弃了，它将被一种在某种漫无目的、兴趣盎然、歧路斜出的身体运动所导致的无意义等级的建筑学所替代。这种新的建筑语言呈现出细小颗粒般的状态，某种事物本身的几乎纯物质的状态，它的唯一明确的组合原则就是对陈腐意义的回避。"[1]

六、考古学研究的类型

具体来说，考古学研究的表现形式是多种多样的，按出版形式来说，至少有著作与论文两类，而本书主要涉及的还是论文。即便是论文的形式，它也有广义与狭义之分，广义上的论文是指篇幅没有达到著作要求的学术出版物，狭义上的论文特指研究某个学术问题的论文，本书侧重的是后者，包括硕士、博士研究生的学位论文。这是最典型的论文形式，也是学术训练中首先需要掌握的。在正式讨论这类论文之前，有必要梳理一下其他的考古学研究形式，避免把研究成果的范围理解得过于狭窄。

评论是研究形式之一，西方考古学研究多有这类研究成果，国内研究

---

[1]　王澍：《造房子》，湖南美术出版社，2016，第141页。

中较为少见。评论是对某一研究的评述，肯定某些贡献，批评某些不足，增加读者对该研究之重要性与局限性的认识。考古学界有 *Review of Archaeology*（《考古学评论》）、*Norwegian Archaeological Review*（《挪威考古学评论》）等以评论著称的期刊。如果你对某一研究很感兴趣，并且有些自己的看法，不妨写个评论，支持一下。如 *Current Anthropology*（《现代人类学》）这样的期刊，每期都会有两三篇主打论文，在论文之后附上数位同行的评论，最后是作者的回复。这样的论文往往代表一个时期的学术热点，因为带有不同学者的评论，读者能够看到学界不同的意见，对于读者深化对有关问题的认识非常有帮助。评论中还有书评这个门类，不少刊物都有书评这个栏目，好的书评不仅能够帮助我们认识一本新书，还能够为未来的研究提供新的思路。

与评论相关的，是争论或辩论。学术争论对于学术的健康发展是非常必要的，所谓真理越辩越明。针对某一观点的批评是学术争论的开始，作者非常可能不同意批评者的观点，于是可能会著文反驳，也就是学界所谓的"打笔墨官司"。其他感兴趣的研究者也可能参与其中，如果一个时期有众多研究者参与其中，可能会掀起一个研究高潮，如 20 世纪中期历史学界著名的"五朵金花"（五个热点问题），引导了一代学者的成长。近年来有关夏朝的争论也是相当热烈，不同学科、不同国家的研究者都参与进来。

浏览学术期刊，我们经常还会看到一类文章，那就是综述（参见第七章），介绍一个时期有关某个问题的研究进展，综述性论文是很常见的，它为希望进一步深入研究该问题的研究者做了基础铺垫。类似于综述的还有编译，就是辑录国外的相关研究，并翻译成中文，然后组织成一篇文章。它有点类似情报收集工作，如果能够收集到有价值的信息，同样具有发表的价值，也能被期刊接受。

不符合典型论文体例的还有材料报道，这类论文在考古学中很常见，它以报道材料发现为目的，一般不需要太多考虑研究问题，大多是在结语部分提及这些发现的意义，它们将有利于哪些问题的研究，等等。与之类似，纯粹的理论探讨、方法介绍也不符合典型论文体例，考古学理论论文或是为了推介某一理论，或是为了解读，等等。

这里还必须说明的是，本书所讲考古学研究主要指的是一般意义上的科学研究（这里所谓的科学偏向自然科学），尽管我在第十二章讲到了人文的形式，所占的篇幅相对有限，如说历史这样的人文研究跟强调科学的考古学研究有很大的不同（具体差异参见第十二章）。科学的考古学研究偏重以问题为中心，运用理论方法分析材料，结合更多的信息论证解决问题的方案（观点）。这种研究方式是所有研究的基础，如果能够掌握这种研究方式，上述各种研究方式也就比较容易了，这也是本书以之为中心的主要原因。当然，我希望读者也了解，除了这种方式之外，其实还有许多其他类型的研究，它们也都是研究成果。

第二章 考古学研究的意义

　　人是一种需要意义的动物，没有意义，人就失去了生活（而非生存）的理由。人害怕死亡，更害怕没有意义的死亡。跟害怕死亡相比，人更害怕没有意义。意义是我们研究的动力，当代学术研究，包括考古学研究在内，都已经高度复杂与专业，这就意味着学术研究必然需要坚持不懈的学习与工作，否则不可能产生有意义的成果。就研究本身而言，发现意义、创造意义就是研究的始终。这一章讨论考古学研究的两个方面的意义：一个是广义上的，即考古学研究本身的意义；另一个是狭义上的，即论文写作中涉及的意义。或者说，前者是内容，后者是形式。

　　在正式开始讨论考古学研究的意义在哪里之前，或许有人会问：考古学研究有意义吗？研究过去残留的一点物质遗存能够解决现实社会的问题吗？即便有用，能跟数理化、天地生等自然科学相提并论吗？能跟经济、政治、法律等社会科学一争短长吗？这里我并不想回答这些问题。因为对于这些人而言，唯有吃到嘴里的东西、穿到身上的东西才称得上有用，他们不会相信《义勇军进行曲》能够激发我们奋勇抵御敌寇的勇气，不会相信原子弹的基础是相对论，不会相信相对论需要基础数学，不会相信科学的基础居然是哲学，等等。

　　当我们开始一项研究的时候，我们需要寻找意义，为什么要这么做呢？首先，是为了说服自己，这样才可以去努力行动。其次，是为了说服别人，让他们同意给你资助，这也是所有研究项目申请都需要陈述的东西。对于论文而言，则是你需要说服读者，相信你的论文值得他们花时间去阅读。这是所有论文的前言与结论部分重点阐述的内容，当读者读完这些部分后，他们会认识到这样的研究有重要意义，这种意义与他们相关，所以他们需要继续阅读下去。

　　意义并不是自动生成的东西，需要研究者去发现、去揭示，以及去创造。就像我们追问人生有没有意义一样，并没有意义摆在那里，爱因斯坦之所以伟大，不是他生来如是，而是他不懈努力发现与创造的结果。人生的意义需要人去寻找、去创造，研究同样如此。

对于考古学研究而言，我们首先需要弄清它作为一般意义上的科学研究的意义，然后讨论它作为一门交叉学科的意义，再深入考古学的三个分支中，更加具体地探讨考古学研究的意义。这一章中，我们还将讨论研究实践中呈现考古学研究意义的方式，以及在论文写作中如何凸显研究意义。希望读者通过这一章节能够体会到考古学研究的意义，了解其呈现的方式，知道如何去表达。

一、作为交叉学科的考古学研究的意义

一般意义上，科学研究可以分为自然科学、社会科学、人文科学三个门类。考古学横跨这三大门类，一个表现形式就是，考古学研究的成果可能发表在这三大门类的学术期刊上。也正是因为这种混合的特征，以至于我们不容易确定考古学研究的性质。不过，我们首先可以确定的是，考古学研究必须是科学研究，它应该符合科学研究的一般原则，比如合乎逻辑、尊重事实等。然后，我们再来考虑自己所从事的研究领域究竟属于三大门类中的哪个门类，从而采用相应的理论方法与学术规范。

（一）作为自然科学研究

自然科学研究主要有两个方面的意义：揭开自然奥秘和解决具体问题。揭开自然奥秘，如牛顿力学和进化论；解决具体问题，如细菌学说，它的发现极大地提高了人的寿命。科学技术作为第一生产力，可以产生巨大的效益。如当前最为火热的互联网研究，它是一个很庞大的系统；具体到每个细节都有不少人在研究，每个人的研究可能都只是整个系统中很小的一部分，但是这很小的一部分是其中不可缺少的。每一名研究者都可以很欣慰地从这项事业的整体价值中发现自己的价值，也就是说，他的研究与这个有巨大社会价值的事业联系在一起。

当代考古学研究在考古科学或科技考古（有些研究者愿意称之为自然科学技术方法在考古学中的应用）领域进步十分迅速，每年发表的论文数量惊人。这里面包括许多研究领域，如动物考古、植物考古、DNA 考古、生物考古（如同位素分析）、地质考古、年代学等。因为考古学是研究人的学科，它也研究人与环境的关系，它似乎跟每一个自然学科领域都有交叉，涉及的领域非常广泛。国际上，考古科学领域有自己的专门期刊，如 *Journal of Archaeological Science* (《考古科学杂志》)、*Geoarchaeology* (《地质考古学》)、*Journal of Human Evolution* (《人类演化杂志》) 等。考古科学领域的进步也在不断推动考古学整体的发展，考古学史上，20世纪中叶，放射线碳测年技术与计算机技术的发展就曾催生了过程考古学。当年代问题不再难以解决，当巨量的材料可以高效地分析的时候，考古学就可能去研究更深入的问题了。

科技考古研究的多是古今一致性较好的方面，也就是涉及自然界的方面，它们以自然规律为基础，因此，不论中外，都能得到普遍接受。唯一的问题就是语言，而英语作为应用最广的国际语言，成为表达这类研究的基本工作语言。在当前中国的学术评估体系中，这类研究能够得到最高的评价。自然科学类期刊数量多，研究队伍庞大，引用率自然也就水涨船高，于是"影响因子"(衡量学术影响力的标准) 爆棚。也因为这类研究的普遍性，相关研究者在国际上更容易获得承认，以至于产生这样一种情况，即真正的中国考古学家反而被边缘化，这可能是中国考古学术圈所始料未及的。无论如何，科技考古已经成为考古学的一个重要组成部分，而且是发展最为迅速的部分，对考古学研究的其他领域产生了新的挑战。

(二) 作为社会科学研究

现实的学术体系一般把考古学看作社会科学，毕竟考古学研究的是古代社会。社会科学也是一个很大的门类，它的意义与人类社会发展相关。跟自然科学相比，社会科学的普遍性要弱许多，也很少有放之四海而皆准的规律。或者说，社会科学的规律十分笼统，适用范围窄，可重复性差——而可重复是自然科学研究的一个重要标准。比如说孙子兵法，凡是学习过军事的人无不烂熟于心，但是真正打仗的时候，就会发现有时很难直接用上。解放战争时期，毛泽东把他的十大军事原则公之于众，敌我双方都十分了解，其中的运动战是解放军的制胜法宝，国民党军曾经也想用，但是很快发现自己用不了，因为运动战的条件是要得到老百姓的支持，运动起来才方便无碍。这个例子说明了社会科学的一个关键问题：道理通常是明摆着的，怎么去做，则需要"审时度势"。成都武侯祠有句对联："能攻心则反侧自消，从古知兵非好战；不审势即宽严皆误，后来治蜀要深思。"误解社会科学的人常常把审势看作社会科学的弊端，以为它因人而异，因时而异，没有规律可言，所有观点不过是文人的猜想罢了。这种误解或明或暗，以至于怀疑社会科学的意义。当前中国社会科学的地位远不如自然科学，不能说没有这样的原因。

社会科学是直接与人类社会相关的，它所涉及的往往是治国安邦的事。人类社会是个复杂的巨系统，还涉及历史、文化等与时间积累、地区差异相关的内容，更关键的是，它还涉及人的主观能动性。正因为人类社会极端复杂，所以才不能简单将之归纳为符合定律的机械运动。人们常常评价经济学是马后炮，但其实不然，邓小平做出的改革开放决策以及后来选择市场经济的发展策略，都是以经济学研究为基础的。只不过中国的改革开放要基于整个国家的考虑，而不仅仅是经济学问题，不可能仅仅遵照某个经济模型来操作，因此给人的感觉，经济学对中国改革开放事业没有什么用。改革开放给中国带来了翻天覆地的变化，这是我们这一代人亲眼所见。我们不难知道，如果继续采用从前的策略，将会是什么样的结果。不同的社会发展策略影响巨大。

从考古学的角度来说，常人的认识中，考古学是没有什么害处的学科，最大的坏处不过是玩物丧志而已，但绝对没有什么"用"。殊不知考古学在促进民族国家认同上具有巨大意义，近代考古学的发端就与民族国家的兴起密切相关。可能有人不觉得这算什么重大意义，如果看看正处在战火中的国度如乌克兰、叙利亚等，就会认识到这是生死攸关的大事。纯粹从经济利益来说，如兵马俑所带来的直接与间接收益是令人印象深刻的。如今许多地方都想申请国家考古遗址公园，它除了带来旅游收入之外，还能带动周边的开发，还可以带来知名度。这样的发展既能带来稳定的收益，又能保护环境，还能安排大量的就业人口，哪个地方政府不喜欢呢？近些年来，考古在国家"一带一路"倡议中发挥了不小的作用，古代的文化联系继续成为今天商贸的纽带。这些都是从实用的角度讲的，而实用的基础就是学术研究。

社会科学视角中的考古学关注古代社会的运作、变迁与演化。当然，首先需要获取考古材料，分析材料，了解年代、分布，构建其基本的时空框架，重建古代社会系统的基本方面，然后才可以讨论上述问题，这是所谓自下而上的研究。考古学在研究这些问题时还需要借鉴相关社会科学的理论，从理论推导回到考古材料，是所谓自上而下的研究。考古学由此与社会科学密不可分。在某种意义上说，考古学就是有关古代的社会科学，涉及社会科学的方方面面。唯一不同的是，当代社会科学家可以观察到现实社会，熟悉当代社会背景，并且能够得到许多文献资料的帮助。考古学家没有这样的条件，但是考古学家借助实物材料，能够揭示一些文献资料不具备的信息。同时，考古学具有长时段的优势，研究整个人类的历史，这有利于考察变化过程，也就是"究天人之际，通古今之变"。

当代考古学已经把视野扩充到了当代社会，如从美国亚利桑那大学兴起的垃圾考古，讨论当代社会可持续发展问题。考古学中研究当代社会的还有工业考古、当代物质文化研究等。总之，考古学研究不再局限于研究古代，尤其是史前时代，考古学凭借独特的研究手段，即实物遗存研究，以及长时段的视角，成为透视人类社会发展过程的利器。

（三）作为人文科学研究

中国古人说："修身，齐家，治国，平天下。"治国平天下是社会科学的领域，而修身是人文科学的事情。人文科学提供价值判断，即好与坏、是与非、弄不清好坏、是非而去研究，就是一个严重的问题。然而，人文领域很难找到一个统一的客观标准，因此批判就非常重要，需要基于实践的反思。

一般来说，人文领域的研究可以包括文、史、哲、艺等几个方面。人文世界的不同之处在于，它在赋予世界意义。比如说竹子，从自然科学的角度来看就是一种禾本科植物，所谓特殊之处，就是最大的禾本科植物；社会科学也许关注它的经济意义；但是，人文视野中的竹子有另一种含义，"宁可食无肉，不可居无竹"，竹在中国文化中象征高雅。它与松、梅并称"岁寒三友"，代表气节，文人士大夫生活于其中，仿佛与品格高洁的君子相处，砥砺有加，潜移默化之中将其化为自己的品格。人文世界的物质是有意义的，一草一木都是如此。再比如大学校园的植物，北京的大学中常见银杏、国槐，古代学堂辟雍中就种植银杏，又通常把学府称为槐宫。这里不难看出人文世界是地方性的、历史的。

按《中国大百科全书·考古学卷》的定义，考古学属于人文科学，这个划分有些出人意料。但是如果了解中国考古学的历史，就会知道这个定义是有一定道理的。中国考古学的前身是金石学，它是一门通过收集、考订、鉴赏古代器物，从而吸收古代文化的学问。这里器物最重要的意义并不是它们反映了怎样的生活，而是它们本身所包含的文化意义。这里我们可能会注意到，其中所说的"文化"是古人与今人交流的东西。后过程考古学的研究者由此把考古材料看作一种传递信息的途径，一种可以反复阅读的东西。后来他们注意到考古材料的"文本说"把考古材料看得过于被动，似乎完全取决于人的解读，转而强调物的能动性，即作为考古材料的物同样会对人产生影响，就像我们前面所说的，每天面临松、竹、梅而居，自然而然会为其所感染。作为人文科学的考古学不再把物质材料看作客观的研究对象，而是看作在历史过程中为文化意义所反复渗透的东西，是能够与人相互作用的东西，在某种意义上可以说，是人本身的物质化身。

这样的观念无疑会影响到相应的研究途径。试想一下，如果物质材料是交流的途径，也就是符号性的，就像我们的语言含义很大程度上取决于情境一样，物质的文化意义研究也就必须结合情境来进行。符号的意义通常都是多元的，不同的人会有不同的解读（或称阐释），不同的时代也会有不同的解读。那么究竟谁的解读合理呢？也许这个问题可以这么追问：是不是只有唯一合理、唯一正确的解读呢？显然不是！就像我们对《论语》的解读，我们可能了解孔夫子的原义吗？我们没有时间机器，不可能实现这一任务。我们对《论语》是否可以随意解读呢？显然也不是！某个特定的时代中，不同的解读经过碰撞之后，最终会有某个解读脱颖而出，代表这个时代的理解。

按照解释学先驱狄尔泰的说法，人文的视角需要从内部来理解，而不是简单的解释。就像西方学者研究中国山水画一样，如果不能理解中国诗画、书画同源的传统，单纯的线条、色彩、结构分析是难得其精髓的。人文的视角意味着进行整体的把握之后再去进行局部的分析，需要切身的体验，需要换位的反思，如此等等的方法与自然科学所强调的解释是不同的。

考古学处在自然科学、社会科学与人文科学之间，这使得它的研究具有非常大的变化范围，以至于我们很难说清楚什么是考古学研究的标准形态。从自然科学、社会科学到人文科学，研究层次是逐渐深入的，难度也逐渐加大。当前，作为自然科学的考古学发展最为迅猛，可以说日新月异，这容易给人一种错觉，认为作为社会科学与人文科学的考古学失去了活力。其实不然，我们可以通过一个例子来了解。改革开放四十多年，我们能够体会到的最大变化就是物质生活的变化，这得益于技术层次上的进步，相比而言，社会领域的进展要慢一些，现在改革开放才刚到深水区。而在人文领域，我们知道，至少还需要两三代人的时间，才可能除去某些文化习惯（如不遵守交通规则、随地吐痰、公共场所喧哗等），至于某些观念上的东西，已经持续了上千年，要改变的话更加困难。

考古学研究同时在自然、社会与人文层次上开展，这是考古学研究的基本特征，这也对我们的研究训练提出了全方位的挑战。读《傅雷家书》，傅雷曾经对儿子傅聪讲：你首先要成为一个人，然后才是音乐家，最后才是钢琴家。道理很明白，如果首先不能成为一个具有正直、独立人格的人，钢琴弹得再好，物质生活再优厚，也不过是他人的宠物，不值一提。对于考古学家而言，同样如此，我们可以说得更细致一点。他或她首先应该是一个人（具有真正意义的人），然后是一个文化人，再后是一个科学家（科学是文化的一部分），最后才是一个考古学家。

　　然而，不幸的是，我们接受的教育似乎首先要成为一个考古学家，我们的教育中存在着一些明显的不足，学生没有接受必要的科学训练，也缺少充分的文化熏陶，甚至需要弥补一些最基本的为人处世的教育（我们通常把它理解为世故而非培养人的尊严）。学生一进入大学阶段就尝试申请课题做研究，不能说出发点不好，但是以我个人的经验（更可能是教训）来说，我非常赞同一句话，即"学贵根底，道尚贯通"，真正决定一个人学术成就的很大程度上还是功底。功底不佳，随着研究的深入就会越来越感到力不从心。功底仿如武功中的内功，武林高手必定是内功深厚的人。功底贵宽厚，就像金字塔一样。如今学术竞争激烈，大家就像密林中的树木，为了争夺阳光，都努力向上长，茎干非常细，也就是研究领域十分狭窄；如果成长得慢一点，又不能得到资源。这是学术生态过于单一所致，如果大家探索的方面拓展开来，各不一样，那么竞争压力会小许多，而且相辅相成，学术生态会更健康。从这个角度说，学术功底不仅需要深厚，还需要忠于自己的兴趣，利用自己的天赋，而不是赶时髦、追热点。

　　因此，对一个有志于成为考古学家的学生来说，需要了解学术训练的过程，它是由粗而细、由浅入深的过程。我说我们的教育没有提供上述重要的东西，可能有点言过其实。因为一个人的教育是由家庭、学校、社会以及自己构成的，所以即使家庭、学校与社会不能提供，自己还是可以学习的。我们能够做到什么程度，也许不是自己能够决定的，但能不能努力去做是自己可以做到的。像发现自己的兴趣与天赋这样的事情，是只能自己做，而别人替代不了的。"人贵有自知之明"，了解自己想做什么、适合做什么，是自我教育能力中重要的一项。学术功底涉及的方面非常多，完全指望学校教育是不现实的，学校教育在基础知识的教授方面比较有优势，至于知识面、文化修养的提高方面还不如个人自身，正所谓"师傅引进门，修行在各人"。我们的学生经过高中阶段集中营式的学习，往往都丧失了自我教育意识，一切指望老师，如果老师不安排布置，就不知道该做什么。如果到研究生阶段还是什么都指望老师，从题目、材料到方法，那的确是有问题的。所以有种说法，叫作"呕吐"。大学阶段要把高中的学习方式呕吐出去，开始自己把握学习的主动权；研究生阶段还要进一步呕吐，把那些教条呕吐掉，开始走自己的研究之路。

二、不同角度的考古学研究的意义

考古学研究的意义的呈现角度是多样的，前面我们提及了它的一些外部关联，比如它对社会发展的贡献、对其他学科的贡献。不过，更多时候，考古学研究的意义表现在考古学内部，即它能够解决学科内部存在的问题。

（一）从考古学研究的过程来看

考古学研究是从考古材料到人的世界的过程，这个过程有三个层面：

1. 考古材料层面的研究。考古学首先是一门发现研究材料的科学，考古学不同于其他学科，考古学的材料要去寻找发现，尤其是 19 世纪末到 20 世纪中期前，考古学的一段阳光灿烂的日子里，到处去探险，到处去发现，从沙漠到森林，去一些人迹罕至的地方，发现被淹没的世界，然后把它们发掘出来。20 世纪中期之后，考古材料研究走向严格的科学分析。考古学由此特别像刑侦科学，严重依赖分析推理。考古研究的过程为：第一步揭示古人活动的现场，第二步测量记录，第三步进行多学科的分析，推导考古遗存所代表的人类活动。在这个层面上，考古学研究旨在揭示过去真实发生的事情，非常类似于自然科学研究。

2. 社会层面的研究。考古学研究的目的是要了解古代人类社会，包括关注地方或社会族群的历史、文化交流及互动、社会整合和组织演化等相关问题。研究这些问题有助于我们理解当代社会，或者协助解决当代社会的问题。

3. 精神层面的研究。精神层面的研究是当代考古学的重点，但对于中国考古学来说还是比较陌生的。这个层面涉及文化或文明的传承，研究实物材料的考古学实际上是在传承文化，文化传承的载体不仅仅有文字，实物材料是更切实的载体。这个层面的研究尤其见于历史考古中，它也是中国历史考古的方向之一。我们需要研究中国古人是如何赋予物质中国文化的，同时需要理解这些渗透了文化的物质材料又是如何塑造中国文化精神的。我们通常所说的"物质文化研究"，不能只是研究材料的特征，这不是文化研究，真正的文化研究需要深入精神层面。这个层面的研究更多属于人文科学的研究。

（二）从考古学的三大分支来看

1. 首先是旧石器与古人类，这部分是考古学中比较接近科学的一个分支，讨论的主要问题是人类的进化与起源，热点问题之一就是中国最早的古人类，另一个热点问题是现代人的起源，即解剖学上的现代人什么时候开始从非洲走到亚洲，走到中国是什么时间。一般说是在5万年前，也有说10万年前。目前旧石器考古研究难以回答这个问题，要解决这个问题，首先需要弄清楚什么是现代人的文化，而在旧石器考古研究中，石器与人种或人群之间的联系并不清楚，宾福德称之为"莫斯特难题"，这是一个困扰旧石器考古研究领域的核心理论问题。

旧石器考古还会探讨一系列重要的主题，这些主题是所有研究人的学科都关注的。比如说战争的起源，中国很多考古学家认为战争是新石器之后才有的，因为有财产才产生冲突，认为在此之前是一种原始的、假想的共产主义，社会氛围和平友好，但实际上这是不太靠谱的。现在研究发现黑猩猩中是充满暴力的，人类早期社会中也是充满暴力的，最近有几个研究都证明了人类早期社会的暴力程度比现代社会要高很多，狩猎采集时代人类暴力导致了5%～6%的死亡，农业时代大约为1.5%，现代人类死于同类的比例不到1%，人类社会越来越和平[①]。另外是不平等的问题。我们一般认为不平等是和阶级社会相关的，但其实不平等可能早在旧石器时代就出现了，只是表现方式不同而已[②]。还有与现代社会相关的，比如性别竞争与分工。旧石器与古人类的研究中涉及一个重要问题，即之前我们所提到的问题是自然的还是社会构建的？比如社会分工，我们追溯这个问题的时候，很容易把问题自然化，认为男主外、女主内是天经地义的，认为秩序和不平等是自然的。但实际上有一部分问题是社会构建的，怎样把它们区分开来？

2. 同样，从新石器时代考古到原史考古，这一阶段常常涉及的重大

---

① 伊恩·莫里斯：《人类的演变：采集者、农夫与大工业时代》，马睿译，中信出版社，2016。

② Brian Hayden, "Richman, Poorman, Beggarman, Chief: The Dynamics of Social Inequality," in *Archaeology at the Millennium*, eds. G. M. Feinman and T. D. Price (New York: Kluwer Academic/Plenum, 2001), pp. 231 - 272.

问题就是，族群、阶级、酋邦、国家是什么？酋邦有多样性，比我们想象的要复杂得多，它是一种不稳定的复杂社会组织。为什么它会不稳定呢？我们所想象的国家一般是近现代的国家概念，明确的疆域、清晰的都城、明晰的社会统治阶层，但不是所有的社会都是这样的，最早的国家形态就不是这样的，世界各地还有巨大的差异。还有族群的划分，族群的划分与新石器时代考古关系密切，我们能不能把考古学文化与族群画等号？从考古学文化的角度可不可以研究社会组织的复杂性问题？如此等等的问题，我们都没有很好地回答。这里涉及两个方面的因素：一是我们所希望了解的问题，如社会为什么会走向复杂化，为什么会出现不平等，回答这些问题对于我们理解现实社会有帮助；二是考古学能够回答什么问题，一定时期考古学发展所存在的理论、方法与材料上的局限性可能限制考古学研究解决问题的能力，这是我们需要开拓的方面。

3. 历史时期考古主要涉及文化和观念的问题，同样也涉及族群问题。中国人的观念是怎样产生的？是怎样影响历史发展的？在文化中发挥什么样的作用？历史时期考古中的很多问题与现代的现实社会关系密切，包括现代中国人的行为方式、伦理观念、审美观念。比如书法，书法在中国一直延续传承，直到现在，我们练习书法是一种人文化的过程，我们在学习中国人生活的节奏，体会的是中国人的空间观念和处事方式，在练习时受到潜移默化的熏陶。简言之，当代中国历史考古需要回答"中国古人是如何塑造自己的物质文化的"这一问题，同时，还需要反过来回到这个问题，即那些物质与物质文化又是如何塑造中国文化传统、中国文化精神的。这些问题是考古学这一学科内部的重大课题，回答它们是时代的需要。

（三）从理论方法材料角度来看

考古学家的视角是一个长时段的尺度，从 600 万年前开始到历史时期，现在已经涉及工业时期。考古学研究中很重要的一点是"究天人之际"，历史学其实并没有做到这一点。"究天人之际"讲的是人与物的关系，这是考古学的侧重点，从实物材料开始，通过理论和方法来提取与揭露信息，我们怎样理解实物材料，这个在考古学中争论很激烈。考古材料究竟是什么？有人认为考古材料是科学材料；也有人认为考古材料是文本，是人类可以反复续写的文本；还有人认为考古材料是被人"文化"（此处做动词）的东西，是历史的积淀，具有能动性。因此，与不同理论方法的牵涉，也就产生了考古学研究的学术意义。

三、研究实践中考古学研究意义的呈现方式

怎么证明研究是有意义的？第一，关联性。你的研究与什么样的大问题（grand question）相关联，考古学研究一般都是材料研究，但是需要与一些重大问题相结合，上升到一个较高的层次。这个关联性一般涉及社会价值，比如边疆考古与边界问题有重大的相关性，有很重要的社会现实意义。再比如中华文明探源工程，它对于促进民族国家认同有不可替代的作用。还有一些具有重要的科学价值，比如涉及人类演化的问题。还有人文方面的意义，比如 2003 年在洛阳出土的颜真卿 30 岁左右的书法碑，对于了解颜真卿书法的发展有重要的意义，对研究中国书法文化也有重要的意义。

当然，不是所有的研究都必须体现社会价值，更多的时候研究意义体现在考古学科的建设上，比如宾福德，他在学科的理论领域贡献巨大。发掘、整理一批考古材料，撰写一篇发掘报告，可能为解决某个问题提供了新的材料。论文的前言或结语部分，需要提及这些关联性，点明与提升研究的意义。更通俗的说法，我们讲"高调做事"，就是这个道理，否则你研究的东西只有你一个人认为重要，那么就很难获得广泛的社会认同。所谓高调，是指普遍意义的肯定。我们在写研究项目申请书的时候，必定都需要写到研究意义如何、社会价值何在。可能有人觉得这么做有些八股，其实冷静地想一想，如果一项研究没有这些，那么你有什么理由花纳税人的钱呢？

我们生活在一个商业时代，特别讲究市场意识，从这个角度来说，意义就是研究的"卖点"，它就像广告一样，塑造你的研究形象。同时，在学术交换市场上，你还需要考虑行情，即你所倡导的是有市场的，有广泛的接受度。自说自话，这样的研究是不可能发表的。即便发表了，也不会产生什么影响。

当代学术研究由于受到科学的影响，分科细致，非常强调具体的研究。这一点在考古学中表现得尤为明显，比如我们通常是从一批具体的考古发掘材料出发开始研究。这样的话，我们很容易"一叶障目"，完全陷入局部、微观的层面，而忽视了整体、宏观的意义。这不是说微观、具体的研究不重要，它们无疑是学术研究的基石，但是忘记了整体，就会让研

究失去最终的意义。这就像医学一样，分析无比细致、深入，但是所有的研究最终都不能忘记还有一个整体的人存在。最近历史学界也意识到类似的问题，大家研究的东西都是一些个案、短期的事件，而忽视了历史本身作为长时段考察方式的优势，丧失了历史自身的意义。从这个角度来说，所有研究的意义至少有两个层面，一个是微观、具体层面的，另一个是宏观、抽象层面的。两个层面之间还需要充分的沟通，也就是有充分的相关性，才构成意义的充分表达。正所谓研究要"大处着眼，小处着手"，两者之间相辅相成。

我曾经申请过一个课题叫作"史前的现代化"，后来写成了《史前的现代化：中国农业起源过程的文化生态学考察》一书，研究中国农业起源或称旧新石器时代过渡的问题。为什么名字叫"史前的现代化"呢？这是受到了现代社会环境的影响，因为当代中国正在进行工业革命，我们当前遇到的许多问题都与社会转型相关。而一万年前的时候，我们也在进行一场革命，叫作农业革命，两者之间是有可比性的，都是社会阶段的重大变迁。一万年前发生的是什么变化呢？我发现一个很有趣的现象，中国不同地区的发展道路不一样，每个地区选择了适合自己的道路：东北地区继续在狩猎采集；华南地区很早就出现了农业相关的东西，一万五千年前后就出现了磨制石器，逐渐有了一些陶器，但是真正的农业直到商周时期才出现，一万年前后这里的人们选择的生计方式主要是根茎栽培、渔猎与采集；云贵地区特别适合狩猎采集者（相对于农业群体而言），这一地区的狩猎采集持续的时间非常长；燕山南北地区农业时有时无，这是因为这个地区生态条件不稳定。简言之，我其实写的是距今一万年左右的中国史前史，把狩猎采集时代、农业时代和工商业时代对比着来看。中国正在发生的变化是从农业时代走向工业时代，这是一个万年尺度的变化。这种趋势是不可阻挡的，就像一万年前的那次变化，农业生产影响到各个地区后来的发展，在农业的基础上产生了文明，农业逐渐扩散到全世界。这样来看，我所研究的问题不是小问题，不再局限在微观的分析层面，而是上升到一个宏观历史的层面；不再只是考古学层面的考察，而变成了一种对社会现实发展的理解。

第二，独创性。一项研究的核心意义往往是通过独创性体现出来的，如果一项研究是人家已经做过的，你重复再做一遍，除非为了验证的目的，否则是没有必要的。要说明自己的研究是具有独创性的，就需要说明自己的研究是特殊的，要解决前人的研究没有解决的问题。

　　许久前听过一个笑话，说是联合国给全世界的小朋友出了一道题目：请对其他国家的粮食问题发表一下自己的看法。欧洲小朋友不知道什么是粮食问题，非洲小朋友不知道什么是粮食，拉美小朋友不知道什么叫作看法，东亚小朋友不知道什么叫作自己的看法。"自己的看法"，在东亚这种讲究社会关系、集体性与权威的文化传统之中，的确是不容易产生的。言必某某先生说，然后自己才敢说点什么，这样的事在现实之中并不鲜见。我们尊重老先生、尊重权威，尊重人本不是坏事，但由此尊重他的学说，就有可能导致因袭。从学术社会学层面讲，这么做是可以理解的，把老先生搬出来可以增加自身观点的合理性与学术社会地位。然而，智者千虑，尚有一失。一个时代的认识自有一个时代的局限性，我们应该有批判性思考才是。西方学术界似乎跟我们相反，年轻人出道，就是以批判老先生为目标，尤其是知名的老先生，所谓"弄斧必到班门"。如果能够把老先生批倒，自然可以迅速建立自己的学术声望，所以学术批判非常活跃。

　　批评或者提出自己的不同看法只是体现独创性的一个途径，创造性有许多方面，有不同的层次，有不同的形式。目前我们的研究中非常强调"第一手材料"，新材料是此前没有的东西，自然是一种贡献，在没有其他更有价值的东西的情况下，新材料也就是最佳的学术贡献了。除了材料之外，还有理论与方法。提出独创性的理论与方法，通常要困难得多，但应该是我们努力的方向。这里也体现研究层次的差别，随着研究的不断深入，就会触及理论问题。中国考古学研究很少关注理论问题，固然有思想与文化传统上的原因，更多恐怕是因为我们的研究还不够深入。成功的研究会开创出标志性的议题，如宾福德所提"中程理论"，或者标志性的概念，如他所提出的作为适应的"文化"。当然，不是所有的研究都是这样的。有时候，失败也是一种贡献。

　　我个人就有过这样的研究体会，我最早申请的一个课题是关于鄂伦春的狩猎采集者的民族考古调查。写申请书时说到这个研究的价值主要是理论层面的，要去讨论考古材料是怎么形成的，狩猎采集人群的哪些东西会留下来。鄂伦春人生活在森林地带，很多遗址要保存下来是很困难的，树木生长、根系延伸以及森林火灾都会对遗址进行破坏，另外鄂伦春人的很多生活用品都是用有机物质做的，经过几十年时间，这些东西都会烂掉，最后会留下来的、最明显的东西可能就是火塘边上用来笼火的三块石头，这些是课题做完后才认识到的。某种意义上说，这个课题是失败的，我没有实现当初提出的设想，但是它的价值在于，这是一项前人没有做过的研究，这项研究揭示了在中国开展有关遗址形成过程的民族考古所存在的困难。

第三，科学性与逻辑性。提出自己的观点或独到的认识不是难事，真正困难的地方在于论证它的合理性。比较中西考古学论文，就会发现这是我们最为欠缺的地方。近些年来，国际合作流行，这个方面也就成了我们进步最大的地方。传统上，科学与逻辑不是中国文化擅长的东西，经过中国文化传统熏陶的思维是偏向文学性的，中文本身也是一种诗歌性的语言，它也是中国千百年诗歌文化的产物。我们有很好的感悟、直觉，可以写出很精彩的诗歌、随笔、散文，但是对于结构复杂的小说、逻辑严密的论文，却乏善可陈。读西方小说时，往往有个体会，西方人能够把一点点东西写得非常复杂。所以，我们学习研究，从某种意义上说，是在转变思考方式，从直觉感悟转向逻辑论证。

这一步是有点痛苦的。所谓论证，就是运用理论、方法与材料来证明一个观点或认识的合理性、可靠性，即你的观点或认识有理可依、有据可查。你可以不喜欢一个人，但是面对充分的证据与论证，你就不得不接受他的观点或认识。关于论证，我们从材料说起，国际合作研究中，这是我们提供的主要资源，然而，我们当前研究中最感到缺乏的还是科学的材料。为什么会这样呢？考古学之所以能够成为一门学问，其基础就是科学的材料，这把它与盗墓、收藏等区分开来。中国考古学把自己的基础理论方法定位为考古地层学与考古类型学，19世纪中后期以及20世纪初，西方考古学也是如此定位的。这套方法非常强调地层的叠压打破关系以及器物的分期排队，因此在发掘、记录与后期整理之中，也就非常重视器物的出土层位与形态特征。从这里我们看出，材料是存在于一定的理论方法背景之中的。也正是因为理论方法的限制，我们的考古材料所能提供的信息相当有限，它适合回答与考古地层学、类型学相关的问题，而不适合回答其他的问题，比如说你想研究遗址的废弃过程，需要了解器物出土时的详细状态，陶罐是否倒扣，器物是否完整无缺（不是指可复原的），器物的使用状态，如此等等，遗憾的是，你在报告中找到的内容大多语焉不详。究其原因，是发掘者的主要目的并不是要理解遗址的废弃过程，他们可能根本没有考虑这个问题。就好比如果你不知道碳十四技术，那么你就不会觉得收集木炭样本有什么意义，也不会关注它。这也就是理论方法对材料的制约。

因此，我们需要理论方法的学习与拓展，理论方法指导我们收集材料、分析材料。当代考古学研究最精彩的地方之一就是多学科分析方法的应用，本来我们不知道年代的，通过碳十四或其他测年技术，于是有了绝对年代；本来已是尸骨无存，但是 DNA 技术可能从地层中找到古人残留下来的 DNA 片段，从而知道什么样的古人在这里生活过；通过同位素分析，可能了解古人的饮食结构以及饮食历史，从而了解其生活的经历，他们的故乡何在；等等。多学科的分析方法极大地丰富了考古信息的来源，也增添了考古学研究的科学性。与此同时，当代考古学理论也是异彩纷呈，在众多范式的指引下，考古学研究讨论的领域空前扩展，文化历史考古学关注古代文化的时空框架，过程考古学关注文化变迁的机制，后过程考古学关注文化的意义（非常值得注意的是，三个范式中的"文化"概念并不相同），性别考古学关注古代性别以及当代性别观念对考古学研究的影响，马克思主义考古学关注古代社会矛盾斗争、阶级分化，以及当代社会不平等对考古知识生产与表达所产生的影响，等等。

总之，如果我们需要在考古学的理论、方法与材料上一起下功夫，齐头并进，而不是单纯依赖某一方面，这样才可以让我们的研究落在比较扎实的科学基础之上。然后，就是要以合乎逻辑的方式把它们组织起来，形成有足够说服力的论证。这里之所以把逻辑单独拿出来说，而不是简单地把它当成科学的一个组成部分，是因为逻辑是一种形式，与科学有所区别，更因为逻辑在我们当前的研究中是一个比较突出的问题。对于研究者而言，不仅需要注意论文整体的逻辑，还需要注意段落之间语言组织的逻辑。前者关乎说理是否充分，后者关乎行文是否通达。而逻辑训练是我们较为欠缺的，在我们的教育中，很少会专门讲到逻辑，研究者都需要自己去学习与体会。在古希腊，逻辑与修辞是密切相关的，当时科学还只是在萌芽状态，逻辑是表达的基础。简言之，要想让自己的研究为人所信服，科学与逻辑是必不可少的。

第四，规范性。研究不只是一个人的事业，更是一项社会活动，因此，它需要有一套参与这项活动的所有成员都能够理解的"行话"，而学术规范就是这样的行话与行规。所谓无本不立，无文不行。研究没有内容（意义、创造性、科学论证等）自然立不起来，而没有合适的形式，就难以在社会中发挥作用。刚开始学习研究的人，无不讨厌规范。每个领域、每本期刊似乎都有一套自己的规矩，让人觉得很受束缚，仿佛套在我们头上的条条框框，或者像八股文的套路，还像是既得利益群体施加给后来者的"投名状"，等等。我不否认自己也曾有这样的感觉，然而，"不以规矩，难成方圆"，自己进入研究领域之后，逐渐理解了规范的含义，理解了它是学术发展的自然产物，而且它也不是一个死的东西，而是在不断变化的。规范的变化往往代表学术上的重大变迁，比如从过程考古学到后过程考古学，论文的形式就明显不同。过程考古学的论文若没有一点统计、模型，几乎就不能算研究，但是后过程考古学的论文就不大讲究这个，往往更多理论上的探讨，其表达甚至有点文学化。因此，某种意义上，规范约束我们的行为，我们其实也在选择规范、创造规范。

当前学术规范最重要的东西莫过于要说明自己的研究是独一无二的，而要做到这一点，就必须说明前人没有做过这一研究，就必须标明哪些内容是引用的，哪些内容是自己的。某种意义上说，研究有点像是跑马圈地，你不能在别人已经圈定的地界上活动，你需要用自己的方式来圈定自己发现的范围，否则就可能引发学术界内的冲突，就可能要面对学术剽窃的指控。刚开始学习研究的人往往不大在意这一点，究其原因，就是还没有在研究上费心费力，就像没有省吃俭用买书经历的人很难做到爱惜书本。一旦你开始呕心沥血进行研究，你就绝对不希望别人做类似研究时不提你的名字，这是对你的劳动的忽视，甚至是把你的成果剽窃了（他可能看过你的成果）。

这些年，我们在这个方面进步很大，这一方面是得益于学术的国际化，看看人家怎么做的，我们怎么做的，对比之中自然也就知道了差距；另一方面是得益于网络技术，我们现在做研究时搜集文献方面较之前人实在是方便太多。网络技术还提供了一个检验功能，如学生在提交毕业论文的时候，还需要提交查重检验报告，看看文字的重复率是多少。虽然查重检验很厉害，但是"道高一尺，魔高一丈"，目前似乎有了一些对付它的窍门，甚至有软件专门打乱文字，以防被检验出来。总之，剽窃仍然是学术规范中最常见的问题，这似乎反过来说明了，研究上的独创并不容易，另外说明了学术的功利化，它吸引了许多功利之徒，诱惑了许多人的功利之心。

当然，学术规范中有些内容是可以商榷的，比如语言与文章的组织结构。考古学是一门跨越自然、社会与人文科学的边缘学科，所以有机会接触到不同形式的论文。相比而言，自然科学期刊的论文结构非常古板，社会科学期刊的论文要灵活一些，人文类的就更灵活了。当代考古学研究发展的一个方向就是写作实验，尝试用不同的方式来表达研究。当然，开创者总是有代价的，审稿人如果思想传统的话，可能会给予非常负面的评价。对于正在学习研究的学生而言，这是努力的方向，同时需要脚踏实地，认真地吸收学术规范中的优点，尤其是逻辑组织。不仅要注意文章结构的逻辑组织，还要注意语言段落之间乃至于前后句之间的逻辑组织。一篇文章读来令人费解，行文的逻辑很可能是主要原因。

我们还需要注意不同的期刊有不同的要求，尤其是参考文献的格式，对我个人而言，这是很让人心烦的事，但是不得不委曲求全，这是对现实的妥协，是不可避免的。相比研究内容而言，这应该是比较容易做到的事情。需要特别强调的是，文章的形式规范是对文章最好的推销策略之一。就我个人的体会而言，好的论文鲜有糟糕的规范，而糟糕的论文鲜有好的规范。规范首先反映的是研究者认真的程度，就像居家过日子，一个生活邋遢的人，怎么可能是一个热爱生活的人？从这个意义上说，规范就是名片，就是门面。

最后，需要指出的是，规范是外在的形式，还应该是内在的道德约束。现在我们看到一些论文外在形式看似完美，但是基本数据可能都是假的。这种失去了内在道德约束的研究者所炮制出来的研究论文对学术研究的伤害是巨大的。这类造假不容易识别，这是失去了内在学术规范所致，而这个问题在当前的时代还是比较突出的。在普遍的急功近利的氛围中，铤而走险的人自然不会少。对未来的研究者而言，加强内在的学术标准是非常重要的。道理很简单，用一句俗话说：出来混，迟早是要还的。

四、如何写作研究意义？

从一般意义上说，意义始于被需要。不同的研究在研究意义上的区别就在于被需要的程度。所谓研究意义的写作，就是要体现这种需要。首先要求能够发现需要。是否觉得有点自相矛盾呢？我们要写一篇论文，自然是基于某种需要。这里所说的需要，不是指诸如为了增加研究成果、通过论文答辩等现实的需要，而是就论文本身而言的，它必定是要去解决某个问题的。这个问题是否需要解决呢？如果回答是的话，就算找到需要了。我们从事一项研究，就是要发现需要，然后去解决它；如果可能的话，在讨论或结论部分，会创造新的需要，为未来的研究提供理由。一项研究不能找到被需要的方面，也就是说没有找到研究意义。给人的感觉的是，这篇论文可写可不写。你可以想象当读者产生这样的印象时，你的论文对他来说也就失去了意义。

　　具体而论，当我们开始写作论文时，在论文的前言、结语、摘要或者讨论部分总会涉及研究意义的写作问题。这里所谓的研究意义，基本都是与学科的大问题相关的，或者批判某个既有观点，或者填补研究的空白。要写好这个部分，至少需要掌握两个方面的内容：一是本学科的大问题，尤其是那些关键问题；另一是相关研究的进展，部分研究还涉及国外研究的进展。你的学科基础越扎实，你就越容易把握那些学科的大问题；你对研究进展的跟踪越完善，你就越容易找到可以批评与补充的观点。

　　论文写作中的常见问题是找不到研究意义，比如说整理一批材料，尤其是第一手材料，就像一项不得不做的工作。一定要说有什么意义，那就是为某些问题的研究提供了重要资料。至于究竟有什么样的关联，就姑且不论了。在学科起步阶段，这么做大体可以理解，而今学科发展已越来越成熟，这么说的话不免有偷懒之嫌。还有一种情况是走向了另一个极端，在突出研究意义的时候显得关联性不强，明明做的是分期断代的工作，非说对了解古代社会如何重要。突出意义，有点像是"上纲上线"，即要把研究所涉及的方面拔高一点，"高调"一点。高调代表更广大群体的认同，因为我们通常的研究都是具体而微观的，除了研究者本人，真正了解的人很少，你不可能要求别人都了解这么微观的研究，除非你能够告诉大家该项研究与他们的相关性。

　　具体来说，写作研究意义时需要考虑上一个部分所说的研究意义的呈现方式，即关联性、独创性、科学性与逻辑性。也就是在写作中需要考虑自己的研究与学科内、外重大问题的关系，需要考虑自己的研究有什么样的独到贡献，以及自己是以怎样的思路展开研究的。一般地说，拔高或上升到足够高度，似乎并不难；甚至独创性也不难实现，比如研究的是一批第一手材料。但是，如何把两者联系起来需要科学论证，需要合乎逻辑。学术研究高度强调这一点，否则它与民科、八卦就难以区分开来。我们在写作研究意义时，需要考虑这三条线索。按照这三条线索来写，研究意义相对就比较好把握了。

　　研究意义部分通常只有几句话，属于画龙点睛之笔，但是这几句话不是很好写。我们经常看到地方政府或研究机构邀请国内权威专家莅临遗址现场考察，开现场会，目的很简单，希望专家能够点出遗址的重要性。为什么重要？究竟重要在什么地方？高水平的专家就是那些在平淡无奇现象背后发现重要意义的人，而一般人就看不出来，虽然材料就摆在眼前。一篇论文若是能够把重要意义恰到好处地点出来，就会一下子增色许多。

对于作者而言，不妨认真地问自己两个问题：为什么要写这篇论文，以及你在论文中究竟发现了什么？如果你能够做出清楚的回答，那么写作这个部分就不难。通常遇到的情况是，研究意义写得不够突出；或者意义写得太多，重点不突出。一篇论文有一项突出的意义就可以了，重要的是，这项意义能够给人留下深刻的印象。而要做到这一点，需要知己知彼，即如上文所说：所谓知己，指了解自己论文的贡献所在；所谓知彼，指了解学科的大问题、学术进展（有利于定位自己的研究）以及学科发展的需要。

第三章 考古学研究的问题

首先要说明的是，研究并不必定需要从问题开始，虽然我们强调问题的重要性，并把问题放在前面的章节谈论。考古学研究可能从材料开始，也可能从理论思考（推导）开始，当然，也可以从问题开始。不论从哪里开始，最终都要落实到具体问题上，这也就是为什么我们从一开始就强调问题的原因。问题可能是从考古材料的整理中发现的，也可能是在学习最新研究进展中注意到的，还有可能是从精读理论著作中受到的启发。总之，从论文的组织来说，它是以问题为中心的，尽管它的来源多样。

近些年来看学生的论文有一些现象，有些论文中没有问题，尤其是以材料整理为中心的论文。论文中可能提及了许多问题，但是跟论文的组织都没有什么关系。还有的论文虽然提出了问题，但这些问题十分宽泛，宽泛到难以解决的程度，比如一篇小论文要去讨论人类起源的问题，世界考古学家与此有关的研究著述汗牛充栋，怎么可能用一篇小文章解决呢？还有一种情况，就是所找的问题很琐碎，通过检视材料就可以知道，用不着专门组织研究，并撰写论文来解决。比如研究一个石器组合中是否有手斧，是或不是看看材料就知道了（这里面真正有意义的问题是手斧的标准）。

当然，究竟什么是问题，是很值得思考的。问题导向的研究是现在科学研究的基本特征，尤其是在自然科学中，它往往要求非常明确的问题，并给予明确的回答。而在人文、社会科学研究中要求没有这么严格，如梳理考古学家夏鼐先生的研究史，叙事过程就是研究，问题并不明显，或者说是暗含于其中的，它们更像是一些关注点或兴趣点。因此，我们需要拓宽有关研究问题的思路，否则就会用自然科学研究的模式来套人文、社会科学研究，进而认为人文、社会科学研究不科学、不成熟乃至没有意义。

　　宾福德有篇文章叫作《研究的问题来自哪里?》①，我也写过一篇近乎同名的文章②。宾福德的那篇文章我也有贡献，不是我写了什么，而是在他的课上我经常问一些不着边际的问题，这也是他写此文的一个出发点。这里主要目的不是从考古学理论意义上探讨考古学研究的问题来自哪里，而是更侧重跟学生学习考古学研究相关的方面，了解何为问题，如何发现问题，当然也包括思考问题的来源这样的理论问题，最后，我们会讨论如何提高发现问题的能力。

一、问题的重要性

　　为什么一项研究需要问题? 我们也许把问题理解为关注点更合适一些。一个人很少能够同时关注两件事，只有把注意力集中到一件事上的时候才能有效地把握它，这可能是一项研究需要一个明确问题的最直接的原因。它是我们关注力的焦点，离开了焦点，也就失去了理解能力。一般地说，问题是中心思想的来源，是组织研究的中心，研究从问题出发，围绕问题展开，找到一个好的问题，文章成功一半。没有问题时，我们是盲目的。我自己有个切身的体会，在装修房子的时候，需要频繁去逛家具市场，这些市场往往都是巨无霸，很容易迷失在其中。我在不知道自己需要解决什么问题时，逛上一天，收获寥寥；相反，如果我清晰地知道自己需要解决什么问题，那么即便我不知道市场有什么，我也会根据自己的需要灵活处置，甚至还会基于新的发现产生一些新奇的想法，办事效率很高。我想大家对这样的体验应该不陌生。作为学生，有时候状态好，有时候状态差，好的时候大多是任务非常明确、注意力非常集中的时候；学习不在状态的时候，往往是没有处理好事情轻重缓急的时候。曾国藩有言："置之一处，无事不办。"问题就是任务，就是我们需要集中注意力处理的对象。

　　我在读博士的时候，曾向宾福德请教，可能是我的问题不清晰，也可能是我的表达有问题，宾福德告诉我："只有你告诉我你想解决什么问题，

　　① L. R. Binford, "Where Research Problems Come From?" *American Antiquity* 66 (2001): 669 - 678.

　　② 陈胜前：《考古学研究的问题来自哪里?》，《南方文物》2013 年第 2 期。

我才可能给予你指导。"的确如此，学生找老师，如果是什么问题都不清楚，指导也就无从谈起。其实，不仅是找老师，如果有合适且明确的问题，同学在一起讨论，也会非常有收获。三个臭皮匠，赛过诸葛亮。也就是说，你一旦确定了问题，即便自己不能解决，也比较容易找到帮助。我曾在课堂上做过实验，当我提出一个明确的问题，让大家讨论，我原以为自己已经穷尽了答案，拿出来讨论不过是为了训练一下同学而已。然而每次讨论都出乎我的意料，每名同学都能提出一些新的看法，大大拓宽了我的思路，我也深切体会到什么是教学相长。

有了问题，才有必要学习、借鉴，才有必要发挥自己的创意与创造，才有必要组织时间、精力、财力去进行研究，才有可能在纷繁的事务中摆脱出来，集中注意力于一点。所有这些都归功于"能一"！问题研究可以激发人进入最佳的生命状态。有了问题，日思夜寐、废寝忘食、念念不能忘。你会突然发现排队等待、走路、骑自行车等时候都可以用来思考。更不可思议的是，你会发现人在睡着的时候也可以工作，在梦里会突然发现问题的关键所在。进入这种状态之后，你的心绪会变得非常沉静，你会变得更加能够容忍，因为你的精神有了锚碇，不会为琐屑所干扰；你的感觉会变得更敏锐，会突然发现以前忽视的美好地方。你实际会更健康，尽管你工作的时间似乎远远超过了平时（如果算上梦里的工作的话）。"衣带渐宽终不悔，为伊消得人憔悴"，因为研究者从中得到心理学上所谓的高峰体验，此时你会发现研究是世间最美好的一件事。我们需要寻找这样的问题，让它们点燃我们的工作热情！

二、问题的范畴

所谓问题，就是有关某项主题的疑问，由此它至少涉及两个方面，一是主题，另一是疑问。主题代表方向，疑问代表将要展开研究的地方。做研究首先需要确定方向，这里方向是一个很宽泛的概念。对学生而言，它首先指学生今后一段时间要着重学习的地方。方向的好坏，很大程度上影响学生将来的发展。所谓好的方向，就是指那些在学术前沿有较好前景的研究领域，它们必须有一定的前瞻性，否则不成其为方向。方向的影响对博士生来说尤为明显，因为它将决定博士生在攻读博士学位期间乃至博士毕业后相当长的一段时间内的研究选择。有些研究主题已经过时，或者说已经没有多少可以进一步深入的空间，在这些方向上做博士论文，如果努力的话，当然也可以毕业，但是已经穷尽了发展空间，对将来的发展非常不利。所以，方向的选择是需要很慎重的，也正是在这里，学生需要得到有效的指导，也正是在这里，指导老师可能发挥最主要的意义，无疑比挑学生论文中的标点符号问题重要得多。

方向是学生进入研究之前就要确定的，然后才是选择一个明确的研究主题。比如说，我招收博士的方向为史前考古，史前考古的领域很宽泛，而我指导的方面侧重于考古学理论、旧石器考古、石器分析、旧新石器时代过渡、遗址形成过程研究、文化适应方式研究、早期农业社会研究等。我能够发挥指导作用的方向是有限的，学生之所以选择我为导师，是因为他们与我在某些方面有共同的兴趣，我有可能在这些方面提供一些指导意见。如果学生选择了我无法指导的方向，这就有点难堪了。这是学生报考研究生时的失误，也是老师选择学生的失误。学生基础再好，老师指导不了，也是没有意义的。老师与学生商议确定了一个方向之后，就要确定研究主题。以早期农业社会研究为例，我们可能进一步商议，家户考古是一个学术前沿方向，可以尝试，研究区域可以选择学生最熟悉的地方，那里有一些保存非常完好的遗址，适合进行这方面的研究。

当这些尘埃落定之后，学生就要进入"疑问"阶段了。所谓疑问，至少有两层意思，一层是指前人的不足，另一层是指还没有解决的、尚待探索的问题。所以在做研究的时候，一般先说前人在这方面的研究中做了什么，前人还有什么不足，然后再说自己要去解决什么问题，准备怎么做。接着上面的例子来说，这里涉及家户考古的操作模式研究，也就是：家户考古应该如何去做？前人是怎么做的？存在哪些问题？接下来还有典型案例研究，我们从保存最好的遗址中能够得到什么？不同的时段有什么不同的发现？当我们把这些串联起来的时候，运用考古学长时段考察的优势，我们又能够发现什么？如此等等的问题结合起来，就构成了一篇博士论文的框架。我们通常讲研究要"大处着眼，小处着手"，大处是宏观的视野，小处就是切实的落脚点，这两者必须结合起来，方能构成真正的研究。学生通常就是在结合上出问题，有的只有大处，不能落到小处，这样的话，文章就容易空洞；有的正相反，只有小处，通常是一批材料，而不能上升到大处，导致研究意义不能显现出来。

我们考察问题的另一个视角，也就是追问六个 w 的问题，即 when（什么时代）、where（什么地方）、what（这是什么）、who（这是谁的）、

how（这是怎么形成的）、why（为什么会出现这个）。这些问题是任何学科都要解决的，考古学尤其是这样。比如说发现了一座墓葬，我们就要问：它是什么时代的？墓分布在哪里？墓葬中有些什么东西？墓葬的规制是怎么建造的？为什么会用这种形制？年代问题是考古学研究中首先面临的问题，年代不清，后续研究都是枉然。我曾经听过罗伯特·凯利（Robert Kelly）的一个有关最早美洲人研究的讲座，他是美国考古学会的主席，也是宾福德的高足，讲座上我问了他一个问题：目前有关最早美洲人研究的关键是什么？我以为他会从过程考古学的立场发表一些看法，不料他回答说是年代、年代，还是年代。他的回答的确让人有些震惊，作为过程考古学家，他更应该关注 how 和 why 的问题，然而情况不是这样。这个例子说明，不论你采取什么立场，考古学研究所需要回答的问题都是有层次的，首先必须回答 when、where 的问题，然后才能回答 what 以及 who 的问题，最后才能回答 how 和 why 的问题。当然，考古学研究终究要追问 how 和 why，这两个方面的问题是当前中国考古学研究探索相对薄弱的地方，也是我们今后发展的方向。

这里还需要指出的是，不同的范式对六个 w 的问题有重要影响。在文化历史考古学中问到了六个 w 的问题，在过程考古学中同样也问了一遍，在后过程考古学中，把六个 w 的问题以一种新的形式又问了一遍。文化历史考古学侧重研究 when、where、what、who，尤其是 who，即族群与族属的问题，当然，文化历史考古学也解释 how 和 why。它主要是从传播论的角度讲文化为何会改变，虽然它也会提及其他的原因，但这个角度的研究最为透彻。过程考古学同样也讲这些问题，但是在考虑这些问题时不再侧重器物的形制特征（注意：what 的含义已经发生了改变），而考虑器物与古人生活、社会运作的关系；它所考虑的 when 和 where 也有所不同，更侧重与古人活动相关的方面而非考古材料本身的时空特征，如活动的季节性、功能区的位置与范围等；它所回答的 how 和 why，也是古人活动本身的，尤其是生计方面的。后过程考古学同样如此，它主要关注的不再是功能，而是文化意义；不再是人的适应，而是人的能动性，即人对自然、社会与人本身以及三者之间关系的塑造，最终排除了存在客观外界的可能性。它的 when、where 强调的是情境，事情发生的关键不只有在场的因素，更关键的是那些不在场的社会关联。与之相应，它所看到的不只古人如何生活，更是这些活动更深层次的意义；它也会解释 how 和 why，不过更多是从人、从社会的角度来回答的。比如后过程考古学大家霍德在回答定居起源问题时，他强调人之于可感知风险的有意规避以及对生活稳定连续的追求，跟过程考古学从环境变迁与人口密度增加的角度来回答大异其趣。

因此，在不同的范式里，研究者所问的问题是不同的，收集的材料信息也是不同的，所采用的理论和方法都会有很大的改变。大家做研究时，需要知道自己所处的范式，需要知道自己的出发点和理论基础，研究所立足的根基——概念纲领（核心概念的内涵，这将会在第七章理论原理部分重点讨论）。这是一种理论的自觉，我们需要这样的自觉。这有点像电影《黑客帝国》所暗示的，电影的英文名叫 *Matrix*，按照电影的意思，所谓 Matrix 就是人的认知所处的背景关联，这是可以设定的，就像软件编程一样，你没有吃到真正的牛排，但可以设定你吃到了牛排，并且还在回味它的滋味。范式就有点像 Matrix，范式之外的文化背景也像是 Matrix，处在一种文化背景中所认为正道理当的事在另一个文化背景里可能不会被认同。有这样的自觉，可以避免刚愎——自以为掌握了绝对真理。

我们思考考古学研究的问题还有一个角度，那就是考古学研究"透物见人"的五个层次（参见第一章、第七章），从考古材料特征，材料形成过程，狭义的透物见人，行为、社会、历史与文化，最后到哲学，考古学问题在每一个层次的研究中都会出现。每个层次都可以做出很好的研究，并没有什么高下之分，要依据自己的材料条件和兴趣选择适合自己的问题层次。最常见的是在考古材料特征和狭义的透物见人两个层次。考古材料特征研究主要运用考古地层学与类型学，解决考古材料的时空（年代、分布等）问题。所谓狭义的透物见人，指通过研究器物（陶器、石器、青铜器等）、遗迹（房屋、聚落、墓葬等）或废弃堆积（动植物遗存、沉积物等）来还原古人的活动，其中包括众多考古科学或者科技考古研究以及传统考古学研究。以上两者是中国考古学研究的主体。相比而言，材料形成过程研究在中国考古学中做得较少。考古材料是如何废弃的？经历了怎样的改造过程？其中包括文化改造和自然改造，如后人的再利用和动物活动扰动。如果只是假定所有的考古材料都经历相同的形成过程，就会导致考古推理存在严重的漏洞，突然废弃的遗址更可能留存大量保存在原位的堆积，经过缓慢废弃的遗址很少有这样的堆积，而我们要准确了解古人的活动，后者就有问题。有些遗憾的是，中国考古学研究中对这些问题是考虑不够的。至于说从哲学层面来讨论，这个层面的研究在中国考古学研究中更加欠缺，这就使得我们的研究缺乏对理论前提的必要审察，没有这样的反思，学科范式的发展就会比较慢。简言之，我们希望中国考古学研究能够更深入、更宽广，不要忽视一些关键问题。

三、何为好问题？

大多数时候大家并非没有问题，而是问题过于宽泛，不够明确，以及有许多问题，不知道该从何入手。研究的过程也是一个问题逐步明确的过程，也就是一个发现问题的过程，同时还是一个不断评估问题的过程，评估它是否有意义、是否可行，如此等等。最终，我们要找的是一个好问题，一个能够激发我们的研究热情、确实有可能完成并且真正有意义的问题。这里涉及几个关键词，成为我们评估不同问题的标准，大家在选定问题的过程中，不妨对照它们衡量一下自己的问题。

首先是要有意义。你所研究的问题必定是与研究意义密切相关的，一项研究，若没有意义，那纯粹是浪费生命。中世纪欧洲的传教士们争论马嘴里有多少颗牙齿（就是不肯掰开马嘴数一数），针尖上可以站多少个天使，以及地球为什么是平的等问题。你就是穷其一生，证明地球是平的，这有意义吗？地球是圆的，不是平的，这是南辕北辙式的研究。我们现在看这样的事觉得是一个笑话而已，充其量只是一个比喻。我们的研究中是否也存在这样的情况呢？比如有人研究古埃及与中国的夏王朝同源，还有人研究美洲的玛雅与中国商王朝的关系，研究陶器如何从华南经由日本、东北传到了华北，如此等等。这些问题都不是真正有意义的学术问题。为什么这么说呢？因为它们并不是什么新鲜事物，不过是 19 世纪超级传播论的翻版。那个时候，由于种族主义的蛊惑，欧洲殖民者认为北美土著没有能力发展文明，这些文明应该来自近东，是某个被驱逐的群体，所以这些文明发展的程度不高。他们认为非洲的大津巴布韦文明也是如此。这些研究在学理上就不成立，相似或相同不等于必然有联系！

那么什么才是有意义的问题？正如前面所说的，意义始于被需要，它是学科发展中需要回答的问题，因此需要对学科发展有所了解，了解它的需要，满足它的需要。一旦你能够把握学科发展的关键需要，你就具备了成为大师的素质。20 世纪 60 年代，美国考古学进入了一个临界状态，之前如朱利安·斯图尔特（Julian Steward）、瓦尔特·泰勒（Walter Taylor）、戈登·威利（Gordon Willey）等已经提出让美国考古学走出文化历史考古，进而研究古代社会的运作，也就是我们经常说的功能主义考古。但是，如果从范式的角度来说，这些研究缺乏明确的概念纲领与理论方法体系，更多是一种功能主义考古的实践。这个时候宾福德脱颖而出，他写了《作为人类学的考古学》一文①，旗帜鲜明地提出要研究作为文化适应的文化，过程考古学的概念纲领正式出炉。这篇文章比较晦涩，从论文写作的角度来说并不是很合适，但它的学术意义非常重要，它满足了当时学术发展的需要。当时学科已经发展到了那个程度，没有宾福德，也可能会有其他学者提出类似的想法。不过，正是宾福德首先做到了，这篇文章也成了考古学发展史上的一个里程碑。

其次是要新颖。这个要求似乎有点重复之嫌，因为有意义的研究必定要有新意，要有创造性。另外，对学生的研究而言，新颖并不总是需要的，因为有时纯粹为了训练的目的，比如说为了掌握某个方法，刻意去做一些重复性的工作。这里之所以单独强调，是因为新颖关乎后面要说的研究视角的选择。问题的新颖，在某种意义上说就是视角的新颖。我们看到一些论文所追问的问题都是前人已经研究过的，不过换了个时代或地方，这样的问题就说不上新颖。

如何才能做到新颖呢？显然，你需要了解学科研究的进展，知道哪里属于研究前沿，知道前人研究已经达到什么程度，知道这些研究存在哪些不足，这样的话，实现新颖也就不那么难了。研究的空白地带自然是新颖的，纠正前人的错误与偏颇的观点自然有新意。再者，你需要养成一种独特的眼光，去发现那些不为人所关注的地方。而要做到这一点，就需要有对理论知识的深入学习与思考，比如说你学习了后过程考古学的理论，再来看考古材料，就不会像过程考古学那样将其看作客观的物质，而是会将其看作为文化意义所渗透的东西。你看到一张饭桌，就不会简单将其看作吃饭的地方，而是会看出它所包含的意义，如在中国，饭桌文化就是一门大学问，怎么安排座次相当讲究；而在西方，又有所不同，连桌子的形状都因此而发生改变。

实现新颖的关键就是忠于你所在的时代、你所研究的材料以及你自己的兴趣。因为你所在的时代是独一无二的，你所研究的材料也必定是特殊的，你自己更是无可替代的。立足于这些基础，自然能够找到新颖的问

---

① L. R. Binford, "Archaeology as Anthropology," *American Antiquity* 28 (1962): 217 - 225.

题。不幸的是，我们很多时候忘记了自己生活的时代，以为自己生活在几十年前，或者生活在西方，询问的问题要么老套得要命，要么完全不接地气。找不到自己所研究材料的特殊性，所以虽然有第一手的研究材料，最终只能做出一个千篇一律式的研究。一篇论文写成之后，只需要换个地名、换些测量数据，就可以直接翻版成为另一篇文章。不知道自己的兴趣之所在，就像赶热闹似的围观热点问题，这样如何能够找到属于自己的具有独特性的问题呢？

再次是要有可行性。可行性可能是学生最经常遇到的问题。对于初生牛犊不怕虎的同学来说，并不害怕提问，但是到需要自己解决问题时，就可能眼高手低，虎头蛇尾。影响可行性的一个因素是问题的大小，如果问题太大，限于时间、精力以及知识基础，是不可能按时保质保量完成的。一般来说，本科论文相当于半篇到一篇可以发表论文的分量，硕士论文相当于一至三篇可发表论文的分量（也就是从硕士论文中可以生发出来的论文），博士论文至少是三篇以上（不然博士后阶段是不可能按时完成成果要求的）。按照这样的分量，本科论文的题目应该是最小的，也是最明确的，比如研究某个现象，这个现象最好不要太复杂，不要涉及太多的材料。硕士、博士论文的问题自然要更大一些，不过，目前遇到的主要问题都是问题太大。问题越大，牵涉的方面就越多，驾驭起来也就越困难，需要投入的精力也就越多。博士阶段尚可以延期，本科、硕士阶段极少听说因为论文延期的，为了避免拖延，一定要控制题目的大小。当然，如果题目太小，尤其是对博士论文来说，就可能导致论文体量不足，以及论文最后的理论高度不足。

影响可行性的另一个因素是考古材料。这里面的关键是学生对考古材料的理解程度。这是什么意思呢？如果有学生参加了这批材料的发掘，同时对这个区域的环境条件、文化序列比较了解，我们就大体可以相信这个学生对这批材料有较好的理解。如果从来没有接触过实物，对该地的自然与历史都不甚了解，纯粹从报告来理解材料，这样理解的深度就不是很理想。你研究一个遗址的出土材料，从来没有看过该遗址，从来没有看过实物材料，纯粹从纸面上得到的认识是不大靠得住的。理性与感性认识统一才能得到比较好的理解。涉及考古材料的另一层意思是有没有充分的材料可以研究，巧妇难为无米之炊，想法再好，无法落实到具体材料中去，就难以完成研究。学生做毕业论文，有时会用到地方研究所的发掘材料，一般经过协商，只要不发表，地方研究所都是很支持的。有时地方研究所还希望借学生的研究把发掘材料整理出来，这是相得益彰的好事。偶尔也会出现有材料但是无法研究的情况，导致研究不具可行性。

最后是要掌握研究方法。考古学的方法很多，但是学生与指导老师所能掌握的是有限的。学生需要考虑的是，自己是否有可能学会所需要的研究方法，如 GIS、考古统计分析、数据处理等。研究生阶段时间较长，还有可能抽出时间学习，但需要提前安排。我们的考古教育，不论是本科阶段还是研究生阶段，更多强调基础知识的传授，并不强调方法的训练。因此，学生需要自己安排方法学习的时间，研究中经常应用到的方法包括计算机制图、统计、数据录入、GIS 等。这是一些常用的方法，还有一些更加专业的方法，如石器、陶器、动物遗存、植物遗存等分析方法。方法代表能力，有多大的能力就做多大的事，力不从心，就需要缩小问题；如果条件允许，那么就努力拓展与提高自己的能力，进而完成更有挑战性的任务。

四、问题的来源

宾福德在《研究的问题来自哪里？》一文中提出，考古学家应该从考古材料本身中寻找其含义，应该去解释（explain）考古材料，而不是去阐释（interpret）考古材料，把外在的意义赋予考古材料。也就是说，前者认为问题来自考古材料本身，而后者认为问题来自考古材料之外（至少过程考古学是这么看待后过程考古学的）。过程考古学与后过程考古学就研究问题的来源分歧明显，这内外之别构成当代考古学研究的一个主要争论点。

为了理解问题本身，有必要追溯一下分歧的由来，也就是各自立场的形成过程。过程考古学兴起于 20 世纪 60 年代，其萌芽还可以追溯至三四十年代的功能主义考古，欧洲大陆有晚期柴尔德的思想转向、克拉克的生态考古，美洲有泰勒所谓"缀合考古"、威利的聚落考古等。不论是哪一种主张，其中都有不满足于当时考古学研究现状的努力。考古学家研究的主要对象是实物遗存，无论是哪一种理论体系或者范式，都没有否认这一点。问题在于（传统的）文化历史考古学家关注的更多是遗存的形制特征，并认为这些形制特征可以代表一定历史时段、一定地理空间范围内的人们——他们的历史、社会互动甚至是文化传统（类似于民族学家或文化人类学家所说的文化传统，但考古学家研究的文化载体仅限于所能见到的实物遗存）。为了实现这样的目标，考古学家必须借助系统的发掘方法，确定考古材料的相对早晚关系（区分叠压打破关系与进行分期排队），并进一步甄别遗存形制特征的分布变化、相互影响等。泰勒批评考古学家的目标过于有限，这限制了考古学的发展，考古学家应该以遗址为研究中心，而非器物。

泰勒的概念体系是不完整的，他更多是批评，而没有提出有效的替代体系。后来的过程考古学提出了更完整的构架。过程考古学强调考古材料不仅仅具有形制特征，它们还是功能性的。考古材料是人类行为的产物，反过来说，考古材料能够也应该反映人类的行为。一件石斧的形制特征固然可以让我们了解它所属的时代，不过就这件器物而言，它最重要的意义还是作为石斧本身在当时人们生活中所发挥的作用，比如说它被用来砍伐树木、兴建居所。过程考古学强调从系统的（systemic）角度研究考古材料，考古材料作为系统的变量，就像疾病的症状一般，可以指示系统的状态。过程考古学所谓的"系统"并不仅仅指系统论意义上的文化系统，它还暗示考古材料可以代表人类过去的文化（功能意义上的文化）变迁。在考古学研究实践中，所谓"系统"更多是指一种规律的构建，或者称之为考古学理论。对过程考古学来说，理论的构建是研究的出发点，也是研究的归宿。从一般性的理论出发，通过演绎推导出可以由经验世界验证的假说，通过检验假说来解释考古材料的特征。理论在检验中得到进一步的加强。最终，考古学形成可以贡献给人类的、具有普遍意义的知识。获得具有普遍性的知识（规律），是考古学的最终目标。

过程考古学的研究理念跟自然科学研究基本一致。如果觉得上面说的过程考古学研究途径难以理解的话，不妨将之与自然科学研究进行比较。可以把考古学跟古生物学做比较，它们都研究远古遗留下来的零星遗存。例如，当古生物学家拿到一颗牙齿的时候，他们需要依赖进化论、比较动物解剖学、生物力学、生态学等基本理论原理来推导古生物的特征与环境的关联。没有这些理论前提，他们将寸步难行。而他们对化石材料的研究反过来又进一步丰富了古生物学理论，增加了人类的古生物学知识（经过充分检验的理论）。正是在类似的意义上，我们说考古学理论是过程考古学的出发点与归宿。然而，迄今为止，经得起检验的有关人类行为的理论或规律是罕有的，但这不是说人类行为不存在一定的规律，尤其是在人类行为到物质遗留的过程中。考古学家发展出了一系列的理论方法来理解这个过程，从而实现通过考古遗存推断人类行为的目的。过程考古学家的目的并不限于此，他们还希望从考古学的角度理解人类演化的统一性。总而言之，过程考古学将寻找普遍性视为研究的方向。

考古材料具有包含时空意义的形制特征，具有指示人类行为的功能特征，但是在后过程考古学家看来，这些都不是考古材料的本质特征，而是其中的意义。实物材料本身并不具有意义，所有的意义都是人类赋予的，比如吃饭，它固然是人类的生理需要，但是要理解一个社会的吃饭行为，仅仅从生理需要的角度来看就是舍本逐末。这个社会赋予吃饭的意义才是最值得研究的，最能代表这个社会的特征，所以，后过程考古学说所有的考古材料都是"意义地构建的"（meaningfully constituted）①。意义是人类主体性的表征。在后过程考古学看来，脱离了人类主体性，考古材料就没有实现其真正的价值。正是基于此，后过程考古学强调研究人类的主观能动性（agency），强调人如何赋予物质意义，研究人如何运用物质来构建社会关系。意义成为考古学研究的主要方向。由于意义的生成必须依赖特定的历史、社会与文化条件，甚至是个人因素，所以意义的阐释必然是多元的、相对的。

从古人的行动的角度来看，驱动古人行动的因素除了可见的功能上的考虑，还有许多不可见、不在场的因素的影响，这些影响甚至更大、更重要，也就是所谓的情境因素。因此，脱离了情境，古人的行动无法令人理解。我们要研究古人，就要重建情境。从考古学家的角度，我们的认识也处在一定情境之中，可以说深受政治、经济、文化等的影响，我们有关过去的知识生产是无法摆脱这些影响的。按后过程考古学的观点，物质遗存是过去与现在的中介，考古学家是居中的协商者，他们如何阐释物质遗存就是这种协商的结果。

了解了争论发生的根源之后，我们再来回答"考古学研究的问题来自考古材料之内还是之外"。若是从考古材料的性质角度来看，问题无疑都来自考古材料本身，无论是形制特征、功能属性，还是意义的赋予，它们都没有离开考古材料。当然，形制特征的认定是生活在当代的考古学家的认识，同样，对功能的界定、意义的确认也都是当下的认识，而不是古代的。这样的主观性并不能否认认识的对象——考古材料——是客观的存在。区别在于过程考古学强调检验，即考古材料作为经验事实可以检验理

---

① I. Hodder, "Post-processual Archaeology," in *Advances in Archaeological Method and Theory* 8, ed. M. Schiffer (New York: Academic Press, 1985), pp. 1 - 26.

论假说，它批评传统考古学以分类为中心的研究难以检验，也反对后过程考古学排斥检验的做法。后过程考古学的回应是，所有的材料都是"负荷理论的"（theory-loaded），所谓客观检验并不存在。进一步说，如果将检验的方式不限于考古材料的话，历史实践也是检验的方式，后过程考古学并不乏检验；同理，以分类为中心的研究随着考古材料的丰富、考古学家认识的提高也是可以检验的。比较而言，这三种主张对材料的依赖处在伯仲之间，传统考古学最依赖考古材料，但是其检验却不只是考古材料，而是历史实践；后过程考古学也是如此，但它的立足点依然是考古材料；过程考古学强调材料的检验作用，不过，其出发点是理论演绎（大前提）。

如果从所研究问题的背景关联来看，则三种主张都具有社会历史基础，考古学研究的问题可以说都来自考古材料之外。传统考古学，又称文化历史考古学，它崛起的背景是 19 世纪民族国家的形成，对民族认同、国家意识的确立意义重大。文明探源、中国人起源等学术问题之所以受到高度重视，与中国作为一个后发的民族国家不无关系。也正是在这样的背景关联中，文化历史考古学一直居于中国考古学研究的核心。时代需要无疑是最重要的原因之一。过程考古学寻求跨文化、跨时空的统一性，其依赖的体系是科学，但是考古学家的最终研究对象是复杂的人类行为，逻辑实证主义的科学观并不足以解决这样的问题。考古学家只要离开考古材料，就不是在做纯粹的科学研究，所以，考古学家对人类行为层面统一性解释的追求并不是科学的。从后现代主义的角度来看，传统科学的背后是权力（等级的、男性的、西方的，如此等等），是帝国主义，是工业化社会单向度的思维，是貌似客观的冷酷与偏见。后过程考古学极端强调现实的关联，它一方面试图揭示物质遗存在古代社会的意义，另一方面努力理解物质遗存对于当代社会的现实意义。考古学家想知道什么深受时代背景的影响。从这个意义上说，不论采取什么主张，考古学研究的问题都来自考古材料之外。考古学家并不是生活在真空之中，每个时代、每个社会有其认知的结构，甚至具有分形的结构，即看待大小不同的问题时都具有类似的结构特征。不仅考古学如此，其他学科也不例外。

所以说，讨论考古学研究的问题来自考古材料之内还是之外可能并不是一个很好的角度，至少不是唯一的角度。从上面的分析我们也许可以说，考古学研究的问题既来自考古材料之内，也来自考古材料之外。如果关注考古材料本身的不同属性，考古材料会产生不同的问题；如果关注考古学研究的现实背景关联，也会产生多样的问题。我们可能需要更多的视角来审视这个争论，弄清楚处在当下的中国考古学研究者究竟该如何选择。

五、如何发现问题？

如上文所说，研究的起点并不一定是问题，它几乎可以从任何地方开始，但是一定会落在问题上。换句话说，问题是发现的！所谓研究，最经常的说法，就是发现问题，解决问题。最厉害的研究，是开创问题，也就是开辟出新的研究领域。这里我们侧重讲如何发现问题。考古学的研究对象是实物材料，对研究者而言，就是要去材料中发现问题，然后组织各种方法，以问题为中心展开研究，最终回答问题。下面我将结合自己的切身体会，运用具体案例来说明如何发现问题。

首先我们探讨一下针对具体发掘材料的情况，这是考古学研究中极为常见的。通常的做法是，拿到材料后，先分类，分型定式，接着分期，然后会简单地讨论一下不同考古学文化或类型之间的关系，于是研究就结束了。还有一种情况，接着讨论这批材料与哪几个问题相关，就每一个问题仅仅说几句话或一小段就结束了，有些很好的想法，但是都不能展开。材料整理完毕之后，应该说这个时候研究才刚刚开始。更合适的论文组织方式是，当我们找到一批材料，经过分类、分期后，找到若干个问题，然后从中选定一个有意义的、有可能解决的问题，开始以这个问题为中心，组织更多的材料、理论方法来回答这个问题。2009年我主持发掘了湖北郧县余嘴2号旧石器遗址，发掘很平常，遗址也很平常，共出土300余件石制品。按照传统方式来说，编写一个发掘简报，关于这个遗址的研究就结束了。但是在对发掘出土物进行分析的时候我们发现了一些有趣的问题，这些问题导致了后来的一系列研究。

第一，遗址发现的砍砸器多，使用强度很大。为什么砍砸器会如此？砍砸器是怎么做的？为什么会如此做？如此等等。以这些问题为出发点，我们在发掘过程中利用遗址附近的砾石原料做了大量的实验。实验发现，尽管当地有燧石原料，也有质量上佳的石英岩，但是古人并没有选择燧石来做砍砸器，因为燧石数量稀少。古人也没有选择石英岩，因为石英岩强度高，砾石浑圆，加工困难。他们最终选择角页岩来制作砍砸器，角页岩砾石扁平，容易打制，刃口薄锐。发掘中还发现了粉砂岩质地的、类似于砍砸器的器物，但是实验显示当地粉砂岩不可能用作砍砸器原料，它的刃口会迅速磨圆，导致无法有效使用，只是因为风化使其形如砍砸器而已。我们还发现砍砸器的使用中，握持的位置是相对固定的，只有一个最佳的握持位置，相应也就决定了使用刃口的位置，即每次砍砸使用的都是这段刃口，它的长度在 6 厘米左右。后来我们用这个发现去分析内蒙古林西白音长汗遗址兴隆洼文化时期的一件大石刀，这件器物实际是一件砍砸器。实验表明砍砸器是极容易生产的工具，并没有固定的性质，而是典型的权宜性工具，但是砍砸器常被看作南方砾石工业传统的标志性器物，这种看法实际上是不合理的。于是，这个问题的研究上升到了石器工业传统的讨论。

第二，注意到手镐的问题。余嘴 2 号遗址中仅出土两件手镐，都有三棱尖，另有一段刃缘适合砍砸。手镐尖部并没有修理痕迹，也就是说，三棱尖不是修理出来的。关于手镐的三棱尖是怎么产生的，我们又做了很多实验，最后发现它是摔击形成的。在摔击实验中我们还发现，摔击时会产生斧形刃口的大石片，可以生产薄刃斧；也会形成一些大的断块，适合制作成石球；还可能会有大石片，适合制作手斧或大石刀。总之，摔击产生的毛坯可以制造一系列工具，这一系列工具正好是汉中、洛南地区的类阿舍利工具组合，于是我们在这个基础上提出"工具链"概念。同时我们发现，如果女性能够摔开大砾石，得到原料毛坯，那么女性也可以制作类阿舍利组合的石器。这样的话，我们将研究上升到了性别问题研究。

第三，基于遗址中发现的砾石条带，我们提出了狩猎采集者的最佳栖居地理论。这段砾石条带实际是河流搬运的产物，我们随机抽样测量了砾石的大小与形状。结合我们在河流上游与下游所见，我们做了这样的推断：任何一条河流都会搬运石头，上游水动力强，搬运的石头大；下游水动力弱，搬运的对象多为小砾石与泥沙。也就是说，一定会存在一段范围，河流搬运的能力适中，其砾石大小正好适合制作砍砸器，这样的河段往往就是河流中游。河流上游地形陡峭，不适合人类活动；下游河网密布，没有舟楫的帮助，也不适合行动。所以，对简单的狩猎采集者而言，最佳栖居地无疑就是河流中游，这里多为宽谷、小盆地或山麓地带，附近还有小支流或泉水，更可能找到清洁的饮水。附近就是山林，便于找到燃料。地形相对开阔，便于活动。如此等等的优势，使得这里成为狩猎采集者的最佳栖居地带。由此，这里可能有最高的人口密度，如果需要农业起源的话，这里无疑是最有条件的区域。正是结合这一理论，我们来解释中国史前农业起源过程。

上述的例子只想说明，一批考古材料里是有很多问题可以琢磨的，要把这些问题单独提出来，围绕这些问题展开研究，再将其提升到理论高度。我们讲研究需要从"大处着眼，小处着手"，实际上，研究最终还是要回到大处。我们出发时的大处是模糊的方向，经过问题研究，我们回到的大处是一个更加明确的状态。正是经过无数问题的研究，最终得到大处的准确知识。

我们在研究开始之前，一般都会设计一些问题，我在去余嘴2号遗址发掘之前就是这么做的。这属于工作计划，但是随着发掘的进行，很快就发现自己原来的计划不切实际，原来设定要解决的问题根本解决不了。遇到这样的情况，我想大家会感到很失望。但是我们需要知道，很多科学发现都是这样的，"山重水复疑无路，柳暗花明又一村"，正是在这样的时候产生了新的机遇，新的现象、新的问题出现了，这些新问题足以回报原来的计划，甚至比原来的计划更好。因此，研究有必要保持开放的头脑，捡不到西瓜的时候，就需要考虑芝麻是否可以发挥妙用。

我后来在研究内蒙古喀喇沁大山前遗址夏家店下层文化石器时遇到了类似的情况，最初设想通过石器解决古人的生活方式、废弃过程等一系列问题。真正开始研究之后，发现材料量大，同时也不完整，既有的时间、精力根本不足以解决那些问题。但是整理材料过程中发现了另外一些有趣的问题，如有些石器标签上称为石铲，不过在仔细观察之后发现这些器物根本不合适做石铲，它们太薄了，刃口形态更像是锄头，偏锋、斜刃。还有一类打制石器称为石锄，但刃口并不像是锄头，既无刃口，也无使用擦痕。夏家店下层文化相当于夏商时期，为什么此时还会用如此粗糙的打制石器？还有一类称为梭形石刀的工具，器物背部中央都有一个或两个小缺口，这有什么用呢？于是，我转移研究方向，重点研究这三类石器，写了三篇文章，并在此基础上提炼出磨制石器分析的分层-关联的方法论，把研究上升到一个更高的层次。

上面说的是针对一个遗址材料分析的情况，需要从中发现问题；有时候我们研究的是一种现象（一类器物、一种技术等），主题比较清晰，我们需要的是不断追问更深层次的问题。最近我们研究了石球，最开始关注这个问题是在洛南，洛南出土了很多光滑的、各种大小的石球，很让人好奇。于是，我们开始收集资料，浏览前人的研究，发现国内的大部分研究更多侧重石球进行描述分类，也提出了一些观点，但都没有系统的论证。

国外的相关研究也比较少，更多关注打制过程，也做了功能上的判断，同样没有系统的论证。我们收集全国已发表的石球材料，对所有数据进行统计，发现石球的平均直径为 9 厘米，重量为 1 公斤左右。我们找到了一项体质人类学的调查研究，它统计到中国成年男子的虎口宽度正好为 9 厘米，也就是说，9 厘米是男子握持石球的最大直径。于是我们可以进一步认为石球很可能是手持投掷使用的。我们进行了系统复制实验，发现石球的制作成本很高，制作一个石球至少需要 2～3 小时，如果只用一次就扔掉，就太浪费了。我们注意到石球在少数遗址中是集中分布的，如许家窑遗址。这里的石球应该代表工具预置技术（curated technology），古人平时把石球储备在这里，待动物到来时使用，进行突然的集中攻击。圆滚的石球相比普通的砾石能够飞行更远的距离，也更精确。但是受限于重量与手持投掷的出手速度，其打击力有限，只能打伤动物，猎人还需要近距离与受伤的动物搏杀，他们自身受伤的可能性也很大。同一时期欧洲尼安德特人骨骼上的伤痕显示他们很像现在的牛圈骑手，这可能正是近距离搏杀所致。也就是说，这些旧石器时代中期的猎人还没有掌握远距离狩猎动物的技术。通过这些研究，我们对古人的狩猎行为与方式有了更多的了解，这样的话，也就将研究上升到了一个"大处"——人类演化。

在有关石球的研究中，我们没有局限于侧重于形制的传统文化历史考古的问题，而是去追问石球如何制作、如何使用，以及有何意义等更深层次的问题。这里的问题是追问出来的，这也是一种发现问题的方式。相比从一个遗址的材料中去发现问题，这种方式更多体现研究者的主动性，即我们希望去解决某些问题，而不是因为遗址材料中突出存在一个需要解决的问题。在考古学研究中，两种发现问题的方式都是需要的。就像上文所强调的，考古学研究的问题既可能来自考古学（或考古材料）之内，也可能来自考古学（或考古材料）之外。

六、最后的反思

我们如何才能学会发现问题？如何才能成为发现问题的高手？首先，问题是问出来的，需要研究者反复去质疑、去追问。我们上面提到了问题的范畴，它实际也是质疑、追问的线索。沿着这些线索去问，一定会找到许多问题。其次，尽可能丰富自己的知识储备。我们之所以能够做什么，是因为我们预先对此有所了解。高手之所以能够成为高手，是因为他对这一类问题的基本原理烂熟于心，因此窥一斑就能知全豹。再次，要求丰富的实践，经常接触材料，经常做研究，久而久之自然熟能生巧。"问渠那得清如许？为有源头活水来。""源头活水"从哪里来？这要求平时积累知识，积累问题，积累思考。一些问题现在可能无法研究，但是不等于永远不能解决，某一个时间，条件具备，这些问题就可以解决。条件的具备不是等来的，而是促成的，长期的思考与关注就会促成条件的形成。最后，我们不妨做个训练，试一试列出自己感兴趣的三个大问题，以及相应的三个可以着手的小问题。

第四章　考古材料

有一种说法，考古学就是有关考古材料或称实物遗存的科学。也正是基于实物遗存的研究，考古学由此区别于历史学、人类学等与之密切相关的学科，或者说从这些学科大门类中独立出来。考古材料的基本属性就是实物遗存，由此也决定了考古学研究的理论、方法与实践，其中的核心就是透过实物遗存了解过去，简称"透物见人"。在某种意义上，理解考古材料，就是考古学研究本身。不过，这里我们讨论考古材料，是从更狭义与更基本的角度来考虑的，希望通过这个讨论，让大家更好地了解考古材料的性质、形成过程、研究过程以及相关问题等。

一般地说，考古材料研究可以分为三个阶段：一是采用科学的方法发现与获取考古材料；二是解码或者说分析考古材料，这是考古学中非常关键的一步，考古材料自己不会说话，需要解码分析的过程，解码分析环节涉及很多研究，包括多学科的分析；三是根据解码出来的信息，组织起来回答问题或进行阐释。考古材料研究中这三个阶段可以是独立的，同时又是透物见人的不同步骤。就中国当代考古学研究而言，发现和整理考古发掘材料是最主要的部分，解码分析考古材料相对比较弱，由此利用考古材料回答问题方面的研究相应也较少。这也是大部分人是对中国考古学不满意的地方。

科林·伦福儒（Colin Renfrew）与保罗·巴恩（Paul Bahn）的名著《考古学：理论、方法与实践》开篇写道："考古学部分工作是搜寻古代珍宝，部分是缜密的科学探究，部分是创造想象。它既是在中亚沙漠烈日下的辛苦发掘，在阿拉斯加冰天雪地里与现代因纽特人共同生活，在佛罗里达海滨水下考察西班牙沉船，在约克郡罗马时代的下水道里勘探，它还是艰难的阐释工作，以便我们能够了解这些东西对于弄清人类历史真相的意义。而这也是对世界文化遗产的保护——以防盗掘和草率的破坏"①。从中不难看出，考古学研究的所有工作都是围绕古代遗存展开的，包括调查、发掘、理解、应用等。正是通过发现过去遗留下来、分布在各种地方的实物遗存，考古学的工作变得如此丰富多彩，披上了浪漫的色彩。

与此同时，我们知道过去能够遗留并且保存下来的东西是十分有限的，通常是零散的、破碎的，这就构成了考古学研究的基本特征，要把这些东西组织起来，复原出曾经的生活场景。这无疑是一项艰难的任务，其中包括无数琐碎的整理与分析工作，成为考古学似乎阴暗的一面。但也正是通过艰难的探索，考古学研究揭示出有关过去的重要信息，考古学研究者在此过程中得到极大的满足，实现了其工作的意义。

一、什么是考古材料：考古材料观的问题？

究竟什么是考古材料呢？对于许多人来说，这似乎是个多余的问题，考古材料不就是保存下来的古代器物与遗迹吗？然而，这里也许需要说明，古代的实物遗存并不等于考古材料。考古材料是考古学研究者在一定的理论方法框架中为了学科的目的获取的有关古代实物遗存的信息。地下或地上残留的古代遗存如果不能被考古学研究者认识，也不能构成考古材料，也就不能成为考古学研究者的研究对象，为他们所利用。而考古学研究者的认识是受制于时代背景、理论方法以及相关学科发展水平等相关因素的。我们可以进一步说，考古材料是考古学发展到一定阶段的产物，随着考古学的发展，我们对考古材料的性质、内涵、意义等方面的认识也是不断变化的。

考古学家琳达·帕提克（Linda Patrik）曾把考古材料分为两个模型②：化石记录与文本。前者指考古材料是人类活动的化石记录；后者则认为考古材料类似于文本，可以反复解读，不同的理解或阐释可以同时合理并存。这种划分有简单化之嫌，实际情况要更复杂。回顾一下考古学发展史，我们知道一开始并不存在考古材料这种东西，虽然人类在历史上很

① 科林·伦福儒、保罗·巴恩：《考古学：理论、方法与实践》（第六版），陈淳译，上海古籍出版社，2015，第 7 页。

② L. Patrik, "Is There an Archaeological Record?" in *Advances in Archaeological Method and Theory* 8, ed. M. Schiffer（New York：Academic Press，1985），pp. 27 - 62.

早就接触到古代实物遗留，当时的人们视之为神物，而不是人自身的产品。后来逐渐认识到古物的人工性质，但是直到19世纪中期才认识旧石器时代石器的人工性质。相比而言，认识古希腊罗马的艺术品没有这么困难，从文艺复兴以来，社会上层人士就有收集这些艺术品的习惯，不过直到18世纪中后期，这类古物鉴赏才上升为近代考古学的一个部分。温克尔曼开创的艺术史研究，首倡利用风格进行年代划分，通过器物了解历史，强调器物的空间分布对了解其作用的意义。不过，对艺术史研究而言，古代器物，尤其是艺术品，是一个时代精神的表征。由于古希腊罗马与西方历史一脉相承，加之有文献的辅助，后世的研究者就有可能理解其中的变化。

19世纪初北欧古物学中发展出著名的"三代论"，早期的开拓者如汤姆森（Thomsen）、沃尔塞（Worsaae）等把古物视为民族先祖的遗留，他们研究古物是为了探索民族的早期历史，同时也是为了增强民族的凝聚力，以应对外来的侵凌。而考古学的另外一个分支领域，即旧石器时代考古，关注的是人类的古老性，即人类的历史究竟从何时开始。受制于西方宗教思想的约束，长期以来，人们相信人类及世界都是上帝晚近时期创造的，历史不过六千年。随着地质学、古生物学的发展，地球的古老性逐渐得到承认，人们了解到地质过程的古今一致性，也开始接受石器的人工性质以及它们与古老动物化石之间的共存关系。早期的旧石器考古学受到古生物学的明显影响，把石器看作人类文化的"化石"，就像古生物学用标准化石代表年代一样，那个时候也用典型石器指代文化年代。

因此，从考古学的发展历史来看，考古学领域内对考古材料的理解存在差异，并没有一个统一的模式可以概括19世纪的考古材料观。这样的差异一直延续到20世纪。20世纪初，立足于考古学文化概念，文化历史考古学的范式（参见第七章、第八章）形成，这是考古学研究的第一个真正的范式。这个范式的渊源就是早期北欧的古物学，也就是后来的新石器-原史考古。由一定时空范围内共同遗存特征组成考古学文化，它暗指古代的族群或社群，这里考古材料最重要的特征是其中暗含的标准或规范（参见第八章），并不是前面所说的"化石记录"。

随着20世纪60年代过程考古的崛起，考古学研究更加侧重过去人类活动及其机制的研究，其渊源可以追溯至20世纪30年代兴起的功能主义考古。在过程考古学的范式中，研究者把考古材料看作古人活动的遗留，是重建古代社会、探索其运作机制的基础，也就是说，这里侧重的不再是物质特征的标准或规范，而是物质曾经发挥的功能，不论是技术、社会层面的，还是意识形态层面的。我们所见到的实物遗存是古代文化系统的组成部分，我们如果了解系统的构成原理，那么凭借有限的片段残留，就有可能复原古代文化系统。正是在这个意义上，上文所说的那位研究者把一种考古材料观称为"化石记录"模型。这其中暗含着一个前提，就像古生物学依赖比较解剖学、进化论、生物力学等理论原理一样，考古材料代表的古代文化系统（社会）跟我们当代社会一样符合同样的机制与原理。这个前提假设是否成立呢？当代考古学中有不同的回答，过程考古学的回答是肯定的，而后过程考古学的回答是否定的。

后过程考古学反对这种把人与动物几乎同等对待的研究，它强调人的主观能动性，强调文化是一种意义的表达，而不只是标准或规范，不只是功能意义上的文化适应。这里考古材料是文化的载体，它承载着文化意义，也就是文化表达的手段之一。也正是在这样的意义上，后过程考古学把考古材料看作"文本"。后来，随着后过程考古学的发展，它不再局限于把考古材料看作文本，而是更强调人类主体的能动性，在长期的历史过程中，人把意义渗透到物质之中，物质材料于是就拥有了物质性（materiality），物质本身也具有一定的能动性，它反过来作用于人类主体，人与物相互交融于社会实践之中，构成一个主客不分的统一体。这里传统的人、物二元对立的本体论被消解，考古材料不再是外在于人的、客观的研究对象，而是融于社会实践中的组成部分。

上文我们回顾了考古学研究中考古材料观的变化过程，由此知道了考古学家对考古材料的认识并非一成不变，它随着考古学的发展，尤其是范式的变迁，在不断变化。不过，同一范式具有相对稳定的考古材料观。这里有必要对比一下中国考古学的考古材料观。我们曾在研究生讨论课上就这个问题展开过讨论，同学们提出了许多不同的看法，大致可以归纳为下面几种观点：第一种观点认为，考古材料就是见到的古代遗存。这是一种常识性的认识，是一种很朴素的唯物主义观点，不认为有必要反思理论前提，因为不论采用什么样的前提，这些东西都在那里，它们是客观的存在。第二种观点是从中国学术史来看的，我们长期把考古材料看作历史文献的补充，即补充一些历史文献不曾记录的内容，起着"证经补史"的作用。这种观点没有意识到考古材料本身的特殊性，即考古材料不会说话，它要达到文献这种便于理解的程度还需要一系列的研究。第三种观点则是从考古学的三个分支角度来看的，中国旧石器考古并没有将考古材料视为化石记录，而是像新石器-原史考古一样，将其视为一个地区文化的特征（标准或规范）。当成文献补充的是历史考古。而在新石器-原史考古中，我们看到的是一个类似于近代考古学的"除文献化"的过程，即让考古材料自己说话，而无须依赖古史传说或文献——它们反而不如考古材料靠谱。

　　这个讨论所忽视的一个问题是：究竟是什么决定了我们的考古材料观？是日复一日重复进行的田野发掘？是不断规范化的田野操作规程？我们需要深刻反思考古材料这个习以为常的概念，而不能将其视为绝对客观的存在。我们并不否认考古材料作为物质实在的绝对性，我们所质疑的是认识过程，即我们何以能够了解考古材料。当代考古学研究是立足于一系列理论、概念、方法基础之上的学术体系，它的成立取决于一系列前提假设的存在，比如说我们的世界是真实的存在，我们的世界是可知的，如此等等。如果前提假设出了问题，那么立足于其上的研究就像是沙上建塔。考古学研究的重大进步都来自对既有前提的颠覆与对新前提的构建。这也就是我们在这里深入思考什么是考古材料这一问题的重要意义。

二、理解考古材料的形成过程：考古信息的形成与嬗变过程

　　考古材料是古人活动的遗留，我想没有人反对这样的认识，但是我们需要认识到它是考古学家发现之前所有活动叠加的结果，最终还会受到考古学家认识本身的影响。而我们通常假定考古材料是某次活动的结果，似乎此次活动的物质遗留都原封不动地保存下来了。毫无疑问，这个假定是错误的。那次活动的废弃方式将会影响物质遗存的分布与保留，后期的改造过程还将影响考古材料的构成与形态。然而，中国考古学研究很少考虑考古材料形成过程对考古材料本身的影响，这就导致我们对考古材料缺乏必要的甄别，把经历了不同废弃与改造过程的考古材料同等对待，造成解释上的困难。所以，这里把这个问题单独拿出来讨论，尤其侧重考虑那些会改变考古材料特征的因素与过程。

　　早在 1968 年，过程考古学的开创者之一戴维·克拉克（D. L. Clark）就已经注意到考古材料形成的全过程以及其中存在的扰动过程[①]，其后如谢弗（Schiffer）、里德（Reid）、拉什杰（Rathje）、斯蒂文森（Steven-

---

① 　D. L. Clark, *Analytical Archaeology* (London：Methuen，1968).

son）等学者就此展开过系统研究。在此基础上，我们可以进一步把整个考古材料的形成过程分为七个阶段：人们生活阶段、地表废弃阶段、埋藏过程阶段、地下埋藏阶段、发现发掘出土阶段、描述分类阶段、考古知识阶段（经过解释后的）。其中又经历了若干次改造过程，具体说来，可以归纳为如下五个改造过程：

其一，废弃过程。显然，古人的生活材料不是所有的都会废弃在遗址中，也不是所有的都会保留在原地，有的物品很快就会分解，如食物残余。不同的废弃速度、人们是否预期返回等因素会深刻影响废弃物的构成与分布，废弃在地表的材料可能经历包括拾荒、再利用等文化上的改造过程。这个方面，民族考古与当代物质文化研究都能提供很好的借鉴[①]。

其二，埋藏过程。这包括文化与自然两个方面，但后者的作用是主要方面。更多是经历自然因素如水流的作用，埋藏在地层之中。这一过程中遗存之间的关联可能会被改变。埋藏学就动物骨骼的破坏与埋藏过程有系统的研究，如布伦斯梅耶（A. K. Behrensmeyer）[②]、吉福德（D. P. Gifford）[③] 等学者的研究。

其三，地层中改造。这包括人类的破坏如耕作与工业建设活动，更包括地层中物理、化学与生物作用（通常为地质过程），后者是地质考古学研究的主要方面。地质考古学已经发展为一个系统的考古学分支。

其四，发现过程中的改造。考古发现与发掘是一个抽样的过程，因为不是所有的考古遗存都能够发现，即使发现了，能够得到细致发掘的也只是有限的一部分。再者，受制于研究者的认识水平，也不是所有的材料都能被认识到，其中可能还存在一些误解。

其五，材料研究阶段的改造。研究过程中的理论渗透（theory-laden）使得研究者可能强调某个方面的信息而忽视其他方面的信息，如当代社会对环境问题的关注使得研究者大多会注意到环境信息。与此同时，可以应用的方法也深受时代发展的影响，大多数时候研究者都会为时代提供的新技术所鼓舞，但是回顾学术史时，就会发现这些方法其实也是有局限的。后过程考

① J. E. Yellen, "Small Mammals: Post-discard Patterning of Kung San Faunal Remains," *Journal of Anthropological Archaeology* 9 (1991): 152 – 192. M. B. Schiffer, *Taking Charge: The Electric Automobile in American* (Washington: Smithsonian Institution Press, 1994).

② A. K. Behrensmeyer, "Taphonmy and the Fossil Record," *American Scientist* 72 (1984): 558 – 566.

③ D. P. Gifford, "Taphonomy and Paleoecology: A Critical Review of Archaeology's Sister Disciplines," *Advances in Archaeological Method and Theory* 4 (1981): 365 – 438.

古学特别强调所有的观察都是带有理论的，批评所谓"客观的"观察①。

以上归纳是基于当前既有的考古学研究提出的，不难发现这些工作基本贯穿了考古材料的形成与研究过程，也可以说是考古学工作的主要内容。但是，目前研究中各个环节基本都是独立的，其中存在的关联并没有受到足够的重视。更关键的一点是，缺乏充分的理论来说明存在的关联，所有的联系更多来自考古工作流程的相关性，我们需要一种理论把诸环节贯穿起来。我们如果从整个考古工作流程来考察，还会发现考古学研究在两端的工作相对较为欠缺：一个是考古材料形成之前的人类行为与背景关联（社会与自然环境），考古学习惯于依赖其他学科如人类学、社会学、心理学等的研究；另一个是考古知识的主要受体——社会大众，考古学研究最终会以或明或暗的方式回到现实社会，考古学需要必要的自觉。当我们把整个考古工作流程结合起来考虑的时候，我们会发现在不同环节中传递的主要内容是信息，不同环节可能会改变信息的内容与结构。因此，考古学研究服从信息论的基本原理。

从申农（Shannon）的信息论概念框架来看（见图4-1），信源产生的信息经过编码后通过信道进行传递，其中会有噪声加入，解码器接收信息之后进行解码，信宿接收到可以理解的信息②。与此同理，人类行为作为信源以物质材料的形式编码成为遗存，然后埋藏起来，其间或经历一系列自然与文化改造过程，我们不妨将之理解为"噪声"；考古学家发现遗存，通过分析解码考古材料，使之能够为人们所理解。就原理来说，考古信息的传递符合信息论的框架。所不同的是，申农所说的信息传递过程是单向的（当代的量子传输是双向的，任何插入的受体都会改变信息形态），从信源到信宿，而考古信息传递流程是双向的，即遗存可能重新回到行为系统中，我们当代的时代背景、思潮与科学发展会影响到考古学研究的选择，所谓"理论渗透"使得我们只能看到所关注的内容。

当代信息论的理论框架非常契合考古学研究，由此我们可以将"遗址形成过程研究"或"考古材料形成过程研究"扩充为"考古遗址学"。它具有内在的理论关联，在实践上又处在同一工作流程之中。同时，它抓住了考古学研究的主要媒介形式——信息，包含了考古学研究的完整环节——从古

---

① I. Hodder，*Symbols in Action*：*Ethnoarchaeological Studies of Material Culture*（Cambridge：Cambridge University Press，1982）.

② 王雨田主编《控制论、信息论、系统科学与哲学（第2版）》，中国人民大学出版社，1988。

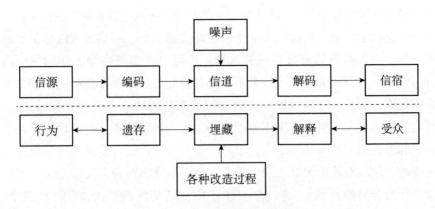

图 4-1　考古信息的传递过程模型

注：上面为申农的信息传递模型，下面为考古信息传递过程，注意行为与遗存之间、解释与受众之间是双向的关系。

代社会到当代社会。具体而论，考古遗址学要研究古代人类行为信息的产生、流变与应用于当代社会的过程。整个过程十分复杂，涉及因素众多，但是考古遗址学以信息为中心，就像经济学以通货（currency）来贯穿不同经济体系、生态学以能量贯穿不同生态系统一样，化繁为简，研究不同环节中信息的变化，进而就整个变化过程得到普遍性的认识。考古遗址的信息传递过程大体可以分成以下五个阶段：

其一，人类行为模式物质化的过程。这涉及不同时空条件下人类行为方式人与环境之间的关系，以及人类本身与物质材料之间的关系的研究。这个过程并不是考古学家集中研究的领域，社会学、历史学、人类学、经济学、心理学等都参与其中，但毫无疑问考古学家需要理解这个过程，因为考古学研究最终还是要回到人类行为层面，最终要理解人类社会的变化过程。若考古学家把自己排除在人类行为研究之外，考古学就可能成为纯粹的材料研究科学，其研究成果也难以为其他社会科学研究所用。就这个过程而言，考古学家需要研究人类行为模式的物质化，即人类行为模式信息如何以物质材料的形式编码。按目前所知，旧石器时代晚期人类开始有了明显的象征行为（非洲更早），物质材料就不仅具有功能上的意义，而且具有象征意义。如郑州赵庄遗址一堆外来石块与象头骨共存，物质材料显然就编码了人类象征行为的信息[1]。过程与后过程考古学就人类行为编

---

[1]　王幼平：《嵩山东南麓 MIS3 阶段古人类的栖居形态及相关问题》，载北京大学考古文博学院、北京大学中国考古学研究中心编《考古学研究》（十），科学出版社，2012，第 287-296 页。

码进入物质材料存在迥异的方式，前者强调功能上的意义，强调物质材料与文化系统的关系；后者强调考古学材料是有意义的，通过社会实践，物质材料本身就已经渗透了人所赋予的意义。

其二，物质遗存的废弃过程。以物质材料形式编码后人类行为信息开始第一次传递，这其中要经历上文已提及的文化改造与自然改造过程。考古信息会出现损失，因为并非所有的物质遗存都会废弃在原地，留在原地的遗存并非都能经受住自然降解作用。当然，考古信息损失的同时，也会增加一些环境信息[①]，废弃本身也是人类行为的一部分，是文化的组成因素[②]，所以，废弃过程也能在一定程度上丰富考古信息。废弃物质遗存所包含的考古信息由无数的编码构成，这其中编码的规则（结构）与系统性尤为重要，特别是在考古信息出现残缺的情况下。如果能够从系统上把握，了解其结构，就有可能进行复原，而无须得到所有的信息。这也正是宾福德与谢弗有关"庞贝前提"争论的焦点，谢弗认为得到庞贝古城这种完整遗存对于理解考古材料形成过程意义重大[③]，宾福德则批评其经验主义倾向，认为考古学研究是不可能都这样进行的[④]。其实，两者都高度强调理解考古信息的形成机制，不过，宾福德更强调考古信息的系统性与结构，这确实拓展了我们对考古信息的理解。

其三，沉积后的改造过程。从地表到埋藏起来（也有暴露在地表的）要经历文化和自然的改造，文化上的因素包括二次葬、重新利用、儿童游戏破坏等，自然原因则包括水流的搬运、分选、破坏等；在埋藏阶段还可能遭到人类的破坏，如农业耕作、工业建设等，也可能遭到自然原因的干扰，如压力破坏等。考古信息再次经历改造，进一步流失某些信息，也可能增加一些环境信息；还有"信息噪声"的不断加入，影响后面的考古推理。比如洞穴遗址中的动物骨骼化石，若与人类化石、石制品共出，大多数情况下都会将之归为人类行为的产物，实际上其他动物尤其是食肉类也

[①]　M. B. Schiffer, *Formation Processes of the Archaeological Record* (Salt Lake City: University of Utah Press, 1996).

[②]　L. R. Binford, "Behavioral Archaeology and the 'Pompeii Premise'," *Journal of Anthropological Research* 37 (1981): 195 - 208.

[③]　M. B. Schiffer, *Behavioral Archaeology* (New York: Academic Press, 1976); M. B. Schiffer, "Is There a 'Pompeii' Premise in Archaeology?" *Journal of Anthropological Research* 41 (1985): 18 - 41.

[④]　L. R. Binford, "Behavioral Archaeology and the 'Pompeii Premise'," *Journal of Anthropological Research* 37 (1981): 195 - 208.

完全可能是贡献者；若果真如此，有关人类行为的考古信息中就有了"噪声"，最终会让考古学家对古人的行为得出错误的判断，利基（Leakey）在奥杜威峡谷的发掘就曾出现过类似的错误①。人类并不是远古世界唯一的生命存在，参与人类行为的背景因素众多，"噪声"是不可避免的，考古学研究中需要剔除它们。

其四，发掘与研究过程。考古信息需要被考古学研究者认识才能获得其学术意义，其间涉及理论的渗透、方法的相互干扰、社会体制的制约等因素，我们对材料的认识可能被扭曲。我们通常认为考古信息的采集是一个抽样的过程，即不是所有的信息都能被发现，我们发现的只是其中的一个部分，它类似随机抽样的过程。当然，这里需要假定其他信息与采样信息是同质的（实际是不可能的）；若不是同质的，就涉及所发现考古信息的重要性的问题、它在当前有关古代社会的理论构架中的地位问题。比如采用经典马克思主义的观点，经济基础决定上层建筑，那么所发现的有关经济基础的考古信息就非常重要。这个过程中考古学家是主要参与者，不仅要发现材料，还要分析、解释材料，考古学家要对考古信息的正确揭示负责。这也是考古学家能够最大程度发挥主观能动性的环节。

其五，知识公共化过程。考古信息最终会进入社会，我们称之为"公共化过程"，信息扭曲还可能放大。这个过程与当代社会的阶层分布关系密切，社会上层可能更关注考古信息在促进社会认同上的作用，不论是在国家意义上还是在民族意义上说。特定的时候（如战争时期），考古信息可能会被严重扭曲，最明显的一个例子就是二战中纳粹德国对考古学的滥用。社会下层人士可能更关注考古信息的猎奇趣味与财富价值，社会中层人士可能更关注考古信息的知识性与身份象征意义。与此同时，其中还可能存在跨越不同阶层的潮流趋势，而这些都与时代背景、思潮与科学发展密切相关。特别值得注意的是，这些外在的因素反过来会影响考古学理论、方法与实践的发展，形成一个双向的信息传递途径。如二战期间，达特（Dart）的"人，嗜血的猿"的假说流行；到 20 世纪中叶，随着第三次技术浪潮的涌动，人作为技术创作者的角色受到格外的关注；再后来，女权运动兴起，男性作为唯一狩猎者的身份受到质疑②。

---

① 路易斯·宾福德：《追寻人类的过去：解释考古材料》，陈胜前译，上海三联书店，2009。

② 理查德·利基：《人类的起源》，吴汝康、吴新智、林圣龙译，上海科学技术出版社，2007。

三、考古材料的发现与获取

考古学研究的第一步就是要找到那些实物遗存，通过系统调查或发掘，将其变成可以研究的考古材料。考古学家的标志性工作就是调查与发掘，至少公众是这么认为的。考古学经过上百年的发展，调查与发掘已经具有一套科学规范的程序。当然，在考古学的不同领域，采用的方法是有差别的。比如说在旧石器时代考古的发掘中，通常采用 1 米×1 米的小探方，按照 5～10 厘米的一个水平层逐层下挖，每件出土物都需要测量它相对于基点的三维坐标。相对而言，新石器时代考古的发掘要显得粗犷一点，通常采用 5 米×5 米的探方，有时甚至会有 10 米×10 米的大探方，发掘时更多基于土质土色所形成的自然层。学生有时难以理解这种差别，究其原因，是因为新石器时代遗址中通常会有许多遗迹单位，如房址、灰坑、壕沟、墓葬等，可以以它们为中心来确定出土物的位置与归属，形成更加明确的遗物与遗迹的共存关系。相反在旧石器时代遗址中，很少会有遗迹（偶尔会有火塘，旧石器时代晚期部分地区才有较为明显的遗迹结构），如果没有更小的探方、更细的水平层与三维坐标，那么就很难控制出土物的位置。其实旧石器时代考古也会按照土质土色划分层位，它与三维坐标、探方单位的水平层一起构成三套空间位置控制体系。历史时期遗址的遗迹单位更加清晰，地层相对简单，但其规模巨大，需要采取技术保护的对象较多。就总的趋势来说，现在的发掘是越来越细致。我曾经介绍过哈里斯方格（Harris Matrix）的用法，它把遗迹单位也看作地层单位，按照叠压打破关系安排在方格之中，从而形成完整的地层关系。

就调查方法而言，目前流行的是系统区域调查，包括踏查和地表的系统采集。匹兹堡大学人类学系的周南教授与中国人民大学的吕学明教授合作，曾在辽西地区开展过这方面的工作。他们发现遗物较为集中出现的分布区域后，也像发掘一样先布方，只是不留隔梁，然后按单位采集标本，再用小耙子把地表 5 厘米深的堆积收集起来筛选。这种方法的好处是能够得到较为系统的调查材料，而不是像一般的调查那样只是捡拾一些较大的所谓典型标本。由于动土极少，不涉及征地赔偿的问题，成本低，所以研究者可以在较短的时间内覆盖较大的区域，配合统计与空间分析方法，甚至可以回答一些通过发掘都无法回答的问题。

　　不论采取什么样的方法，我们希望获取的都是系统的材料。所谓系统的材料，就是具有严格的平面与剖面空间关系、保留遗存原始状态信息，并且具有一定规模的考古材料。从这里不难看出考古与盗墓的区别，我们需要的不仅仅是器物本身，还包括了遗迹、空间关系，乃至遗存的原始状态（甚至包括土壤堆积中的残留物）。材料不够系统极大地限制了中国考古学研究的开展，所谓"巧妇难为无米之炊"。中国考古学诞生于军阀混战的年代，其后的发展也多有波折，材料不系统、不严格，研究者虽有很好的想法，但是找不到有力的证据。

四、解码考古材料

　　研究过程的第二步就是解码考古材料。解码，这是宾福德在《追寻人类的过去》一书的说法。我们中国考古学中也有"铲释天书"的说法，也有解码的意思。宾福德在书中提及考古材料的研究时所说的问题是：What does it mean?（这些考古材料是什么意思？）他说考古材料自己不会说话，是考古学家让它们说话的；考古学家把静态的物质材料转化为动态的人类活动，这个过程就是解码考古材料。从过程考古学的角度来说，一般又称为解释。但是，对于人类行为本身而言，经常会用到阐释或理解一词。我们如果是动物学家，那么不可能说去理解动物，只能用解释；但是对其他人来说，涉及对其生活方式及所在历史背景关联的理解。

　　从信息论的角度来看考古材料，采用解码这样的表述倒也契合。在解码考古材料之前，我们需要了解考古材料关键信息码的构成，这是解码的对象。那么，考古材料的信息码藏身何处呢？当代考古学关注的考古材料关键信息码包括：遗存本体、遗存的空间关系（平剖面上的）、遗存组合及其关系、基质（堆积物）、包含物（如残留物）等。有关遗存本体，进一步可以包括可测量性与非测量性特征。以石器为例，可测量性特征有长、宽、厚、重量、台面角等，非测量性特征有质料、技术、使用痕迹有无等。考古材料还有一项关键的信息，即原生还是次生，原生堆积的研究价值更高，需要特别关注。我们通常需要把这些特征输入表格，这是极为烦琐的工作，如果考古材料数量多的话，甚至可能需要研究团队数月重复地工作。这对研究者来说是一个相当的挑战，日复一日的重复工作加上不那么舒适的工作条件，会让初入研究领域的学生开始怀疑研究的意义。但这是考古学研究中必不可少的一部分，研究生活不可能只有阳光而没有阴霾。

当代考古学所采用的考古材料研究途径，除了考古学的基本方法之外，主要就是多学科的分析方法（参见第九章）。考古材料研究的基本方法主要指严格的田野发掘与记录方法，获取考古材料的基本空间信息。传统考古学特别强调叠压打破关系，因为这有利于判断相对年代的早晚关系，而当代考古学在此之外，越来越强调平面关系，因为这可以帮助考古学家发现遗存之间的相互关系。平面关系代表一个时期人们生活的空间。平面关系可以指一个活动区、一个共居单位的活动空间（包括房址、窖穴、垃圾坑、室内外的火塘甚至墓葬等）、一个聚落，甚至一个流域同时期的遗址。在此基础上，更有可能重建古人的活动以及更加复杂的社会关系。当代考古学越来越强调高精度的发掘，都是为了提高考古材料的精度，高效的测量技术以及在考古现场展开的多学科分析技术也为之提供了有利条件。

多学科的分析方法可以帮助考古学家精细地解码考古信息，它与高精度的考古发掘相辅相成。如何能够从考古材料中尽可能多、尽可能准确地获取信息一直是考古学研究的主要目标。这里我们可以以农业起源为例来说明。传统考古学侧重的是与农业相关的器物组合的出现，如陶器、磨制石器等，再就是反映定居的遗址结构，如房址、墓葬、窖穴等。然而，这些证据与农业并不是必然联系的，如西欧中石器时代、日本的绳文时代都有上面所说的东西，但是并没有农业。这个时候，动植物遗存材料就能提供更直接的证据，即是否发现了有驯化迹象的植物种子、动物骨骼。不过更直接的证据来自人骨同位素的分析，它可以帮助我们了解古人究竟摄入了多少谷物、主要食物来源是什么，进而了解农业发展的程度。当上面所说的考古材料都不具备的时候，考古科学家可以分析植被的改变，比如烧荒频率大大增加，湖底沉积物中的炭屑密集堆积；还可以分析土壤结构、成分的改变，如研究者发现亚马孙热带丛林中土壤曾经被改造过，这里在成为热带雨林之前其实是农田。考古科学或者科技考古是当代考古学中最为活跃的部门，不断给农业起源研究带来新的信息，挑战那些传统的认识。由此，多学科的分析也大大拓展了考古材料的范畴，曾经被考古学家忽视的残留物、基质（地层堆积）等都成了考古信息的重要来源，也就是考古材料了。

解码考古材料是一项复杂而系统的工作，不是仅仅依靠某一种方法就能实现的。考古材料的特征或者说信息是无穷无尽的，而一项考古学研究所能获取与利用的信息是有限的。面对信息的汪洋大海，考古学家的抉择与判断就变得十分重要。而考古学家如何知道自己需要去寻找什么样的信息呢？如果他们不知道自己要找的东西是什么，那么即便那些信息摆在眼前，他们还是会视而不见。换句话说，考古学家需要前期充分的理论研究，了解自己所要寻找的信息是什么样的，从而有的放矢、事半功倍地找到自己想要的东西。正因为有这样的过程，考古学家所需要寻找的信息量就有可能大大减少。兵贵精而不贵多。类似之，信息贵在关键。

解码考古材料还有一个难点，那就是考古材料通常是零碎的，它们只是古人活动与古代社会信息的片段，而要把这些关联并不连续的片段拼合起来就需要一个框架。就像我们复原陶器一样，必须要有一段从口沿到器底的完整部分（我们知道整体的陶器是什么样的），或者有完整的器物可以参照，总之可以参考的框架是复原工作的基础。我曾经讲过一个故事，说某位牧师布道之前有些烦躁，不知道从何讲起，而孩子缠着他，他便顺手把一张纸撕碎后递给孩子，对孩子说：你把它拼好后，我就陪你玩。他原以为这会让孩子颇花上一段时间，不料几分钟后孩子就拼好了，让他吃了一惊。于是他问孩子怎么会这么快，孩子说，这张纸背后是一个人像。牧师一下子顿悟了当天的布道内容：如果一个人心中有上帝，那么生活中的一切都有了归依。这个故事的考古学意义是，如果我们知道古代生活的轮廓与结构，那么拼合过去就会容易得多。而要了解古代生活的轮廓与结构，除了上面所说的理论研究之外，还有一条途径就是利用中程理论，这主要包括民族考古、实验考古、历史考古、当代物质文化研究等。中程的研究不是说它们等于古代社会，而是说它们为我们重建古代社会提供一种借鉴与参考，防止我们迷失在考古材料的碎片之中。

上面我们谈到了何为解码、考古信息码的构成、解码的基本方法，不过只是进行了一些框架性的概括，而没有探讨具体如何操作，从中我们可以看到一些趋势，可以作为我们今后学习的方向。归纳起来说，一是考古材料的精度与广度都在增加，我们需要从更丰富多样的材料中获取更精细的信息；二是理论研究不断深化，我们对所需要的考古信息的定位更加准确；三是我们所依赖的参考框架也在丰富。这里我们还需要反思一下，自己的考古学研究是否欠缺了某些途径，在今后的学习中注意加以弥补。

五、组织考古材料回答问题

研究的第三步就是组织考古材料回答所提出的问题。我们提出的问题很少是一个遗址的材料就能回答的，需要组织不同时期、不同地区或不同类型的材料，形成有说服力的论证。考古材料的基本特征是零散的，是一个个信息片段，完全要用它们来复原过去，注定是有限度的，也不可能是完整的。这就会导致一种"不可知论"，即考古学研究永远都不可能完全复原过去，只能是一定程度地接近过去的真相。这种认识跟我们现实中的不可知论是一致的：世界不断变化，人的认识又处在一定的历史条件下，因此人永远不可能真正认识世界。按照这样的逻辑，人与人之间是不可沟通的，因为你永远不可能完全把握别人的想法。实际情况显然并非如此，人与人之间能够有效沟通，就像大家看到这段文字的时候，部分优秀的学生很有可能超越我的想法，从我的观念中生发出更精彩的想法。我们研究考古材料，就像在与古人沟通，我们固然希望揭示过去的真相，但是我们的目的并非仅限于此，我们还希望在此基础上产生更有创造性的想法，包括理解我们现在。否则，我们明明知道过去已经消失了，还要投入那么多的精力去研究，岂非浪费生命！

也正是因为这样的目的，考古学研究并不仅仅是从材料出发的，它还会从现实，也就是既有的理论认识出发。既为了了解过去，也为了服务现实，由此而形成了考古学研究的组织逻辑（参见第十章）：从上而下（从理论到材料的演绎逻辑）与从下而上（从材料到理论的归纳逻辑）。还因为从材料到人类活动的鸿沟难以跨越，考古学研究需要发展中程理论（模拟考古材料形成过程与古人活动的类比推理）。在此过程中，研究的一端是考古材料，它一方面作为研究对象，另一方面代表古人；另一端是考古学家，他们是现在的研究者。在两端之间构建起有效的沟通渠道，需要理论、方法与材料的协调。考古学研究史上形成了一系列的研究范式，它们可以统合考古学家所采用的理论、方法与材料（参见第七章）。中国考古学中曾经流行一句话：要让考古材料牵着鼻子走。把考古材料置于绝对的高度，这里并不同意这种看法，我们应该把考古学家与考古材料同等对待。尽管这么说似乎有弱化考古材料的重要性之嫌，但是它强调了两者之间的关系以及曾经被忽视的研究者的因素，并没有否定考古材料在考古学研究中的基础地位。

　　当代考古学组织考古材料回答的问题基本可以归纳为以下三个方面：

- 重建或拼合过去
- 解释过去
- 阐释过去

所谓重建或拼合过去，是以复原古代社会为目标的，考古学研究就是尽可能搜集更多的材料，填补空白，最终获得一个接近历史真相的过去。这里遵循的主要逻辑无疑是归纳法，由此考古学家梦寐以求的是能够发现如庞贝古城那样保存完好的遗址，获得完整的有关过去的信息（其实庞贝古城这样的材料也做不到）。这种方法又称"经验的方法"，它立足于经验事实。研究是从考古材料出发的，类似于中国老一辈考古学家所倡导的"让考古材料牵着鼻子走"。复原过去的目标注定是个乌托邦，因为我们可以非常肯定地确信，有关过去的许多信息并没有保存下来，考古学家也不可能把所有的考古遗存都发掘出来，也不可能从考古材料中提取到所有的信息。也就是说，归纳是不完整的，某种程度上，不过是一个小样本的抽样而已。这种目标还有一个"后踵"，那就是归纳最终要上升到概念，而概念的构建来自理论领域。比如说，无论多少实物材料，无论材料保存得多么完好，都不可能直接从中归纳出母系社会。母系社会是一个概念，是一个基于民族志观察所得到的概念。归纳最终还是会回到理论层面，最终还是会蒙上理论的外衣。也就是说，我们复原的过去只能是一种理论性的概括。然而，尽管我们做不到真正复原过去，但是尽可能增加有关过去的信息的精度与密度，始终还是考古学的目标之一。还因为考古学家做这样的工作并不仅仅为了复原过去，他们还有更多的追求。

　　复原过去是文化历史考古，尤其是其中功能主义研究的主要目标，这也是中国考古学研究所强调的。而对于过程考古学而言，它的目标更在于解释过去，解释考古材料所代表的古代社会为什么以及如何发生变化。"解释"就意味着要回答为什么与如何的问题。下面我继续以农业起源研究为例来加以说明。以复原过去为目标的考古学研究在研究这个问题的时候，侧重于发现早期农业的证据，如植物的种子、动物的遗骸等。它也并非完全不解释农业发生的原因，其解释是不系统的，大多归因于环境变化或者文化传播，似乎这个问题的答案是显而易见的。

　　我的著作《史前的现代化：中国农业起源过程的文化生态学考察》脱胎于我在南方卫理公会大学的博士论文，得益于宾福德的指导，它的理论框架是过程考古学的。这部著作着力回答的就是中国史前农业为什么以及如何起源的问题。我运用狩猎采集者的文化生态学理论来研究中国旧石器时代的材料，注意到旧石器时代晚期后段狩猎采集者的流动性曾经达到一个前所未有的高峰，之后急剧下降，开始出现文化适应转型，也就是定居。当然，这个变化与环境变化有关，但它并不是完全由环境变化决定的，它是旧石器时代晚期之末狩猎采集者文化系统累积发展的自组织的反应，环境变化创造了促进这一变化的临界条件。如果不明白这一点，就很可能将其理解为环境决定论。

此书还揭示了中国农业起源的过程存在复杂多样的形式与路径，华北地区太行山东西两侧在旧新石器时代过渡阶段产生了分化，农业起源主要发生在太行山以东区域。中国南方的长江中下游地区与岭南也产生了分化，尽管岭南地区早在旧石器时代之末就已经出现了一些新石器的文化特征。沿着燕山-长城的生态交错带区域，因为对气候变化敏感，其农业的发生过程更加曲折，全新世最佳适宜期农业较为繁荣，后又衰落，红山文化时期崩溃；到夏家店下层文化时期又繁荣起来，其后又衰落，最终走向了另一种食物生产的方式，也就是游牧经济。东北地区因为水生资源利用发展为复杂的狩猎采集生产方式，而西南地区地理分割以及有利于狩猎采集的条件，这里的狩猎采集生活持续时间最长。书中还提出青藏高原真正的拓殖者是农业生产者，而非狩猎采集者（不否认更早时期部分狩猎采集者曾经冒险在适宜阶段季节深入过青藏高原，但他们与后来的青藏人群并没有什么关系）。总之，所有的研究都是解释中国农业起源的发生过程。这里"过程"有"机制"的意思，也就是狩猎采集者的文化生态学！

农业起源的问题是否可以阐释（理解）呢？阐释是后过程考古学所强调的，不过后过程考古学很少关注农业起源这种宏大叙事性的主题。在宏大叙事之中，理解所发挥的作用相对有限。后过程考古学的主要代表霍德就曾说，农业起源乃是为了更好地狩猎。他的出发点是从社会与意识形态角度考虑的。再比如海登（Hayden）的宴飨理论认为农业不是为了吃饭（因为食物不足），而是为了"请客吃饭"，也是从社会与意识形态角度考虑的，具有后过程考古学色彩。不过，总的来说，后过程考古学有关的探讨是较少的，它是反对宏大叙事的，认为这淹没了文化的多样性。如果是讨论一个遗址、一个地方性的主题，那么后过程考古学就可能更有用武之地。比如我去研究诸如内蒙古林西白音长汗遗址兴隆洼文化时期社会中早期农业生产如何获取与狩猎采集对应的社会地位，可以想见，一个社会从狩猎采集转向农业生产，不仅是生产方式的转换，还是价值观的转换，是社会结构的转换，社会转型期的矛盾一定不少，就像我们在当代中国社会看到的一样（它正从传统农业社会转向工商业社会）。白音长汗兴隆洼文化社会是如何解决这个问题的？抱歉我并没有开始这项研究，而是从后过程考古学的角度提出这个问题。我也可以从性别分工的角度考虑这个问题，还可以从日常实践的角度探讨。就同一批考古材料，从不同的理论立场出发，我们可以提出不同的问题，此时我们关注的是考古材料的不同属性与特征。

六、考古材料的报告

说到考古材料，不可能离开考古报告，因为除了少数研究者只研究自己发掘的材料之外，绝大多数研究者是通过研究考古报告来研究考古材料的。在这个意义上，考古报告就是考古材料。但是对我们许多同学而言，读考古报告是治疗失眠的良药，拿起报告就会昏昏欲睡。待到写论文的时候，又突然发现，从前看起来厚得吓人的考古报告写得实在太简略了。我想这恐怕是大家对考古报告的基本印象。考古报告作为考古材料的文献形式，它的意义就是报道考古材料，全面、充分地报道。这是一个理想的定义，而现实的情况是，报告的写作者并不一定是发掘者，而所谓的发掘者也不一定真正全程参与了发掘，他很可能只是定期或不定期地来考察一下，同时，限于时间、财力、精力等因素，报告整理者可能来不及整理所有的材料，于是出现了"考古简报"，简要地报道一下田野工作的发现。全面整理出版一部报告，对于研究者而言，是费时费力的事情，有些报告会拖上几十年才能出版。甚至发掘者已经过世，只能由其他人帮助整理出版。

中国考古学极其重视考古报告的出版，考古报告的装帧显得非常高大上，在书店里，这些报告通常会被锁在柜子里，防止被人翻坏，同时显示出来，这是书店压箱底的好东西！大家相信论文会过时，但报告不会过时，一旦出版，它就成了考古材料最权威的代言者，甚至成了考古材料本身，因为许多遗迹已经被破坏，考古报告成了唯一的见证。也正因为如此，考古报告多是精装彩印出版，放在书架上非常气派。不过，在后过程考古学看来，考古报告作为用文字表达的文本，它是研究者主观认识的集合，本质上跟文学作品一样。研究者的认识、立场、所处的情境等都会深刻影响报告的表达，所以从这个角度来说，考古报告其实是需要批判的对象。对考古报告的阅读者而言，必须带着批判的态度来读，而不能把它当成考古材料本身，不能把它当成考古材料的唯一合理的表达。

当我们打开许多中国考古学的考古报告的时候，我们之所以昏昏欲睡，是因为其中存在大量的描述性文字，对器物进行分型定式，然后详细描述它们的形制特征，这样的内容通常要占到报告的一半乃至三分之二。研究者之所以这样写，是因为他们认为这些内容很重要。这些内容重要在什么地方呢？这要从中国考古学的主要范式文化历史考古说起，在文化历史考古大框架中，器物的形制特征是构成"考古学文化"的基础，而考古学文化是文化历史考古的基本研究单位，代表古代的族群或社会。器物的形制特征还是探讨不同区域之间文化交流的基本材料，而交流传播又是解释考古学文化变迁的基本套路。正是基于以上原因，我们的考古报告中会有大篇幅的器物描述。

但是我们如果换一个考古学范式，就会发现所需要的内容大大不同。我有学生曾经研究新石器时代早期遗址的废弃过程，而要研究这个问题，就特别需要了解遗存的出土状况，如陶器是否完整（而非是否可复原），是如何摆放的（是否倒扣着），摆放的位置在哪里，如此等等。然而，遗憾的是，相关报告上的描述往往语焉不详，或者根本就不提。而这些内容直接关系到遗址是有计划的、预期返回的，还是彻底的放弃。如果是前者，就涉及居址的流动性问题，说明古人在这个居址之外可能另有其他功能性的居址，如农舍、越冬的营地等。新石器时代早期社会的定居性不够强，同一群体可能会存在多个居址，人们根据需要在这些居址之间流动。他们短期离开一个居址时，就会对其做些收拾整理工作，比如：把陶器倒扣过来，防止碰倒、落灰；把石器工具收拾到一块儿；清理场所，故而居住面少有杂物。我们正是因为关注废弃过程，所以才会关注这样的空间特征。过程考古学关注古代社会的运作、文化适应等功能性的问题，废弃过程正是反映早期农业社会文化适应水平的变量。相比文化历史考古而言，它不会过多关注器物的形制特征。如果是后过程考古学的范式，它会介绍大量有关该遗址的背景关联，古代的以及现代的，因为它认为背景关联直接影响到我们对考古材料的理解。它在叙事的时候，会发表许多体验性的说法，而这在前两个范式中几乎是不能容忍的，因为对这两个范式来说，考古材料是客观的存在，与古人体验是不相干的。范式的差异导致考古报告的内容会有比较大的差别。

上面说到我们应该如何理解考古报告，下面准备谈谈如何使用考古报告。考古报告作为考古材料的载体，覆盖的方面是全方位的，对于研究者而言，很少会在一项研究中需要这么全面的信息，更多是需要某一方面的信息。因此，考古报告是用来查阅、检索的，从中发现你需要的内容。如果你不知道自己要寻找什么，那么读报告就是一项催眠的活动。所以，你需要有问题，有研究的目标，考古报告才能发挥作用。只有在那时，你才会发现读报告可以兴趣盎然，才会发现报告原来太简略。报告中大多是高度程式化的东西，按图索骥，寻找自己需要的内容。需要提醒的一点是，你会发现报告的内容总是不能满足需要。推而广之，这几乎可以被归纳为一个定律：研究材料总是不够。只是在考古学研究中表现得尤其明显，因为考古材料相对于我们要研究的社会而言，是极少的一部分物质遗存。

如果你以某个报告的资料为研究对象做研究的话，我有个建议，那就是你最好亲自访问一下这个遗址，亲手接触一下出土材料。全面的、详细的重新检视是不可能的，但这种具体的接触对于理解考古报告是十分重要的。器物的平面图可能十分准确，但跟你见到的实物仍然是两回事。考古学研究的实物遗存，你如果没有见过实物，没有见过遗存所发现的环境，那么在讨论的时候就可能存在较大的偏差。而这件事是你大多数情况下能够做到的。虽然你觉得看到了遗址，看到了出土物，好像也没有什么新发现，但是这样的经验能够帮助你更好地理解考古报告，更好地理解考古材料本身。老一辈学者提出要多摸陶片是有道理的，考古学的研究对象最终还是人类的文化，而与文化相关的东西是离不开切身体会的，跟一个从来没有接触过西方文化的人讲西方文化，对他来说文化是抽象的，是不可理解的。多摸陶片只是切身体会考古材料的一个步骤，熟悉遗址所在区域的物质文化，哪怕是现代的，都会很有帮助。我在辽西研究新石器时代石器时，就发现当地农村集市上出售的一些工具跟几千年前的石器工具都有可比性，甚至长度、重量都有不可思议的一致性。"纸上得来终觉浅"，考古报告毕竟是纸上的东西，是不能够替代切身的接触与体验的。

我们的学生有些在求学期间就开始参与到考古报告的编写了，尤其是其中的资料整理工作，对考古报告的编撰过程有了一定的实际经验。这个时候还没有发言权，无法影响报告的体例。将来工作之后，很有可能需要自己组织编撰考古报告。这里有必要就考古报告写作的基本原则多说几句。报告需要全面、系统地报道所有的考古材料。何谓系统地报道，这可能是分歧之所在。我们强调按照发掘单位（探方）与遗迹单位，而反对按照器物类型分类报道。新石器时代遗址有房址、墓葬、灰坑等遗迹单位，它们就构成一个个材料单元。要特别注意空间关系，包括平面的与剖面的，在此基础上再考虑遗迹单位之间的联系，比如房址与灰坑的关系，室内空间与室外空间的关系。报道遗迹单位时，全面地展示所有遗物的空间关系与出土物形态，然后才可以对器物进行分类描述。不建议在报道基本材料时进行分型定式。类型学的研究是重要的，可以用专门的章节来讨论。避免在原始材料阶段受到太多范式的限制，这是我的基本想法。将来考古报告会日趋电子化，不仅因为这样更加环保，更因为这样可以增加更多的信息，考古报告中将不仅有图片、文字，还可能有视频、动态的三维模型等。使用起来也会更加方便，这一点霍德在土耳其的恰特尔胡玉克遗址的发掘堪称典范。他们建立了一个网站（www. catalhoyuk. com），大家可以自由下载发掘资料，发表自己的看法。我们可以向他的团队学习。

第五章　考古学文献

　　还是在不到一代人的时间之前，学者们从事研究的时候，要把百分之六七十的时间投入文献资料的收集工作中，而今这个比例至少缩减了九成。我是这个变化的亲历者，还记得 20 世纪 90 年代初，当我做本科的学年与毕业论文的时候，我们只能在特定的时间去系资料室；去学校图书馆借书是极其费时的，先要查卡片，然后填借书单、排队等待图书管理员取书，十有八九想借的书被人借走了，或者管理员根本懒得找。偶尔找到一份资料，赶紧动笔抄写，因为还没有复印机可以利用。至于英文文献，那就更难看到了，学校订阅的外文考古专业期刊很少，订阅的时间也不长，要查阅过刊上的文章，基本是不可能实现的任务。后来有了复印机，情况稍有改善。那个时候，从国外留学或访学回来的研究者，携带的东西除了家电之外，就是图书论文资料。2004 年我从美国回来的时候，通过海运把自己收集的论文资料都给运回来了。现在回国的学者基本不需要这么做，带上移动硬盘就够了，另外，绝大多数文献从互联网上都可以找到。实在找不到的时候，还可以上微信朋友圈求助。总之，方便之至！不到一代人的时间，我们把持续了千百年的文献收集方式彻底改变了。作为变化的参与者，由此而生的震撼是不言而喻的。

　　当然，新时代也会有新问题，当文献资料铺天盖地而来的时候，研究者面临的一个严峻问题就是判断，究竟哪些资料是重要的，哪些资料需要引用。如今看到的学生论文，参考文献大多非常丰富，较之以前有非常大的进步。但是，因为学生刚进入研究领域，对学术发展的"内幕"还不熟悉，不知道有些文献的可靠性并不高，不知道哪些研究是经典的。我还记得自己在读博士的时候，写的一篇论文里频频引用了一位学者有关文化系统论的论述，宾福德看到后说，这是一位搞历史的学者，他的论述不准确，也不权威。这也就是说，收集文献可以很容易，但真正熟悉文献，熟悉它的意义与价值，千百年来仍然一样困难，甚至现在更加困难，因为我们这个时代，鱼目混珠的东西太多，我们要在遴选的工作上花费大量的时间。

一、文献资料的重要性

我们如果回顾二三十年来的考古学研究论文，就会发现那个时候不是很重视文献工作，具体表现就是对之前的研究回顾不足，在征引文献时也不够规范。近些年来变化非常大，这要感谢学术国际化。大家投稿国际期刊的时候，就会发现西方学术界的审稿人非常强调这个方面的工作，在此过程中，我们开始注意文献的问题。为什么要重视文献工作呢？对刚接触研究的同学来说，可能会比较反感这种掉书袋式的做法。言必有据，就像中国古人写诗必须有典故一般，最后束缚了创造力。我不能说这种感觉完全不对，有学者也曾说过，最好的论文是没有参考文献的论文。但是这种情况是极其罕见的，我们都是站在前人的肩膀上开始探索的，一片空白的处女地是极少的。首先，我们不能忽视前人的贡献（部分前人可能还是审稿人），初出茅庐的同学容易锋芒毕露，觉得前人的工作不值一提，那些人的水平太烂。实际上，你如果处在前人所在的时代、所在的情境，未必会做得更好。其次，我们关注文献是为了防止自己重复前人的研究。如果你的研究已经有人做过，那么就得赶紧换题目。如果不注意这一点，等到研究完成，论文写出来了，被人告知某某已经写过同样的文章，那是多么令人悲摧的事情。最后，回顾文献可以帮助我们了解研究进展，就自己关注的问题，目前的工作已经深入何种程度，其中还存在什么问题。这是非常关键的，它是我们进一步开展研究的理由与方向。所以，我们一方面需要肯定前人的成绩，另一方面需要看到前人研究的不足或错误。

对于学生而言，文献还有其他层面的意义。经典的基础文献是我们需要学习的内容，是我们进入这个研究领域的门径。通过学习这些基础文献，我们对该领域的主要问题有了基本了解。与此同时，通过阅读文献，从中发现有研究价值的问题。阅读文献还有一个非常重要的意义，就是丰富研究者所研究问题的相关信息。学生常会遇到这样的情况，自己有很好的想法，但是等到开始写作的时候，发现自己可以写作的内容十分贫乏，这主要是因为自己对相关问题所拥有的信息太少。如果所阅读的文献较为丰富的话，这些问题基本能够解决。所以，从这个角度来说，复习文献也是一个学习的过程，向前人学习，向同行学习；否则，也就成为闭门造车。

我自己对于文献重要性的认识也是一个学习的过程。刚开始学习做研究的时候，不是很重视文献工作，以为只要有自己的想法、独到的观点，就可以开始写文章了。论文投稿之后，有审稿人指出文献方面存在的问题。我注意到自己对观点产生之前的文献较熟悉，但是对观点产生之后的文献（这就是最新的研究进展）不是特别关注。虽然考古学不像自然科学那样日新月异，但是新的发现与研究也还是比较丰富的。在收集文献上，我对国内的文献较为熟悉，但是对国外的工作认识就不那么全面了，或者说关注的程度不够。可能因为考古学是一门地域性比较强的学科，除旧石器考古、考古科学领域国际化程度比较高之外，其他领域的研究差异相对较大。若是从文献来源方面说，对期刊文献的收集比较完备，图书方面的文献则相对欠缺。如今通过网络数据库，可以比较方便地得到期刊文献资料，但是图书资料检索不便，国内收藏也不多，网络上的资源也有限，所以不容易完备。还有一个原因是期刊论文体例比较程式化，阅读参考起来更加容易，而图书著作结构更加复杂，要全面把握更加困难。再从文献的广度方面说，对考古学学科之内的文献搜罗较为系统，而对学科之外，比如考古学相关学科的文献把握不佳。对于文献，我觉得我们应该始终抱着学习的态度，学习前人与同侪的长处；我们在论证的时候，征引相关的文献，是在让他们帮自己说话。我们一直都在学习的路上。

二、考古学文献的构成

广义上讲，考古学文献应该包括实物遗存与文本资料。考古学本身就是研究实物遗存的，但有点矛盾的是，大多数情况下，我们还是通过文本资料进行研究，毕竟大家不可能都去研究第一手的实物遗存资料。所以，尽管许多时候我们说的是研究考古材料，实际上我们面对的是已经转化为文本的考古材料，而非实物。狭义上讲，考古学文献主要指各类文本资料，包括考古报告、期刊论文、研究著作、论文集等各种我们经常可能引用的正式出版物，还有一些非正式的出版物（如博士、硕士论文）与其他文字资料（如网页）。

中国考古学的考古报告分为发掘简报与正式报告两种，还有的地方把许多简报合在一起出版成报告集。上面一章我们已经谈到了考古报告，谈到它的基本构成与问题等内容。考古报告是考古学文献的大宗，也是最重要的部分，尽管我们不能说它等于作为实物遗存的考古材料，但它是最接近实物遗存的文献资料，所以研究者们非常重视考古报告的作用，把它作为我们引用的第一手文献。

期刊论文无须多言，它是就某个问题展开的研究。如今的期刊众多，有专业的、综合的。按照不同的分类标准，还可以有许多类型的划分。这一类文献是目前最容易收集的，但因为其中鱼龙混杂，所以并不容易处理。

研究著作是就某个方面问题的系统研究，中国考古学的研究著作并不是很多，相对比较容易了解。但也有一个问题，因为学术著作出版量小，考古学又是一门相对小的学科，因此，稍早一点出版的著作，现在想购买的话，要么很难找到，要么价格高得让人难以接受。

论文集是国内考古学界最不受重视的文献，因为它大多是为了某些仪式，如祝寿、纪念以及会议所组织撰写的，没有严格的审稿制度。在当前的学术评价体系中，它的位置也很低，所以主编组稿也不容易，即便是质量不佳的稿子，也不大可能拒之门外。这类因为某些仪式而产生的论文集还有一个问题，就是关注点不集中，讨论的主题很宽泛。这就让购买者心态矛盾，其中有几篇文章有参考价值，其他大部分文章并不相关，买还是不买呢？不好抉择。

不过我们不能把这种成见用于国外的考古论文集。如美国考古学的论文集大多是由某位或某几位学者发起，约若干同行就某个问题展开讨论，或在会议上，或以其他的形式，然后组织编撰成论文集。由于是主编负责制，他或他们一开始就对参与者有选择，主题也比较集中，所以这样的论文集质量是有保证的。这样的论文集编撰方式很值得我们学习。未来的发展趋势是考古学研究越来越专业化，像以前那样开小型的综合性会议，然后出版一本包罗万象的论文集的现象，将会越来越少。

非正式出版物在国内考古学研究中的重要性比较弱，这一类文献也比较少，但在国外考古学研究中是比较重要的，因为那里的考古报告许多是以非正式出版物的形式出版的。还有一些非正式的文献属于档案资料，比如全国文物普查的资料。以前都是印刷出版的，现在大家对此持谨慎态度了，因为文物盗窃分子居然以之为参考，专业的调查反而成了文物破坏的指引，这是考古学的专业研究者没有想到的。这一类资料如今只能内部参考。

　　档案资料内容很多样，从文物政策到专业统计。目前中国考古学研究似乎很少会涉及这些方面，但可以预见的是，中国考古学研究如果采纳一些后过程考古学的观念，接受考古学离不开现实的认识，那么就会需要这些材料，比如专业人员的性别资料。后过程考古学极其强调对地方历史的理解，因此，我们参考的文献资料中还应该包括地方史的档案。大区域的档案常常有出版资料可以参考，但是小地方就少见了，而考古学研究恰恰需要的就是一个小地方的地方史资料。遗憾的是，这方面的资料不那么容易找到，很少听说哪个村子有自己的村史。

　　我们也许应该扩充一下文献资料这个概念，现在一般称为信息资料（大学图书馆系多改名为信息管理系了）。我们处在一个信息化的时代，信息资料的媒介跟从前比发生了很大的变化，尤其是互联网兴起之后。如今大量的信息资源都来自互联网。从前文献以文字为主，只有少量的图片，而今很容易存储大量的图片，还可以有视频。包括整个考古发掘流程、信息资料都可以实时显示在网站上，如前面提到的土耳其的恰特尔胡玉克遗址。在互联网时代，越来越多的考古学研究成果发表在网络上，纸质媒介的重要性逐渐降低。学术博客、微博、微信公众号等，都能迅速便捷地发表研究成果，扩大学术研究的影响。互联网还极大地降低了学术的门槛，每个人只要有兴趣就可以表达自己的观点。当然，这也极大地挑战了专业考古学研究者的话语权威，让不少人感到很不舒服。互联网时代本身就是开放的，结论是不确定、不固定的。就好比我们看自媒体的新闻，新闻本身固然精彩，但更精彩的其实是评论。通过评论我们看到一个丰富多彩的世界，尽管其中有些评论会让人不舒服，但是少数精彩的评论会脱颖而出，引发众人的集中关注。互联网的开放性、不确定性并不意味着没有明确的结论，其结论是历史性的，是一个时代、一定情境的产物（我们的观念其实也是如此）。

　　文献工作贵在系统、全面，这对中国考古学乃至中国学术研究来说都是一个巨大的挑战。由于历史原因，我们的文献积累是有断裂的。进入网络时代之后，又产生了新的问题，那就是早期的文献还有不少不在网络上，尤其是图书、档案之类的文献。国内研究机构中，考古学文献资料最为丰富的，有中国社会科学院考古研究所、中国科学院古脊椎动物与古人类研究所、国家图书馆、北京大学图书馆与北京大学考古文博学院的资料室。社科院考古所是考古专业文献资料收藏最为完备的地方；中国科学院古脊椎与古人类研究所收藏的主要是跟旧石器考古、古人类研究相关的资料；国家图书馆收藏最丰富的要数西文专业图书，其他地方都不如这里藏书丰富；北京大学是中国考古学专业学科的发源地，文献资料自然要更丰富一些。这四家单位基本涵盖了中国最重要的考古学研究文献的来源地。但是即便把这四家都加起来，我们的考古学文献仍然有不少残缺的部分。历史中混乱导致部分资料散佚，另外还因为经济上的原因，西文专业书的采购曾经有过停滞，国家图书馆的西文专业书大部分是 2000 年后添置的。即便是现在，由于采购渠道窄，价格昂贵，西文专业书的数量还是比较有限。这对我们的研究来说还是有影响的，我们对国外研究的了解程度就不够。

三、为了什么收集文献？

泛泛而言，收集文献是为了研究。但是具体而论的时候，不同的目的会影响到收集文献的内容与形式。一般地说，我们可以把文献收集的目的分为两类，一类是为了专题研究，另一类是为了追踪学术进展。我们先从简单的一类，也就是追踪学术进展谈起。研究者开始研究的时候，有点如同顾客进入市场，首先必须了解市场的行情，知道当前的时尚、热点、趋势与需求，为此，研究者需要经常追踪学术进展。此时研究者可能没有什么清晰的问题，而是希望在追踪中发现问题，在"学术市场"中找到自己可能的定位。这类文献搜集的目的不是很清晰，但是形式相对固定，那就是收集、浏览最新出版的期刊论文与图书，尤其是专业领域中的代表性刊物。这种工作在自然科学研究中是十分需要的，因为其中每个领域的研究者众多，一个研究者感兴趣的问题，或者计划研究的问题，可能已经有人在做了，竞争非常激烈。研究成果的时间差以月甚至以天来计算。考古学研究领域的竞争还没有发展到这样的程度，但随着研究者的增加，这也日益成为一种趋势。

追踪学术进展的好处不仅仅在于了解当前的学术热点，更明显的好处是接受同侪的激励。我们的学术总是一个时代的学术，一个时代的学者是相互影响的，学者之间的学术互动并不必然需要面对面的交流，他们更依赖学术成果的交流。于是，有可能在追踪中发现某个误解、某种欠缺或明显的错误，自然也就有了开展下一步研究的理由。再者，同侪的进展会带来新的想法、新的知识、新的合作机会。"独学而无友，则孤陋而寡闻。"学术交流多是"神交"，也就是通过学术上的相互学习、思想碰撞来交流。追踪学术进展是周期性的工作，对有的领域来说，可能是每天的事情；而对考古学研究来说，从目前的发展状况来看，以月为周期是合适的。去图书馆、资料室甚至是书店浏览最新书刊；如果嫌这样耽搁时间的话，在互联网上搜索浏览也是可以的。这种浏览是极其迅速的，可以把那些感兴趣的文章、图书记录下来，以后再看。如果实在有兴趣的话，多浏览一会儿也是可以的。要避免的是，拿到一篇新文章马上就埋头去看，一个下午就检索了这么一份杂志，这会让人很沮丧。

专题的研究可以分为论文与著作两个类型。论文研究多是围绕一个小问题展开的，需要收集的文献相对比较集中。因为问题的不同，论文文献收集上会有比较大的差异。如果论文本身是文献综述，那么需要搜集的文献就比较多；如果是具体材料研究，相应需要搜集的文献就比较少。因此，一篇论文的文献收集量的变化是比较大的。还需要提醒的是，收集的文献与最终参考引用的文献也可能差异较大，根据我个人的经验，收集的文献数量一般是最终参考引用的三倍左右，也就是说，大多数文献最终没有用上。但是在收集的时候，考虑到可能的相关性，大多会收集得相对宽泛一点。待进一步阅读之后，发现有些论文帮助不大。还有些论文提供的是间接信息，通过它们我们可以找到更原始的文献。这些文献虽然我没有引用，其实已经参考了。

论文文献的收集过程是阶段性的，很少是一次就收集完备，写作过程中会不断拓展文献利用的范围。即便是论文完成之后，可能还需要进一步完善，比如说你需要确定还有没有更新的文献。论著的参考文献数量是庞大的。一篇博士论文的分量大体与一部著作相当。如果你可能引用的文献是三百篇（部）的话，那么需要收集的文献量就是这个数字的两到三倍。我在看博士论文的开题报告的时候，比较在意学生收集文献的数量与范围。如果你做一篇旧石器考古的博士论文，开题报告上居然没有英文文献，这是不可接受的，显然你没有做好开题的准备。你的开题报告就是要证明你可以研究那个问题，也就是说那个问题目前还没有得到充分的研究。你如果连文献都没有收集完备，怎么可能证明该问题没有充分的研究呢？论著因为收集文献的数量巨大，分门别类就变得非常重要，因为牵涉的范围广，人很容易迷失在文献的海洋中。这里的分门别类不仅指内容上的，还指重要性上的。

四、收集哪些文献？

究竟应该收集哪些文献？这是一个很具体的问题。广泛而论，文献都是前人做过的工作，但是其中存在轻重缓急之分。没有区分的文献收集与阅读，可能事倍功半，人很辛苦，却没有抓住关键。一项考古学研究的文献大抵可以分为经典、材料、最新研究以及相关研究四类。

所谓经典文献，是有关该研究被学术界最经常引用或在学术史上有重要地位的文献，比如说做中国新石器考古的理论研究，绝不可能避开苏秉琦先生有关区系类型的经典论文。当然，我们也可以把"经典"这个概念扩大一点，将之理解为最重要的基础研究。在收集文献的过程中，这一类文献是绝对不能遗漏的，而且是必须精读的。为什么？因为其中存在研究的共同话语体系，简言之，就是一些行话。所谓经典研究，就是奠定学界共同话语的研究，其中包括一些基本的概念、常见的表述。

如果你不读这些研究，结果很可能是你写出来的东西，尽管新颖，但是别人无法理解，因为你的研究超越了既有的体系。当然，最优秀的、具有开创性的研究正是这样的，而初学者的研究也是如此。但两者是不可相提并论的，前者是超越了传统，后者是还没有进入传统。所以，不要把无知当成创造，研究是站在前人肩膀上的探索，在既有的上百年学术发展之外完全重起炉灶是不可能的。相对于一项研究而言，这样的研究不会太多。如果你只是写一篇正常篇幅的期刊论文的话，这样的研究通常也只有三五种。

不过，对学生而言，问题可能不在于数量，而在于识别，即不知道哪些研究是经典的研究。拿起一篇论文就读，读完之后，发现自己做了无用功，这是让人抓狂的。因此，收集文献之后，要做一些基本的分析工作，看看它们最经常引用哪些文章。另外，无用功还是要做一些的，它们是线索，帮助你去发现那些经典的研究。你在引用之中，这些研究是必须提及的，否则你给审稿人的感觉就不像是个专业人士。

基本材料的收集相对来说是比较容易的，少数研究直接研究的是实物材料，所需要的材料文献很有限；大部分研究还是需要研究文献材料，如考古报告、发掘简报等。这里存在的一个困难是有关最新发现的文献的收集，由于这些资料还没有整理发表，有关的报道比较零星，主要见于《中国文物报》、《考古学年鉴》、网络自媒体以及年度发现汇总报告等媒介。

其中网络自媒体中的信息颇有意思，有些早年发掘的遗址，关于它们的报告出版时，受制于篇幅与体例，有些内容并没有报道，过了一些年，发掘者把这些内容在网络自媒体上披露出来，对报告是一个很好的补充。还值得一说的是，收集基本材料时，要有心理准备，你所需要的信息很有可能付诸阙如。因为研究都是从某个视角进行的，而报告是全面的记录，很有可能对你所需要方面的介绍非常简略。此时可能需要研究者做些转化工作，看看能不能辗转获取可用的信息；或者收缩研究的范围，改变研究的选题，所谓看菜下饭。就好像你在做饭时，所有的原料做不了鱼香肉丝，那么你需要考虑是否能够做个京酱肉丝。不然的话，会感到非常失望。经常遇到学生有这样的抱怨，很想去做某个题目，但一收集材料，就发现材料太少、太零碎，于是就想要放弃。此时，不妨再多想一想，有没有其他的可能呢？能不能利用既有的条件，产生新的研究呢？一切都已经齐备的情况是少见的，你想一下，如果都已经齐备的话，恐怕早就有人捷足先登了。研究的一个基本情况就是，材料一定是不完备的！我们都有点像是在绝望中寻找希望。也正因为如此，研究就有点像冒险，否则就是码字了。当然，这里有个度的问题，你想做个肉菜，不能连肉都没有，也就是说，最基本的材料是不能缺少的。除此之外，其他的都可以想办法。

最新研究文献其实是首先应该收集的，虽然它的重要性似乎比不上前两类文献。最新研究后面的参考文献往往是很好的线索，可以省去你很多的精力；它对研究历史的梳理，可以帮助你了解有关该问题研究的基本状况。所以，你开始一项研究的时候，最好先收集一些最新研究，从这些研究开始研读，基于此，确定是否有必要进行下一步的研究。同时，这些最新研究又是文献收集的基本线索。当然，如果你研究的问题比较冷僻，最近可能压根没有研究，这个时候可能只能求助于相关研究。

相关研究是一个比较宽泛的说法，它既可以指本学科内的研究，也可以指本学科外的研究。这里着重需要强调的一类相关研究是有关理论方法方面的。国内考古学研究，不论是论文还是论著，很少会有理论方法这个部分，但是西方考古学研究基本上都会有这个部分。研究终究是要上升到理论高度的，而你的理论高度不可能是突然产生的，必定是站在前人研究的基础上的，必定是对前人研究的发展。在社会实践中，我们知道理论要先行，没有理论的实践是盲目的实践。如果考古学研究要解释既有的现象，没有理论原理的支持是不可能成立的，除非所有的研究都不做解释工作。没有理论的推导，我们怎么知道要寻找什么呢？考古材料的信息无比广泛，一项研究是不可能全面覆盖的，理论推导可以帮助我们发现要寻找的考古信息是什么。有时我们挺羡慕西方考古学研究，能够不断产生新的理论方法，为什么我们做不到呢？为什么我们不能自己去探讨理论呢？我们要重视理论的建设，在文献的收集与研读上就要体现出来。

就一个主题所展开的相关研究，还可以从时空上进行拓展，这是最常见的搜索方法。从空间上说，除了收集与问题直接相关区域的文献之外，还应该收集可资比较区域的文献。比如说，研究中国农业起源问题，收集的文献还可以侧重西亚地区，因为这个地区与中国同属主要的农业起源中心，有较大的可比性。为了体现农业起源的多样性，还可以收集美洲大陆、大洋洲等地区的材料，就会发现农业生产形式非常多样。这说的是比较宏观的研究，如果是以遗址为中心的研究，参考比较的遗址可以包括同一考古学文化的其他遗址。从时间上来说，那就是沿着时间轴线早晚延伸。还是以遗址为中心的研究来说，那么收集的文献应包括该地区不同时段的材料。考古学研究本身具有长时段的优势，所以沿着时间轴线收集文献是非常必要的。时空上拓展有利于发展比较研究，比较是最基本的研究方法。俗话说，不怕不识货，就怕货比货。比较对于识别文化特征是非常简洁有效的手段。

对于考古学研究来说，有一类属于晚近时期的文献也是必须收集的，那就是相关民族志的文献，或者说得更宽一点，就是中程理论的文献，包括民族志、实验考古、历史文献以及当代物质文化研究等。这些文献不能直接回答考古学研究的问题，但是可以为考古学研究的问题提供重要的参考。尤其是当我们面对一些没有头绪的问题的时候，这些文献能够帮助我们开辟思路。比如有关旧石器时代的衣服问题，我们现在根本就没有相关的发现，但是我们如果查询一下民族志，就会发现热带地区根本就不需要服装，那么你在热带遗址中发现的所谓制作服装的工具就值得怀疑了。当代物质文化虽然相距我们研究的时代遥远，但有时候也很有参考价值。我研究辽西地区新石器时代石器工具时，就在当地的农村集市上看到类似的金属工具。还有一个更典型的案例，我们研究夏家店下层文化的石铲，发现它的形态是偏锋斜刃，它实际的功能是用作中耕的锄头。我们在基诺族的手锄发现了一模一样的形制特征，很好地说明了这种所谓石铲的使用方式。做旧石器考古研究特别需要实验考古的证据，它有助于研究者把握石料的打片特征。20世纪60年代，宾福德提出发展作为人类学的考古学，其中暗含的意思就是要借鉴人类学的成果。

相关研究文献还应该包括多学科的研究成果。当代考古学研究越来越倚重多学科的方法。的确，有些时候考古学的实物证据并不能直接提供有用的信息，需要通过科学分析手段来揭示。比如前面所说农业起源的证据，最直接的证据其实是人骨同位素，它可以直接说明当时人类在多大程度上依赖谷物。同样，我们判断史前群体之间的关系，最直接的证据并不是陶器特征的相似性，而是 DNA 分析的证据。考古学研究中最经常引用的科学分析首先是年代学研究，各种测年技术让考古学家能够较为准确地把握遗存的绝对年代。绝对年代测年技术让考古学家摆脱了年代学研究这个主要任务，开始研究古代社会运作、古代文化意义等更深层次的问题。另外一项频繁引用的科学分析是古环境研究，这项研究为了解古人的活动提供了环境背景，尤其是末次盛冰期及其以后的气候、生态变迁对人类文化适应的影响巨大，农业起源与之密切相关，更有甚至，有学者提出，正是因为全新世稳定的气候，农业才最终起源。如今考古科学门类众多，我们可以根据需要收集相关的信息。

五、如何收集文献?

有关这个问题，我注意到学生其实很有发言权，我个人在这个方面时常要向学生学习。我们这个时代收集文献的方式跟之前的时代相比，发生了重大的变革，网络作为收集文献的手段，其重要性日益增加。以前我们写一篇论文需要泡图书馆、资料室，现在学生更多是把图书馆当成上自习的地方。我个人已经许久没有去过图书馆了，这让我感到有些惭愧，但是我又不得不说，我去那里的确没有太大的必要性。我不是不去图书馆，我只是没有去那个实体的图书馆，而网络上的图书馆我还是经常利用的。

我还特别注意到网络时代带来的另一种冲击，那就是自组织的知识分享。我在一些网站上免费下载西文专业著作，这些网站是民间的，显然是不能盈利的。因为知识产权的麻烦，这样的网站有些不得不关闭。我非常感谢这些无私的人，通过这些网站我下载到不少西文专业著作，节省了大量的经费。与此同时，我与学生之间分享这些专业书籍，学生收集文献的热情高涨，对新的信息来源也更加敏感，我从他们那里收获更多。这种知识分享的方式是前所未有的，它不像以前借给别人图书，总担心别人不能如期归还（实际上也确实如此），通过复制上传，除了可以忽略不计的时间成本与网络流量，你几乎没有什么损失。相反，你收获了信誉，今后可能从别人那里得到帮助。

正是因为网络的发展以及其他计算机技术的进步，如今我们几乎每个人都一个巨量的图书馆。从前人们认为家藏万卷图书就很多了，后来印刷技术进步之后，一套十几册的图书就可能相当于以前的数千卷，于是人们觉得家藏万卷图书才叫藏书丰富。而今，一个硬盘上的图书资料可以轻松地超过一般资料室的收藏，坐拥一个图书馆也不是什么难事。更何况还有无限广阔的网络空间可以利用，也就是说，一个人可以接触到的信息资源是无比丰富的，是前人不敢梦想的。当然，具体到一个专业领域，一个自己关注的研究方向，就会发现资源还不够丰富，所以需要平时的收集与整理。我们现在同样会遇到"书到用时方恨少"的情况，尤其是在图书方面。相对而言，国外的图书分享做得比较好，颇有一些著作是直接从电脑文档格式转换为 PDF 格式的，文件小，清晰度高。国内的图书基本都是从实体图书扫描而来，效果稍逊一筹。总而言之，若是有心人的话，自己是可以积累丰富的文献收藏的。

从收集文献的途径来看，国内期刊论文从"中国知网"上基本都能够下载到，知网是付费网络，大学、研究所基本都会订购。知网的文献资源还在扩展之中，有些论文集已经列入其中。知网的论文下载还可以提供相关论文的链接，帮助你查找相关的论文文献。当然，这个链接服务有时会把人带入无比宽阔的范围，让你在浩如烟海的文献面前沮丧不已，所以，在搜索的时候要有明确的目标与范围。你可以按照关键词、作者、论文标题等进行搜索，你还可以看到不同论文的引用次数、下载量，当然，还有发表的时间、刊物名称等内容，由此你大致可以确定哪些论文是比较经典的研究。知网上的数据资源还包括博士、硕士论文，少数名校不知出于什么原因，没有将其上网。文献数字化势不可挡，估计迟早还得网络化。知网极大地便利了文献检索工作，虽然就其价格曾有抱怨。对于学生而言，属于免费的渠道，若不能用上，是十分可惜的。

西文期刊论文分为两个部分，一部分为过刊，一部分为现刊。部分刊物的现刊是单独收费的，如果大学或研究所没有订阅的话，可能就看不到全文。以中国人民大学为例，学校图书馆订购了不少网络数据库（参见附录），最常用的过刊数据库是 Jstor，其中有许多考古学类期刊，它与现刊之间的时间差为 3～5 年。要看现刊，还得上刊物本身的网站。就考古学而言，仅仅看一个数据库是远远不够的，因为不同的数据库包括的期刊是不同的，Willey-Blackwell、Kluwer、Springer、Elsevier-ScienceDirect 等是我们经常会用到的西文网络数据库。每次从上面很方便地下载到研究论文的时候，都会心生一点感慨。若没有这样的资源，我们对国际研究进展的追踪将会多么困难啊！一家研究机构不可能订购这么多的现刊，更不可能有这么多的过刊，而今这一切都触手可及。大学还提供 vpn 服务，我们在异地也可以登录学校内网，利用学校的图书馆资源。

网络能够很好地解决期刊文献收集的问题，但只能部分解决图书文献的收集问题。如今有些数据库能够提供图书下载的服务，只是数量还比较有限。前面提到同学、朋友之间的分享，这能部分解决问题。图书馆、资料室还是有不可替代的地方。对于专业研究而言，资料室是一个特别合适的地方。有历史的研究单位经过几十年的积累，还是会有不错的收藏。前面我们提到中国社会科学院考古研究所、北京大学考古文博学院、中国科学院古脊椎动物与古人类研究所的资料室（名称或有不同），这里有国内最好的专业收藏。如果还不能解决问题，就只能求助于综合性图书馆了，国家图书馆拥有最为丰富的藏书，尤其是西文藏书。大学图书馆也是一个选择。绝大多数情况下，你是不需要动用所有这些资源的。但偶尔情况下，这些资源是不够用的，你需要去档案馆，或者动用人际关系到海外搜集资料，国外大学图书馆有比较完善的馆际互借服务，可以委托在海外读书的同学、朋友帮助收集，也不失为一个有效的办法。

如果你计划将来从事研究工作，那么不妨早一点开始积累资料。读书人舍不得买书是不可思议的。三四十年前学人遇到的困难是买不起书，我们现在遇到的困难是买到书没有地方放。如北京这种大都市寸土寸金，要找足够的地方藏书是件非常奢侈的行为。于我而言，每搬家一次，就需要放弃一批书，想来都是很无奈的事情。对于学生而言，没有必要一开始就买资料参考书，首先买一些一定会读的书，然后买一些比较经典的著作，再买与学科相关的书，拓宽视野，最后我才建议买专业参考书。因为专业参考书不是用来通读的，而是作为资料参考用的。你可能许多年都不会打开它们，但是偶尔会用到它们，所以还是需要买一些这样的书。我们真正会精读的书是很少的，所以并不需要买很多，但是我们需要参考的图书几乎是无止境的，所以买多少也不会嫌多（个人的藏书终究不可能超过图书馆）。当有人问你"这么多的书你都读过吗"这种有点傻的问题时，有位名家的回答可以参考，他说：有的书读过两遍。

文献收集可以分为系统收集与专题收集。所谓系统收集，是就一个领域全面收集所有研究文献，比如说你对中国旧石器考古研究有兴趣，那么就可以全面收集所有的文献资料，这个领域看起来很大，其实研究不是太多，每年新产生的研究数量有限，是研究者个人可以控制的。不过我劝你不用试图收集所有中国新石器考古研究的文献，这个工作量太大了，你可以选择一个你感兴趣的区域就像中国北方作为收集文献的范围。系统收集需要量力而行，但很值得去做，其价值是与日俱增的。试想一下，你如果在一个领域从事超过半个世纪的研究，如果每次研究都重新开始收集文献，那的确是很浪费的。如果有系统的收集做基础，就会节约一些精力。我的博士论文导师之一弗雷德·温道夫（Fred Wendorf）博士，一辈子做北非尤其是北非的旧石器考古研究，他就非常系统地收集有关北非史前史的资料，并且出版了相关的光盘。专题文献收集比较简单，就是针对当前的论文所做的工作，其范围有限，通常采用的办法是根据关键词去检索。

我在本章附录中罗列了国内外主要的考古学期刊，并做了简要的评述，可以为大家收集文献以及将来投稿做参考。

六、资料如何处理？

在这个网络时代做研究，收集文献已经不是一件困难的事情，真正困难的事情是如何处理收集到的文献。这里包含的工作有整理、分类、判别、分析、利用等。首先要说的就是整理工作，许多同学都喜欢收集文献，尤其是图书，这是很有成就感的工作。虽然不是实体书，但是"坐拥书城，何事南面"的感觉还是有一点的。只是数字资源比实体图书更容易混乱，这种混乱更容易被忽视。堆在地上的书可能会有碍行动，堆在硬盘中的文献似乎不影响什么，于是，越堆越多，最后整理工作成了让人不敢面对的工作。收集的文献不做整理，跟没有收集没有什么区别，放在别处跟放在自己这里是一样的，都很难找到，也很难利用上。所谓整理，就是要去分类，分类是门大学问。个人收集的文献采用图书馆式的分类方法是不合适的，必须要以自己为中心，可以先按照自己的兴趣方向来划分，然后再按照其他的标准如中文、西文，图书、期刊，主要研究者、典型遗址、一般研究等，一层层地逐步归类。尤其是当你从同学、朋友处拷贝到大量文献资料的时候，要知道那个分类是他人的，并一定适合你，所以需要重新整理，根据自己的情况进行归类。

　　分类整理的方法可以是不同的电脑文件夹，如果是已经打印出来的论文资料，同样可以用文件夹，不过是文件夹实物。当文件数量增加到一定程度时，对于实体文献，可以用文件盒来分类，放在书架上；还可以用挂篮文件柜，用带标签的挂篮来区分，这种存放文件的方式比较容易检索；实在没有地方的时候，还可以选择纸箱子，放 A4 打印纸的箱子就很合适，把打印出来的论文竖着放在里面，也能检索。以上说的是存放，对我们来说，更有意义的还是检索。传统学者多采用做卡片的方式来积累自己的文献资料库，这个方法费时费力，现在很少有人用了。目前有文献编辑软件如 Endnote 可以帮助我们完成这项工作，你可以设置若干关键词，甚至把摘要粘贴过去，导出的时候，还可以自己选择排列方式，总之，是很便于检索的。尤其是在写博士论文或写著作的时候，需要上千种参考文献，Endnote 这样的文献编辑软件就可能有所帮助。这里可能还有个习惯的问题，习惯采用软件编辑文献无疑是很有效率的做法。于我自己而言，还是有些保守，我还是习惯阅读纸质文献，即便有电子版，还是会打印出来再看，所以分类整理的时候还是更多采用文件夹的形式（电脑的与实体的）。如果你数年之内都在研究同一个问题，如写博士论文，Endnote 这样的软件还是值得推荐的。

　　分类的更高层次是判别，知道哪些文献是经典文献，哪些是必定会引用的文献，哪些是需要精读的文献。现在的文献得来容易，但是良莠不齐，相关性差异巨大，特别需要高效率的判别能力。这种能力不是天生的，而是训练出来的。我自己就有这样的体会，因为经常逛书店，所以逐渐有了一种直觉，从书架上摆放图书的书脊颜色、字体、标题等有限的特征就可以大致判断出这本书是否值得打开来看一看。专业文献更是如此，因为了解比较充分，从论文的标题、摘要、图表，从图书的前言、目录、后记以及迅速浏览的内容中，就可以看出这些文献是否有利用价值。看得越多，这种直觉就越准。刚开始学习研究时，可能缺乏这样的能力，会走些弯路，比如收集了一堆没有多少价值的文献，这是成长过程中必定会经历的，就当是训练好了，用不着懊丧。

　　分析利用文献的前提是研读文献，而研读文献又分为精读与泛读。所谓精读与泛读是个粗略的说法，由粗到精是个连续的梯度，并没有截然的划分。最精细的阅读，一篇论文可能需要读好几遍，还需要做读书笔记；最粗略的阅读，一扫而过，大概了解一下情况，看看有没有继续深入的价值，可能只需要几分钟。所以，你问我一天可以读多少页英文论文，我其实没法回答你。有人说某学者每天必读多少篇英文文献，我对这种说法深表怀疑。如果只是浏览，十分钟可能就够了；如果要精读，他一天未必能够读完一篇论文。正是因为投入的巨大差异，我们需要认真区分究竟哪些论文值得精读，哪些论文稍次，哪些论文看看摘要、结论与图表就可以了。对于刚刚进入一个领域的学生，可能需要精读的文献稍多一些，此时需要把该领域的经典文献大体都读一遍，这样的文献不会太多，具体数量跟你设定的领域的大小相关。学问是以精读为基础的！如果你从来没有精读过文献，那么你可能需要反思一下，自己是否太急于求成了。泛读的目的是扩大视野，搜集可以利用的信息。精读与泛读相辅相成，缺一不可。

前人有云"不动笔墨不读书"，研读文献是要做笔记的。做笔记的好处非常明显，所谓好记性不如烂笔头，你写过的东西，记忆要牢固得多。做笔记的另外一个好处更大，那就是促进思考。如我们这代人，是拿起笔来才能思考的，现代人可能是要敲着电脑键盘才有灵感。不管采用哪种形式，做笔记都是必不可少的。我曾经尝试过许多做笔记的方法，如达尔文那种，用纸片记录，定期整理，如马克思那种，把一张白纸分上下两截，上面做读书摘录，下面记录自己的思考，还用软皮本做过，等等，最后发现没有一种方法是能够包打天下的。如果是系统的笔记，A4 纸大小的硬皮笔记本就很合适。我找到一种素面的，背脊上可以写字，插在书架上很好找，已经用了几十个本子。我做笔记只做一面，把相对的一面（而非反面）用来记录自己的思考，或者用来补充内容，实在记录不过来的时候，把要记录的内容复印了，粘贴在笔记本上。这么做的好处是，一眼能够看到自己的想法，内容比较充实。如果是一些零星的思考，我会把它们记录在研究日志上，上面同时记录每日的日程计划。不论是什么样的笔记，一定要有目录索引，否则过段时间就很难追踪了。每个人都应该努力寻找适合自己的方式，达尔文的方式很好，但是我没有那个耐心去整理纸片；马克思的方式也是如此，我曾经把那些白纸做的笔记做成活页，发现很不便于检索，而且活页本大多太大，不适合携带，也不适合储存。笔记帮助我们记录重要信息，记录自己的思考，它们正是论文写作的基本材料，所以要重视做笔记，尽管我们现在好像远离了纸笔时代。

除了上述的基本方法之外，我们还需要处理一些关系。首先是处理实物材料与文献资料之间的关系。考古学号称是研究实物资料的，虽然我们经常还是在研究相关文献报告。这两者之间有非常好的互补关系，若是你在研究文献资料的时候还有实物材料可以参考，将十分有利于你理解文献材料。即便你是以文献资料为研究对象，如果有可能的话，我还是建议你去所研究的遗址看一眼，并且看看所研究的实物。其次是处理好图书与期刊资料之间的关系。期刊资料的及时性要好于图书，其中比较容易找到最新的研究进展，但图书著作往往更加系统。现在大家很少有耐心认真去读一部著作，但重要的著作还是要读，不过一般并不需要通读，你需要了解其基本的理论方法、核心观点，就某个你所关注的部分重点阅读就可以了。这样读研究著作，效率会更高一些。我们在处理文献的时候，容易更重视期刊而忽视著作，毕竟读期刊论文要更容易一些。这样就导致在利用文献时忽视了一些非常经典的研究。

七、有关文献综述

文献综述本身就是一种研究形式，同时也是许多论文的组成部分，博士论文中，文献综述的地位尤为重要。所谓文献综述，就是对有关该问题的所有研究的回顾，既然是所有研究，那么文献综述务必收集文献完整、系统。所谓完整，就是不要遗漏；所谓系统，就是有关该问题研究的相关方面都能覆盖到，比如与该问题研究有关的理论方法探讨、相关的佐证研究等。文献综述虽然强调整体性，但还是要注意重点突出，尤其需要把握问题的关键。面面俱到，也就是面面不到，因为综述的最终目的是把问题汇聚到一个焦点，让大家的注意力能够集中到上面。若没有实现这个效果，综述就跑题了。

换句话说，研究综述是学术史的梳理，就是要发现既有研究中哪些研究是重要的，贡献在哪里，意义在何处，而不是进行简单的罗列分类。这也就意味着研究综述必定是围绕某个中心问题展开的，看看谁在这个方面贡献更大，还存在什么问题。好的研究综述本身就是很有意义的学术史研究，比如学术史研究梳理了青蒿素的发现过程，发现屠呦呦在关键步骤上发挥了主要作用，其贡献由此而为学术界所了解，最终获得诺贝尔奖。这个例子是一个学术史梳理的经典范本，是我们在学术史梳理的时候应该学习的。与之相应的是，我们需要深入理解所研究的中心问题，如果没有足够的理解，是很难发现哪些研究更有意义的。这也意味着，梳理学术史的过程，是深入消化前人成果的过程，认识到前人的贡献、存在的问题以及可能进一步推进研究的方向。因此，在研究综述中，研究者必须得出自己的判断。

　　学生论文的文献综述的一个常见问题是述而不评，只说前人做了什么，而不做判断。综述在英文中对应的工作应该是 review。你不能总是某某先生这么认为，某某先生那么说，如此罗列下去，综述的学术价值就不是太大。综述要回顾既有的研究，就是说：一方面，要把握研究的进展，即前人的研究取得哪些成绩，这是需要肯定的地方；另一方面，又要指出其中的不足，这是你展开研究的理由，或者说是今后努力的方向。而要肯定前人的成绩，你就需要发现所研究文献中可以汲取知识的地方。

　　人性似乎总是善于挑剔而不肯承认人家的优点，把一篇文章拿出来，学生总是能够飞快地指出其中存在的不足。发现优点是一项更加困难的工作，不仅需要克服人性的弱点，还需要对学科有很好的把握，否则很难判断什么才是优点。而这里所说的指出不足，并非挑刺式地发现问题，而是指有针对性地发现问题，或者抓住问题的关键，或者指向自己即将解决的问题。否则，批评就会漫无边际，你写得长，我说不够简洁；你写得短，我说不够充实；你写得不长不短，我说没有特色。综述之中肯定成绩是次要的方面，主要的方面要放在指出问题上。综述并不需要你解决问题，但它很考验你的眼光，考验你能不能切中要害，点出问题之所在。

　　所有这些都是围绕某个中心议题进行的，这里存在的问题是中心议题的范围。在综述中很容易出的问题就是议题铺得太大，好比你要研究一个地区的文化适应方式，而文化适应研究是过程考古学研究的重点，但是如果你的回顾一直追溯到过程考古学的理论渊源、发展，显然就走过头了。你可以综述该地区的研究，也可以包括文化适应方式研究的理论方法的进展，但不需要追溯太过遥远，以至于破坏了讨论的重心。如果综述是论文的一个部分的话，那么它就必须符合全文的逻辑。首先它要对既有的研究进行分析，确定争论或者探究的中心，为后文的讨论做铺垫。次之，它的分量需要与全文相协调，综述部分因为可以引述前人的话，很容易写得太长，以至于后面的篇幅有点像综述的附录。

　　最后我们以高星等人的《关于北京猿人用火的证据：研究历史、争议与新进展》①这篇文章为例，具体分析一下综述的写作方法。有关北京猿人用火的证据，这篇文章是分阶段讲的，从最早期的用火证据，到 20 世纪 80 年代对用火证据的否定，以及近期的新发现和新进展，最后讲的是怎样看这

_____

①　高星等：《关于北京猿人用火的证据：研究历史、争议与新进展》，《人类学学报》2016年第 4 期。

些分析结果和观点。这篇研究综述的优点是,对要点的把握很准确,所有的相关文献基本都覆盖了,对主要的观点进行了分析,对所有的问题梳理了之后,讲了要怎样看待这些观点和结果。下面是该文的摘要与组织结构。

摘要:周口店第1地点古人类用火证据是该遗址一系列重大科学发现中的一项重要内容,在很长时期内,作为同类遗存中最早的记录及其分析论证结果被国际学术界广泛接受。但随着少数西方学者的质疑和挑战,从20世纪80年代中期开始在这一问题上出现争议,其后开展的埋藏学和地球化学分析又得出进一步否定的结论。但周口店遗址的洞穴地层十分复杂,目前残存的堆积与古人类生存时期的状态有重大差别,与当初大规模发掘时见证的遗物遗迹的分布与埋藏状况也有很大不同,在剖面表层做局部有限的采样分析并不足以推翻以前的系统性研究结论,何况很多否定性的意见源自学术理论思潮的转变和缺乏具体分析的常规性推理。从以前的发掘记录和各种分析结果看,周口店遗址埋藏着丰富的古人类用火证据,这些证据不是孤立的,是可以相互验证和支持的。2009年以来在遗址开展的新的发掘与研究获得重要进展,揭示出具有结构的火塘、烧骨、石灰化的灰岩块等原地用火产生的遗物与遗迹,对相关材料的现代科技分析进一步确定这些遗存的人类用火性质。这样,遗址上文化层的用火证据变得明确无误,相关争议终可尘埃落定。对于下部地层中的用火证据,尚需做同样的发掘、分析和研究工作。

关键词:周口店;北京猿人;用火证据;考古发掘;地化分析

文章的组织结构:

第一部分　引言

简单介绍问题的由来与主要的研究历史。

第二部分　周口店工作早期对用火证据的发现与分析

回顾早期研究中对周口店北京猿人用火证据的发现与相关的原始记录,附有烧骨、烧石以及炭化朴树籽的图片。

第三部分　质疑与否定

侧重讨论宾福德、维纳、古德伯格等西方学者对周口店用火证据的质疑。

第四部分　新的发现与研究进展

分三个部分(4.1新发现与新观察;4.2植硅体提取与燃烧实验

分析；4.3 磁化率与红度分析）介绍 2009 年以来的研究新进展，包括新发现：集中用火的部位或火塘、烧骨、高温受热的灰岩等，还有新的测试分析。

第五部分　如何看待不同的分析结果与观点

区分不同用火标准的可信度，进而比较不同研究者的认识，解释不同观点产生的原因。

第六部分　结语

基于上述的分析，得出作者的结论，肯定周口店用火证据的可靠性。

致谢

参考文献

这篇文章很好地体现了文献综述的价值，文章虽然没有叫作综述，而是特指研究历史、争议与新进展，但其实就是一般综述要讨论的内容。综述就是说明研究历史、所存在的争议，以及当前有关该问题的研究进展。周口店北京猿人用火问题争论激烈，影响巨大，因此这里在题目中强调了争议这一议题。需要注意的是，文献综述并不等于收集所有的文献，然后分门别类加以介绍，它的关键意义在于能够抓住关键、发现问题、比较分析，最后得出有意义的认识，而不是得出一个模棱两可、捣糨糊式的结论。

附录 1　英文期刊数据库及其所包括的期刊①

Cambridge Core

American Antiquity

Antiquity

Archaeological Reports

Cambridge Archaeological Journal

Quaternary Research

Elsevier-Science Direct

Archaeological Research in Asia

Journal of Anthropological Archaeology

---

① 不同数据库所包括的期刊有重叠，此处每种期刊仅列一次。

Journal of Archaeological Science

Journal of Archaeological Science：Reports

Journal of Cultural Heritage

Journal of Human Evolution

L'Anthropologie

Palaeogeography，Palaeoclimatology，Palaeoecology

Quaternary Geochronology

Quaternary International

Quaternary Science Reviews

Science Bulletin

De Gruyter

Chinese Archaeology

Jstor

American Journal of Archaeology

Annual Review of Anthropology

Arctic Anthropology

Asian Perspectives

Biennial Review of Anthropology

Current Anthropology

Journal of Anthropological Research

Proceedings of the National Academy of Sciences of the United States

Nature Portfolio

Journal of Human Genetics

Nature

Scientific Reports

Oxford Academic

Molecular Biology and Evolution

SAGE Journals

Journal of Material Culture

Journal of Social Archaeology

The Holocene

Science Online

Science

Springerlink

    African Archaeological Review

    Archaeological and Anthropological Sciences

    Archaeology, Ethnology and Anthropology of Eurasia

    Asian Archaeology

    Historical Archaeology

    International Journal of Historical Archaeology

    Journal of Archaeological Method and Theory

    Journal of Archaeological Research

    Journal of Geographical Sciences

    Journal of World Prehistory

    Science China-Earth Sciences

    Vegetation History and Archaeobotany

Taylor & Francis Online

    Environmental Archaeology

    International Journal of Nautical Archaeology

    Journal of Field Archaeology

    Lithic Technology

    Norwegian Archaeological Review

    Plains Anthropologist

    World Archaeology

Wiley-Blackwell

    American Anthropologist

    American Ethnologist

    American Journal of Physical Anthropology

    Archaeometry

    Evolutionary Anthropology

    Geoarchaeology

    International Journal of Osteoarchaeology

    Journal of Quaternary Science

    Oxford Journal of Archaeology

    Radiocarbon

附录 2　中文和英文考古期刊及介绍

主要中文专业期刊①

名称	主办单位/出版机构	发行频次	主要内容
《北方文物》	北方文物杂志社（曾发生更迭）	季刊	文物、考古发现及研究、民族史论、地方史志、博物馆学与研究、译文等（注重探讨北方地区的文物考古，以及地方的民族史和地方史）
《北方民族考古》	中国人民大学考古文博系、中国人民大学北方民族考古研究所	辑刊	考古发现、考古研究、考古与科技、译文和书评（着重以北方民族考古为主要特色，同时兼及中原和长江流域的考古学研究）
《边疆考古研究》*	吉林大学边疆考古研究中心	半年刊	考古发现、考古研究、考古科技应用成果、书评等（着重与边疆地区，尤其与中国东北地区有关，也有其他地区）
《草原文物》（原《内蒙古文物考古》）	内蒙古考古博物馆学会、内蒙古文物考古研究所	半年刊	考古发现、考古研究、研究述评、书评等（着重与中国北方内蒙古地区、东北地区和蒙古国地区相关的内容）
《大众考古》	江苏人民出版社有限公司	月刊	考古资讯（考古材料、新书速递等）、考古研究、公共考古、性别考古（其主要特色是性别考古，期刊力求将具有专业权威的考古知识面向大众）
《第四纪研究》	中国第四纪研究委员会、中国科学院地质与地球物理研究所	双月刊	论文、简报、书讯、简讯、新方法探讨和推介、专辑
《东方考古》	山东大学文化遗产研究院、山东大学东方考古研究中心	年刊	论文、古文字、科技考古、研究综述、古建筑

---

① 带 * 号为 CSSCI 收录刊物，名录不同年份会有变动，此处所列仅供参考。

续表

名称	主办单位/出版机构	发行频次	主要内容
《东南文化》*	南京博物院	双月刊	文化遗产保护理论、报告、研究、博物馆理论、简讯、会议纪要、学术动态
《敦煌学辑刊》	兰州大学	季刊	敦煌文献、佛教艺术、吐鲁番研究、敦煌语言文学、敦煌学史、河西史地
《敦煌研究》*	敦煌研究院	双月刊	报告、论文、文献、美术考古、简讯、简牍、文化遗产保护、书评综述、史学、东西文化交流、石窟寺考古、论坛选刊、简讯
《故宫博物院院刊》*	故宫博物院	双月刊	清代历史、书画研究、古代工艺、佛教研究、古代建筑、文化交流、器物考释
《海岱考古》	山东省文物考古研究所	年刊	考古调查、发掘报告、科技考古成果等（以山东地区的发掘简报为主）
《湖南考古辑刊》	湖南省文物考古研究所	年刊	考古新发现、考古研究、科技考古、公众考古和历史研究等（以考古发掘简报、专业论文为主，兼顾文物发现资讯）
《华夏考古》	河南省文物考古研究所、河南省文物考古学会	双月刊	报告、论文、书讯、文保技术、专辑、古文字、学术史、学术动态、科技考古、考古学理论
《华夏文明》即《黄河·黄土·黄种人（华夏文明）》	水利部黄河水利委员会主办、郑州市文物考古研究院	月刊	考古发现、考古研究、文化遗存保护、文物鉴赏、书画摄影以及漫画园地等（内容以人文、历史和考古等方面的作品为主）
《化石》	中国科学院古脊椎动物与古人类研究所	季刊	重要事件回顾、化石发掘报告、工作回顾、论文、反思、博物馆介绍、研究简史、化石保护、论坛
《江汉考古》*	湖北省文物考古研究所	双月刊	特稿、报告、论文、科技考古、古文字研究、读书报告、简讯
《考古》*	中国社会科学院考古研究所	月刊	新石器时代和历史时期的研究报告、文献综述、简报、专题研究，还有自然科学应用成果介绍、公众考古有关的内容（侧重考古发掘或者调查及论著）

续表

名称	主办单位/出版机构	发行频次	主要内容
《考古学报》*	中国社会科学院考古研究所	季刊	报告、论文
《考古学集刊》*	科学出版社	年刊	发掘报告、论文、科技考古实验报告、论文等与考古学相关的长篇学术性、资料性论著
《考古与文物》*	陕西省考古研究所	双月刊	新石器时代和历史时期的调查与发掘、研究与探索、考古学史、古文字研究、文物保护与科技、译文、读书与思考等（着重与华夏文明的起源和演变相关的内容）
《南方民族考古》	四川大学博物馆、四川大学考古学系、成都市文物考古研究所	半年刊	报告、论文、纪要、科技考古、纪念论文
《南方文物》	江西省文物考古研究所	季刊	访谈录、报告、论文、三代考古、科技考古、公众考古、文化遗产保护、文物鉴赏、专辑、文保、讲座
《农业考古》	江西省社会科学院（曾发生更迭）	双月刊	考古发现、考古研究、专题研究以及资料索引、农史动态等（着重与农业历史、农业和稻作农业起源、农业工具以及农业相关学科和现代的三农、农业现代化以及少数民族农业有关的内容）
《人类学学报》*	中国科学院古脊椎动物与古人类研究所	季刊	研究论文、发掘报告、简报、综述、书刊评介和消息与动态等（注重人类学、旧石器考古学和其他相关学科，如年代测定、数理统计方法、环境和植物考古等）
《四川文物》	四川省文物局	双月刊	报告、论文、古建筑研究保护、专辑、科技考古、纪要
《文博》	陕西省文物局	双月刊	报告、论文、述论、文保、书评、博物馆、考述、评述
《文博学刊》	广东省博物馆、广东省文化馆	季刊	考古发现、博物馆学、藏品研究和文化遗产保护与管理（考古发现侧重广东地区）

续表

名称	主办单位/出版机构	发行频次	主要内容
《文物》*	文物出版社	月刊	报告、论文、书讯
《文物保护与考古科学》	上海博物馆	双月刊	论文、报告、通讯、论坛、科技考古、综述
《文物春秋》	河北博物院	双月刊	研究与探索、考古发现、文博论坛、文保技术、文物介绍与研究、古代建筑等。河北省文物、考古、博物馆工作的新发现、新成果，立足河北，面向全国
《西部考古》	西北大学文化遗产学院	半年刊	考古调查与发掘、新石器时代和历史时期考古研究、中西文化交流、考古科技应用与文物保护（多数是陕西、新疆所在西北地区的发现）
《中国国家博物馆馆刊》（原《中国历史文物》）	中国国家博物馆	月刊	专题、报告、古代史、文物研究、艺术史、美术考古、国博新闻、文物鉴赏、文物保护
《中国考古学年鉴》	文物出版社	年刊	报告
《中国文物报》	中国文物报社	周刊	新闻、综合研究、鉴赏、博物馆、理论、发掘工作、展览等（文物保护、文物知识普及宣传，以及与文博事业有关的调研、传播、策划、咨询等活动）
《中原文物》	河南博物院	双月刊	考古发现、考古研究、文物研究、文物保护与科技、博物馆学研究、书刊评介、学术动态、学术争鸣、专题研究等（着重史前文化、夏商文化、楚文化等一系列与中原相关的内容）

主要英文专业期刊

名称	主办单位/出版机构	发行频次	主要内容
African Archaeological Review	Springer	季刊	考古报告、论文（与考古学、民族学等有关的现代人类的出现、最早的人类文化以及非洲植物、动物驯化，还有文化遗存的管理、信息技术以及公共考古）

续表

名称	主办单位/出版机构	发行频次	主要内容
American Anthropologist	American Anthropological Association	季刊	论文、科技考古、民族学、社会学、公共人类学、综述、评述、视觉人类学（书评、影评等）、讣告、专题、年鉴
American Antiquity	Society for American Archaeology	季刊	考古学方法、考古学技术、前哥伦布时期社会文明、发掘报告
American Ethnologist	American Anthropological Association	季刊	政治、经济、宗教、传媒、社会公平、公民权利、安全、人权、人道主义等相关问题
American Journal of Archaeology	Archaeological Institute of America	季刊	社论、论文、报告、博物馆理论
American Journal of Physical Anthropology	American Association of Physical Anthropologists	月刊	论文、综述、邀评、书评、有关方法和技术问题的短篇通讯（和人类进化有关的体质人类学和非人类灵长类行为研究） 每年另有两部增刊：*Yearbook of Physical Anthropology*（主要是综述性文章）和 *Annual Meeting Issue*（主要是美国体质人类学家协会年度会议的项目介绍、海报和汇报的精彩片段）
Annual Review of Anthropology	Annual Reviews	年刊	社会学、民族学、论文、生物考古、语言学、人类起源、政治学、环境变化、综述、冶金考古
Antiquity	Antiquity Publications Ltd.	双月刊	专注于世界范围内各个时段的考古学研究对象
Archaeological and Anthropological Sciences	Springer-Verlag GmbH Germany	月刊	论文（以各类自然科学方法对考古学材料与问题开展的研究）
Archaeological Reports	GUARD Archaeology Ltd.	年刊	原始报告、研究性论文、文物藏品和保护（关于古希腊和拜占庭帝国：南意大利、西西里、撒丁岛阿尔巴尼亚、塞浦路斯、黑海等地区）

续表

名称	主办单位/出版机构	发行频次	主要内容
Archaeological Research in Asia	Elsevier	季刊	论文、报告、简讯（亚洲区域各类考古研究，强调理论方法的研究与新材料的介绍）
Archaeology, Ethnology and Anthropology of Eurasia	The Institute of Archaeology and Ethnography of the Siberian Branch, Russian Academy of Sciences	季刊	研究论文与田野报告（欧亚地区相关的考古学、民族学、人类学研究，包括北亚、中亚、欧洲、环太平洋等地区）
Archaeometry	University of Oxford	双月刊	论文（主要是考古学和艺术历史的物理与生物科学应用，具体有年代测定方法、人工制品研究、数理方法、遥感技术、保护技术、环境重建、体质人类学和考古学理论）
Arctic Anthropology	University of Wisconsin Press	半年刊	论文（北极及周边地区的考古学、民族学、体质人类学等相关学科的研究）
Asian Archaeology	Chinese Frontier Archaeology (RCCFA)，Jilin University	年刊	论文、报告（中国以及亚洲其他地区的考古新发现、新成果、新观点）
Asian Perspectives	the Institute for Far Eastern Studies，Kyungnam University	季刊	亚太及周边地区史前史的相关研究
Biennial Review of Anthropology	Stanford University Press	年刊	考古学、生物人类学、语言学
Cambridge Archaeological Journal	the McDonald Institute for Archaeological Research，Cambridge University	季刊	论文（以社会考古学为主，包括各区域、各领域的考古学研究）
Chinese Archaeology	Institute of Archaeology of the Chinese Academy of Sciences	年刊	主要发表中国考古学重要发现及研究的英译文章

续表

名称	主办单位/出版机构	发行频次	主要内容
Current Anthropology	Wenner-Gren Foundation for Anthropological Research	半年刊	报告、书评、影评、论文（社会学、人类学、人类行为、政治学）
Environmental Archaeology	Association for Environmental Archaeology	双月刊	论文（环境考古学的各类研究，包括理论方法、人类古生态、植物考古、生物人类学等）
Evolutionary Anthropology	Wiley	双月刊	综述、一般新闻、书评、书信和会议列表等（与体质人类学、古人类学、考古学、功能形态学、社会生物学以及骨生物学、人类生物学、基因学、生态学有关）
Geoarchaeology	Wiley	双月刊	论文（跨学科研究，考古学和地质学，以及地理学如地貌学、土壤学、气候学、海洋学、地球化学、年代学和地球物理学等）
Historical Archaeology	The Society for Historical Archaeology	季刊	论文（有关近现代的考古学研究，关注奴隶制、性别、种族、族属、阶级、全球化、工业、景观、物质文化、战场等主题）
International Journal of Historical Archaeology	Springer	季刊	论文（涉及 1492 年以后全球各地的各类考古学研究）
International Journal of Nautical Archaeology	Nautical Archaeology Society	半年刊	论文（航海考古，涉及水运、海上贸易、海岸资源利用、沉船研究等主题）
International Journal of Osteoarchaeology	Wiley	双月刊	论文、报告、评论（主要是考古学背景下关于人类骨骼和动物骨骼的研究，涉及古人类学、历史时期人类）
Journal of Anthropological Archaeology	Elsevier	季刊	论文（人类社会组织、运行、进化方面的理论和方法论发展，早期考古证据、历史记录社会以及当代社会观察数据均可）
Journal of Anthropological Research	University of Chicago Press Books	季刊	世界范围内的人类学研究论文及报告

续表

名称	主办单位/出版机构	发行频次	主要内容
Journal of Archaeological Research	Springer US	季刊	考古发现、调查勘探、论文等（国际上最新研究的摘要汇总，主题广泛）
Journal of Archaeological Method and Theory	Springer US	季刊	综述、论文、评议文章（考古学前沿领域的方法论及理论研究性文章）
Journal of Archaeological Science	Elsevier	月刊	论文（主要是考古科技及其应用成果，如环境考古、同位素考古等）
Journal of Archaeological Science：Reports	Elsevier	双月刊	论文、评论和短文（考古学各领域内科学技术与方法的运用）
Journal of Cultural Heritage	Elsevier	季刊	论文（与文化遗产保护相关的科技问题）
Journal of Field Archaeology	Taylor&Francis	8/年	论文、书评（考古发掘、调查和实验的研究分析、文化遗产、民族、考古学史、技术和方法论研究等）
Journal of Geographical Sciences	the Geographical Society of China and the Institute of Geographic Sciences and Natural Resources Research	月刊	论文（地理学与相邻学科的综合研究进展，地理学各分支学科研究前沿理论，与国民经济密切相关并有较大应用价值的地理科学论文）
Journal of Human Evolution	Elsevier	月刊	论文（与人类演化有关的各类研究，主要关注涉及人类及古猿化石的古人类学研究，及其与现代物种的对比研究）
Journal of Human Genetics	the Japan Society of Human Genetics	月刊	论文（与人类遗传和基因演化相关的各类研究）
Journal of Material Culture	SAGE Publications	季刊	论文（文化研究与人类学，关注人造物与社会关系之间的联系，社会认同的构建，文化的制造与使用等主题）

续表

名称	主办单位/出版机构	发行频次	主要内容
Journal of Quaternary Science	Quaternary Research Association	8/年	论文（主要是第四纪研究的各个领域，了解过去 2.58 万年的地球历史）
Journal of Social Archaeology	Committee on Publication Ethics	3/年	论文、采访等（致力于发展考古学的社会方法，主要受益于跨学科的理论研究，研究主题有性别、民族、阶级、体质、物质文化、景观、时代、美学、社会政治学、后殖民主义、家户研究、社会记忆和礼仪等，研究时期从史前至现代，对当代政治学和遗产方面也有研究）
Journal of World Prehistory	Springer US	季刊	论文、综述（主要是早期复杂社会，涉及地理范围广阔如美国、西欧、远东、部分第三世界地区以及东欧。具体内容有亚马孙石器、绳文时代晚期、东南亚青铜时代、多格兰尼安德特聚落、西亚的新石器网络、新仙女木石器古印第安人的适应、非洲之角国家的形成等）
L'Anthropologie	Elsevier	5/年	史前社会及古人类学有关的法文及英文论文
Lithic Technology	Taylor & Francis	季刊	论文（古代石制品及其制作技术）
Molecular Biology and Evolution	The Society for Molecular Biology and Evolution	月刊	论文（分子层面的演化研究，涉及基因的分类、组织结构、形式功能、原型等方面）
Nature	Springer Nature	周刊	特约专稿、专题综述、科技进展、科学时评、科学人物、科学聚焦、综合考察、自然科学史、自然论坛、自然信息、科学与艺术、阅读与评论等
Norwegian Archaeological Review	Taylor & Francis	半年刊	论文（主要关注考古学的理论与方法，同时也刊发其他有较强创新性的考古学研究）

续表

名称	主办单位/出版机构	发行频次	主要内容
Oxford Journal of Archaeology	Wiley	季刊	论文（主要是旧石器时代至中世纪时期欧洲、地中海和西亚的考古学、建筑学、人类学与民族学等研究）
Palaeogeography, Palaeoclimatology, Palaeoecology	Elsevier	半月刊	论文（古环境与地球科学领域的高水平研究，重点关注地球环境与生命演化过程中的主要事件和节点）
Plains Anthropologist	the Plains Anthropological Society	季刊	论文（美国大平原地区相关的人类学研究，重点关注对该区域内人群与文化的人类学阐释）
Proceedings of the National Academy of Sciences of the United States of America	National Academy of Sciences	周刊	前沿研究、综述、评论、信件和讨论会文章等（涉及全球范围内的生物科学、物理科学和社会科学等方面的顶级研究）
Quaternary Geochronology	Elsevier	双月刊	论文（第四纪内的各类定年方法及相关研究）
Quaternary International	The International Union for Quaternary Research	旬刊	论文（以第四纪研究中涉及的各类自然科学为主）
Quaternary Research	Cambridge University Press	双月刊	论文（第四纪内与自然和人类相关的多学科研究）
Quaternary Science Reviews	Elsevier	半月刊	论文（第四纪科学的各个方面，包括地质学、地貌学、地理学、考古学、土壤科学、古植物学、古动物学、古环境学及各种测年方法等）
Radiocarbon	A. J. T. Jull Department of Geosciences	双月刊	研究报告、技术说明、年代列表、评论、书信、书评以及实验室列表等（主要与碳十四、其他放射性同位素有关，还有用于考古学、地理学、海洋学及相关测年的技术）

续表

名称	主办单位/出版机构	发行频次	主要内容
Science	American Association for the Advancement of Science	周刊	科技新闻、评论、前沿研究论文等（某一学科内或者跨学科方面最具影响力，要求能够提供新颖且重要的数据或者观念）
Science Bulletin	Chinese Academy of Sciences	半月刊	论文（各类科学技术领域内的高水平论文）
Science China-Earth Sciences	Chinese Academy of Sciences	月刊	论文（地球科学领域内的高水平论文）
Scientific Reports	Nature	网络出版	论文（各类自然科学、心理学、医药科学及工程学等领域内研究）
The Holocene	SAGE Publications	月刊	论文（主要关注全新世以来的环境变化）
Vegetation History and Archaeobotany	Springer-Verlag GmbH Germany	双月刊	论文（全新世为主的植物群演变与古生态学，关注史前及中世纪人类活动对自然环境的影响）
World Archaeology	Taylor & Francis	5/年	其中 4 期关注目前的研究问题（主要是世界范围内不同时段的考古学研究，新增加考古科技的发展、社会理论在考古学的应用、艺术考古、商业和交流等重要课题） 还有 1 期主要是有关世界考古学的争论、讨论和评论

第六章　研究的难点：视角的选择

当问题已经摆在那里，材料也是现成的，下一步我们该怎么办呢？这就像厨师准备做一道肉菜，原料已经有了，他可以做川菜的鱼香肉丝，也可以做东北菜的锅包肉，还可以做北京菜的京酱肉丝，总之，他有许许多多的选择，但他最终只能有一个选择，尽可能最大程度地利用好原料，最大限度地符合当时的需要。我们的考古学研究同样如此，当一切看似准备停当之后，我们开始遇到一个很不好解决但又至关重要的问题，那就是视角。什么是视角呢？我们中小学时代都写过作文，一篇优秀的作文固然需要好的素材、语言等，不过最重要的可能是新颖的视角，老师看了觉得耳目一新。要想从班级作文中脱颖而出，定然需要与众不同，这样才有可能拿到高分。我们给刊物投稿，越是好的刊物，越是不愁稿源，没有让人眼睛一亮的东西，是很难入审稿人与编辑的法眼的。而让你的文章闪光的东西就是独特的视角。我们一群人在一起聊天的时候，人云亦云的看法是不会引人关注的，必定是从一个新颖的视角来看问题的观点让我们侧目。这个观点如果的确精彩的话，就会给我们留下深刻的印象：嗯，这个人有想法，不简单！也许是我们看到了太多人云亦云、视角老套的研究，以至于有时都忘记了视角的重要性。"横看成岭侧成峰，远近高低各不同"，事物总是有无数的特点与属性可以关注，你从哪个角度去看，才能发挥你的优势，充分地表现事物？我们怎么去选择、去培养自己独到的视角？考古学研究的视角是如何表现的？这一章我将结合自己这些年来指导学生论文的经验教训给大家一点启示。

一、观看之道

曾读吴思的《潜规则》，对他在序言中所讲的一段经历印象非常深刻。

吴思说自己的古文功底不佳，读古文文献有点困难。有一天他似乎醍醐灌顶，体悟到了"潜规则"这个思想，于是，他突然发现自己一下子就读懂了古文文献。神奇不？"潜规则"就是他的视角！没有视角之前他是在读文献，而这不是他的强项，他的阅读是盲目的，没有收获也是自然的。有了视角之后，他就有了门径，有了目的，阅读有收获，也就不觉得难了。视角是我们切入问题的角度，是突破口。对于研究来说，视角（突破口）选得好，解决问题时就会更容易。视角的发现，我们叫作"悟"，一种由理解而升华出来的创造性的认识。我们有时讲某某学生悟性好，有学术潜力，适合从事学术研究，其实说的就是创造性，说的就是学术基础。学习勤奋，基础扎实，理解透彻，思考深入，悟性不可能不好。许多人将悟性视为天赋，我不赞同这样的看法。它跟天赋有一定的关系，而所谓天赋，我的理解就是有兴趣，此外都是需要通过努力学习才可能获得的。

古往今来的学术达人、思想巨人无不有"悟"的过程，找到自己的视角。明朝学术大师王阳明有龙场悟道，得出"心即理，致良知"的心学真谛。他的故事通过当年明月的《明朝那些事儿》广为人知。王阳明曾经站在竹子跟前格物七天七夜，一无所获，还把自己弄病了。当他悟出物的意义来自人之后，他把中国的人文思想又提升了一个层次，他的思想对于我们理解当代考古学理论中的后过程考古学是很有帮助的。孔夫子讲"礼"，耶稣讲"爱"，他们的思想构成了东西方文化的基础。孔夫子生前很是落魄，"遑遑如丧家之犬"。北大李零先生还专门就此写过一本书，引起不小的争议。孔夫子相对耶稣而言还算是幸运的，耶稣则为他的思想殉道了。耶稣说别人打你左脸，把右脸也给他打好了。以前看到这个，觉得真是愚昧得可以，后来才体会到，耶稣讲的是"爱"。这有点像金庸小说《鸳鸯刀》中的武林无敌秘籍，高手们拼死打斗，得到刀中所藏秘籍，原来不过是"仁者无敌"。你爱人怎么会有敌人呢？这个时候人家打你左脸也把右脸给他打就说得通。毫无疑问，无论古今，人类社会靠讲"礼"或者倡导"爱"都不可能解决所有问题，有时甚至看起来很可笑，但这就是孔夫子、耶稣的视角，是他们深入人性与社会的视角。你无须面面俱到，无须绝对正确，但是你从一个视角出发能够解释得通就好，正所谓"道尚贯通"。

曾读人类学家马文·哈里斯（Marvin Harris）《文化的起源》（*Origin of Culture*），他的立场是文化唯物主义，他就用人口压力来解释人类起源、农业起源还有文明起源，甚至包括某些文化风俗，如玛雅的食人、印度的敬牛，如此等等。毫无疑问，仅仅用人口压力是不足以解释人类演化的，但是谁又能既全面又充分地解释历史呢？研究者所谓的一个个体，必定只能从某个视角来看。我们同学会怎么看人类演化的解释呢？你可能会罗列出许多原因，看起来都很有道理，但是都不能深入进去，所以看起来很正确，却没有什么作用。现代科学研究有点像是 CT 断层扫描，你无须全面，但必须细致深入，不同学者从不同角度进行扫描，最后我们就可以得到对事物的充分认识。能够从一个视角说清楚、说透彻才是真正重要的，而不需要你从 n 个视角来说，尤其是在一篇论文中。

宾福德的名著《构建参考的框架》，600 页的大作，也是从人口压力的角度来讲的，他将其定量化，甚至可以得出结论：如果依赖陆生动植物资源的话，狩猎采集者的人口密度每百平方公里超过 9.098 人，就需要开始强调资源；如果只是依赖动物的话，人口密度不能超过每百平方公里 1.56 人，否则就要改变适应方式①。听起来是不是有点极端，人数还能带小数点？他就是用这样一个模型充分地说明人口增加与农业起源的关系。无疑我们知道这样的解释是有点偏颇的，但其视角非常清晰，而且非常深入。

显然视角是多种多样的，那么我们该怎样来看待不同的视角呢？自然科学研究中这个问题不突出，人文社会科学研究中，这是常态。吴思之所以写《潜规则》，是因为他意识到权力就像利刃，"身怀利器，杀心自起"，权力如果不加以限制，就可能为非作歹。他针对的是时弊。王阳明提出心学，强调致良知，肯定人性本身，跟西方文艺复兴的人性解放运动有很好的可比性，也是当时中国社会资本主义萌芽的产物。孔夫子、耶稣也都是针对当时的社会状况提出解决方案的。古今思想家讨论的问题其实都差不多，但都是基于自己时代提出新的理解与解决问题的方案。马文·哈里斯的研究和 20 世纪六七十年代世界的人口与环境问题密切相关。至于宾福德，他的目的还是想建立一个科学的考古学，具有普遍性的模型。也就是说，视角的合理性是由学科研究的外部与内部关联决定的。上文谈得比较多的都是外部关联，如时代背景、思潮等，下文则会更多强调学科的内部关联，即考古学理论、方法、材料之间的互动。

视角的建立，或称悟，是学术研究中的标志性节点，代表你可以动手

---

① L. R. Binford, *Constructing Frames of Reference*: *An Analytical Method for Archaeological Theory Building Using Hunter-Gatherer and Environmental Data Sets* (Berkeley: University of California Press, 2001).

去展开某一课题的研究了，由此由浅入深、由表及里，逐步切入所研究的问题。视角并不是研究本身，它只是一种构想，一种新颖的、具有创造性的构想，一个可能存在的突破口。但是没有它的话，研究就可能落入俗套，脱不了窠臼。我们的同学在开展研究的时候，最容易卡在这一步。于是，明明有许多材料，问题也很清晰，就是无法组织形成一篇文章。这也想做，那也想抓，顾此失彼，以至于论文迟迟出不来。

二、考古学研究的宏观视角

我们先从大的方面说起，正如苏辙在《上枢密韩太尉书》中写的："且夫人之学也，不志其大，虽多而何为？"虽然我们可能不是学术大家，但是不妨碍我们向他们学习。20世纪50年代，苏秉琦先生在北大教授考古学，学生们对于考古学研究的分期排队很没有耐心，首次提出"见物还要见人"的主张，要建立中国的马克思主义考古，把分期排队工作看作烦琐哲学。那是革命热情高涨的年代，免不了要上纲上线批判一下。热潮过去之后，这些主张也没有实现。按苏秉琦先生的说法，运动过后，学生冷静了，他自己却静不下来了。他开始思考学生批评中的合理性的一面。考古学如何能够透物见人？如何重建上古史？他找到一个非常合适的问题，那就是华夏文明的起源。他采用的理论方法就是区系类型，在此基础上提出"满天星斗"起源模式以及"古文化—古城—古国"三部曲的演化道路。以苏秉琦先生为代表的中国学者建立起了中国考古学的文化历史考古范式。它以考古学文化概念为纲领，以考古类型学与考古地层学为支撑理论（按吉大考古的说法，它们宛如"车之两轮，鸟之双翼"），结合田野考古实践，形成了完整的学科体系。苏先生了不起的一点是，他承认学生反思的合理性，基于中国考古学实际发展状况，以及时代需要，建立起有中国特色的文化历史考古。如果按照另一条道路走，就是"以论代史"，把马克思主义直接用于考古材料分析，拿材料去套理论，连材料本身的年代序列都没有弄清楚，可以想见这样的研究结果会是什么。苏联考古学就犯过这样的错误，所以到20世纪70年代，他们又不得不返过头来重做类型学的工作。

文化历史考古就是一个考古学的宏观视角，它是以田野考古材料为中心，以重建史前史为目的的范式（有关理论参见第七章）。它的进一步发展是功能主义考古，就是要复原古代社会的运作状况。它始于 20 世纪 30 年代，包括柴尔德的古经济学方法、格拉汉姆·克拉克的生态考古、戈登·威利的聚落考古，以及瓦尔特·泰勒的缀合考古；或认为它是过程考古学的前身，考古史家特里格称之为"早期功能-过程考古"（他一开始称之为功能主义考古，后来改变了观点）。我们暂且不考虑哪一种划分更合理，但基本可以确定的是，文化历史考古是希望重建古代社会的，是希望透物见人的。至于能不能实现，那是另一个问题。过程考古学与之不同的是，它建立了自己的概念纲领，作为人适应环境手段的文化，发展出一系列的理论方法，最终形成了过程考古学的研究体系。

1962 年，宾福德发表《作为人类学的考古学》一文，把作为适应的文化观引入考古学。他为什么会这么做呢？当他还是密歇根大学博士研究生的时候，他经常往来于两个地方：一个是人类学的博物馆，那里陈列着印第安人的旧物；另一个是考古学的研究室，那里满是发掘来的陶片、石器等。他注意到前一个地方总是有许多故事，总是那么生动具体，而后者则沉闷不堪，让人摸不着头脑。他于是发现了一个关键的问题：如何在静态的考古材料与动态的人类生活之间架起一座桥梁呢？考古学研究的目的是生动的人类生活，也就是他所说的人类学，而面对的研究材料又是零碎不堪的实物遗存。他想到数据挖掘，从考古材料中利用统计方法尽可能挖掘出更多有用的信息。宾福德大学本科学的是野生生物学（wildlife biology），按我们的说法，是理科出身。当他进入考古学研究时，他无法接受考古学研究总是充满许多想当然的说法，根据陶器的相似性就能想象出人群的迁徙，得出结论的时候缺乏充分的推理，而且也不注意理论前提。所以，他提出要把考古学发展为一门科学，过程考古学的主张由此可以归结为"更科学，更人类学"（More Scientific，More Anthropological）[1]。

1968 年宾福德到法国与旧石器考古大家博尔德合作整理康贝·格林纳尔遗址的石器材料。这是一处有多个文化层的莫斯特时期的遗址，发掘工作做得很细致，宾福德的研究也很透彻，他对所有的器物都进行了详细的测量，也有很好的层位空间信息。他能够清晰地说出每一层中不同器物的相对比例，统计表格足足有一大铁箱，以至于他不能坐飞机回美国，只能坐船。这倒是有利于他反思自己的研究，他认为自己完全失败了。尽管他有很好的统计技术，也有发掘精细的材料，但还是不能从中复原出古人

---

[1] L. R. Binford, "Archaeology as Anthropology," *American Antiquity* 28 (1962): 217-225.

生动的生活。考古材料信息是不能直接连接起来的碎片，中间有许多空缺。我们如何才能知道自己的拼合是正确的呢？我们需要一个准确的轮廓，或者参考的框架。宾福德想自己能否找个地方看到类似于莫斯特时期的生活环境——冰缘环境，他想到阿拉斯加（详细情况可以参考《追寻人类的过去》一书），于是去那里做了三年的民族考古研究，在此基础上提出发展中程理论的观点，为考古推理提供一个可资参考的框架。

　　宾福德的贡献在于他与同侪开创了一个新的范式。他超越了前人，摆脱了文化历史考古的文化观，一种静态的作为规范或标准的文化，转而建立作为适应的文化观，这是一种整体的、系统的、功能主义的文化观。立足于此，他倡导并力行一种科学的方法论，去解释考古现象，回答 why 和 how 的问题，而不是止于文化形态特征的识别（pattern-recognition）。尽管此前如柴尔德也曾从事功能主义考古，但由于他的文化观还是文化历史考古的、静态的与侧重形制的，他没有能够整合形成一种科学的方法论。后来，他自杀了。遗书中曾提及他对于当时考古学研究的失望。他把文化历史考古做到了极致，但是下一步怎么办，他没有找到很好的办法。宾福德找到了新的视角！

　　文化历史考古超越于此前古物学研究的是，它把一系列具有共同时空分布的类似遗存特征组合称为一个考古学文化，以之代表一个社会群体单位。而此前的科学古物学家如汤姆森、蒙特留斯（Montelius）等只能区分遗存的相对年代关系。有了考古学文化这个概念，文化历史考古就可以去追溯一个民族、一个文明的渊源。过程考古学把考古材料看作人类生产、生活活动的遗留，而不大认可它们代表社会群体单位标识的可能（宾福德与博尔德就此有过争论），通过考古材料的科学研究，可以重建古代人类的活动。这些活动是古代文化系统的组成部分，考古学家根据局部的活动以及文化系统的运作原理如文化生态学、文化进化论等，就可以重建整个文化系统，比如说狩猎采集生计会对应相应的社会组织形态（简单的平均社会）以及意识形态（多为"万物有灵"的观念），而不可能对应复杂的国家社会，这必定要以农业生产为基础。考古学宏观视角的改变，首先是概念纲领的改变，考古学家对考古材料的理解也发生了改变，所利用的理论方法也发生了改变，考古学的实践自然也都发生了变化。我们把这样的变化称为考古学研究范式的变迁。

　　过程考古学之后，后过程考古学开始出现。后过程考古学把文化看作一种表达（有关考古学文化观的变迁可以参考第八章以及我的相关论文

《考古学的文化观》），与之相应，作为实物遗存的考古材料也是表达的。就像我们现在的汽车、服装，它们固然有实用的功能，但它们是人表达社会地位、社会关系、文化传统等的途径，它们作为物质材料参与到了人类社会生活之中，参与到了人类的文化与历史之中。它们不再是外在的客观实在，它们是人的文化意义所渗透的东西，它们就像人一样。一个更合适的例子可能是金钱，它的物质形式其实是无关紧要的，例如贝壳、金属、纸、比特等，它所表达的东西才是真正重要的。在后过程考古学看来，任何物质材料都是有意义的，随便在纸上画的线条、书上采用的字体，乃至于空气（我们对空气的认识产生了一系列新的比喻，已经嵌入我们这个时代的文化之中），自然还应该包括时间与空间在内。后过程考古学的视角让我们认识到实物遗存的另外一种意义，又拓展考古学研究的范围，由此考古学诞生了新的理论方法。意义存在于一定的情境之中，情境不同，意义也会不同，因此要把握意义，必须研究情境，所以后过程考古学有时又称关联考古学或情境考古学。意义是历史的、文化的、民族的、地方的、性别的、阶级的等，意义是多维的，因此可以进行多重阐释。而要沟通不同的阐释，就需要反身的方法（reflexive approach）[1]，要有反思与批评，揭露单一阐释的局限性。

考古学宏观视角的产生并不局限于核心概念的更新，它还可以从许多其他方面形成。谢弗的行为考古就是一个例外，他的视角始于对考古材料形成过程的关注。他注意到考古材料的形成会经历文化与自然的改造过程，其中文化改造过程又可以分为四个阶段，即废弃（S→A）、再利用（S→S）、再生利用（A→S）、扰动过程（A→A），这里 S 指人类行为情境，A 指考古情境[2]。在此基础上，他和里德、拉什杰一起进一步提出古今人与物之间的四种关系：古代的人、古代的物就是考古学；古代的人，现代的物为民族考古学；现代的人、古代的物为博物馆研究；现代的人、现代的物为当代物质文化研究。通过这个区分，他构建起行为考古学的体系。拉什杰从这个体系中又分化出垃圾考古这个分支，通过垃圾来研究当代社会问题，拓展了考古学的应用范围。

当代考古学的宏观视角通常以范式来指代，这里所说的范式概念并不

---

① I. Hodder, "Reflexive Methods," in *Handbook of Archaeological Methods*, eds. H. D. G. Maschner and C. Chippindale (London: Altamira Press, 2005), pp. 643 – 669.

② M. B. Schiffer, *Formation Processes of the Archaeological Record* (Albuquerque: University of New Mexico Press), 1987.

严格，其中包括性别、进化、生态、马克思主义、能动性、历史-古典等。同一批考古材料可以用不同的范式来研究，就拿石器来说，可以按文化历史考古范式研究石器工业的时空分布与"文化联系"，可以按过程考古学来研究功能与文化适应方式，可以如后过程考古学研究石器的文化意义，性别、进化等视角出发的研究也都可以采用。所以，我们开始一项研究的时候，也许首先需要考虑的就是准备采用怎样的宏观视角。宏观视角的选择取决于三个方面的因素：首先是你想了解什么问题；其次是考古材料适合回答哪一类问题；最后是你掌握的理论方法能够回答什么问题。三者的契合点就是你可以采用的视角。如果仅仅有想法，既没有相应的材料，也没有合适的理论方法，显然不可能采用该视角。同样，有材料而没有理论方法也不行，反之亦然。

目前中国考古学研究的宏观视角还是比较单一的，大部分还是以文化历史考古为中心，部分研究已经进入功能主义考古的范畴。如果就学科分支来说，旧石器考古研究更偏向功能主义考古，它经常采用文化适应的概念，尽管技术类型学的工作还比较流行。历史时期考古在一定程度上受到文化历史考古的影响，也从事器物的分型定式、分期排队的工作，但是它的研究很注重物质材料的文化意义；文化历史考古因此更多用于新石器-原史考古研究中。相对单一的范式让我们在研究一批考古材料时有了排他性，不同研究者很难同时研究同一批材料。如果我们采用多样的视角的话，那么不仅会有更多的材料可以研究，而且会更充分全面地理解材料。

三、考古学研究的微观视角

尽管考古学研究的宏观视角非常重要，但是大多数情况下，我们的研究都是从微观开始的。宏观视角通常暗含在研究之中，并不需要直接指出来，许多研究者甚至都不会注意到它的存在。相反，微观视角是非常具体的，是别人首先会关注的地方。那究竟什么是微观视角呢？简言之，就是你发现了什么！这是研究的突破口、起始点。如果你的研究没有这个东西，那么研究就无法组织，因为你不知道走向何方。这种发现通常来自对考古材料的深入观察，下面我将结合几个案例来说明这种发现对于研究的意义。

最近我和学生一道完成了中国旧石器时代石球的研究。我对石球的关注始于几年前陕西洛南的田野考察，王社江老师的团队曾在这里长期工作，我在他们收集到的材料中看到一些滚圆程度非常高的石球。我的第一印象是，这可能不是旧石器时代的遗物，这也做得太标准了！明朝张献忠的部队曾在这里活动过，会不会是老式的炮弹？那个时候的炮弹就是实心的，除了铁质的，也有石质的。王老师说不可能，因为他们在古老的原生地层中也发现了这样的石球，而且他们还发现了许多滚圆程度不那么高的石球。我还注意到这些石球的大小似乎都差不多。为什么会这样？它们是怎么制作的？古人为什么要制作这样的东西？然后我们开始做制作与使用实验，去研究所有已经发表的材料，去看国内外的相关研究。我们现在能够很确定地知道，这些石球是怎么制作出来的，它的毛坯是什么样的，它们的使用方式是怎样的。刚开始时，我们想当然地认为制作石球应该选择一些形状近似圆形的砾石，这样可能加工量比较小。然而，研究有点反直觉，这样的毛坯因为没有合适的打击台面，所以根本无法制作，最好的毛坯还是那些打制石器剩下的断块，它们浑身都是台面。在原料的利用上，既不能选择过脆的石英岩，也不宜选择过于坚韧的深色石英岩，而应该选择脆性与坚韧度适中的浅色石英岩。石球的平均直径为 9 厘米，重量约 1 千克。这个大小是成年男性虎口的平均距离，也就是说这些石球是男性用手直接抓握投掷使用的。古人把这些石球放在动物经过的地方附近，待动物经过时群起而攻之。徒手投掷的石球杀伤力有限，只能打伤动物，完成猎杀还需要近距离的搏击，等等。研究展开之后是很有意思的，这项研究始于我注意到石球的那些特征，我觉得这样的特征有点反常，对于高度流动的狩猎采集群体而言，他们是没有必要投入大量劳动制作只使用一次的石器工具的。这个对反常性的认识就是我的视角！然后我们组织研究，解决了这些问题。制作实验显示石球的制作成本是比较高的，完成近似球形的状态至少需要一个小时，达到高度滚圆的状态需要三四个小时。如果仅仅使用一次，是极其浪费的。

最近我们还开展了一项研究，探讨辽西地区赵宝沟文化鸟兽纹的意义。我们注意到这种图案主要见于尊形器上，而尊形器出土的空间往往与男性活动相关，于是我们提出一个研究主题——性别权力的分化。为了证明这个认识，当然需要组织研究，需要考虑更早的兴隆洼文化、更晚的红山文化的情况，需要考虑陶器组合，还需要考虑石器。结合研究这些材料之后，我们提出赵宝沟文化阶段的一个重要社会变化就是男性权力的崛起，他们开始有了专属的公共空间，他们开始有垄断某些权力的表达。这项研究的突破口就是性别的视角，并把它与社会组织形态的演化结合起来。如果这项研究没有这个突破口，就只能就材料去说材料，或者把鸟兽纹与图腾联系起来。既不能说是对的，也不能说是错的，但我们对于更深层的社会组织形态并没有更深入的认识。我们现在知道红山文化阶段社会已经复杂化，它的复杂化是怎么来的，我们并不知道，而通过赵宝沟文化的研究很好地揭示了这个过程中的关键发展。

2018 年 1 月我们完成了锐棱砸击石片的实验研究。这项研究始于一个偶然的机会，我们在湖北开展旧石器考古调查，路过石家河工作站，参观这里的发掘材料，正好碰到了松滋关洲遗址的材料。这是一个新石器时代早期的遗址，位于长江的江心岛（以前是江边，大约是清代因为江水切割，成为江心岛，岛上还有明代的墓葬）上，出土了数以千计的锐棱砸击石片。我从来没有见过这么多的锐棱砸击石片，它们是怎么制作的？有人说是摔击出来的，真是如此吗？为什么只用这么一种技术？我和学生们就在关洲遗址附近的江边用当地的原料进行实验，结合考古材料中的信息，我们现在可以很有把握地说，这些石片不是摔击出来的，而是砸击出来的。制作技术非常简单，没有什么石器打制经验的女学生也能够制作。我们的使用实验还表明，这些石片用来刮鱼鳞十分有效（遗址地层中出土了大量鱼骨），还可以用来开膛破肚，把鱼头劈开。我是在长江边长大的，当地每年还有腌鱼、晒鱼的传统。遗址下部地层鱼骨丰富，锐棱砸击石片并不多；锐棱砸击石片丰富的中层，鱼骨并不多。这种分布特征反映的是加工组织的变化：早期的时候，人们把这里当成临时生活地点，在这里捕鱼，也在这里消费；后来，人们只是把这里当成捕鱼地点，在这里捕鱼、杀鱼，而并不在这里消费。它反映的是捕鱼规模的扩大、劳动分工的加强。杀鱼主要是女性的工作，女性自己需要制作石器，因此她们采用了锐棱砸击技术。最近学生通过谷歌找到了一份民族考古的资料，是北美地区的，其中清楚地记录了印第安女性土著制作锐棱砸击石片，用作石刀。这项研究的突破口在于我对于锐棱砸击技术制作方法的好奇与质疑，沿着它，我们一路追溯下去，最终得到了有趣的发现。

当然，不是所有研究的微观视角都来自对考古材料的考察，比如理论的研究，这是我近些年做得比较多的研究。这里所谓的微观视角更多是一些灵感，这些灵感来自阅读以及对中国考古学研究实践的观察。在我写的理论论文中，比较重要的一篇是《考古学研究的"透物见人"问题》①。

① 陈胜前：《考古学研究的"透物见人"问题》，《考古》2014 年第 10 期。

透物见人其实是考古学研究的老问题，我之所以敢写这篇文章，是因为注意到考古学理论可以分为不同的层次，考古推理可以分为自上而下、自下而上以及平行推理三种途径，由此我形成了分层-关联的方法。正是从这样的视角出发，我可以重新讨论透物见人这个老问题，并提出一个较为切实的行动方案。最近完成的一篇理论论文《中国考古学研究的范式与范式变迁》[①]，运用科学哲学中的范式与范式变迁概念来考察中国考古学近几十年来的发展。范式是一个已经用滥了的概念，我没有沿袭既有的认识，而是重新进行了定义，把它分为概念纲领（核心概念）、支撑理论方法以及实践体系三个系统组成部分。因为有这个新的视角，它具体可操作，所以我可以审视中国考古学的发展历程，发现中国考古学中真正成熟的范式只有文化历史考古。它形成于新石器-原史考古领域，但是它对另外两个分支旧石器-古人类考古、历史-古典考古都产生了明显的约束，虽然它并不适用于这两个领域。我还注意到中国考古学研究中实际上还有其他处在雏形阶段的范式，突破了中国考古学只有文化历史考古的认识。

在研究之中，视角是一个比较模糊的东西，有时是一个独特的问题，有时是一个新发现的现象，有时是一点灵感，有时是一种新的方法，等等。我可能无法给它一个准确的定义，但是在研究之中，却是可以清晰感受到的。一个好的视角，可以让一项本来平淡无奇的研究焕发出新的活力；而没有合适的视角，就会让论文研究失去努力的方向。通常就同一批材料、同一个问题，我们可以有许多研究视角，但是我们需要从中选择合适的视角，不仅有宏观视角，还有微观视角。所以，问题研究的关键就是视角的选择，而要选择好的视角，我们就需要知道什么是好的视角。

四、视角的评判

我们对视角的评判大体可以有四项标准，当你在选择视角的时候，不妨对照着看一下。

视角评判的拇指法则（第一项标准）是新颖、别致或称创造性。没有这个，任何视角都一无可取。就像听人言谈，谁愿意听那些老生常谈，那些如白开水般乏味的东西呢？我们对新颖或创造性的定义是相当宽泛的，

---

① 陈胜前：《中国考古学研究的范式与范式变迁》，《中国社会科学》2019 年第 2 期。

也就是说，只要你的研究有一点新鲜的东西，就是可以的。前提是你能找到这样的东西，然后是你能抓住它它不放，围绕它来展开研究。我们同学的研究不是没有新东西，但是往往自己意识不到它们的重要性，没有将其凸显出来；或者觉得几个东西都很好，哪一个都舍不得，最后把自己的视角给淹没掉了。视角没有什么绝对正确的，因为它还是研究的引子，好的视角也并不意味着就会有好的研究（不好的视角倒是很难有好的研究）。就具体研究来说，我们在选择视角的时候，就是要选择没有人做过或很少有人这么做过的。如果一项研究已经很多人做过了，如红山文化的分期研究，你再做一遍，既没有新的材料，也没有新的方法，那么可以想象，你完成论文，面对评委的时候，会遇到多少批评与指正。尤其评委中数位老师做过类似的研究，他们的观点还不同，那么你就像烤肉架上的烤肉，在他们的交锋之中煎熬。若是你的研究没有什么突破的话，那个场景就会非常尴尬，你只能等待评委的同情，在异样的眼神中勉强通过答辩。新颖关乎研究的生命，关乎你的尊严，所以不能不首先加以重视。

视角评判的第二项标准是贯通。在本章一开始，我们讲到古往今来学者、思想家的例子，他们都是"吾道一以贯之"。这是视角的最高境界，我们可以将之当成努力的目标。具体到研究，它首先是逻辑上的贯通，文章表达上的前后贯通，没有自相矛盾的地方，文章组织严密，没有松散的毛病。它还可以指理论、方法、材料的贯通，就像马文·哈里斯谈人口压力，他是前后一致的。我们时常讨论问题滥用辩证法，左边谈一谈，右边再说一说，都有点道理，都存在不足，你自己的观点呢？这样的辩证思维是肤浅的，辩证法不是这么讲的，不如从一个视角去讲。所谓贯通，还指宏观视角与微观视角的一致，你不能说宏观视角要研究文化适应，结果在微观上还是器物的分期排队研究。微观视角需要服从宏观视角，而不是相反，两者不一致是学生研究比较容易犯的毛病。眼高手低，想解决的问题很大，宏观视角很新颖，但是没有新颖的切入点，两者之间没有很好的联系，最后无法完成研究。两者的关系，简单地说就是要进得去，出得来！所谓进得去，就是沿着一个视角能够足够深入；所谓出得来，就是能够回到主题，能够上升到理论高度，而不是迷失在材料的海洋中。进出之间是相互贯通的，不能断裂。

视角评判的第三项标准是深入。这有点同义重复的味道，视角的贯通就是以深入为前提的。我们从一个视角出发，就像用一把锋利的刀子切东西，要切到关键处，要切到最深处，了解事情的本质。做考古学研究，最常见的问题是，切入的深度始终在考古材料的形态特征层面。材料的形态特征究竟是什么意思呢？我们如果只是采用归纳法进行研究的话，那么就只可能得出考古材料的特征形态，而不能有更深入的认识。这里所谓深入，就是要上升到理论高度。考古材料本身不会说话，一个聚落究竟代表什么性质的社会，是需要考古学家代言的。就像前面我们说的赵宝沟文化时期，当时社会男权开始凸显，性别权力的认识就是一种理论构建。我们在研究中，把男性对公共空间的垄断视为性别权力的表现形式。这不是纯粹从考古材料中可以归纳出来的，我们如果没有性别权力相关的理论知识，是不可能产生这样的联系的。当前，我们的研究存在的主要问题除了视角不够丰富之外，就是切入的深度不够。我们相信国家的形成是阶级斗争的结果，那么我们就要去寻找阶级的物质材料证据，了解其形成过程，解释为什么阶级能够形成，还需要深入探讨阶级之间的相互作用，它们如何组成国家政权。如果止步于材料与理论的简单联系，那么这样的推理就不会强大，容易被推翻。

视角评判的第四项标准是具体切实。再好的视角也需要切实的理论、方法与材料的支撑。当前我们的研究中存在着一个明显的矛盾：由于理论上不能突破，所以材料收集的精度不够高；反过来，又由于材料精度不够高，我们无法研究一些复杂深入的问题。后过程考古学观点很吸引人，但它的前提就是高精度的考古材料。霍德在恰特尔胡玉克遗址发掘，可以分辨出墙皮、地面涂抹过多少次白灰，知道房间里哪个地方进行了怎样的活动，知道仪式用品的摆放位置，等等。正是基于这样高精度的材料，他才可以应用布迪厄（Bourdieu，又译作布尔迪厄）的"惯习"与"日常实践"理论，解释为什么这个人口上千的遗址，没有明显的等级化政权却能够在数百年里聚居在一起。就是因为空间的反复呈现，日常实践的稳定重复，人们知道该怎么行动。过程考古学相对于文化历史考古学，更强调利用科学手段从考古材料中获取更多的信息，它也因此能够研究古代社会的运作。一个视角最终还是要落到考古学的实践中来，再好的视角没有坚实的基础也是空中楼阁。

五、研究中的视角选择

生活在我们这个信息时代，可能并不缺乏选择，困难的是判断。究竟什么样的视角才是合适的？这种合适是针对研究者个人而言的，而个体研究者在采用什么样的视角时是受制于许多因素的。当然，你也可以从积极的角度来看，即你产生某一视角是得益于某些因素。下面我们就来谈谈这些因素，消极的或者积极的。

对于考古学研究者而言，最能制约我们的莫过于考古材料。我曾经说过，考古材料永远都是不够的，这是我们研究的基本状况。很简单，因为古人的活动并不都会以物质形态遗留下来，遗留下来的也不一定能够保存到现在，保存到现在的也不一定是原来的形态了，等等。总之，考古材料只是古代社会的一斑，我们需要通过这一斑去窥见古代社会这个全豹，其难度可想而知。但是，作为考古学研究者，我们不能总是这么思考问题。我们的想法通常是，这样的考古材料最适合回答什么问题，也就是怎么能够最大限度地发挥自己手头上的所有考古材料的优势。要知道它是经过千百年乃至数以万年的改造过程才幸运地保存到现在，又经过发掘者辛辛苦苦的工作才得以呈现在我们面前，它是古人活动的直接见证，是十分珍贵的信息来源。再者，我们作为研究者，经过长期的专业训练，就是为了揭示其中暗含的信息。从这些角度来看，就需要尽可能地发挥自己的专长，尽可能地获取考古材料原初的信息。

不同的考古材料所含的信息显然是不同的，所需要的研究技能也不一样。所有考古材料中，墓葬材料通常是保存得最好的。如果没有经过盗掘的话，它就是"封闭的单位"，就像时间胶囊一样直接保留了埋葬时的形态（自然改造过程除外）。我们还知道，埋葬死者其实是给活着的人看的，而非为了死者，所以墓葬能够很好地反映当时社会的一些问题，如精神观念、社会等级、性别态度等。有的社会重视厚葬，如汉代社会，视死如生，这就为我们通过墓葬了解当时的生活提供了非常好的条件。当然也有社会反对厚葬，如伊斯兰社会，不论贫富，都葬在同一片区域，这里的墓葬材料就不适合回答那么复杂的问题。所以，即便是同一类型的考古材料，也并不一定包含同样的信息。作为研究者，我们选择的视角，就是要最大限度地反映材料的优势。

就拿我熟悉的石器材料来说，它能够较好地反映古人的生活活动，即这些石器可能做了什么活动；通过石器技术过程的重建，我们还可以了解古人打制石器的技术复杂程度、熟练程度以及地方的偏好；还可以根据石器组合、原料构成以及所用技术来判断狩猎采集者的流动性高低等。但不是所有的石器材料都能做到如此，只有保存条件较好，发掘较为充分、精细的遗址材料才能回答上述问题。通过石器材料去构建史前的族群及族群之间的关系是不可能完成的任务，然而现实中部分考古学研究似乎还想这么去做。比如认为某种石器工业代表某个地方的人群，旧石器时代晚期南方出现了小石片石器工业，就可能代表北方人群的南迁；旧石器时代晚期之末，砾石工具又有所复兴，就表示北方人群回撤了。把族群与石器工业对应是难以成立的。我们当代社会中技术扩散与人群迁移就是两回事，甚至相反，近代中国人向海外移民，但技术却是反向传递的。石器材料能够回答一些问题，不能回答另一些问题；就能够回答的问题而言，有的材料适合，还有的材料不适合。我们需要扬长避短，在研究的设计过程中考虑这个问题。

视角的选择除了从材料出发，还可以从理论偏好出发。作为研究视角的理论有利于研究者去关注材料的某个方面的特征属性。同是分类研究，从文化历史考古的角度出发，就会更关注有年代分期意义、地区差别的形制特征，而从功能-过程考古的角度出发，就会更关注具有功能意义的特征。如在对内蒙古林西白音长汗遗址兴隆洼文化时期石铲的分类过程中，我所关注的是它的刃口形态（是否偏锋，是否斜刃）、角部的磨损、刃缘两面擦痕的深浅长短等与其使用功能相关的特征，而这些特征是在做分期断代的研究中不会考虑的。不同的理论偏好收集的材料信息是不同的。理论是多元的，能够提供丰富的研究视角，所以在某种意义上说，从理论出发的研究，更可能实现研究视角的独特性。前面我们提到考古学研究中存在众多的宏观视角，都是我们可以选择的。理论思考可能带来新的问题，可以帮助我们拓展研究的范围。当然，这里需要注意一个会影响我们选择的因素，那就是理论与材料之间的联系，比如马克思主义关注阶级斗争与冲突，这样的研究在旧石器考古中是很难实现的。不是说那个时候没有冲突，而是这些冲突的证据很少会保存下来，尤其是几乎不可能保存在石器材料上。

与材料、理论相应的还有方法，这是一个近年来发展势头最为迅猛的方向。学生对新方法大多比较敏感，学习起来也比较快，比如 GIS 考古。前些年参评李济奖学金的论文，其中有关的论文比较多。不同的考古科学角度自然是非常独特的视角，包括动物、植物、人骨、DNA、同位素、残留物、微痕，如此等等，这样写出来的论文材料切实，分析手段精密，图文并茂，在学术界的接受度非常高，尤其是可以发表在自然科学的期刊上，而这类期刊影响因子高，在当前的学术评价体系中很占优势。还有一类方法是用来处理考古材料本身的，如考古统计、GIS、三维建模等，很可惜，考古学专业很少会有这样的课程，学生只能自学，或者到其他院系去学习。方法是重要的！传统上，我们的研究不是很重视方法，或者说不重视新方法，至今高校考古学专业能够开设考古统计课程的还比较罕见。我自己做博士论文时，所做的生态模拟，还是师兄帮助完成的，想来有点汗颜。学习了一个新方法，就等于有了一个新视角。试想一下，如果你写一篇有关空间分析的论文，但是你不会 GIS，那就有点痛苦了，眼看材料在那里，却无法利用起来。最传统的方法，陶器的类型学、石器的技术类型学，同样也是重要的，要真正掌握也不是很容易，这类方法非常依赖经验，你需要反复去接触、摸索，正如老一辈考古学家所说的，要多摸陶片。时间久了，就有了一种直觉。现在同学批判传统方法的比较多，但真正能够做好的却少之又少。我们要拓展方法，而不要否定方法，新方法并不能取代老方法。

基于上面的认识，我们不难明白如何才能提高选择研究视角的能力。首先需要深入材料，这样会有利于把握材料的特点；还需要学习理论，这样就有更开阔的视野；还需要学习方法，把理论与材料结合起来。

六、实例分析：我所建言的博士与硕士论文

作为导师，我想我能给予学生的指导主要是视角上的，包括宏观视角与微观视角。前者是研究方向，后者是切入点。对于基础良好、研究积极的学生，我所需要做的，就是帮助学生明确自己的宏观视角；对于从事具体材料研究的学生来说，有时需要帮助他们找到研究的突破口。除此之外，我能做的事就很少了，充其量就是催促学生不要拖延，或者注意逻辑组织等。对于学生而言，感到最困难的也莫过于这两种视角。硕士生刚刚进入研究领域，常常对未来的发展方向感到迷惑，大多数学生可能都没有把这个问题考虑清楚，就已经毕业了。学生如果进一步深造的话，就需要进一步考虑这个问题。相对而言，国内学校给学生考虑的空间是比较有限的，一旦错过，代价非常高昂。

这里也许大家需要先了解一下研究生导师的类型。我属于传统类型的，还有一类属于资源提供型的，也就是能够给学生提供研究材料、野外工作机会甚至帮助找工作。掌握资源的导师自然都会很忙，不一定有时间

与学生讨论，需要学生自己有很好的主动性。这种类型的导师的理科版本更为流行，就是学生跟着导师做课题，直接参与研究实践，在研究实践中学习如何研究，学生的研究就是课题研究的一部分。导师给学生提供研究设备、材料以及相对于文科生来说堪称奢华的研究津贴。这种研究方式非常有影响力，以至于许多学生认为研究生就应该如此。学生私下里给这类导师一个名称叫作"老板"，因为他们布置任务、开工资、搞活动，跟公司的老板有几分神似。

我对这样的研究生培养方式持保留态度。我不反对学生直接参与研究实践，解决实际问题，我认为这应该是学生训练的一部分。但我认为这种训练只应该是学生训练的一部分，而不是所有的部分。学生毕竟没有参加工作，还是要以夯实学术基础、拓展学术视野、发展研究能力为主。学校，在某种意义上说，就是为了保护学生，防止学生受到社会的急功近利、残酷竞争伤害的场所。如果学校与社会没有区别，那又何必需要学校呢？直接让学生参加工作不就行了吗？从学生的角度来说，也需要明白，你的研究实践是一种训练，而不应该是工作，你不是打工仔，你需要认真考虑自己的发展，利用学校较为便利的条件去充实自己、壮大自己。考古学研究处在传统的文科与理科之间，所以上面说到的情况，学生可能都曾看到过或听说过。两种方式其实是互补的关系，传统的指导是基本的，如果多一些研究实践肯定是有帮助的，不过是相对次要的方面。这个主次关系是要注意的，遗憾的是，现在有点本末倒置。学生需要在求学期间找到自己的方向，找到自己将来能够有用武之地的领域。

很可惜，我个人的经验对大家来说没有多少参考价值。我在国内读过硕士，还在博物馆工作过两年，再到美国攻读博士，到博士第三年的上学期，我已经修完所有的课程学分。有一天（2001 年的一天），我拿出自己的思考笔记，考虑自己将来可以做点什么研究，我写了八个方向：考古学理论、农业起源、狩猎采集者、遗址学（即遗址过程研究，遗址学是我自创的概念）、技术分析（石器、骨器等）、考古教育、史前艺术、考古科普。此后我基本是沿着这些方向发展的。对于将来准备攻读博士的硕士研究生而言，在即将进入博士阶段时应该跟导师认真讨论一下这个问题。导师的意见只是一种参考，具体如何选择还需要立足于自己的实际情况与兴趣。一旦确定方向，以后的研究就有了积累性，否则到处挖坑却没有一个深入之处。

我指导博士的第一件事莫过于确定研究方向，这里说的研究方向并不是一个研究主题，而是宏观视角，即学生将从哪个方向去研究考古材料。我前面指导的几名同学从事的都是新石器时代考古研究，一位同学研究岭南地区的新石器时代，这是研究主题，他的视角是文化适应，他要研究岭南地区新石器时代所发生的文化适应变迁。尽管他的研究也有传统分期研究，但他已经超越了传统的研究主题。他对材料吃得比较透，所以研究也比较深入，答辩时得到评委很好的评价。另一位同学选择石器研究，即从石器的角度去分析辽西地区新石器时代农业的发展。这个视角是前人没有做过的，比较新颖。还有一位同学是从新石器时代早期遗址的废弃过程角度切入的，废弃过程研究在国内考古学中还没有人真正涉足过，所以也是一个新的领域。当然，正因为是新的领域，学生能够借鉴的经验非常少，只能去读英文文献，对学生的挑战很大，他花了五年时间才完成博士论文。不过，我想博士答辩时评委的高度评价是对他的努力的最好肯定。

其余的每位同学所选择的视角都有不同，有的做旧石器考古研究，由于我们不直接去发掘，只是研究考古材料，所以我们选择从实验考古的角度切入。还有一个领域是考古学史，尤其是学术思想史，这是一个国内考古学中较少有人研究的领域。我自己从事的一个主要研究领域是考古学理论，因此，我会强调学生去发展自己的理论视角，比如结合进化论考古来研究考古材料。尽管我最初的研究领域是旧石器考古，但后来我自己拓展到考古学理论领域，再进一步发展石器分析、遗址过程（如废弃过程）研究等方法论，所以指导学生的研究从旧石器考古一直衍生到青铜时代，少数学生的研究甚至进入了历史时期。我之所以可以指导这些学生，主要得益于理论研究的广泛适应性，另外，可能得益于我开始选择的方向较为宽广。

我个人的成长是缓慢的，好处是我有机会去琢磨自己的发展方向，形成自己进入考古学研究的视角。现在的学术竞争较之从前激烈了许多，教育体制也没有足够的弹性空间允许学生缓慢成长，这是不利的地方。有利的地方也不是没有，当下社会获得信息空前便利，学术交流也是空前畅通，学生有很多机会去了解最新的进展，比较不同选择的优劣。前提是学生必须有较好的学习主动性与积极性，被动的学习者在这个时代会遭到淘汰。在指导学生的过程中，我最希望学生能够自己找到适合自己的方向；其次，是我的指导帮助学生找到方向；我不大希望的是我布置给学生方向，我很担心自己的想法不适合学生。当然，这三种情况都是可以接受的，"闻道有先后，术业有专攻"，有的学生觉悟早，自然不需要太多的指导，有的学生觉悟晚，需要老师的指导与鞭策。我最不希望看到的情况是，学生选错了导师，其兴趣与导师之间没有交集，所以尽管学生优秀，但导师发挥不了指导的作用。从这个角度来看，视角是导师与学生之间沟通的桥梁。

第七章　研究的关键：理论原理

我们读西方考古学的论文的时候，会发现不少论文都有一个理论部分，就在前言之后；还有不少论文专门讨论理论问题，如后过程考古学的论文有些都变成了哲学论文。有些学者看不惯，说是看了让人生气，认为是在故弄玄虚，已经走火入魔。过程考古学出现的时候，有这样的反应，后过程考古学出现的时候，还是如此。我们如果回顾一下考古学的学术发展史，就会发现理论的发展是学科发展的关键标志。考古学是一门强调材料发现的学科，但是如果考古学只有材料发现，那么它就不能成其为一门学科，充其量是一种材料获取的方法。考古学正是因为有了自己的理论以及相应的独特方法，才有资格成为一门独立的学科。前面我们已经谈了材料、文献，后面还会谈到方法，这一章我们将讨论理论问题。首先我们会谈到当前研究中存在的有关理论的问题，后面我们展开讨论究竟什么是理论，考古学有没有理论，当代考古学的理论现状如何，以及在研究中我们如何运用考古学理论。当代考古学中，考古学理论已然是一个独立的领域，如英国就有理论考古小组（Theoretical Archaeological Group），相关著作不能说汗牛充栋，那也是成百上千。我们的研究生有"考古学理论"这门课程，一个学期也只是粗略了解这个领域而已，所以用一章的篇幅只能简要地介绍理论的重要性以及它与考古学研究的关系，更深入的了解还希望大家去拓展阅读。

一、当前研究的理论问题

当前中国考古学研究所存在的主要理论问题，一是缺乏理论研究，二是理论单一。就前者而言，正如上面所说，是考古学研究中缺乏理论探讨。博士论文理应要有理论上的升华，如果博士论文只是写一篇大一点的考古报告，这样的博士训练我认为是不成功的。所谓博士，是学术训练的最高层次，既不探讨理论，也不应用理论，只是就材料论材料，或者采用当前流行的"方法主义"——把应用新的方法当成研究本身，反映的是研究的贫弱。就作为人文社会科学的考古学而言，它反映的是深层思想的贫弱。硕士论文可以不要求在理论上有什么突破，但需要有所认识，对本科生而言，则需要了解理论的重要性。历史哲学家柯林伍德（Collingwood）曾说所有的历史首先都是思想史，如果把考古学作为历史的一部分，那么考古学研究是不能脱离思想的，不仅包括古人的思想，也包括今人的思想。理论是思想之花，是最难采撷的。理论是一门学科发展到较为成熟阶段的产物，也是研究深化的表征。当前中国考古学研究相比其他相关社会科学而言，学科的成熟度较低，理论研究较少也在情理之中。理论是中国考古学研究发展的一个方向。这里不是说让学生不顾条件与过程，直接去追求理论。我们要反对"大跃进"式的研究，但是应该鼓励理论上的探索，而不能将之视为西方考古学的专利。

就后者而言，我们首先需要澄清一点，中国考古学并非没有理论，其理论早已暗含在考古材料与研究过程中，因此研究论文中极少会有理论部分。考古学文化是理论，考古地层学、考古类型学也是理论，作为指导思想的马克思主义更是理论。但是中国考古学的理论比较单一，二三十年前张光直先生就呼吁理论多元化，严文明先生也予以支持，但至今进展还不是很明显。在学科理论领域突破似乎要比在材料与方法领域突破困难得多。从西方考古学的理论来源来看，大多来自相关的人类学、社会学、生态学乃至哲学思想领域，并不是来自考古学。如人类学、社会学在中国都曾中断过，其自身的理论发展也只是在恢复之中。理论多元化的发展道路仍然是任重而道远。理论单一带来的问题就是研究的同质化程度高，大家探讨的问题都差不多。由此带来的学术竞争非常激烈，一批材料这位学者研究过，其他学者就很难再去研究，或者说大家很难同时研究同一批材料，甚至去看一下都会受到怀疑。如果理论视角多元化的话（参见第六章），那么大家不仅可以同时研究同一批材料，而且相得益彰。

没有理论，我们实际是难以理解考古材料的。考古材料本身不会讲话。如果没有理论，那么我们的研究始终在考古材料层面。以中国旧石器考古研究为例，我曾将之归纳为八个字：大小粗细，东西南北。这是传统中国旧石器考古研究的主要结论。所谓大小，就是指中国南方石器以比较大的砾石砍砸器为代表，北方以小石片石器为代表。其实北方的石器中还有一个分支，就是贾兰坡先生所说的匼河-丁村系以大三棱尖状器为代表

的石器。所谓粗细，就是指旧石器时代晚期出现石器的细小化，北方出现
细石叶工艺，南方出现燧石石片石器。所谓东西，就是指中国旧石器考古
关注东西方旧石器面貌的差异，主要是所谓的莫维斯线的划分，西方是阿
舍利传统，东方是砾石-石片石器传统，是被先进文化遗忘的角落。至今
这个问题还是中国旧石器考古的热点问题。所谓南北，就是指中国旧石器
南北方方面貌的差别，存在所谓不同的发展道路、不同的文化传统。所有这
些研究讨论的基本都是考古材料的特征，这些研究完成的主要是形态识别
（pattern-recognition）的工作。我们对有关远古人类的行为，或者说石器
所代表的人类活动了解多少呢？我们几乎一无所知。所以，曾有旧石器考
古学者开玩笑说，旧石器考古研究，研究者有初中文化程度就可以了！不
就是发掘吗？不就是描述一下石器特征吗？测量、绘图也简单易学。

　　为什么中国旧石器考古会给人这样的印象？因为只知道一点考古材料
的形态特征。为什么我们不能知道更多？中国旧石器考古也曾借鉴流行于
新石器-原史考古中的"考古学文化"的概念，提出小石器文化以及小石器
文化传统，后来不提文化，改称"工业"，但暗含的理论前提并没有改变，
即把石器的技术类型组合等同于人群甚至人种。阿舍利技术、石叶工业、勒
瓦娄哇技术代表从西方来的人群，在中国零星发现的这些技术代表曾经发生
的零星交流。石器的技术类型是否能够等同于人群或人种？毫无疑问，这是
一个经不起推敲的假设。技术知识很容易传播，根本不需要人群的迁徙就能
实现，我们在前面已经反复强调，可以将之比喻成病毒。石器的技术类型学
其实也是一种理论，一种前提经不起推敲的理论。我们得到的有关古人活动
的知识仍然是非常少的，对他们的生计、社会、思维等都了解甚微。

　　我们现在是怎么研究石器的？如宾福德花了很多时间去做民族考古，
有些人认为不论是现代民族还是历史上的民族，都跟史前尤其是旧石器时
代的远古人类差异巨大，怎么能够相提并论？我们绝对不能因为侎族用过
某种类似的工具，就认为史前的工具也有同样的功能。宾福德非常反对这
种简单的类比，其可靠性有限。他强调用民族考古学研究去提炼出理论性
的认识，比如他提炼出狩猎采集者的三种工具：随身的个人工具（per-
sonal gear）、遗留在遗址中以后还可能使用的工具（site furniture）、临时
凑合使用的工具（situational gear）①。他基于这种普遍性的认识去推断工

---

① L. R. Binford, "Organization of Formation Processes: Looking at Curated Technologies," *Journal of Anthropological Research* 35 (1979): 255 - 273.

具的性质以及遗址的功能。他还注意到一类技术，可以叫作预置技术，尤其是在高风险环境（如陌生环境）或高度流动的生活中，人们会在一些地方预置部分紧要的物品，以备不时之需。这种技术策略会影响到石器的制作。宾福德最著名的研究是提炼出采食者（forager）-集食者（collector）模型①，我曾经用这个模型来解释中国农业起源问题。这是一个有关狩猎采集者居址流动性策略的模型，简单说，前者是让人去就食物，后者是让食物来就人。相比而言，后者需要更加复杂的组织活动，人们在一个地方居留的时间更长，生活活动的类型也更多，石器工具类型自然也更复杂。集食者通常派出专门的任务小组去从事专门活动，形成具有特定功能的遗址。

　　我们在"石器分析"课上反复强调一个观点，那就是考古学家在研究石器的时候，常常是从理论推导出发的，就像上面所说，如果狩猎采集者在一个地方居留时间更长，那么遗址石器组合中的类型一定会更丰富，反映更多样的活动。那么你去研究这些石器，区分统计石器形态类型，观察器物使用痕迹并统计其功能单位，就会发现类型是有意义的。如果从一个较长的时间尺度中，你观察到狩猎采集者在一个地方居留的时间越来越长，那么就可能代表定居正在发生，也就是农业起源的前奏。我们在研究旧新石器时代过渡期的遗址中就发现了这种变化，如河南新密李家沟遗址，它有三个文化层，上层为新石器时代裴李岗文化，下层为以细石叶工艺为主的文化层，中层为过渡层。下层代表高度流动的狩猎采集生活，中层细石叶工艺产品减少，更多本地原料，动物更小，出现更复杂的遗址结构。类似的遗址还有东胡林（北京门头沟）、转年（北京平谷）、南庄头（河北徐水）、于家沟（河北阳原泥河湾）等。正好反映狩猎采集者流动性的降低，开始走向定居。而要定居，在内陆地区，没有农业是不可能实现的。虽然我们还没有发现植物种子、驯化的家畜，但是我们通过这些材料就可以得出较为明确的结论。

　　这里我所依赖的就是狩猎采集者的文化生态理论，如果没有理论的帮助，我就无法认识到这些变化的意义。材料的形态特征是可以用不同的方法组合的，不同组合的意义何在？此时就需要理论来帮助我们解释。所以，我说石器研究者是两条腿走路的，一方面固然需要认真研究石器材料

---

　　①　L. R. Binford, "Willow Smoke and Dogs' Tails: Hunter-Gatherer Settlement Systems and Archaeological Site Formation," *American Antiquity* 45, 1 (1980): 4-20.

的形态特征，另一方面则需要充分发展理论来解释这些形态特征的意义。形态特征是多样的，有一些是由石料的特性决定的，有一些是由功能决定的，还有一些则跟当地的文化传统相关，所以我们需要多样的理论，没有一种理论能够解决所有这些问题。

二、何为理论？

上面我用旧石器考古研究的例子较为详细地阐述了考古学理论在研究中的意义，先给大家一个具体的认识，下面我们要回到更加根本的问题上：究竟什么是理论？最直接的回答是，理论就是关于理的论述。于是这个问题就变成了：何为理？这个理，是公理、原理、道理。在自然科学中，我们比较容易理解，这里的理多指公理与原理，即事物存在本身所具有的普遍性的规律。正是基于自然科学之理的认识，人类产生了一系列的发明，深刻地改变了世界。英国人率先应用蒸汽机的原理，开启了工业革命；后来法拉第揭示出电磁感应定律，开启了电力时代。爱因斯坦发现质能转换的规律，人类打开了利用高密度能量的大门。如今我们正在享受互联网的便利，它的基础是二进制的算法。没有理论基础，就不会有后来的应用。一个反面例子就是火炮的射击，你可以凭借经验来射击，不过只能在视距之内；但是你如果掌握了抛物线的原理、三角函数的计算方法，那么就可能进行超视距的远距离射击。考古学研究者曾经发现过一些古代的"高科技"，如越王勾践剑，千年不锈，锋利如初。但是这些当时的高科技都无法传递下来，它高度依赖工匠个人的技巧。工匠也不知道自己为什么会成功，他们在铸剑之前，可能又是沐浴更衣，又是焚香祈祷，以为有什么神秘的力量在控制铸造。这种神秘的力量其实是金属冶炼的科学原理。

没有人怀疑理论研究对自然科学研究的重要性，也没有人怀疑自然界存在原理。但是讲到人文社会科学之理的时候，就有点半信半疑的态度。西方近代社会的经济基础都是市场经济，大卫·李嘉图与亚当·斯密两位经济学先驱让我们认识到市场这只"看不见的手"的巨大威力。对于我这位 70 后来说，目睹了中国经济从计划走向市场的神奇变化。曾经政府需要计划每天给城市运来多少西瓜，但不是太少就是太多，很难准确把握；后来有个时候，西瓜下市，卖不出去，政府号召人们买爱国西瓜；而今当市场完全打开之后，政府无须做任何计划，如北京这个两三千万人口的大都市，每天的西瓜供应既不会缺乏，也不会过剩。市场的伟大力量改变了中国。当然，我们不能将之归为一种神秘的力量，它不过是一种经济学的原理！在军事上，没有人敢否定《孙子兵法》的意义，它阐述了有关战争的一些基本原理。但是自古以来，中国历代的将领很少不读《孙子兵法》的，有人打胜仗，有人打败仗。诸葛亮用过空城计，刘伯承在同一地方埋伏两次，但是你如果如法炮制，可能就会遭遇失败，因为你没有考虑到实际情况。人类社会高度复杂，任何规律的应用都需要考虑实际情况，规律不是简单地放之四海而皆准的。这是它与自然科学的规律的重要区别。

从更加人文的领域来讲，有没有理的存在？文学何以能够动人？建筑何以能够动人？人文领域也许不适合讲原理，而是说道理。文学能够动人的道理，是它能让读者产生共鸣；建筑或其他实物能够动人，是因为物与人之间存在共鸣。但是共鸣的发生或者精神、情感问题的发生常常是高度个体化的，至少也是与文化传统、社会情境相关。一个人的美食可能是另一个人的毒药。这种高度的相对性导致人们认为人文领域根本没有道理可言。尤其涉及价值判断的时候，统治阶层认为合理的，被统治阶层可能认为不合理；在一个文化中看起来天经地义的事，在另一个文化中可能是荒诞不经的。人文领域偏好研究差异，而理是共性的。这里的理是相互沟通与相互理解的前提，否则就不会存在共鸣与相互影响。物与人之间存在共鸣正是后过程考古学的重要理论基础之一。

因此，不论是自然、社会还是人文科学领域都是存在理的，只不过普适性与了解方式有差异。考古学是自然、社会与人文科学之间的交叉领域，三个方面的理都会出现在考古学研究之中，这是我们特别需要注意的。广义上说，理论是无处不在的，我们谈话所用的概念、所运用的推理、所依赖的前提，无不与理论息息相关。再者，我们的研究并不是从真空中开始的，都是立足于前人研究之上的。理论实际是我们研究的基础与出发点。尽管纯粹的考古材料研究看起来跟理论毫无瓜葛，但实际上它仍然是理论的产物。我们当前研究的考古材料都非常关注地层关系，从剖面上的叠压打破到平面上的相关共存，都需要考古地层学的判断。而考古地层学就是一个理论，它立足于均变论——作用于过去的营力同样会作用于现在。如果古今不一致，那么我们的判断就不能成立。再比如我们常用的考古类型学，它立足于一个理论前提，即类型是客观存在，它可能随着时间的推移，受到许多因素影响而发生变化，这些变化的特征因此具有时代与空间上的意义，甚至可以去推导影响它们发生变化的因素。但类型是不是一种客观存在？考古学家福特（Ford）与斯普劳丁（Spaulding）之间就曾有个交锋，前者认为类型是研究者为了研究而主观设定的，而后者认为的确存在类型的划分①。从石器的角度来说，旧石器考古学家可以把石器划分为许多类型，但是对澳大利亚土著的研究表明，土著对石器划分只有两种：一种是锐的，一种是钝的②。虽然土著如此认为，但是旧石器考古学家还是需要对石器做进一步的划分。无论是前者，还是后者，都需要对类型进行定义，需要运用概念，而概念是存在于一定知识体系之中的东西，也就是与既有的理论有密不可分的联系。

理论是研究的基础，也是研究的归宿，即研究最后还是要上升到理论层面。文化历史考古最有代表性的考古学家要数柴尔德，他晚年写的几部著作，如《知识的社会世界》（*Social Worlds of Knowledge*）、《社会演化》（*Social Evolution*）《社会与知识：人类传统的发展》（*Society and Knowledge：The Growth of Human Traditions*）等都已经相当理论化。或认为这是柴尔德进行的学术转型，我的理解有所不同。从文化历史考古的研究程序来看，按施瓦茨（Swartz）的说法，它总共可以分为七个步骤：准备、材料获取、分析、解释、整合、比较与抽象③。最后的阶段必定要上升到理论层面。至于过程考古学，它本身就想到理论的提炼，最好获取某种规律性的认识。代表性的学者如宾福德，他最后的著作《构建参考的框架》，其中就有许多类似于定律性的认识，冠以"命题"（proposition）与"概括"（generalization）的名称。至于后过程考古学，它本身理论性就极强，代表性的学者如伊恩·霍德，其《纠缠：人与物关系的考古学》已然是一部纯哲学的著作了④。研究上升到理论高度之后，才有更普遍的指导意义，会对学科发展产生更广泛、更深刻的影响。

最后，当我们说到理论的时候，往往具有反思的意味。理论思考会对

---

①　J. A. Ford，"Comments on A. C. Spaulding's 'Statistical Techniques for the Discovery of Artifact Types'，" *American Antiquity* 19（1954）：390 - 391. A. C. Spaulding，"Statistical Techniques for the Discovery of Artifact Types，" *American Antiquity* 18（1953）：305 - 313.

②　R. A. Gould，"The Lithic Assemblage of the Western Desert Aborigines of Australia，" *American Antiquity* 36（1971）：149 - 169.

③　B. K. Swartz，"A Logical Sequences of Archaeological Objectives，" *American Antiquity* 32（1967）：487 - 497.

④　I. Hodder，*Entangled：An Archaeology of the Relationships between Humans and Things*（Cambridge：Cambridge University Press，2012）.

研究所立论的前提（assumption）进行质疑。任何研究都是有理论前提的，即使最普遍意义上的科学研究也是如此。比如说科学首先必须假定世界客观存在，并且是可知的，如果没有这两个前提，科学研究是不能成立的。然而并非所有的研究都承认这两个前提，后过程考古学就不承认我们的世界是客观存在，而认为我们的世界是为文化意义所渗透的。这不免让人想起《黑客帝国》，它的中文译名更直接的意思应该叫作"体系"。我们都生活在某种体系中，就宏观方面而言，如西方文化就是一个体系，商业时代就是一个体系，在这样的体系中我们会认为占有与支配尽可能多的物质就是成功。但是换一个体系，未必如此。从微观上看，每一个立论都可以有前提，比如我们经常用来解释文化变化的传播论，它就假定文化传播就像往平静的池塘中扔进一块石头，波纹不断扩散开来，宾福德称之为"涟漪的观点"（aquatic view）①。文化起源地的各种因素最为齐全，随着向外扩散，文化因素越来越少。至于文化因素为什么会被接受，为什么会发生改变等更关键的问题，反而被忽视了。

　　所有的理论都有前提，宏观理论是微观理论的前提，学科研究的重大突破往往是对宏观理论前提的颠覆。过程考古学质疑的正是文化历史考古学的"涟漪的观点"以及作为标准或规范的文化观，正是对这个概念纲领的质疑，代之以作为文化适应的功能主义文化观，过程考古学才得以真正建立起来，并与文化历史考古学中的功能主义研究区分开来。同样，后过程考古学也是通过质疑过程考古学的功能主义文化观，代之以强调文化意义的象征主义文化观，开启一个新的范式。反思理论前提是研究者的宝贵素质。对我们研究者而言，需要发展理论思考，质疑理论前提，这也是理论研究的一项重要内容。

三、考古学的理论何在？

　　《考古学思想史》的作者特里格把考古学理论划分为高、中、低三个级别，低级理论是为了发现考古材料的形态特征，高级理论是一般性理论，如达尔文进化论、文化生态学、文化唯物主义、马克思主义、唯心主

---

① L. R. Binford, "Archaeological Systematics and the Study of Culture Process," *American Antiquity* 31 (1965): 203 - 210.

义等，中级理论介于两者之间，试图解释两个或更多变量之间的关系。这个划分不是很清晰，我曾经基于考古学实践将其考古学理论重新进行划分，并将其统合在考古学的核心任务"透物见人"之中。这无疑是一项艰巨的任务，但任何困难的研究任务都必定需要通过许多环节来完成。在微观考古层面，它就像刑侦专家破案一样，不放过蛛丝马迹；而在宏观考古层面，它又兼用归纳、演绎与类比推理，逐步完成从物到人的推理过程①。从国内外考古研究的实践与理论构成层次的分析中，大致可以区分出五个层次的研究②，它们分别涉及不同学科的研究（见表 7 - 1）。

表 7 - 1　　　　　考古学研究"透物见人"推理的基本环节与相关学科

序号	基本环节	相关学科
1	考古材料的特征	考古地层学、考古类型学
2	考古材料的形成过程	废弃过程理论、埋藏学等
3	从考古材料到人类行为的推理过程	石器分析、陶器分析、墓葬分析、聚落考古、植物考古、动物考古、分子考古、残留物分析、民族考古、实验考古等
4	人类行为、社会、历史与文化等研究	人类学、社会学、心理学、经济学、历史学、政治学等
5	基本的学科（哲学基础理论）	哲学的本体论、认识论、伦理学等

　　从表 7 - 1 中我们不难看出，考古学研究透物见人推理牵涉因素众多，任何一项研究要贯穿整个过程都是不可能完成的任务，所以绝大多数考古学研究都是在某个局部、角度或层面上展开的，但是我们不能由此而否定存在一个透物见人的研究主线。对于考古学家而言，开展研究的前提之一是要获得可以研究的考古材料。跟考古学的前身古物学相比，现代考古学对考古材料的理解不再限于精美的器物，它包括所有的遗存，特别强调考古遗存的时空关系。田野考古艰苦与精细的发掘就是为了实现这一目的，否则考古学家与盗墓者无异，业余考古爱好者随意采集的物品因为脱离时空关系而学术价值大为降低。考古学研究最基本的环节就是要获得科学的研究材料，而考古地层学与类型学就是要把考古材料置于准确的时空关联中，使之成为可以研究的科学材料。这是考古学研究透物见人推理的第一

①　陈胜前：《考古推理的结构》，《考古》2007 年第 10 期。
②　陈胜前：《考古学理论的层次问题》，《东南文化》2012 年第 6 期。

个环节。就这个环节而言，中国考古学家为此付出了艰苦劳动，它也是中国考古学研究的主要环节。

　　然而我们还必须注意到考古材料从人类活动的结果到考古学家所研究的对象，其间经历了多样的变化过程。考古学研究透物见人推理的第二个环节就是弄清楚考古材料是怎么来的，否则考古推理就是沙上建塔，就好比刑侦专家面对一个伪造过的现场一样。中国考古学研究中的相关讨论还非常少，少数学者开始注意到废弃与改造过程对考古遗存特征的影响①。如果不分析考古材料的形成过程，那么动辄说不同地区存在怎样差异的研究就靠不住，在此基础上建立起来的文化、类型命名也就有问题，因为不同废弃与改造过程完全有可能形成同一文化内差异显著的遗存。那种假定古人原封不动遗留所有活动的遗存，或者认为一切都已经被改造，没有什么是可信的观点都是有问题的②。谢弗认为这个过程是有规律的，考古学家需要重视它。简单地说，废弃速度的快慢、是否有计划都将严重影响遗存的保留程度，缓慢而有计划的废弃显然要比突然且迅速废弃所留下的东西少得多，废弃物的完整程度也要低得多③。中国新石器时代早期许多保存良好的遗址，如磁山、兴隆洼、白音长汗等，所显示的废弃过程对我们了解当时的生计方式极有意义。

　　考古学研究透物见人推理的第三个环节即从考古材料到人类行为，它是狭义上的"透物见人"，也是当代考古学研究的主体。如果再做进一步的区分，可以发现其中存在两条平行的推理线索：一条是考古材料的科学分析，然后在此基础上发展理论，这是过程考古学极端强调的；另一条是"中程理论"，或称"中程研究"，主要包括民族考古学与实验考古学，它们是考古推理参考的框架。两者相互补充，前者是主体，后者是参考。前者的实施主要依赖多学科的合作研究，随着新技术日新月异的发展，考古学工作发生了非常大的变化，其中尤以考古材料的分析技术引人瞩目，大量的考古信息因之得以获取；另外，计算机技术的发展对考古学的推动极

---

　　① 张弛：《理论、方法与实践之间——中国田野考古中对遗址堆积物研究的历史、现状与展望》，载北京大学考古文博学院、北京大学中国考古学研究中心《考古学研究》（九），文物出版社，2012。

　　② M. B. Schiffer, *Formation Processes of the Archaeological Record* (Salt Lake City: University of Utah Press, 1996).

　　③ M. Stevenson, "Toward an Understanding of Site Abandonment Behavior: Evidence from Historic Mining Camps in the Southwest Yukon," *Journal of Anthropological Archaeology* 1 (1982): 237-265.

为明显，网络技术在后过程考古学研究中扮演着不可替代的作用。中程研究的实施更多是一种"行动主义"（actualistic）研究，研究者去研究现代的狩猎采集者或者简单农业群体，去发展实验，去考察历史遗存，甚至研究当代的垃圾。这样的研究并不是直接的考古推理，它是直接考古推理的启发与监督，它发现考古学家需要注意的问题，比如说宾福德之于努那缪提（Nunamiut）因纽特人区域空间与室内空间的研究就极有启发，狩猎采集者很少会在一个地方居留很长时间，他们在不同的地方可能会有不同的活动，从而留下差异明显的遗存，而基于"共性"来分类的考古学研究很有可能把它们视为不同的"文化类型"①。

考古学研究透物见人推理的第四个环节是人类行为、社会、历史与文化等研究。人类行为、文化、社会的研究很大程度上已经超出考古学研究的范畴，表面上看，它们跟考古学研究中的"透物见人"推理关系微弱，实际上并非如此，在下一节我将详述这个问题。考古学研究人，还有许多其他学科也研究人，与考古学关系最为紧密的包括人类学、历史学、社会学、心理学、经济学、生态学等。这些学科所提供的理论框架对于考古学研究极为重要。比如说马克思提出的社会发展理论就成为中国考古学家研究史前社会的基本体系，新石器时代早中期通常被视为母系氏族社会，到了晚期父系氏族社会兴起，军事民主制出现，如此等等的概念直接与考古材料结合起来，形成对考古材料的解释。设若没有这个体系，那么中国考古学家将面临无所依傍的困境，很难就古代社会的发展做出一个哪怕是最简单的概括。20世纪90年代以来，这些学科的理论对考古学的渗透深刻地影响到考古研究实践，对性别因素的关注就是一个例证，再比如进化论考古学的崛起，对人类能动性的关注，等等，都成为当代考古学研究的主要范式。

考古学研究透物见人推理的第五个即最后一个环节涉及哲学层面，更加宏观，看起来与考古学更不相关，但是缺少它，考古学研究就是无本之木。当代考古学的范式众多，但真正能够深入基本哲学层面的仅有两个，即过程考古学与后过程考古学。它们分别对应的是当代学术研究中的科学与人文传统，由此而生发的差异不仅仅在于迥异的基本概念体系，就是同一个概念，其理解也完全不同②；在实践层面，后过程考古学强调的"反身的方法"，很大程度上颠覆了传统考古学家作为唯一权威有效的解释者

---

① L. R. Binford, *Nunamiut Ethnoarchaeology* (New York：Academic Press，1978).

② 陈胜前：《考古学的文化观》，《考古》2009年第10期。

的角色，近些年来国内迅速发展的公众考古与后过程考古学强调公众解读合法性的定位具有某种理念的一致性。任何一门学科都不是仅仅包括一些研究者与技术方法，还应该包括组织两者的思想。没有思想的学科注定是贫乏的。一门学科的重大进步通常也跟基本概念的更替密切相关。

考古学研究透物见人推理是一个完整的理论体系，所有这五个环节都不可或缺。缺少第一个环节，考古学研究将没有科学材料。少了第二个环节，考古推理就是沙上建塔，立足不稳。第三个环节虽然分成两个平行的层面，但它们其实是一体的，没有两者的合力，从考古材料中是难以透见古代人类活动的。第四个环节构成人类活动解释的理论框架，没有它，考古学始终只是一种提供研究材料的技术。第五个即最后的环节是贯穿上述环节的灵魂，因为有它，考古学的研究才有章法可依，考古学才成其为一门独立的学科。没有哪一个环节能够代替其他环节，每个环节都有自己独立的工作，但又高度关联。体系构成整体的能力，仅凭某个环节，无论多么透彻，都是不够的。

四、当代考古学理论现状

采用范式的区分，按照 2008 年出版的《考古学理论手册》（*Handbook of Archaeological Theories*），当代考古学存在八大主要范式，下面分别进行说明与评论。

（一）范式一：文化历史考古学

"文化历史是什么"首先就是一个难以解决的问题，或者认为它是考古学发展的一个阶段①、一种方法②、一个视角③，或者更极端地认为，它不过是类似于文学的修辞④。它的理论基石是文化，更具体地说是"考古学文化"。文化代表人，文化是一个群体共有的东西，也是代表这一群体的标志。文化历史考古学以地层学与类型学为基本方法，运用区系类型

---

① G. R. Willey and J. A. Sabloff, *A History of American Archaeology*, 2nd edn（San Francisco：Freeman，1980）.

② 布鲁斯·特里格：《考古学思想史》，陈淳译，中国人民大学出版社，2010。

③ R. Preucel and I. Hodder（eds.），*Contemporary Archaeology in Theory*（Oxford：Blackwell，1996）.

④ G. Webster, *Archaeology：Verse Accounts of the Writings of V. Gordon Childe*（Lewiston：Mellen Poetry Press，1999）.

概念来重建文化历史的时空框架，追溯文化的传播，以及解释民族与文明的渊源。柴尔德是运用这一范式的代表人物，他以此建立起欧洲史前文化的框架，进而探讨史前文化的演化。

文化历史考古学饱受诟病的是其理论的基石：考古学文化或遗存组合特征与人类群体单位之间的关系。相关的争论从博尔德与宾福德关于石器组合能否代表人群，发展到福特与斯普劳丁有关陶器组合是客观存在还是考古学家的主观划分。考古学文化（部分的文化）多大程度上能够代表民族学上的文化（整体的文化）？其文化传播的解释常被称为"水波说"，文化核心的影响像水波一样向周边扩散，愈远的地方愈晚，这样的观点被批评为缺乏充分的解释。

文化历史考古是近代民族学（文化的概念）、人文地理学（文化区）与近代田野考古学（科学的材料）发展的产物。自 20 世纪 40 年代以来，它一直受到批评，影响相对减小，但是它并没有消失，仍然是考古学研究的基础。

（二）范式二：过程考古学

20 世纪中叶，放射性碳测年与电子计算机技术出现，这对于过程考古学（或称为新考古学）的出现有直接的影响[1]。过程考古学建立在文化历史考古积累的丰富考古材料的基础之上，它同时批判文化历史考古在解释上的不足与无力。过程考古学的理论基础有三：一是从克拉克孔（Kluckhohn）到泰勒的功能主义思想，这个思想又来自英国人类学的功能主义学派，其代表人物马林诺夫斯基（Marlinowski）与拉德克利夫-布朗（Radcliffe-Brown）此前都在美国任教过，把功能主义引入了美国；二是莱斯利·怀特（Leslie White）的文化系统观（整体观）与文化进化论思想；三是从克罗伯（Kroeber）到斯图瓦尔德（Steward）形成的文化生态学、多线进化论与跨文化比较[2]。

过程考古学提出的口号是"更科学，更人类学"。在这个旗帜下，过程考古学强调建立科学的考古材料，强调发展严格的方法；和文化历史考古强调历史的视角不同，它更多采用逻辑的视角。从文化系统各个组成部分的相互关联来分析人类行为的变迁方式，与之相应，民族考古学、实验

① C. Renfrew, "An Interview with Binford," *Current Anthropology* 28 (1987): 683 - 694.
② G. R. Willey and J. A. Sabloff, *A History of American Archaeology*, 2nd ed (San Francisco: Freeman, 1980).

考古学等应运而生，都是从现在去研究过去，常常又被称为演绎-假说的方法。经典的研究有宾福德在阿拉斯加努那缪提因纽特人中进行的民族考古学研究，谢弗的行为考古学研究[1]。过程考古学也研究文化，但是它把文化视为人类适应外在世界的手段，不同于文化历史考古的文化观，由此发展出新的理论方法。

过程考古学强调逻辑方法，结果忽视了历史的方法。考古材料是历史的产物，同时也反映一定历史阶段考古学家的认识，在这个意义上说，考古材料并不客观。人类社会毕竟不同于自然界，人认识自身的过程受制于文化背景、历史条件，戴着有色眼镜观察是不可能客观的。

（三）范式三：生态考古学

生态学研究生物与环境之间的关系，是一门强调系统整体观的科学，有21世纪科学之称[2]。生态学研究人的角度有两个：一个是生物学的角度，以能量和物质的概念沟通人类与环境，强调人类在适应压力下的生理与体质的变化；另一个是文化的角度，强调行为与文化的变迁。生态考古结合生态学的整体观与考古学在考察长时段变化和文化研究上的优势而形成。

目前生态考古归纳起来大致可以分为四个方面：一是环境考古学，研究环境对人类的影响，以及人类对环境的影响。环境考古讨论自然环境与人类的关系，而新兴的景观考古学（landscape archaeology）强调文化构建的环境，强调人类认知的环境[3]；二是文化生态学，当代西方考古学家在这方面积累了巨量的材料，世界各地相对简单社会的千姿百态的适应方式对考古学家了解遗址的结构、功能、形成过程、区域资源利用方式等提供了极为宝贵的参考框架[4]；三是行为生态学，其中最突出的要算最佳寻食理论[5]，它利用饮食宽度、斑块选择、中心地采食与线性程序分析等模

---

[1] M. B. Schiffer, *Behavioral Archaeology* (New York: Academic Press, 1976). M. B. Schiffer, *Formation Processes of the Archaeological Record* (Salt Lake City: University of Utah Press, 1996). M. B. Schiffer, *Behavioral Archaeology: First Principles* (Salt Lake City: University of Utah Press, 1995).

[2] 吴国盛，《科学的历程（第二版）》，北京大学出版社，2002.

[3] C. Tilley, *A Phenomenology of Landscape* (Oxford: Berg, 1994).

[4] J. H. Steward, *The Theory of Cultural Change: The Methodology of Multilinear Evolution* (Urbana: University of Illinois Press, 1955). D. G. Bates and S. H. Lees, *Human Adaptive Strategies: Ecology, Culture, and Politics* (Boston: Allyn and Bacon, 1998).

[5] B. Winterhalder, "Analysis of Hunter-Gatherer Diets: Stalking an Optimal Foraging Model," in *Food and Evolution*, eds. M. Harris and E. Ross (Philadelphia: Temple University Press, 1987), pp. 311-339.

型来讨论人类在某种环境条件下的选择①，这种理论在分析狩猎采集社会的适应变迁上非常具有启发性；四是政治生态学，它与后过程考古学有更密切的关系，考虑当代政治生态对考古学研究的影响②。

生态考古遭遇的批评正在于它对整体观的强调。人，尤其是个人的主体性严重被忽视。后过程考古与能动性研究非常强调这个方面的研究。

（四）范式四：历史考古学与艺术史研究

考古学研究的范式大部分与史前考古学相关，历史考古学只是考古学的一个小分支。然而，文艺复兴时期开始的艺术史研究是近代考古学的前身，中国与之相应的是金石文物之学。近现代以来随着考古材料的科学发掘，历史考古学形成。它结合历史文献、田野发掘的考古材料、各类金石古物材料等来研究历史。相对于其他的范式而言，历史考古学变化比较小，它所秉承的传统方法依旧占主导地位③。

历史学从传统以政治史为中心的描述研究经过年鉴学派，发展为以问题为中心的全部史研究④。就其立足的哲学基础而言，历史学经历了从神学历史学、宏大叙事的人本历史学、分析批判历史学到后现代强调多元叙事的历史学等几个阶段⑤。历史考古学与艺术史研究服务于历史学研究的目标，考古材料或物质遗存作为历史信息的部分载体而存在，与其他信息载体互相补充与印证。这种研究在西方有发达的古典研究，在中国有同样发达的文物学，乃至部分的国学研究，它们都是从考古材料出发研究历史与艺术史的分支领域。

当然，历史考古学也吸收了一些同时代其他考古学范式的思想与方法，如吸收新考古学中程研究的方法，提出"中程文献"（middle-range

① B. Winterhalder, "Diet Choice, Risk and Food Sharing in a Stochastic Environment," *Journal of Ethnobiology* 6 (1986): 205-223. G. Belovsky, "Hunter-Gatherer Foraging: A Linear Programming Approach," *Journal of Anthropological Archaeology* 6 (1987): 29-76.

② M. Dietler and B. Hayden, *Feast: Archaeological and Ethnographic Perspectives on Food, Politics, and Power* (Washington DC: Smithsonian Institution Press, 1998).

③ D. J. Gill, "Classical Art and the Grand Tour," in *Handbook of Archaeological Theories*, eds. R. A. Bentley, H. D. G. Maschner and C. Chippindale (London: Altamira, 2008), pp. 57-72.

④ 彼得·伯克：《法国史学革命：年鉴学派，1929—1989》，刘永华译，北京大学出版社，2006。

⑤ 汤因比等：《历史的话语：现代西方历史哲学译文集》，张文杰编，广西师范大学出版社，2002。

documentation）的主张①，强调考古材料比历史文献有更好的客观性。吸收后过程诠释学的方法分析历史建筑的权力表达性质②，即建筑的形式并非出于功能的考虑，而更多是为了表达权力。

（五）范式五：马克思主义考古学

马克思主义是一种宏大的理论体系，它提出了人类社会基本演化道路的宏观图式，尤其关注政治经济领域，发展了一整套概念体系，如生产力与生产关系等。它所发展出来的冲突理论、阶级理论很适合研究国家起源这样的问题，与之相应，对其他革命性事件如农业起源也同样有效。马克思主义强调当代社会研究与考古学研究的关联。它具有特别宏观的视野，强调人类社会的普遍性。同时马克思主义所拥有的辩证眼光赋予它可以与当代其他考古学研究范式有众多的关联，如它强调人的创造，与当代能动性研究相同，对当代社会的批判与后过程考古学类似。

马克思主义与考古学的关系从马克思本人对人类早期社会的关注就已开始，20 世纪西方考古学中最著名的工作始于柴尔德③。马克思主义的唯物史观影响了柴尔德，也影响了后来的"剑桥古经济研究学派"④，同样也影响了更晚的过程考古学。经典研究范例有吉尔曼（Gilman）对旧石器晚期艺术起源的研究，利用社会关系生产的概念来解释旧石器晚期石器风格区域化的出现⑤，随着人口的增加，人们必须限定义务的范围，与之相应，风格区域化形成。马克思主义考古学在苏联和中国具有最为系统的应用与发展，注重从社会内因的角度解释社会变化，使之有别于西方考古学。

（六）范式六：能动性研究

能动性研究无疑是国内学者最为陌生的范式，但是它并不神秘。其基

---

① L. R. Binford, "Historical Archaeology: Is It Historical or Archaeological?" in *Historical Archaeology and the Importance of Material Things*, ed. L. Ferguson, Special publication No. 2, (Society for Historical Archaeology, 1977), pp. 13-22.

② C. Coulson, "Some Analysis of the Castle of Bodiam, East Sussex," in *Medieval Knighthood IV: Papers from the Fifth Strawberry Hill Conference 1990*, eds. C. Harper-Bill and R. Harvey (Oxford: Blackwell, 1992), pp. 51-108.

③ V. G. Childe, *Scotland before the Scots* (London: Methuen, 1946). V. G. Childe, *Man Makes Himself* (New York: New American Library, 1951). 柴尔德：《人类创造了自身》，安家瑗、余敬东译，陈淳审校，上海三联书店，2008。

④ J. G. D. Clark, *Prehistoric Europe: The Economic Basis* (London: Methuen, 1952).

⑤ A. Gilman, "Explaining the Upper Paleolithic Revolution," in *Marxist Perspective in Archaeology*. ed. M. Spriggs (Cambridge: Cambridge University Press, 1984), pp. 115-126.

本的出发点是追问人何以区别于其他物种，人能够运用自由意志、理性改造世界。人运用语言、物质文化进行生活实践。与此同时，人也生产了与之相应的社会关系和意识，也就是结构（包括制度、组织形态、行为规范等）。能动性与结构的关系跨越整个社会科学领域，其中包括考古学。能动性研究对人之本质的认识形成其独特的本体论，进而影响其认识论。其主要理论基础由后结构主义学者吉登斯（Giddens）与社会学家布迪厄奠定[1]。

在考古学研究中，能动性研究批评文化历史考古与过程考古学过于强调文化和环境的重要性，而忽视了人的能动性。它主要通过关联的方法（relational approach）进行研究，比如讨论新石器时代的丧葬行为如何影响人们的生活关系。考古学家主要研究物质文化、权力、身体等，这些对象以文化为中介，既是人行动的方式，也是人表达的途径。经典的研究有伽登纳（Gardner）对罗马时代后期士兵变化对帝国瓦解的作用的研究[2]，还有乔伊斯（Joyce）对墨西哥蒙特·阿尔班遗址的研究，他运用图像、建筑、墓葬材料研究社会各阶层的变化，而不是抽象地讨论各政治体之间竞争导致社会复杂性的提高，他将新聚落的出现解释为大众与精英之间斗争和妥协的结果[3]。

（七）范式七：达尔文考古学

达尔文考古学是以达尔文的进化论为共同理论基础的一系列研究人类过去变化的理论与方法。在这种范式中，进化论被视为一种可以统一社会科学的基石。进化论产生以来，一直存在两种形式的进化论：一种是生物进化论，也就是达尔文的进化论；另一种是文化进化论（早期的形式包括文化进步论，认为文化发展的方向就是进步），是斯宾塞（Spencer）、怀特的进化论。目前进化论考古强调前者才是真正的进化论，它认为变化是随机的，改变的机制外在于事物，它不同于目的论或进步论的进化观。

当前相关的研究包括双重遗传理论、进化考古学、人类行为生态学、

---

[1]　A. Giddens, *Central Problems in Social Theory*: *Action*, *Structure and Contradiction in Social Analysis* (Berkeley: University of California Press, 1979). 皮埃尔·布迪厄:《实践感》，蒋梓骅译，译林出版社，2003。

[2]　A. Gardner, "Social Identity and the Duality of Structure in Late Roman Period Britain," *Journal of Social Archaeology* 2 (2002): 323 - 351.

[3]　A. A. Joyce, "The Founding of Monte Albán: Sacred Propositions and Social Practices," in *Agency in Archaeology*, eds. M. Dobres and J. E. Robb (London: Routledge, 2000), pp. 71 - 91.

进化心理学、合作与多层选择等五个分支①。双重遗传理论认为生物与文化遗传分属于两套系统，但相互作用，文化通过相当于基因的模因（memetics）来传递，模因具有累积性②，这一点它不同于基因。达尔文考古学强调生物进化与文化进化共同从属于达尔文的进化论，只是不同的形式而已，生物进化属于基因型，而文化进化属于表现型，它提高人类适应的适合度③。进化考古学注重研究考古材料。人类行为生态学与生态学范式的相关研究重合。进化心理学把人类现在的行为看作长期适应的结果，这个方面的研究尤其见于认知考古学的研究，如智力模块的起源、语言起源等，它对于探索早期人类行为特征如躲避食肉动物攻击、食物的选择等非常有启发性④。合作与多层选择研究主要探索人类合作行为的起源⑤。

（八）范式八：后过程考古学及相关学派

后过程考古学及相关学派的理论基础是后现代主义思潮。这种当代怀疑论拒绝物质与意识的对立，与之相应的是否认材料与理论可以区分开来。考古材料并不客观，其意义都是赋予的。考古材料也就是文本，所有的解释都是释义，解释深受当代政治的影响。考古材料的形成不仅深受当代理论与认识背景的影响，而且受制于当时历史的思想与价值的影响。从另一个角度来看，物质文化又为人所掌握。后过程考古学强调研究这种广泛的关联，因而有时也被称为"关联考古学"。在考古研究中，后过程考古学提出一种"反身的方法"，主张在考古工作中考古学家与公众平权地讨论，揭示考古材料的多重意义，发展解释上的多重话语。类似之，现象学的考古学发展"现象学的方法"，强调直接体验、感觉等。

后过程考古学产生于对过程考古学的不满，比如它发现对同一种遗址空间布局可以同时存在多种解释，而且都具有同等的价值，无法检验。遗

① R. A. Bentley, C. Lipo, H. D. G. Maschner and B. Marler, "Darwinian Archaeologies," in *Handbook of Archaeological Theories*, eds. R. A. Bentley, H. D. G. Maschner and C. Chippindale (London: Altamira, 2008), pp. 109 – 132.

② R. Dawkins, *The Selfish Gene* (Oxford: Oxford University Press, 1976).

③ R. L. Lyman and M. J. O' Brien, "The Goals of Evolutionary Archaeology," *Current Anthropology* 39 (1998): 615 – 652.

④ D. M. 巴斯：《进化心理学：心理的新科学》，熊哲宏、张勇、晏倩译，华东师范大学出版社，2007。

⑤ R. L. Riolo, M. D. Cohen and R. Axelrod, "Evolution of Cooperation without Reciprocity," *Nature* 414 (2001): 441 – 443.

址的形成过程与人们的思想和信仰密切相关。后过程考古学及相关学派批判了过程考古学科学主义的立场，强调考古学对人文的回归。但是在怀疑论的相对主义框架下，后过程考古学如何提供可靠的知识，还是一个悬而未决的问题。

五、如何运用考古学的理论？

考古学理论的运用有两条途径，也可以说有三条。一条是从下而上，从特殊到一般，从材料到理论，我们称之为归纳法；另一条是从上而下，从一般到特殊，从理论到材料，我们称之为演绎法；还有一条，就是我们前面所说的平行推理，采用所谓的中程理论，它部分像是类比，所以我们把它单列出来。下面我们结合实例与中国考古学研究实践中的问题，逐一加以说明。

归纳法是中国考古学研究最常用的方法，所谓上天入地找材料，然后试图从材料中获取理论。大家可能感到惊奇的是，我们似乎没有看到什么考古学理论。那是因为我们没有去做理论提炼的工作！理论是提炼出来的，否则再多的材料研究也只能归纳出材料的形态特征，你需要在材料的基础上提炼升华。刚开始你提炼出来的可能是一种假说，如果这种假说得到一定程度的检验，我们就会称之为理论。比如 R. 卡内罗（R. Carneiro）曾提出文明起源的限制理论，他注意到文明起源的区域都是空间受限的区域，即人口增长之后难以扩散的区域，加剧的竞争导致社会分化，文明在此基础上形成[①]。类似地，还有文明起源的灌溉理论，基于两河流域的材料，研究者提出，通过灌溉设施的建立与管理，复杂的政权得以形成与实践，并在实践中得到发展。灌溉理论在中国、印度河流域、秘鲁的太平洋沿岸地区得到一定程度的检验。研究者更把它上升为"东方专制主义"，这种高度强调社会动员与管理的政治实践导致了东方式的集权统治传统[②]。从这两个例子中，我们不难看出，理论是从材料中逐步提炼出来的。

---

① R. Carneiro, "A Theory of the Origin of the State," *Science* 169 (1970): 733 - 738.

② K. A. Wittfogel, *Oriental Despotism: A Comparative Study of Total Power* (New Haven: Yale University Press, 1957).

我在自己的研究实践中也曾有这样的体验。2009年我发掘湖北郧县余嘴2号旧石器遗址，它分布在汉江北岸阶地上，工作过程中我们发现了一个砾石条带，它可能是河流阶地的遗留，其中包含许多砾石，在砾石条带上发现该次发掘所得的大部分石器。我们对砾石条带上所发现的砾石进行随机采样测量，发现这个条带上的砾石大小正好适合制作砾石砍砸器、手镐等工具。我自己曾经有在汉江上游秦岭山中调查的经验，那里是高山峡谷，河流之中多巨石。我的家乡就在长江边上，我从小就到江边玩，那里根本就没有大砾石。这样的经验促使我进一步推理，任何一条河流，一定会存在某个地段，砾石大小正好适合制作石器。这个地段不会是上游，也不会是下游，而应该是中游的某个地段。河流上游地形崎岖，植被茂密，并不适合人类活动。河流下游湖泊密布，水网纵横，没有舟楫，是难以行动的，而且不易找到清洁的饮水，以及充足的木材（用作工具与燃料）。而河流中游不仅有充足的石料，而且多为宽谷盆地，草地与森林交汇，便于人类行动、狩猎，也很容易获取燃料，利用泉水与小溪能够得到较为清洁的水源。由此我从中提出一个理论，于古代的狩猎采集者而言，在一条河流上，存在一个最佳栖居地带，这里的人口将更加密集，社会规模也将更大、更复杂，最早的农业应该起源于这个区域。

理论的提炼是一个把特殊扩充到一般的过程，它是一个不完全的推理，其中含有部分猜想的成分，因为这里的一般大于研究中提到的特殊之和。换句话说，理论的提炼不是材料之和的简单相加，它需要研究者的关联与想象，把看似不可能的现象联系起来，把材料中没有直接表现出来的东西想象出来。目前我们的研究比较缺乏这个关联与想象的过程，所谓归纳不过是材料之和的简单相加，看到的还是材料本身的形态，无论用多少统计，它都没有跳出既有材料本身。真正的理论归纳是要超出既有材料的，它具有既有材料不曾包括的内容。

演绎推理是我们不大熟悉的方式，它从既有的理论出发，推导出一个可以通过考古材料检验的假说。中国考古学中有一个比较经典的例子，就是郭沫若对于中国古史分期的研究①。虽然郭沫若并不是典型意义上的考古学家，但他采用考古学的方式来研究中国封建社会的起源，其理论基础便是马克思主义和毛泽东的矛盾论。他首先进行理论分析，提出封建社会

---

① 郭沫若：《奴隶制时代》，中国人民大学出版社，2005。原作1952年由上海新文艺出版社印行。

的主要矛盾应该是地主与农民的矛盾，而有关农民的考古证据很少，相对而言，有关地主的考古证据应该好找一些。封建社会起源之初，私田开始出现，地主作为新兴的社会阶层，代表生产力的发展方向，他们为获得最多的收获，最有意愿采用最先进的技术。当时最先进的技术就是铁器，标志应该就是铁制农具的出现。于是，郭氏提出一个假说：如果封建社会始于春秋晚期，那么铁制农具应该出现在这个时期。20 世纪 50 年代，考古新发现证明了他的预测。从逻辑上说，他的研究采用的是一种自上而下的方式，即从理论演绎出可以通过考古材料检验的假说。采用这种研究方式，考古学家就在一定程度上可以摆脱考古材料的束缚，发挥自己的主观能动性，从更多的视角来思考考古材料。

演绎研究的一个主要问题是理论的来源，目前考古学所采用的可以进行演绎的理论基本都来自其他学科，特别是人类学、社会学、生态学。当然，也可以从其他学科引入理论。我自己就曾借鉴发展经济学中的要素禀赋结构理论来解释中国农业起源的地域差异性。这个理论本来是用来解释当代发展中国家如何实行赶超战略的，发展中国家需要发挥自己的比较优势，如劳动力优势，积累要素禀赋，然后实现赶超；相反，如果大干快上，不顾自身资本、技术等经济要素的不足，举债发展资本与技术密集型产业，就可能导致产品没有竞争力，同时还背上巨额的债务，拉美国家就曾走过这样的路。亚洲四小龙则是发挥自己的比较优势，逐步进行产业升级，后来取得了成功。中国改革开放四十多年取得的巨大成就也符合这一理论。同理，农业相对狩猎采集来说也是一种"高科技"，它需要更多的劳动力投入，需要相关的知识，还需要一套与之相应的工具、劳动力组织方式、居住组织策略，甚至是相应的价值观。农业群体偏好勤恳卖力的个体，而狩猎采集者不习惯在一个地方久留。在狩猎采集者中，采食者的流动性更大，集食者的流动性相对更小，他们更可能在居所、耐用工具、劳动组织分工上有更多的投入与经验。当发展农业的历史机遇来临的时候，两类群体中，那些偏重集食者策略（同一群体既可能采用集食者策略，也可能采用采食者策略）的狩猎采集者更可能走向农业。因为他们具有更好的发展农业的要素禀赋：人口、技术、社会组织等。对考古学研究者而言，知识不能拘泥于考古学专业之内，需要创造性地把其他学科的理论用到考古学研究中。

第三条理论运用途径相对比较复杂，它一部分是启示，一部分是类比，还有一部分是理论构建。考古学家因为无法直接观察过去，面对的又是十分零碎的物质材料，要把这些信息片段拼合出完整的人类过去生活图景，必定需要一个参考框架。如果没有合适的框架，考古学家就会把自己熟悉的当代生活图景当成框架，而我们现在已经是工业化社会，即便是残留的记忆，那也是农业时代的，跟狩猎采集时代相差远矣。也就是说，我们研究旧石器时代狩猎采集者，参考的框架只能是狩猎采集者，这样的资料主要存在于民族志中。民族志或实验考古（有时候还可以包括历史时期的材料）作为启示，是指我们并不把这些材料与考古材料进行对比，而是作为一种启发。比如我主张在旧石器考古发掘中最好开展同步的石器实验，通过实验来体会某地石料的打片性质，从而帮助我们理解出土的石制品。而作为类比的话，就要有明确的比较性质，古今在什么样的层面能达到一致是很有争议的。我们在做石器功能研究时，形成一套分层-关联的方法论，其中就有一个方面是利用民族志的佐证。比如我们发现佤族的手锄，同样是偏锋斜刃，跟夏家店下层文化时期的石铲非常一致，很好地佐证了我们的认识，夏家店下层文化时期的石铲是用作锄，而不是用作铲。如宾福德这样的学者不大信任民族志的类比，而是更强调从民族志材料中提炼出具有原理性的东西，也就是构建出理论。从这样的理论出发，开始演绎研究。按照演绎的逻辑，只要理论大前提不错，结论是非常可靠的。他身体力行，几乎终生都在发展这样的理论，当代考古学研究经常引用他的这些理论。

在如何运用考古学理论上，我曾提出一个分层-关联的考古学理论体系，即以"透物见人"这个考古学的核心任务为中心，分为五个层次（见上文），沿着三条路径展开。当然，这不是唯一的方式。与应用考古学理论同等重要的是，我们还要发展考古学理论，而这在中国考古学研究领域还是相对欠缺的。

附录　考古学理论读本（中译本）

1. 马修·约翰逊：《考古学理论导论》，魏峻译，岳麓书社，2005。
非常简明扼要地介绍当代主要的考古学理论。
2. 肯·达柯：《理论考古学》，刘文锁、卓文静译，岳麓书社，2005。
就几个重要专题（考古学的身份、分类、社会、认知、文化解释等）思考考古学理论的发展。

3. 尼古拉斯·戴维、卡罗·克拉莫：《民族考古学实践》，郭立新、姚崇新译，岳麓书社，2005。

详细介绍了民族考古学的构架。

4. 伊恩·霍德、司格特·哈特森：《阅读过去》，徐坚译，岳麓书社，2005。

后过程考古学的经典之作。

5. 托马斯·C. 帕特森：《马克思的幽灵：和考古学家会话》，何国强译，社会科学文献出版社，2011。

讨论马克思主义与考古学的关系。

6. 路易斯·宾福德：《追寻人类的过去：解释考古材料》，陈胜前译，上海三联书店，2009。

重点可以参考其中民族考古学部分，了解狩猎采集者如何利用宏观与微观空间，进一步可以追溯莫斯特难题、早期人类狩猎能力，其重要意义在于促进我们思考考古学家如何才能了解考古材料的真实含义。

7. 科林·伦福儒、保罗·巴恩：《考古学：理论、方法与实践》（第六版），陈淳译，上海古籍出版社，2015。

如果你感觉到缺乏对考古学的宏观把握，无法理解考古学理论的实际作用，希望得到实际案例的演示，此书是非常好的指南，书后的参考文献有助于进一步深入学习。

8. 科林·伦福儒、保罗·巴恩主编《考古学：关键概念》，陈胜前译，中国人民大学出版社，2012。

此书对关键考古学概念的详细解释，对于把握当代考古学理论的主要观念非常有帮助。

9. 布鲁斯·G. 特里格：《考古学思想史》，陈淳译，中国人民大学出版社，2010。

此书对于了解考古学理论的渊源与发展很有帮助。

10. 布鲁斯·G. 特里格：《时间与传统》，陈淳译，中国人民大学出版社，2011。

此书是特里格的考古学思想史论文集，其中一些专论非常值得参考阅读。

第八章　研究的关键：关键概念

大家可能都有一种体验，三五好友在争论某个问题的时候，最后发现问题的症结落在了概念上。比如说民主，大家都承认它对于现代社会的意义，但究竟什么是民主？是一人一票？这显然是糟糕的选择，你跟某些糊涂虫都是一票，你肯定不愿意。而且什么事情都来一次全民公决，也不现实，再者少数人不一定就是错的。代议制就可以吗？我凭什么让你代表我，你能够代表我吗？如此等等的问题都需要回答。如果我们连民主是什么都不知道，那我们在争论什么？我们必定要去追溯民主的形成过程，它的适应范围与条件，充分理解它的特殊性与普遍性。争论的好处让我们发现问题就在概念上。我们的考古学研究同样如此，但是通常很忽视这方面的问题，因此很有必要专门展开讨论。

概念是每一门学科的基础，设若物理学没有"力"概念，化学中没有"原子""分子""结构"等概念，那么也就不可能有两门现代科学了。更别提数学、逻辑学，完全是概念关系的运算推理。古往今来的哲学也差不多，设若马克思主义没有"物质""运动""生产力""生产关系"等概念，也就不会有马克思主义。概念的构建是中国考古学的弱项，这也许与中国文化偏重于形象思维、直觉的传统有关，我们对于抽象、逻辑的东西相对不那么擅长。这一章探论考古学研究中常见的概念问题、考古学核心概念的变迁过程、当代考古学的概念构成、考古学概念的形成机制等问题。希望大家在以后的研究中关注概念问题，避开一些陷阱，更深入地开展研究。

一、概念分析是发现考古学研究问题的途径

我想从一个具体的问题开始。农业起源是中国考古学研究中的大问题之一，我在开始研究这个问题之前，几乎从来没有想过农业概念的问题。

后来因为做博士论文，才涉及这个问题。我记得我把报告提交给宾福德之后，他指出我应该慎重使用农业（agriculture）这个概念，因为在他的理解中，农业意味着一种复杂成熟的耕作方式。在文献研究中我也逐渐意识到与农业并行的还有若干其他概念，如驯化（domestication）、培育（cultivation）、食物生产（food production）等。概念澄清的过程也是发现我所需要解决的问题的过程。正如考古学家哈里斯（D. R. Harris）所言，农业起源研究的难点通常就是我们并不清楚自己所要解释的对象是什么①。

驯化主要是一个生物学的过程，动植物在繁育过程中日益依赖人类，并进一步导致基因与生理特征发生变化。驯化甚至不仅见于人类，热带切叶蚁与真菌、蚂蚁与蚜虫之间就有类似于驯化的关系②。驯化的发生可能不是有意的，人类与动植物野生祖先之间长期互相影响，驯化不知不觉就发生了。最后，物种失去了自我播撒的能力③，或者丧失休眠、对抗食草动物的物理与化学防御特征。对于一些基因易变的植物来说，并不需要人们有意的选择，仅仅通过收获—种植—收获的反复循环，就可能实现植物对人类的依赖④。驯化定义的是人与自然物种之间的关系，它不等于农业，但农业之中一定会有驯化。

与之对应，培育则完全是一种文化现象，其中植物栽培可能涉及有意翻挖土地、播种、除草、灌溉、驱离鸟兽、收割、储藏等行为。这个过程需要一系列的技术条件，以及劳动的投入。饲养动物近似之，需要有意改变人与动物的关系，需要人对动物活动范围的控制，与之相应，人的生活范围与时间规律也需要调整。培育（这里包括饲养在内）动植物并不意味驯化已经完成，也可能在进行之中。培育是对人的行为的界定，它是有目的、有组织的人类行为。培育可能导致驯化，但并非必然导致物种驯化。

① D. R. Harris, "An Evolutionary Continuum of People-plant Interaction," in *Foraging and Farming: The Evolution of Plant Exploitation*, eds. D. R. Harris and G. C. Hillman (London: Unwin Hyman, 1989), pp. 11 - 26.

② 哈伊姆·奥菲克：《第二天性：人类进化的经济起源》，张敦敏译，中国社会科学出版社，2004。

③ D. M. Persall, "Domestication and Agriculture in the New World Tropics," in *Last Hunters-First Farmers*, eds. T. D. Price and A. B. Gebauer (Santa Fe: School of American Research Press, 1995), pp. 157 - 192.

④ A. A. Blumer and R. Byrne, "The Ecological Genetics of Domestication and the Origins of Agriculture," *Current Anthropology* 32 (1991): 23 - 54.

食物生产是对人之生计状态的界定，它涉及人利用土地方式的改变，以及人类社会结构与组织的变化。通常把利用少量驯化动植物的生计方式称为食物生产，有时称为"低水平的食物生产"（low-level food production）①，典型的代表是北美的新石器时代（当地文化序列名称为"形成期"）。刀耕火种的园圃农业（horticulture）与简单的根茎农业也可以归入食物生产的范畴。这两种生计模式中，驯化动植物种类少，跟小麦、水稻、玉米等谷物的驯化相比，人们的劳动投入较少，经典案例有新几内亚高地地区大河谷中的达尼（Dani）人、赞比亚西部的罗兹（Lozi）人②，狩猎采集仍然是这些人群获取食物的重要方式。

农业是更进一步的或者说是成熟的食物生产，它不仅包括与食物生产相随的改变，而且指一种新的生态系统的形成③，一种新的社会组织与结构。农业的形式多种多样，通常指以谷物生产为主的农业形式，同时还包括一个农业的重要变体：畜牧业，主要依赖动物饲养，以动物肉及动物副产品（如奶、血、毛、皮乃至粪便）为生的生计方式。目前已知的古代农业形式包括梯田农业（如沙特古代的拦淤坝梯田、秘鲁的梯田等）、南美的培高田、培土农业（如古代墨西哥城的浮筏农业、太平洋岛人的珊瑚礁田）、旱作农业（又称天水农业），以及支持各主要文明中心的灌溉农业。畜牧业的形式则包括欧亚草原以饲养马、牛、羊为主的游牧业，阿拉伯地区以饲养骆驼、绵羊为主的畜牧业，以及非洲以饲养牛为主的畜牧业。北半球寒冷地区还有以牧养驯鹿为主要生计的人群，由于驯鹿一直处在半驯化状态，所以一般不将其视为一种畜牧业形式。

从历史和民族志上已知的农业与食物生产形式来看，它们与狩猎采集的生计方式存在着重大的区别，前者生产与消费驯化的动植物，后者则以狩猎采集野生动植物为生，它们的区别还表现在居住形态、亲属关系、社会制度以及意识形态上，也就是整个文化系统结构上存在着本质区别。从这个角度来说，食物生产与农业又是文化系统分类上的概念，相对而言，培育是文化行为意义上的概念，而驯化则是一个生物学意义上的概念。食

---

① B. D. Smith, "Low-level Food Production," *Journal of Archaeological Research* 9 (2001): 1 – 43.

② M. Q. Sutton and E. N. Anderson（eds.）, *Introduction to Cultural Ecology*（Walnut Creek: Altamira, 2004）.

③ D. Rindos, "Symbiosis, Instability, and the Origins and Spread of Agriculture: A New Model," *Current Anthropology* 21（1980）: 751 – 772.

物生产与农业无疑都立足于培育，培育同时是走向食物生产的一个演化阶段，即食物生产必定开始于某个物种的培育①。所以，通过概念的分析，我们实际至少需要解决三个主要问题：一是驯化的生物学特征的形成，这主要是动物与植物考古学家研究的内容；二是人类开始改变与野生动植物的关系，试图影响动植物的生长——这种具有目的性的行为开始的动因与环境；三是生产与消费驯化动植物所涉及的文化系统的重组过程。

对于研究农业起源的考古学家而言，最有价值的目标是研究后两个问题，解释为什么人类改变与动植物的关系，追溯整个关系的变化过程。简而言之，农业起源的一个关键理论问题就是培育的起源②。这里需要强调指出的是，对于狩猎采集者而言，偶尔也会照看动物幼兽、清除经常采集植物边的杂草，甚至是引水灌溉某些植物等③。我们可以说培育行为长期存在于狩猎采集者的文化系统中，培育对狩猎采集者来说也不陌生。我们研究工业与工业化国家时，不是孤立地研究某个指标，而是要研究整个社会系统诸层面的变化。同样，在农业起源研究中，我们面临的根本问题，不是寻找偶尔存在的动植物培育的证据，而是发现与解释文化系统整体的适应变迁，即回答以下问题：培育动植物的行为是如何在文化系统中发展起来的，是如何影响整个文化系统的结构的？为什么动植物培育只是在某些地区形成农业，而在另外一些地区又没有形成？

以上内容来自我的著作《史前的现代化：中国农业起源过程的文化生态学考察》，通过概念分析我发现我真正要解决的问题是文化系统整体的适应变迁，也就是旧石器时代之末狩猎采集者为什么会放弃长期适应的狩猎采集这种适应方式，转向食物生产，其最早的标志就是动植物的培育。这也意味着我的研究重点要放在旧石器时代，而不是像在中国考古学研究中，农业起源的研究者基本都是从事新石器考古方向的，关注的重点是新石器时代的标志性特征如陶器、磨制石器、房址、驯化动植物等。中国旧石器时代之末狩猎采集者的文化系统究竟发生了怎样的变化？我注意到农业起源之前，也就是末次盛冰期前后，狩猎采集者的流动性达到了前所未

① D. R. Harris, "Introduction: Themes and Concept in the Study of Early Agriculture," in *The Origins and Spread of Agriculture and Pastoralism in Eurasia*, ed. D. R. Harris (Washington, DC: Smithsonian Institution Press, 1996), pp. 1 - 9.

② L. H. Keeley, "Protoagricultural Practices among Hunter-gatherers: A Cross-cultural Survey," in *Last Hunters-First Farmers*, eds. T. D. Price and A. B. Gebauer (Santa Fe: School of American Research Press, 1995), pp. 243 - 272.

③ H. Pringle, "The Slow Birth of Agriculture," *Science* 282 (1998): 1446 - 1450.

有的巅峰，标志就是细石叶工艺。但是物极必反，部分高度流动的群体突然停下来，在某些有可以强化利用的资源斑块（小盆地与山麓，也就是前面所说的狩猎采集者的最佳栖居地）停留下来。这有点像击鼓传花的游戏，如果你不能确定能够坐上下一把椅子，那么最好不要挪窝。这个小小的转变就是农业起源的萌芽，流动性减少之后，意味着人们需要在有限资源域内获取更多的食物资源，强化利用（把不能直接食用的食物转变为可以食用的，如橡子；把低价值的食物转变为高价值的，如谷物）与广谱适应（利用一切可以利用的食物资源，它有助于发现哪些物种具有强化利用的价值）是两个基本的策略，等等。

通过概念分析，我找到了解决问题的方向，对农业起源问题的理解达到了前所未有的深度。类似的问题很多，比如手斧的问题，很多学生写过相关的作业与论文，但究竟什么是手斧？有人用两面器来定义，有人用LCT（large cutting tools 的缩写，即大型切割工具）来定义。为什么？大三棱尖状器是不是手斧？有人认为是，有人认为不是，为什么会有这样的争议？概念的厘清至关重要，由此还可以上升到诸如阿舍利工业。洛南盆地的石器组合中有手斧、薄刃斧、手镐、石球等，它是否可以称为阿舍利工业？我们如果一直追溯下去，就会深入学科的一些根本问题，最终会推翻一些核心概念，导致学科范式的重大变迁。

二、核心概念的改变导致学科范式的重大变迁

我关注的考古学核心概念是"文化"，这是一个伴随考古学成长的概念，不同的范式都在应用，中国考古学研究更是以"考古学文化"这个概念展开的。我称之为不同范式的"文化观"。我的研究表明，文化是不同范式的概念纲领，它引领其他理论方法的应用与发展，指导考古学研究的实践。当理论、方法与实践形成完善的体系的时候，范式正式形成。不同的范式中，文化的内涵是不同的，尽管采用的是同一个名称。如果没有注意这种区分，以为文化是一个贯通的概念，就会误解不同范式的差别，也无法理解考古学理论的进展。

考古学文化观的形成经历了一个较为漫长的过程。从文艺复兴时期古物学的出现，到18世纪末叶从北欧兴起的科学古物学，再到19世纪以田野考古学为特征的近代考古学的形成，考古器物与遗迹的发现不断增加，

人们对于史前的知识也不断丰富，但是一直到 20 世纪初，考古学家对于考古材料的研究还不是系统的，考古学家缺乏一个合适的理论工具把众多的考古材料统合起来。如汤姆森、蒙特留斯可以对材料进行更精细的年代划分，但他们无法把众多的考古材料与古代社会结合起来，无法建立古代社会与现代社会的联系。

　　英国人类学家 E. 泰勒（E. Tylor）首先对"文化"进行了定义，他说："文化或文明，就其广泛的民族学意义来讲，是一复合整体，包括知识、信仰、艺术、道德、法律、习俗，以及作为一个社会成员的人所习得的其他一切能力和习惯。"德国考古学家科西纳（Kossina）借用了文化的概念，1911 年他出版《德国人的起源》（*Die Herkunft der Germanen*）一书，首先尝试运用"考古学文化"来整理考古材料。他认为从旧石器时代晚期开始就可以运用"考古学文化"这个概念了，考古学文化反映民族性，考古学文化的传统也就意味着民族传统①。科西纳是一个典型的种族优越论者，他试图通过对考古学文化的整理来寻找德意志民族的起源，他把考古学文化与族属等同起来，从古代实物遗存特征上区分不同民族的文化传统。这种研究无疑是靠不住的，但是这一工作开创了运用理论概念研究材料的先河，让考古学拥有了一个真正的理论概念，而不再仅仅研究材料本身。一种考古学文化就相当于一个古代族群，后者是现代民族的祖先。

　　受科西纳的影响，柴尔德也应用这一概念。柴尔德是第一个真正系统地运用考古学文化重建欧洲史前历史框架的考古学家。1925 年他出版的《欧洲文明的曙光》（*The Dawn of European Civilization*）一书被认为是史前考古学的新起点，自此所有的欧洲考古学家有了研究工具②。为什么会这么说？考古学文化是文化历史考古学的概念纲领，以考古地层学与考古类型学两种理论方法为左膀右臂，进而建立史前史的基本框架。在中国考古学研究中，以苏秉琦先生为代表的老一辈考古学家由此去探索华夏文明的起源与发展阶段。文化历史考古学是中国考古学研究中最为成熟的范式，对其他考古学研究分支如旧石器考古、历史时期考古都产生了强烈的影响。20 世纪 60 年代，在西方考古学中，新考古学兴起，70 年代末后过

　　① B. G. Trigger，*A History of Archaeological Thought*（Cambridge：Cambridge University Press，1989）.
　　② G. E. Daniel，*A Hundred Years of Archaeology*（London：Duckworth，1950）.

程考古学出现，但文化历史考古学并没有完全被取代，只是影响力有所降低。在一些史前文化历史框架还没有建立起来、还在探索民族起源历史的地区，文化历史考古学仍然发挥着不可替代的作用。

在文化历史考古学中，考古学文化作为一个理论工具，存在着两个预设：一是以实物材料为特征的考古遗存就是划分不同文化的标准，也就是说它们代表了人们头脑中不同的思想、社会组织、经济方式或者仅仅是不同的行为习惯；二是这些标准就能够定义一种文化，或者说代表一个"人们共同体"[①]。这两个预设都是没有经过检验的，一个考古学文化只能说是一组有共同时空特征的遗存特征组合，它是考古学家对实际存在的考古遗存现象的归纳。我们经常从语言、族属、血缘关系、心理认同、生态地域、经济方式、思想传统等角度来划分社会群体，考古学文化和以这些方式进行区分的人类社会难以准确对应。

尤其是考古学文化的划定是基于考古遗存特征的相似性，然而我们知道史前人类活动产生的物质遗存并不都是相同的，而是充满差异的。早在1939年，托姆孙（D. F. Thomson）就认识到澳大利亚土著不同季节的不同生计活动，比如狩猎、捕鱼、采集坚果等，留下的遗存是完全不同的，如果按照相似性原则进行划分，那么就会形成数个考古学文化[②]。70年代初宾福德对努那缪提因纽特人的民族考古学研究更加系统地证明，狩猎采集者的遗存不仅仅存在时间上的差异，一群狩猎采集者往往根据实际资源条件利用不同的功能空间，这些不同的功能空间构成一个完整的系统[③]；与此同时，在一个生活居址的内部，还存在着功能空间上的差别，比如垃圾抛弃带的器物组成就不同于室内活动区。假定这个群体的所有实物都遗留下来而且被我们发现，那么我们看到的这个考古学文化应该包括众多拥有不同遗存特征，而不是具有相同或相似特征的遗址。再者，当同一区域被不同群体使用后，由于相同的资源条件导致类似的遗址功能，那么我们看到的就是相似的考古遗存，我们很容易将之归为一个考古学文化或者一个文化传统，实际上它们分属于不同的群体。

再者，考古学家还经常假定他们发现的考古遗存能够直接反映古人在这个区域的活动，而没有考虑古人对遗存的选择性废弃过程，古人决定离

---

① M. Johnson, *Archaeological Theory：An Introduction*（Oxford：Blackwell，1999）.

② D. F. Thomson，"The Seasonal Factor in Human Culture," *Proceedings of the Prehistoric Society* 10（1939）：209 - 221.

③ L. R. Binford，*Nunamiut Ethnoarchaeology*（New York：Academic Press，1978）.

开的速度与是否返回的预期很大程度上会影响一些遗存的有无、完好程度①；考古遗存形成之后还会受到人为与自然的干扰，比如古人可能会循环使用已废弃遗址中的某些材料，特别是石料。这样的话，基于相似性的考古学文化划分就面临一种困难的局面，属于同一人群的考古学文化面貌因为不同遗存废弃过程而不一样。

"考古学文化"这个概念的意义在于，它能统合遗存在时空上的共同属性，解决了考古材料在广大地域范围内的分布特征，让考古学家能够对一盘散沙的考古材料进行综合研究。但它只是考古学家为了满足一个时期的需要而创造出来的分析工具，它应时而生，也因为任务需要的变化而改变。

如果考古学家将研究目标限定为重建史前文化历史框架、了解史前的物质文化、描述而不是解释变化，考古学文化这个概念或许是足够用的。但是考古学还在发展，人们与考古学家还想了解更多的东西，尤其是：史前人们是如何生活的？他们经历了怎样的发展过程？为什么农业只在某些地区起源，而没有在其他地区起源？为什么后来农业起源中心的有些周边地区又采用了农业，而有些地区坚决拒绝农业？考古学文化这个概念对我们解决这些问题能够提供的帮助有限。

20世纪30年代的柴尔德已经意识到考古学文化这个工具的作用的有限性，开始利用经济学的方法来研究史前社会的变化；40年代英国考古学家格拉汉姆·克拉克通过运用严格的考古发掘与发展考古科学开创了考古学的古经济学研究②。克拉克所谓的文化不同于文化历史考古学所指的考古学文化，而是一种偏向适应与生态意义上的文化，这种文化观在过程考古学中得到明确的阐述，也就是宾福德所说的：文化是人类外在的适应手段③。过程考古学的文化观扎根于斯图瓦尔德的文化生态学与怀特的文化进化论④。和考古学文化作为区分群体的标准不同，过程考古学所说的文化是功能的，是人应付外在环境变化与资源条件差异的方法和策略。

于是，在这个概念框架中，我们要研究的是文化的发展过程，解释文

---

① M. B. Schiffer, *Formation Processes of the Archaeological Record* (Salt Lake City: University of Utah Press, 1996).

② B. G. Trigger, *A History of Archaeological Thought* (Cambridge: Cambridge University Press, 1989).

③ L. R. Binford, "Archaeology as Anthropology," *American Antiquity* 28 (1962): 217 - 225.

④ G. R. Willey and J. A. Sabloff, *A History of American Archaeology*, 2nd ed (San Francisco: Freeman, 1980).

化变化的原因与机制。与之相应，考古学家的研究对象也发生了改变，他们不再局限于遗物与遗迹的形态特征（form），而开始注意功能（function）与过程（process）。所以，他们不断引入科学技术手段来确定器物的功能、遗址居留的时间长度与季节、遗址周边的资源分布状况等，他们发展民族考古学与实验考古学等"中程研究"来协助考古学家了解考古遗存的形成过程，他们还努力建立考古学理论，寻求文化发展的规律，这是过程考古学或者说新考古学研究的文化。显然，它不同于文化历史框架中的考古学文化。过程考古学是把文化放在进化论与生态学的背景中研究，文化在生态系统中与众多的要素（或称子系统）相互关联，呈现出多样的发展路径（多线进化）。这里所说的文化范围可以很大，大到区域的研究；也可以很小，小到只研究某个遗址。它可能包括若干考古学文化，也可能是某个考古学文化的一个部分。有时它甚至能和一个考古学文化对应，不过大多数情况下是不可能的，因为一个考古学文化在其分布区域中往往代表的不只是一种适应方式。最根本的问题还不在这里，以考古学文化为中心的研究关注文化谱系的建立，只收集与之相关的考古材料，而很少收集有关文化适应的材料。就像造自行车的零件很难用来造汽车一样，以分类描述为中心写成的考古报告用于研究文化生态、文化适应变迁的时候，常常会让人感到信息缺乏。

后过程考古学的文化观可以从两个角度来理解。一是作为文本的文化。一般来说，考古学家的任务就是读懂考古遗存中保存的信息，然后通过它理解人类的过去。后过程考古学家把他们的研究对象视为"文本"。虽然后过程考古学家经常阅读福柯、哈贝马斯、布迪厄等，但是从与考古学的关系紧密程度来看，哲学释义学对他们的影响更深远。按照哲学释义学的理论，懂得材料本身的意义要比材料本身重要。解释学的鼻祖施莱尔马赫（Schleiermacher）提出，一个解释者如果有足够的历史知识和语言学知识，就可以比作者更好地理解读者[1]。考古学家就是这样的解释者！如果文化是文本，就需要了解文化的构成，从文化的历史过程来理解文化的形成过程。二是作为行动的文化。人不是机器，文化也不是镜子。人主要通过文化来反映外在的客观条件，但人不是被动的，人有主观能动性，人不是只有一种选择，人可以选择自己的行为，这就是带有主观能动性的行动（action），而不是一味应对外在条件变化的活动（activity）。按解释

---

[1]　刘放桐等编著《新编现代西方哲学》，人民出版社，2000。

学之父狄尔泰（Dilthey）的说法，人的世界是自由和创造的世界，在人文科学研究领域他建议用"理解"来代替自然科学的因果解说方法，要"从里面来理解"，通过"重新体验"来理解促使一个行动或一群行动者去行动的内在理性①。后过程考古学强调利用这种方法。

过程考古学把文化视为人适应外在世界的手段，它强调环境的外在约束，强调生态的过程，确信经验世界的客观性，因此它的文化观是唯物的；相反，后过程考古学把材料视为需要重新释义的文本，认为材料本身就是带有理论的（theory-laden），没有客观性存在，环境约束还是要通过思想起作用，真正阻碍文化变化的是社会传统，因此它的文化观是唯心的。

后过程考古学家认为人利用文化改造环境，改造人的体质，改造人的社会，或者说人以之创造自我。人不是系统的奴婢，不是结构的依附者，不是为规律所决定的因子。与之相应，后过程考古学家侧重研究文化的意义（meaning）。打个比方，现在有一群人坐在一起喝咖啡，然后他们留下杯子走开了。研究文化史的考古学家过来后，会特别关注器物组合特征，研究它们的时空属性，想要弄清楚它们究竟属于什么时代，和周边地区相比它们有什么特点。过程考古学家过来后，会特别关注整个遗存的分布，想要弄清楚这里究竟发生了什么。他们会做杯子的残留物分析，会做杯子的来源地分析，会做器物分布的空间分析，如此等等，他们要解释这些遗存是怎么废弃的、怎么保存下来的、喝咖啡的功能（是生理需要还是社会需要？），如此等等。而后过程考古学家更关心喝咖啡这个活动的意义，如它在当时的时代象征着什么，它和当时社会的哪些活动有关，它能说明什么样的社会问题，如此等等。不难看出，这三种研究关注的方面不一样，虽然它们都以文化作为研究对象。无疑，这三种研究都是我们需要的，文化史研究往往是基础，过程考古学是一次拓展，后过程考古学再次进行了拓展。

三、当代考古学的概念构成

除了考虑核心概念之外，我们有必要了解一下当代考古学的概念现状。科林·伦福儒与保罗·巴恩 2005 年主编出版了《考古学：关键概念》

①　刘放桐等编著《新编现代西方哲学》，人民出版社，2000。

(*Archaeology：The Key Concepts*）一书，我已将其翻译过来，2012 年初，已由中国人民大学出版社出版。这两位学者邀请英美考古学界顶尖学者撰写了考古学中五十五个关键概念的解释，不少执笔者本身就是概念的提出者。概念的选择，是反复斟酌后确定的，代表当代考古学思想领域的现状。所有这些概念的提出时代不一，但都是至今还在应用并影响考古学研究实践的概念[①]。有些已经过时的概念，如种族主义考古、纳粹主义考古等，两位主编都没有辑录。当然，两位主编的英国背景以及伦福儒的个人色彩影响了部分概念的选择，如伦福儒强化了他的社会考古学的相关概念（同等政治体的互动、特性分析与交换理论、社会考古学等）。

有了这么一个合适的体系，一个相当简明的体系（见表 8-1），我们再来看当代考古学的概念构成，从中能发现什么？我首先把这些概念大致形成的时间加以区分，同时把它们与不同时期的主流研究范式联系起来。值得强调的是，虽然一种范式流行于某个时期，但并不是说此时不存在其他范式，拿当代考古学研究来说，过程考古学、后过程考古学，乃至文化历史考古学的范式都存在着。在英美考古学研究中，虽然后过程考古学是最晚近的进展，但是过程考古学也还在发展，20 世纪 80 年代以后还产生了非线性过程与考古学这样的概念，文化历史考古同样如此。所以，这个分类说明的是各个阶段的主流特征，而非新的范式彻底取代旧的范式，更多是拓展与更新。

还需要说明的是，这些概念的名称可能与我们许多人的期望差距甚大，我们可以接受"文化""考古学文化""地层学""类型学"等这样的概念，非常简洁、明确，而不是"特性分析与交换理论""物质参与与物质化"等这种佶屈聱牙、看起来不像是一个概念的表达方式。这可能涉及中国考古学与西方考古学对概念形式的不同理解，我们更看重形式的完整与明确，而在英美考古学中侧重的是内容。因为要选择一个或两个英语单词来准确地表达一个考古学概念是相当困难的，尤其是概念的内涵非常复杂多样的时候，如他们用了"唯物主义、马克思主义与考古学"这个概念，而不是直接使用"马克思主义考古"或者"唯物主义考古"，或者更加宽泛的"马克思主义"与"唯物主义"，因为唯物主义不都是马克思主义的，马克思主义考古不仅仅是中国考古学的首选理论，同样是苏联考古

---

① 科林·伦福儒、保罗·巴恩主编《考古学：关键概念》，陈胜前译，中国人民大学出版社，2012。

学的首选理论，西方考古学中也有相当多的研究者。出发点各不相同，甚至理论体系相互矛盾，所以他们选择了"唯物主义、马克思主义与考古学"这样一个词条，并将之视为一个概念。读者如果注意到作者的用心，不对其概念的形式吹毛求疵，关注它们所表达的含义，那么理解起来会顺畅一点，不会觉得太匪夷所思。下文将归纳当代考古学概念构成的基本特征。

表 8-1　　　　　　　　　考古学不同阶段与范式背景下的核心概念

阶段与范式	核心概念
19世纪中后期考古学形成	灾变考古学；历史考古；三代论；均变论；发掘的思想；地层叠压原理；人类的古老历史；人之由来
20世纪60年代以前文化历史考古	传播论与人口迁徙；改良与发明；柴尔德的革命；相对与绝对断代思想；过程考古学
20世纪80年代以前过程考古学	特性分析与交换理论；社会系统的崩溃；环境考古；认知考古；文化进化；达尔文考古；生态考古；民族考古；实验考古；考古材料形成过程；整体或关联考古学；非线性过程与考古学；社会组织演化；同等政治体互动；过程考古学；模拟；遗址资源域分析；考古调查；系统思考；社会考古
20世纪80年代以来后过程考古学	能动性；惯习；物质参与与物质化；女权主义考古；性别考古；景观考古；本土考古学；后过程与阐释考古学；现象学的考古学；公众考古；个人的观点；象征与结构主义考古学；社会实践理论
多个阶段与多种范式	操作链；考古天文学；考古遗传学；仪式与宗教考古；认识论；社会复杂性与国家的演化；唯物主义、马克思主义与考古学；思维模块；多地区进化；时间

（一）多元

从表 8-1 中不难看出，当代考古学概念的园地是多元的，它不仅包含着不同理论流派的概念，而且还保留着不同发展阶段的概念。考古学的发展建立在一代又一代考古学家的探索之上，如同树木生长一样。考古学的发展并不是完全取代式的，即一种范式完全取代另一种范式。当代考古学的概念构成充分地体现了这一点。老的概念就像树木的根，随着当代考古学的发展还在延伸，虽然还保留着原来的名称，但内涵已与过去不可同日而语。以"均变论"思想为例，当代考古学家还在使用这一概念，但是对地质变化的认识深入了许多，现代地质学实际是均变论与科学灾变论的混合。再比如"发掘的思想"，虽然这一概念形成于19世纪，甚至可以追溯到更早的时期，但是发掘方法随着当代勘探、测量、记录以及资料分析技术的进步，面貌已与从前不可同日而语。

回顾当代考古学概念的形成过程，有助于了解历史的多元特征。19世纪中期，考古学形成，其标志性的概念就是三代论、发掘的思想、地层叠压原理。运用发掘的手段实地获取第一手研究材料，结合地层控制保证发掘材料的科学性，从而把考古学与古物学区别开来，把考古学与传说、索隐、宗教教义等区分开来。考古学获得的最大进步就是对人类本身历史的肯定，突破了《圣经》的传说。在获取材料的基础上，发端于三代论的相对断代方法进一步明确史前时代的历史，北欧地区首先把自己晦明不定的史前史确定下来。在考古学的三大分支（旧石器考古-古人类、史前-原史考古、历史考古）中①，历史考古是首先成熟的，按特里格的说法，此后它的研究方法的变化都相当小②。发现人类的历史、了解祖先的历史主导着这个时期的研究，把认识建立在扎实的实物材料基础上，考古学在形成期建立了自己最基本的任务与方法，它们依旧是当代考古学的基础。

稍后阶段形成的文化历史考古贡献给考古学最有影响的概念就是柴尔德的革命，柴尔德开始利用考古材料重建史前历史的发展序列。这一阶段考古学家非常熟练地发展了相对断代方法。1949年放射性碳测年技术发明，给考古学带来了绝对断代。其实，在这一技术之前，考古学家已经在有条件的地区运用树木年轮（美国西南部）、纹泥（瑞典）、石刻文字等获取绝对年代。所以，从某种意义上说，放射性碳测年技术正是文化历史考古大力推动所致，虽然这一技术反过来极大地动摇了文化历史考古的权威地位③。文化历史考古似乎不是以理论见长的范式，它在解释文化变化时通常采用传播论的解释，将新文化因素的出现归因于文化因素的交流或者人口的迁移。无疑，这种解释有其合理性，但它对"为什么"这类问题比较忽视。

过程考古学秉持新进化论（文化进化、社会组织演化、系统思考），从两个角度来研究人类的文化适应：一是探索考古材料的形成过程；另一是追问考古推理的合理性，即要采用科学的方法。这催生了中程理论（实验考古、民族考古、考古材料形成过程）与众多考古科学分支（环境考

---

① 考古学三个分支的划分是笔者的一己之见。在学习考古学史的过程中，我发现考古学的发展从开始就是分开的，三个分支相继成熟，知识来源、相关学科、理论背景各不相同。

② 布鲁斯·特里格：《考古学思想史》，陈淳译，中国人民大学出版社，2010。

③ 科林·伦福儒：《路易斯·宾福德访谈》，陈胜前译，《南方文物》2011年第4期。

古、生态考古、模拟、遗址资源域分析等)的发展,以及考古方法本身的进步,如考古调查作为一种抽样的方法以获得更充分、准确的材料。过程考古学在后来批评的推动下,发展了认知考古、整体或关联考古学,开始进入从前很少涉足的人的精神领域;还拓展出社会考古学、达尔文考古、非线性过程与考古学等领域。后过程考古学质疑考古材料的客观性,强调人的能动性,强调人能够运用物质(物质参与与物质化),人适应的不是自然环境,而是认识的环境(景观考古),人不仅进行理性认知,还会进行体验(现象学的考古学)。

后过程考古学强调考古学家不仅要研究物质,还要研究精神(象征与结构主义考古学);不仅要研究古代社会,还要研究个人(个人的观点);不仅要研究男性,还要研究女性(性别考古)。考古学不仅属于考古学家,还属于公众(公众考古);不仅属于男性,还属于女性(女权主义考古);不仅属于社会主导者,还属于当地的民众(本土考古)。另外,伦福儒还特别强调了法国社会思想,主要是布迪厄的社会实践理论与惯习理论的影响。

考古学概念领域还有一些异类,它们跨越了两种或更多种范式,或者理论背景模糊,如认识识论,即考古学家如何知道过去的问题,过程考古学与后过程考古学都很重视。另外,涉及考古科学方法的概念如考古遗传学,虽然是 20 世纪 60 年代以后发展起来的,但很难说它就是过程考古学的,还有关于人类演化、社会演化等重大考古学问题是贯穿不同范式的。

(二) 目前以过程考古学为主导

简单的回顾让我们大致扫描了考古学概念的形成阶段与范式背景,总体而论,当代考古学概念在表现出多元的同时,我们还不得不说,过程考古学占据着主导地位。这不仅仅与伦福儒本人强烈的过程考古学色彩相关,也与当代考古学的实践相关,如在美国考古学年会的专题讨论小组的数量构成上,过程考古学还占绝对优势地位①。过程考古学的主导地位除了体现于数量最多的考古学概念之外,它在考古学实践上所占资源的分量也是最大的,这可能与过程考古学强调问题导向、严格科学论证的程序以及尽可能保证材料客观性的研究理念有关,这种理念极大地促进了考古科

---

① P. J. Watson, "Does Americanist Archaeology have a Future?" in *Essential Tensions in Archaeological Method and Theory*, eds. T. L. Vanpool, C. S. Vanpool (Salt Lake City: University of Utah Press, 2003), pp. 137 - 142.

学（或称科技考古）的发展。考古学与自然科学形成了诸多交叉学科。过程考古学超越考古材料，将研究目标设定在对人类演化、社会组织、文化演化的机制与规律的探索上，很大程度上拓展了考古学研究的视野；与此同时，为了保证考古材料的客观性与考古推理的科学性，它非常强调探讨考古材料的形成过程，强调从考古材料中获取人类行为的信息。尽管面对着后过程考古学的许多批评，过程考古学在理论与实践上的成功还是有目共睹的，它目前还占据着研究主流，这也是当代考古学概念构成上的又一特征。

（三）涉及理论的三个层次

考古学概念的探讨终究属于理论领域的研究。特里格将考古学的理论分成三个层次。高层理论涉及人类、社会、文化等大问题，目前考古学中没有这类理论，但这不影响考古学家试图去研究社会组织的演化（社会复杂性与国家的演化）、思维的进化（思维模块）、史前社会的运作机制（同等政治体互动）等。中层理论（或称中程理论）试图架构从考古材料到人类行为的桥梁，除了民族考古、实验考古之外，当代考古学绝大部分的研究实际上都在围绕考古材料进行，考古学家都在竭力从考古材料中获取更多、更可靠的信息。从这个角度来说，当代考古学概念构成大部分都属于中层理论领域。低层理论涉及考古材料的获取与特征描述（最典型的可能属于时空特征），如考古地层学与类型学。所谓高、中、低层理论，是就所涉及问题的大小而言，而非就其重要性而言，它们对于当代考古学都不可或缺。

从另一个角度来看，当代考古学概念涉及哲学的三个层面：本体论、认识论与价值论。本体论追问考古学研究的对象，试图回答以下问题：它究竟是什么？它在何种意义上能够代表古代人类的行为？它在何种程度上构成科学的材料？考古学存在的基础是考古学的目标（探索人、社会与文化的演化），还是考古学的研究对象（实物材料），抑或是两者之间的关系研究？过程考古学及其之前的考古学研究非常关注考古学的本体论问题。认识论关注考古学怎么能够知道。过程考古学极其强调科学的方法，强调考古学家应该明确其判断中所包含的潜在假设，避免想当然。后过程考古学崛起之后，价值论成为当代考古学研究的核心，应该如何研究过去（这里"应该"是一个价值判断）、为什么要研究过去（谁从中受益了）等问题困扰着考古学家。这三者之间密不可分，后过程考古学的价值论影响其认识论，后过程考古学提出考古学研究应该服务当代社会，注意当代社会对考古学研究的影响应该是重点之一，考古学需要反思性别、地域、阶级等层面的不公，进而认为寻求价值中立的"科学的考古学"是一种幻觉。后过程考古学家怀疑考古学家是否能够认识过去，认为准确了解古人为什么这么做既不可能，也没必要，对考古材料的多样解读，在比较之中就可以获得合适的理解，而多元的阐释可以极大地丰富考古材料的内涵。因此，在本体论上后过程考古学视考古材料为文本，而不再将之视为客观的对象。当代考古学的概念构成反映出考古学在本体论、认识论与价值论层面的探索和困惑。

（四）概念正在更替中

在分析当代考古学的概念构成时，其实还应该考虑到那些曾经存在但现在已经不入主流的概念。除了那些因为选择者的主观因素被忽视的，其余的概念或者因为过时，或者因为不具有实践价值，或者因为本身就是错误的（种族考古、纳粹考古），而被淘汰了。我们可以想见，随着考古学的发展，我们今天讨论的许多概念即将消失，如灾变考古学，当人们普遍的文化与科学素养提高之后，像沉没的"亚特兰蒂斯"之类的故事将不再有吸引力。还有一些概念，将随着社会变迁、人们关注点的转移而逐渐淡出，如女权主义考古。

四、考古学概念的形成机制

套用一句话，考古学概念的形成是考古学自身发展的产物，这种泛泛之谈对我们并没有什么帮助。为什么有的地区考古学概念发达，有的地区不发达？有的范式概念发达，有的范式概念不发达？追溯考古学概念的形成过程，不难发现相当一部分的考古学概念都不是考古学所独有，而是来自其他学科，是考古学从其他学科引进的，如均变论来自地质学，传播论来自人类学，惯习、社会实践理论来自社会学，考古天文学、考古遗传学、环境考古、生态考古、非线性过程等都来自自然科学。考古学通过研究古代留下的实物遗存来了解古代的人与其社会和文化，它的目标跟历史学、人类学、社会学、心理学等学科有很大的重叠之处，研究实物遗存的还有地质学、古生物学、古环境科学等，我们通常称之为"相关学科"。考古学正是跟诸学科同行交流而获得启发，产生新的概念的，就像学生很大程度上是从同学而非老师那里学习一样。所以，开放而有广泛的联系是考古学具有活力的特征之一，封闭的考古学将难以从相关学科的发展中受益。

哲学是所有学科的基础，从当代考古学的概念构成不难看出，不少概念是当时哲学思潮的产物，诸如系统思考、能动性、女权主义考古、现象学的考古学、象征与结构主义考古学、马克思主义与考古学等。哲学提供在本体论、认识论与价值论三个方面的思考，考古学是什么，要实现什么，如何实现，有何意义，如此等等的问题都需要借鉴哲学的思想。考古材料是客观的吗？考古学应该为谁服务？人是物质的奴隶还是物质的主人？人是如何被物质左右，又是如何运用物质的？缺乏哲学基础的考古学是不可想象的，有的考古学研究将哲学前提隐含在考古学实践中，使人觉得这些观念是天经地义的；还有的考古学研究是形成一定气候之后建立起哲学基础的，如过程考古学出现后将科学哲学当成其理论基石；还有的是直接从哲学思潮中来的，如后过程考古学的诸多研究就来自当时的思潮①。哲学代表一个时期学术研究中最大范围的共同关注，考古学家不能只见树木，不见森林，考古学家还需要以之为前提开展研究。所以，没有哲学基础的考古学研究就是无本之木、无源之水，注定会走向穷途末路。

还有一些考古学概念来自考古学家的实践与思考，如三代论、发掘的思想、地层叠压原理等。过程考古学家思考的核心问题是考古材料是怎么来的，究竟是什么意思，进而去研究考古材料的形成过程，推出民族考古、实验考古、认知考古、社会考古等概念去探索考古材料所指示的意义。考古学家对本学科内关键问题的思考是重要的，人的历史与由来、时间以及社会组织的演化等都是考古学家非常感兴趣的主题。考古学家的思考来自对考古学研究实践的不满（如过程考古学），或者应对批评（如认知考古），或者考古学家长期的兴趣（人、社会的演化）。保持考古学对某些核心问题的思考，保持考古学理论与实践之间的张力（批评与应对批评），无疑有助于概念的生成。事物在矛盾中发展，矛盾对于学科的发展是必要的，倒是和谐的一言堂有害。考古学家不能忘记自己的使命，虽然他们研究物，但他们的最终目标还是人本身、人之历史、人之社会与文化，忘记最终目标的考古学研究很有可能迷失在堆积成山的考古材料中。

简言之，考古学概念的形成并不是考古学家从考古材料中归纳出来的，而是取决于考古学家想解决什么问题，以及如何去解决这些问题，还

①　后过程考古学只是一个粗略的概括，它包括众多的研究，其思想背景并不相同，而且强调多样性的后过程考古并没有共同的纲领。

有追问解决这些问题有何意义。因为产生了这些问题，考古学家才竭尽才智去想办法解决。提出这些问题无疑与一个时代的考古学家对当时世界的认识水平有密切的关系，而且这些问题往往不仅仅是考古学家关注的，其他学科的学者可能也在关注，一些问题甚至是几乎所有人都会关注的，如人、社会、文化的演化与历史。因此，考古学的探索必然要立足于一个时代的哲学思想、科学研究与社会需求，当然，也要立足于考古学家对自身解决问题之能力的判断，即我们可以解决哪些问题。考古学概念的这种形成机制也说明，考古学概念的提出是考古学家能动性的产物，需要考古学家发挥聪明才智去努力构建。

五、概念的历史可能赋予概念独特的内涵与适应范围

我首先以"中石器时代"这个概念为例来说概念的历史对概念的内涵与适应范围的影响。在中国考古学研究中，最早采用"中石器时代"的区域为华南、东北地区①、西北地区②，在中国农业起源核心区域使用这一概念则争议较大，响应者寥寥，这也说明中国学者实际也意识到"中石器时代"概念的适合度问题。普莱斯（Price）、陈淳都归纳过"中石器时代"概念的发展过程，柴尔德就不认同它是从旧石器时代向新石器时代的过渡阶段；宾福德则注意到欧洲中石器时代细小、精致的石器工具组合，以及这些工具所存在的环境——滨水环境，它们可能与水生资源利用有关，他的观点在后来的研究中进一步深化③，但没有根本的改变。类似之，科兹洛夫斯基（Kozlowski）也认为"中石器时代"一词实际所指为经济发展方式，而不是年代学的阶段，也就是全新世初欧洲低地森林区的渔猎采集经济方式。泽维勒比尔（Zvelebil）把"中石器时代"定义为复杂的采食适应（complex foraging adaptation），他注意到"中石器时代"狩猎采集适应不同于一般的狩猎采集适应。

---

①　安志敏：《关于我国中石器时代的几个遗址》，《考古通讯》1956 年第 3 期。安志敏：《海拉尔的中石器遗存——兼论细石器的起源和传统》，《考古学报》1978 年第 3 期。

②　盖培、王国道：《黄河上游拉乙亥中石器时代遗址发掘报告》，《人类学学报》1983 年第 1 期。

③　L. R. Binford, "Post-Pleistocene Adaptation," in *New Perspectives in Archaeology*, eds. S. Binford and L. R. Binford (Chicago: Aldine, 1968), pp. 313 - 341.

　　国内学者中，裴文中最早将内蒙古扎赉诺尔、陕西的"沙苑文化"、广西的若干发现归为"中石器时代"，后来由于地层的原因又予以否定；他注意到欧洲中石器遗址的特殊性，并认为中国中石器文化并不发达。但从另一角度来说，他否定从前观点的理由，也表明他不能接受"中石器时代"具有细石器文化与陶器共存、打制石器与陶器和磨制石器同出这样的特征，他所说的"中石器时代"更多是一个时代阶段，而非一种特殊的文化形态。稍晚的 1956 年，安志敏也注意到东北与广西地区某些遗址具有中石器时代的特征，他将中石器时代的特征定义为人类依然过着采集渔猎的经济生活，农业和畜牧业还没有出现，石器工具以打制为主，用间接法打击制作的典型细石器尤为盛行，仅有个别磨制石器。他的定义与宾福德以及科兹洛夫斯基的较为一致，更强调"中石器时代"是一种特殊的适应形态。后来的学者也都注意到"中石器时代"概念的双重特征：一方面，作为一个文化阶段，介于旧石器时代的狩猎采集与新石器时代的农业生产之间；另一方面，它具有西欧地区独特的文化特征。因此，有学者提出一万年以来的遗址，没有农业的都可以归为中石器时代[1]，或认为要参照西欧的标准，唯有通过系统的田野工作找到类似的发现，才可以肯定中国有"中石器时代"——如果采用后一方面的特征的话[2]。

　　实际上，这里需要弄清楚的是"中石器时代"作为一种文化适应方式的具体含义，它是否仅见于西欧？它的适应范围究竟有多大？在这个方面宾福德、科兹洛夫斯基与泽维勒比尔做了相互补充的说明。中石器文化适应是利用水生资源的狩猎采集适应，由于水生资源独特的有利条件，这种适应可以支持流动性相对较小，甚至是定居的狩猎采集生计，陶器、磨光石器等通常属于新石器时代的特征出现，但是它缺乏农业生产的成分；由于定居，它形成人口规模远大于一般狩猎采集群体规模的聚落，以及具有更高的社会复杂性，甚至是已经分层的社会结构。这种适应的经典代表包括西欧（受大西洋暖流影响）、日本（受日本暖流影响）、智利（受秘鲁寒流影响）以及北美西北海岸地带，这些区域海洋资源丰富，足以支撑定居的生活。虽然日本以绳文时代来定义，但其适应方式与西欧中石器时代相同。所以，"中石器时代存在与否"的问题关键在于水生资源的利用，其

---

　　① 　陈淳：《谈中石器时代》，《人类学学报》1995 年第 1 期。陈淳：《中石器时代的研究与思考》，《农业考古》2000 年第 1 期。

　　② 　陈星灿：《关于中石器时代的几个问题》，《考古》1990 年第 2 期。

利用收益是否大于采用农业的收益。当然，这个概念无论如何都具有时代阶段的意义，它是一个地区文化发展序列中的一个阶段；至于是不是从旧石器时代到新石器时代的过渡阶段，则要另当别论。

　　另一个类似的概念是细石器。在中国考古学研究中，这个概念是有些混乱的，一些过去的文献把尺寸细小、加工稍微精致一点的石器就叫作细石器。后来贾兰坡先生把细石器区分为两种类型：一种是欧亚大陆西部流行的，叫作几何形细石器，即把大一点的石叶折断加工成各种细小的工具；另一种是东北亚及北美西北部流行的、用细石叶制作的细石器，细石叶是从细石核上剥离下来的。但还是都称为细石器。后来我写博士论文的时候，用细石器的英文名 microlithic 来描述中国的材料，宾福德当即指出我在利用概念上出了问题。microlithic 这个词通常用来描述西亚与欧洲地区的细石器，东北亚与西北美地区用 microblade，北非地区则用 bladelet。虽然它们可能都是用间接打片的方法生产的，但技术途径并不一样，技术传统也不同。如西亚、中亚地区在细石器技术之前曾有发达的石叶工业。东北亚地区的细石器，更准确的说法应该叫作细石叶工艺或技术（下同），曾经可能受到了石叶技术的影响，但它是一个本土的发明，与本地的小石器或称中国北方小石片传统密不可分。

　　因此，不同的术语不仅表达不同的形态，而且表达不同的传统。英语的词汇比较多，比较有利于表现这种差别。不过语言上的原因是非常次要的，中文通过汉字的重新组合是可以生成新的词组的，我们只是因为不关注概念的区分，所以也不大关注概念名称的形式问题。每个考古学概念的形成都是有其历史渊源与材料基础的，它在长期的使用过程中，可能还融入特定的学术传统，最典型的莫过于法国旧石器考古研究。法国是旧石器考古研究的主要起源地，后来它结合了法国精细的文化与技术传统，如博尔德把石器的技术类型学推向了极致；它还结合了源于法国的结构主义思想，形成了操作链这样的概念。尽管肖特（Shott）认为操作链的概念与剥片序列（sequence of reduction）并没有什么本质的差别，但是由于操作链概念有深厚的结构主义思想作为基础，所以它还是独树一帜，有关的应用甚至超越了旧石器考古领域，成为一种潮流。

　　我们还特别需要注意，不同范式下同一概念的内涵可能不同。最典型的概念就是 context，这个词在英文文献中出现的频率非常高，也非常容易让人产生误解。很难在中文中找到一个直接与之对应的词，许多时候我把它翻译成背景关联。这个表达因为有点累赘，所以常常又简写成背景或关联，但是都没有充分地表达出 context 一词的完整含义。在文化历史考古学中，它的意思更近似于出土物的层位关系，尤其是平面上的共存关系。在过程考古学中，可以理解成背景关联，即活动发生的场景联系，一种外在客观的东西。而在后过程考古学中，它指的是活动发生的情境，所谓情境，是人的主观感受的背景关联，不是客观的。类似的概念还有"物质文化"，这个概念应用得有点泛滥，中外考古学中都在应用，苏联干脆把考古学叫作物质文化史研究（现在俄罗斯还有类似的机构）。文化历史考古范式中的物质文化指的是通过物质材料来表现的古代文化，文化体现在物质材料上，是客观唯物的东西。过程考古学反对这种表达，它更强调遗址的系统研究。后过程考古学又复苏了这个概念，但是它所说的物质文化的含义是明显不同的，这里的物质是带有文化意义的，是历史的，是民族的，是地方的，也可能是性别的，等等。就像我们中国人看到竹子，就会想到风骨、坚韧、高雅。我们研究玉，不能仅仅限于它的材质、形制、年代甚至功能，而是要追溯它的意义：礼通天地？辟邪？身份显示？品德上的自我激励？或者与昆仑山的神话融合在一起？正是这些意义形成了中国的玉文化。后过程考古学甚至有一份期刊名为 *Journal of Material Culture*，但此物质文化非彼物质文化，这是我们需要明白的。我们在理解概念的时候，需要考虑到它所立足的范式。

六、如何处理考古学研究的概念问题？

鉴于概念问题给我们的研究带来的种种麻烦，我们在开始正式讨论之前，往往需要对概念的内涵与适应范围做出明确的限定，比如龙山文化、仰韶文化这样的概念，起源于 20 世纪二三十年代，后来随着发现的增加，出现了诸如河南龙山文化、山东龙山文化等名称。严文明先生就此进行过讨论，提出龙山时代概念，现在说到龙山文化，大多特指山东龙山文化。无论如何，你在讨论龙山文化时，都需要预先对这个概念进行说明。再比如辽西这个概念，考古学上的辽西并不是指辽宁省西部，而是指以西辽河流域为中心的一大片地区，包括现在的赤峰市的许多地方。于是，我们在讨论辽西的有关主题时，需要对辽西做出界定，避免引起混淆。提前设定是避免麻烦的好办法。

概念上存在问题是个麻烦，不过，我们要知道正因为其中存在麻烦，里面才会有值得研究的问题，就像我在这一章开头所谈的农业起源的概念问题。重新梳理概念非常有助于我们发现研究的问题，无须害怕概念上的麻烦，没有这样的麻烦，研究反而不好打开突破口。正相反，我们要去寻找概念混淆、多样的情况，去追溯概念的来龙去脉，分析概念合理性存在的依据与基础。我在《史前的现代化》一书中就中国农业起源问题至少用到了"旧新石器时代过渡""中石器时代""后旧石器时代"三个概念。中国如此广袤的区域，用一个模式来概括所有的农业起源过程显然是不合适的。农业起源的核心区域如华北、长江中下游地区，我用的是旧新石器时代过渡这个概念。东北与华南地区因为存在水生资源利用，其中华南还有"低水平食物生产"，具有明显的中石器时代特征。西南地区的打制石器持续时间很长，适合用后旧石器时代这个概念。从时间范围上讲，它们指的时段有重合之处，但是不同概念暗含着不同的文化适应方式。

概念都有暗指的内容，还有成立的前提，这些都不会直接体现在概念上，但我们需要明白。所以，我们分析概念的时候，往往要质疑其暗指的内容与成立的前提，尤其是对前提的颠覆，也就意味着概念革新的开始。前面讨论"文化"时，就是如此。过程考古学质疑文化历史考古的"文化"的立论前提，让文化回到整体与功能的状态，而不是可分割的、纯形式的东西；后过程考古学质疑过程考古学之处则是文化的功能主义，让文化回到意义层面上。质疑前提的做法，类似于釜底抽薪，或者破坏建筑的基础。以前 GRE 考试会有个逻辑部分，其中用得最多的一个词就是前提假设（assumption），每种观点都建立在一定的前提假设基础上，弄清楚它才能发现问题的症结所在。我们对前提的质疑是可以不断深入的，不过最后都会落到考古学的本体论、认识论与价值论上，它们是考古学的根本。唯有这种追根溯源、穷根问底的探讨，才有可能从根本上推动考古学理论的发展。

在我们的常识中，概念时常是一个贬义词。从概念出发，或者提出一个概念，然后去组织行动，是不务实、不可靠的表现。考古学研究应该从考古材料出发，以材料为中心，让材料牵着鼻子走。概念是与材料对立的方面，其中材料是经过调查发掘得到的客观之物，而概念是研究者主观构建出来的东西。在笃信唯物主义的氛围中，客观之物的价值要高于主观，主观需要服从客观，甚至最好不要表现出主观性。这显然不是辩证唯物主义的立场，辩证唯物主义是高度强调人的主观能动性的。科学研究是人探索世界的主要方式，就是人的主观能动性的体现。而没有概念的话，我们是无法开展研究的。代表一位研究者水平的标志就是他有没有开创性议题，就是他有没有标志性概念，如柴尔德之于考古学文化，苏秉琦先生之于"区系类型"。设若考古学研究中没有考古学文化这个概念，那么我们就只能还在材料分期排队中打转，而不能去研究古代社会群体，尽管一个考古学文化是否等于一个族群是个有待验证的假设。我们可以假设它等于某种意义上的社会群体单位，这样我们就可以通过研究考古学文化来实现研究古代社会群体的目的。

考古学研究最后要上升到理论高度，必定需要创造性的概念来概括理论提升。在某种意义上，正是因为鄙视概念，才导致中国考古学研究很少有自己提出的概念，结果是不得不大量借鉴西方考古学的概念。而西方考古学的概念有其存在的条件，并不一定适用于中国的情况，如中石器时代这个概念。它只适用于东北、华南这些有水生资源利用，同时农业起源相对较晚的地区，并不适合在中国所有的地方都运用。从另外一个角度来说，我们还需要注意，所谓的考古材料都是在理论指导下获取的，它本身是带有理论的。比如你去看中国考古学的发掘报告，大量的篇幅都是器物描述部分。为什么要做如此详细的描述？这与文化历史考古强调器物的形制特征密不可分。所以，它们尽管看起来是客观描述，但其实是有理论立场的。在这个意义上说，我们的研究不可能纯粹从考古材料出发。而理论必定要以概念来统领与表达，也就是说，那些从考古材料出发的研究，其实也是从概念出发，只不过是以暗含的形式。当前，概念上的不足已经严重影响到中国考古学研究的深入发展，让中国考古学研究无法摆脱材料提供者的印象。要改变这种现状，就必须发展中国考古学的概念，促进形成考古学概念的生成机制。

第九章　研究的关键：方法问题

　　1995 年的暑假前夕，我开始准备硕士论文，方向大致已定，做华北旧石器时代晚期到新石器时代的过渡，这个选题始于我上严文明先生的研究生课程"新石器时代考古研究"。入手之后，我收集相关研究文献，阅读，做笔记，但是既有的文献资料十分简略，我也没有什么想法，心情烦躁、郁闷。我想下野外，看看能不能找到第一手资料。偏偏此时身体也出了状况，左手掌上长了些水泡，后来越来越多，到校医院看了许多次，总不见效。后来医生给用了点好药，打了两针转移因子，终于好转了。接着我去了河北省文物研究所，我有几位本科同班同学在这里工作，经他们引荐，我见到了谢飞老师。谢老师很帮忙，让我看泥河湾的材料。记得当时正在做岑家湾遗址的拼合工作，我也掺和过两三天，只拼上一片。后来开始看籍箕滩与西水地遗址的材料，这两个遗址都是旧石器时代晚期之末的，出土了许多细石核。我把所有的细石核都做了卡片，带回了学校。

　　我还是没有头绪，没有突破口，压力仍旧很大。我计划次年 4 月初考GRE，提前一年已经开始背单词了，因此我必须在年底之前完成初稿，这样才能留出时间准备考试。拿到两个遗址的具体材料之后，我开始注意到我可能写不了华北这么大的范围，充其量只能写泥河湾盆地区域；后来又发现，自己也写不了整个盆地，只能写这两个遗址。这两个遗址中最完整的材料就是细石核，这些细石核有的完整，有的似乎已经耗尽了，还有的是半途而废，我意识到也许我可以做细石叶工艺的技术过程研究。具体怎么去做呢？有一天，我在分析细石核的卡片时，突然发现楔形细石核的基本框架就是一个三角形，我可以进行测量统计，提炼出一个技术模型来。到这里，论文所有的关键困难都迎刃而解了。论文写作非常快，不到十天，我就完成了初稿。11 月中下旬，我转入了英语备考。

　　我写博士论文的时候，经历几乎是翻版。论文前面两章，文献综述与理论部分写了半年，然后就卡住了。心情焦躁不安，嘴唇上起了疱疹。此时要非常感谢宾福德博士，他让另外两位同学帮助我，其中罗塞尔（Russell）是计算机专家，他已经在计算机公司上班了，不过博士论文还没有完成，跟我一个办公室。另一位是他的博士安布尔（Amber），正在做博士后研究，她对宾福德的理论模型领会最深，后来成了他的妻子。我收集了中国过去三十年四百多个气象站的材料，开始做生态模拟：假定狩猎采集者生活在这样的环境条件（没有工业与农业）中，他们的生计方式应当如何？当遇到生计压力（可能来自人口增长，也可能来自环境变迁）时，按照模型，哪些地方可能会最先出问题？模型做出来后，非常出人意料，居然跟中国既有的考古材料非常吻合。后面的写作非常顺利，我利用寒假一个多月的时间，每天差不多工作到凌晨 2 点，早上 6 点多就起来，状态神勇，很快把论文初稿写出来了。

　　之所以讲我自己写作硕士与博士论文的经历，是因为两次我都被方法卡住了，方法成为我研究的关键障碍！我有刻骨之痛，记忆犹新，所以非常有必要把这个问题单独拿出来谈。我跟大家一样都是中国教育制度的产物，我相信大多数同学会遇到跟我类似的问题。当然，时代在改变，学生的基础也不同，我们也需要考虑到变化。这一章我将讨论当前考古学研究中存在的方法问题，以及当前考古学方法发展的现状，还有方法的训练与运用等。我不是方法论的专家，不大可能给予具体的指导，但作为旁观者，也许有一种置身事外的清明。

一、当前中国考古学研究中的方法问题

　　在说这个问题之前，我想起一个学生之间流传的笑话，说是学生报考吉林大学的研究生，在答题时，尤其是在述及中国考古学的理论方法时，一定要说考古地层学与考古类型学宛如"车之两轮，鸟之双翼"，这样才有可能拿到高分。的确，过去将近上百年的时间内，中国考古学一直都在发展这两个方法，形成了以田野考古为基础，以考古学文化概念为中心，以考古地层学与考古类型学为支撑的实践体系。具体到各地考古研究所的田野工作、大学的教学、出版发表、基金评审、奖励评价等，无不为之所渗透，它们几乎成了中国考古学研究的 DNA。考古地层学与考古类型学都来自西方，考古学文化概念也来自西方，中国考古学在此基础上发展出

区系类型、文化因素分析等理论方法，形成了有中国特色的文化历史考古范式。

但我们需要明白的是，从 20 世纪 60 年代开始已经出现范式变迁，过程考古学出现，80 年代又开始出现后过程考古学，如今考古学的发展更加多元。当然，这不是说文化历史考古已经过时，它还是考古学研究的重要一环，而是说考古学研究还在推进中。如果我们还是奉考古地层学与考古类型学为圭臬，不越雷池一步，那么中国考古学如何能够发展？反观中国考古学研究的现状，大部分的研究还是文化历史考古范畴的，分型定式、分期排队，探讨考古学文化之间的关系，似乎忘记了考古学的发展现状。这类研究对于学生来说尤其不合适，我从来不否认这类研究的重要性，但需要提醒的是，这类研究并不是如我们想象的那样简单，它需要较为丰富的直接的材料体验，也就是说你必须直接接触材料，反复比对。有了相当的经验之后，你才有可能做出较为合理的考古类型学研究。如果只是根据报告上的图版或者线图就做类型学研究，没有切身的实物观摩，没有足够的经验积累，得出结论的可靠性是很值得怀疑的，而这样的经验是绝大多数学生没有条件拥有的。

在我上学的时代，乃至于到我开始教学的时代，我们的考古学教育体系中也还是比较缺乏考古学研究方法的教学。我不记得有陶器分析的专门课程，尽管陶器是新石器时代到夏商考古中可能最为重要的研究对象；墓葬是最有可能完整保存下来的考古材料，应该是考古学研究的主要对象，我没有看到专门的墓葬分析课程。我自己给学生讲过石器分析，把旧石器、新石器时代乃至民族志中的石器放在一起来研究，希望为学生提供一种分析考古遗存的途径。这门课的源头是旧石器考古，它通常讲的是不同时代的考古发现、遗存的基本特征，以及所涉及的一些重要问题，很少讲石器分析方法。讲这样一门课，需要同步开展石器实验、观摩考古标本，否则学生很难理解石器的基本概念；如果有条件的话，还需要开展实验室的教学，如微痕观察、残留物提取等。非常遗憾的是，尽管我有这些想法，但限于条件，能够开展的工作十分有限。这也是我今后开设石器分析课程的发展方向。

方法训练不足一直是中国考古学教育中的重要问题，至今也没有很好地解决。我们似乎有这样一种认识，方法不是考古学的事，而是其他学科的事，也就是我们可以从其他学科引入方法。我们从核科学中引入了放射性碳测年，从植物学中引入了孢粉、植硅石鉴定，从分子生物学中引入了

DNA 考古，从地质学中引入了地质考古，等等。当代考古学从其他学科引入了许许多多方法，以至于我们都快忘记考古学本身有什么方法。

　　随着大量方法的出现，考古学研究又有了走向另一个极端的趋势，那就是"方法主义"，似乎一项研究只要有了新方法，就万事大吉，研究成了炫技式的表演，而忘记了方法本身乃是解决问题的手段，它存在的意义是能够解决问题，而并非是否新颖，是否顶着科学的光环。如果一篇论文所有的价值只剩下方法二字，那就是研究的悲哀。方法主义的一个重要特征是不问问题的特征，都用同一种流行的方法。比如说前些年流行 GIS 方法，许多论文都用到它。的确用了 GIS 方法，论文插图艺术感强，再配上一些显得客观科学的地理学术语，研究顿时显得高大上了许多。但是看了这些论文，并没有留下深刻印象，因为它们证明的观点，即使不用这一方法同样可以获得。GIS 方法的基础是基础信息必须准确，如果是非常粗略的考古调查信息，连起码的年代都弄不清楚，用这种方法得到的结论能有多高的可信度呢？一种方法往往适合解决某一类问题，而不是所有问题；而且方法的使用存在边际效应递减的规律，方法刚开始使用的时候，很有效，但随着研究的深入，探索更深层的问题，方法解决问题的能力陡降。以考古类型学为例，它在解决遗存相对年代方面是很有效的，但是我们现在用它来解决古代族群迁徙、文化交流乃至于生活方式问题，就显得捉襟见肘。

　　一方面是方法训练不足，另一方面是方法主义，非常矛盾地共存着，这是我们当前考古学研究的特征之一。换个角度来看，我们还会注意到我们当前的研究在方法上存在着两个方面的问题：一是缺乏科学，二是缺乏人文。同样，这两个方面的问题矛盾地共存着。所谓缺乏科学，就是研究中缺乏严谨的推理、明确的概念、系统的材料等，因此得出的一些结论近似于想当然。比如根据一个墓地研究，得出当时社会组织形态为母系社会的结论。什么是母系社会？这种社会组织形态的特征是否会体现在墓葬材料上？所研究的材料是否属于同一代人？他们的血缘关系究竟如何？如果不能回答这些问题，得出上述结论的理由就是不充分的。我们的考古学研究倾向于重视技术层面的科学方法，如分析原料的产地来源、材料的年代等，而很少关注一般意义上的科学方法论。宾福德所提过程考古学强调"更科学、更人类学"，他所说的科学更多是指一般意义上的科学方法论，即发展更可靠的推理，明晰概念的前提，充分提取考古材料中的信息，摆脱学术研究得出想当然结论的状况。

　　而所谓人文的方法，强调要去理解考古材料的文化意义。我们研究玉器，不仅要研究其形制，弄清楚它属于哪个文化，受到哪里的影响，它在当时的功能究竟是实用器物还是只是装饰品，而且要理解它在当时社会发挥的意义，以及它与今天的联系，达到"通古今之变"的目的，理解玉是如何一步步成为中国文化的特征，如何一步步融入人们的生活实践与信仰结构中的。就像我们看现在的轿车，它具有明显的时代与地区特征，有不同的风格，我们也知道它是代步工具，但是作为熟悉当代文化背景的人来说，我们看轿车时看到了什么？我们看到人们的价值观、审美观、时代潮流，有人喜欢奔驰汽车黑色的气派，有人喜欢法拉利发动机的轰鸣声，等等。我们能够理解这些偏好，理解偏好的文化意义。我们研究古代的器物，如果只是了解一些物质上的特征，就说不上揭示了物质文化。当我们研究北朝碑刻的时候，熟悉中国书法的研究者马上就能体会到什么才是真正的物质文化，不是因为它是一块来自古代的石头，也不是因为它上面有文字，而是因为那种书写方式，它能够在现在得到共鸣。我们能够理解它，这不是通过科学分析获得的，而是一种体验。这就是人文的方法，显然我们当前的研究是不够重视的，甚至还没有意识到。

二、考古学研究的方法：发展简史与区分

　　如果我们把"古董"的研究考虑进来，考古的历史就非常悠久，但考古学方法的历史是相当晚近的。某种意义上说，正是因为考古学方法的诞生，考古学才正式诞生。那么什么是考古学的方法？从大的方面来说，它首先是一种科学方法，符合近代科学的一般特征。近代科学利用所谓"新工具"，也就是实验的方法，来研究外在客观世界。在这种精神的影响下，考古学开始注重研究器物的原始出土位置，正是这一点突破把它跟传统的古物学（中国称金石学）区分开。18世纪末，艺术史研究先驱温克尔曼在研究庞贝古城出土的艺术品时，不惜贿赂看守去了解这些艺术品的出土位置，因为这会影响到对艺术品的解释。不过更系统的突破还要再晚近一百年，英国将军皮特-里弗斯（Pitt-Rivers）以军人的严格开创了系统的田野发掘方法，除了细致的发掘外，还进行了细致的记录，包括绘图，以及当时刚兴起的摄影。科学崇尚理性、追求真理、尊重客观、符合现实。正是因为有科学精神，考古学突破上帝创始说，建立旧石器时代，与进化论

结合，形成了旧石器-古人类这个研究分支领域。所以，我们需要在科学的范畴内理解考古学方法的发展。

也正是因为考古学的发展是在科学的范畴内，它与相关学科的交流也就是顺理成章的事。尤其是早期的旧石器考古学研究者常常就是来自相关领域的研究者，如地质学、古生物学等。这些学者带给考古学的影响是深远的，也许我们可以称之为学科的"创建者效应"。他们确定了学科研究的基本格局，以中国旧石器考古为例，它长时间在地学的范畴内，其中央研究机构古脊椎动物与古人类研究所归口科学院系统，本身就与古生物研究在一起。考古学的基础方法论，即考古地层学，就来自地质学的进步。地质学的均变论，也就是古今一致，为研究者研究史前地层提供了理论基础。考古地层学立足于地质地层，更强调人工活动对地层的干扰，通过区分叠压打破关系来断定活动的早晚关系。

相比而言，考古类型学的方法更具有考古特色，它基于器物形制风格的变化来判断相对年代，不过它的基础还是考古地层学与共存关系。近代考古学的先驱汤姆森之所以能够提出三代论，最重要的条件并不是器物的风格排队，而是墓葬材料的共存关系。这让他知道只有铁器时代才会有玻璃器，石器时代绝对不会有这一类器物。正是通过这些相互关联的推理，他才得以建立三代论。考古类型学其实还受到生物分类学与进化论的影响，器物类型就像物种一样，会随时间而发生变化，只有某些变化特征会存在下来。如果没有进化论（可能更准确的说法是来自启蒙主义思想的文化进步论），器物形态变化的方向是难以确定的，因为按照基督教的说法，人类是不断堕落的，文化不是在进步而是在衰退，那样的话，就不是由石器发展到铁器，而是由铁器回到了石器。可以说，没有近代科学的发展，是不会有考古学的方法的。19世纪末20世纪初，考古学中有了考古学文化理论，从而形成了理论、方法、实践组成的体系，考古学作为一门独立的学科（广义的科学门类）正式登上学术舞台。

与考古学作为一门广义科学方法论同时发展的，是考古科学方法的发展。早在19世纪前半叶，近代考古学先驱之一丹麦人沃尔塞在进行发掘的时候，就组织了一个近似多学科的队伍，其中包括丹麦的地质学之父施泰鲁普（Steerup）。他们尝试研究史前的生计方式、遗址形成过程（比如关注狗的啃咬对动物骨骼的影响）以及古环境。当然，这些尝试还是比较初步的，对后来的考古学研究影响有限。第一次世界大战促进了飞机的应用，尤其是侦察方面对考古学帮助很大，航空考古开始出现，用于大范围的古代遗存的调查。20 世纪 30 年代，考古学研究出现功能主义的转型，柴尔德开启他的古经济方法；格拉汉姆·克拉克开始他的生态考古，在剑桥大学建立了一系列的实验室；克拉克的学生们在剑桥大学建立了"古经济学派"。孢粉分析的方法开始进入考古学研究，在美洲有树木年轮断代（此时还没有碳十四测年），北欧有纹泥断代，如此等等。随着这种趋势不断发展，20 世纪 50 年代美国考古学家布莱德伍德（Braidwood）进行中东考古时，已经能够组织一支真正的多学科队伍了。今天多学科合作仍然是考古学研究的基本方法框架。

20 世纪 60 年代过程考古学兴起之后，更是推动了科学方法的发展。正如上文已提及的，过程考古学本身就强调考古学的一般科学方法论，最好能够把考古学发展为一门像地质学那样的科学。与此同时，过程考古学强调研究文化适应，也就是生计方式的研究，这极大地推动了各个考古科学分支的发展。需要注意的是，这两种趋向是相互推动的，如在一般科学方法论的推动下，过程考古学注意到考古材料的真实性问题：我们看到的考古材料在多大程度上是古人活动的遗留？古人活动有哪些东西会留在原地？这些遗留又会经历怎样的文化与自然改造过程？通过回答这些问题，推动了遗址的废弃过程与形成过程研究。为了得到更准确的推理，过程考古学强调发展中程理论，如实验考古、民族考古等相关方法得到进一步的发展，中程理论领域甚至成为过程考古学最有成就的领域。生计、文化适应、古人活动内容等方面的研究促进了诸如植物考古、动物考古、环境考古等分支的发展。后来又发展出石器的微痕分析、残留物分析、物质遗存的成分来源分析、古食谱分析等领域。如今这种发展趋势方兴未艾，不断有新的科学方法融入考古学研究。反过来说，过程考古学的兴起也深受考古科学的影响，宾福德个人的回忆就说，碳十四测年技术与计算机技术的应用对"新考古学"（也就是过程考古学）的发展推动最大。就宾福德个人而言，他本科阶段学习自然科学，在进入考古学领域的时候，最感到震惊的莫过于考古学推理的随意性，这也是他推动发展考古学的新范式的重要动力。

当代考古学研究方法的发展始终是在两个方面同步开展的。一方面是具体材料分析，考古学研究越来越深入一些细微的领域，比如同位素、DNA、残留物等，研究者甚至可以在人类曾经活动过的地层中提取到古DNA；与此同时，研究方法也越来越宏观，研究者可以运用 GIS、卫星遥感等方法对大范围的区域进行考察。另一方面是一般科学方法论，即如何保障考古推理的合理性。这里有个有趣的问题值得讨论一下，一般认为后过程考古学是反对科学的，不过从它对科学的批评来看，它并没有批评所有考古推理的合理性，而恰恰批评的是所谓科学推理中并不完善的方面，比如材料中本身所含的理论立场，再比如考古学研究所受到政治因素的影响。从这个角度来看，后过程考古学其实也在推动一般科学方法论的发展。从特殊到一般，考古学研究的方法在齐头并进，从目前的发展来看，特殊的方法似乎更引人瞩目一些。

前面我们简要回顾了考古学方法的发展历程以及当下的基本状况，面对如此之多的方法，我们在考古学研究实践中如何加以应用？这里我想对既有的方法做一个区分。说到这里，我们也许需要提醒一下，在考古学研究中，理论与方法之间并没有非常严格的界限，在英文中通常用 approach 一词表达，它既可以指理论，也可以指方法。如考古地层学、考古类型学，许多人愿意将其视为方法，而不认为它们属于理论。其实它们两者都有理论基础，是可以视为理论的，按特里格的说法，这是低层理论，是有关经验材料层次上的理论。而在后过程考古学的范畴内，有所谓现象学的方法，如此纯哲学的内容，也可以称为方法。总之，考古学中对理论与方法的区分并不严格，由此，我可以继续运用分层-关联的框架来区分考古学方法。

这个框架是以考古学的中心任务"透物见人"来组织的。第一个层次的方法就是关于考古材料形态特征的，代表就是考古地层学与类型学，它们解决材料的时空问题。第二个层次是关于考古材料形成过程的，包括废弃过程分析、埋藏学、遗址形成过程研究等，这些方法解决考古材料保存程度的问题，我们不能把受过严重改造扰动的材料当成古人活动原初的遗留，基于这样的材料是无法得出合理结论的。有关这个方面的分析方法还有许多，只是不像前面说的那几种方法那样专门。第三个层次是狭义的透物见人研究，这其中涉及的方法最多，包括石器分析、陶器分析、墓葬考古、聚落考古、植物考古、动物考古等。当代考古学中，几乎每种方法都已经发展成一个研究领域。这个层次中还有一种平行推理，所用方法包括实验考古、民族考古、直接历史法等。后两个层次更加理论化一些。第四个层次涉及人类社会、历史、文化、行为等学科的力量，其中会分化出许多研究主题，进而形成专门的方法，如行为考古、认知考古等。即便是在第五个层次，也就是最高层的本体论、认识论与价值论的研究，也有可能衍生出一些方法，如前面提到的现象学的方法、反身的方法等。理论与方法是相互交织、相互渗透的，从考古材料出发，经过不同层次的方法研究，逐渐进入更抽象的理论层次。

三、《考古学方法手册》中的方法

我的分类只是众多分类中的一种，我另外注意到《考古学方法手册》中的划分①，这是西方考古学自身所做的划分。《考古学方法手册》是作为参考书出版的，有比较好的代表性。它的划分是按照考古学研究的工作程序进行的，跟我的划分十分相似。不过，它的划分是以方法本身为中心的，如果从这个角度说，要比我的划分好。若是就透物见人这个考古学的中心任务来讲，我的方案要更合适一些。不管怎么说，这个分类方案值得讨论分享一下。它把考古学方法分为五个层次：

第一个层次为野外工作方法（in the field）：考古调查（如区域考古调查项目）、田野发掘、考古地层学与类型学、民族考古、水下考古。这些方法涉及考古材料的获取。有意思的是，它把民族考古也视为获取材料的方法，这可能是因为西方考古学中从事民族考古的研究者需要到野外去调查，甚至是发掘，而与民族考古的目的无关。

第二个层次为分析方法（analytic methods）：年代学、GIS、遥感考古、考古化学、统计学、模拟、实验、反身的方法。这个层次代表纯粹的分析方法，并不针对特定的材料或特定的时期，在整个考古学领域都可能用到。如统计、模拟、实验等是非常普遍的分析方法，几乎是每位研究者都需要掌握的。其中反身的方法比较陌生，这是后过程考古学提出的方法，强调研究者自我反思，以及研究中的平权对话，与互联网技术联系在一起。理解这种方法的例子，就是你可以把它看作《今日头条》上的新闻，新闻看起来很权威，但真正有意义的东西是新闻下面的评论。鱼龙混杂的评论看起来莫衷一是，其实从中我们更容易发现社会真实，它很可能不是一条由官方发布的权威消息，也不是偏激的谩骂，而是在互联网上涌现出来的一种存在，而且这种社会真实还是开放的，是可以变化的。反身的方法拓展了我们对考古学研究的理解，是一种很有创意的分析角度。

---

① H. D. G. Maschner and C. Chippindale（eds.），*Handbook of Archaeological Methods*（London：Altamira Press，2005）.

第三个层次指用于考古材料分析的方法（applying analytic methods）：陶器分析、石器分析、植物考古、动物考古、生物考古、岩画分析。这个层次是指把分析方法用于具体考古材料的研究中。实际上这个层次的分析是非常多的，《考古学方法手册》只覆盖了最主要的几种方法，陶器、石器是最常见的两种，属于遗物考古，器物的研究有悠久的学术传统，如青铜器、造像、碑刻、钱币、画像石、瓦当等，这里面的天地很大，目前中国考古学研究对这些传统的方法较为忽视，有些可惜。除了遗物之外，还有遗迹考古，如墓葬、聚落、城址（城市）考古等都成了独立的研究领域。生物遗存不仅包括动物、植物、DNA，还有残留物、同位素等。至于岩画分析，可以归到艺术考古门类下，这里面还可以划分出雕塑、岩刻、壁画、器物纹饰等许多门类。简言之，考古学针对每一类遗存都可以形成一种研究方法。

第四个层次指方法的理论框架或带理论框架的方法（frameworks for methods）：人口考古、地质考古、工艺生产、历史考古、贸易、区域分析。这个层次是从考古学方法的理论框架来讲的，它不直接针对考古材料，而是针对某一种主题，如人口考古研究的是与古代人口相关的问题，地质考古探讨古代地质过程，工艺生产的研究主题就是各种生产工艺技术。这种主题往往是专门性的，需要特定的方法，因此能够形成一种考古学方法。把历史考古列入这个门类，是因为历史考古通常需要很好的文献功底。考古学的主题众多，每个主题其实都需要特定的知识与方法基础，如农业考古、冶金考古。你如果愿意的话，或许也可以开辟出一个新的方法领域。

第五个层次指考古管理方法（managing archaeology）：文化遗产管理、资料收藏、资助、考古表达、地方合作。这个层次的方法比较有趣，是我不曾考虑到的，它与考古学应用领域有关。我们的毕业生其实有相当一部分要从事考古管理工作，然而，在学校时却很少受过相关的教育，都只能到实践中学习。它们与考古学研究有没有关系呢？比如资助，几乎每位研究者都需要花许多时间去申请研究资助，反复的申请失败足以把一位有潜力的研究者排除出学术圈，而申请学术资助其实是需要学习的（后文会讲到）。再比如地方合作，它对考古学研究的影响巨大，良好的合作是研究顺利开展的前提，如何实现合作双赢是我们提出合作时需要考虑的。

四、不同分支学科的方法

我们在谈到考古学方法时，还需要弄清楚不同学科分支的区别，因为现实中的考古学研究者总是从属于不同的分支领域。考古学的学科分支划分方法很多，基本可以分为纵向与横向两类。纵向划分方案中目前最流行的就是旧石器、新石器、夏商周、汉唐（或进一步分为秦汉、隋唐两段）、宋元等阶段，它们也是考古本科教育中最基本的几大段课程。我曾提出另一个划分方案，这个方案是基于考古学发展史以及理论方法上的差异，它把考古学划分为：旧石器-古人类考古、新石器-原史（夏商周）考古、历史-古典考古。在考古学史上，历史-古典考古成熟最早，它始于温克尔曼的艺术史研究；其后是新石器-原史考古，它源于科学古物学研究；旧石器-古人类考古形成最晚，直到 19 世纪中期，旧石器的古老性才得到承认。三大分支各有不同的渊源，适用不同的理论方法，以至于我们都怀疑是否存在一个统一的考古学科。

许多旧石器-古人类考古的早期研究者是地质学者、医生、古生物学者等，它探讨的主要问题是人类的起源与进化。旧石器遗址通常位于古老的地层中，需要研究者有较好的地质学基础，出土的遗存包括石器、动物化石，偶尔幸运的话，还会有人类化石。所以，中国旧石器时代考古的奠基人裴文中先生曾经说，旧石器-古人类考古应该四条腿走路：一条是第四纪地质学，要能识别地层、鉴别石料并解释地质现象；一条是古人类学，要能识别与研究人类化石；一条是脊椎动物学，跟古人类学一样；一条是旧石器考古，要能研究石器材料。这四条腿也就是所用的主要方法，四条腿中三条属于自然科学领域，同时，石器研究也相当科学化，人文社会科学色彩非常弱。所以，这个分支领域在中国考古学中被划分到自然科学领域。随着学科的发展，当前旧石器-古人类考古所用的方法已经有很大的改变，古人类学成为一个独立的领域，旧石器考古中最常用的方法是实验考古、民族考古、微痕分析、残留物分析、操作链分析等，反映学科自身专业性的发展。以石器为中心的研究中，技术类型学是传统的方法，后来又诞生了认知考古、功能分析、民族考古等新的方法。具体到旧石器时代遗址的分析，有关时间（季节性）、空间（活动区功能、遗址功能）分析是常用的方法。

　　还记得本科选择未来发展方向时，我曾经很犹豫。上"商周考古"课的时候，觉得这个方向很好，涉及古文字、古文献、典章制度考古（我们本科还上过古文字、古文献的课程），看起来很有学问的样子。后来又喜欢上秦汉考古，它涉及简牍、冶金、丝绸之路、长城考古等，也像是挺有学问。最后还是受不了科学的诱惑，选择了旧石器考古。旧石器考古的自然科学色彩、研究的国际化的确很有吸引力。当时我们不考虑新石器考古，因为它看起来好像没有什么特色。现在回头来看，新石器-原史考古领域是最典型的考古学，考古学本身最有代表性的方法都见于这个分支领域。它以田野考古为基础，非常强调发掘技术，田野考古的高手基本都来自这里。旧石器考古的发掘因为缺乏叠压打破关系，所以严格地按照水平层进行发掘，看起来很精细，实际上远不如新石器时代遗址的发掘复杂。历史时期遗址遗迹现象非常清晰，又有文献乃至于常识的帮助，并不那么难以控制。但是面对新石器、夏商周时期的遗址，叠压打破关系复杂，非常考验发掘者的水平。同时为了控制相对年代，需要对器物进行分期排队，相比而言，历史考古中通常不需要这么做，而根据器物形态、层位关系去排队，并不是那么容易的。田野发掘、考古地层学、考古类型学构成新石器-原史考古的基本方法。其他的如陶器分析、聚落考古、墓葬考古等同样经典，植物考古、动物考古、生物考古在这里也是频频得到使用。简言之，考古学常用的方法在这个分支领域都能看到。在中国考古学研究中，最有代表性的学者、规模最大的学术群体都来自这个分支领域。再者，这个领域的理论成熟度也最高，主要形成于此的文化历史考古范式对其他两个分支领域产生了强烈的约束。

　　相比而言，历史考古不那么像考古，要么像文物研究，要么像历史研究。历史考古的方法在野外这个阶段与其他两个分支并没有什么不同，不过地层更浅，叠压打破关系没有新石器-原史考古阶段那么多而已。在纯粹的分析方法层面，更没有什么区别，只不过因为物质材料方面的差异，所用到的方法会有差别，比如研究铁器、玻璃器、丝绸等物品时会更多用到化学分析的方法。总的说来，历史考古方法的特殊性主要体现在研究材料与研究主题上。因为研究材料的不同，历史考古领域有许多不同的方法，除了上面提到的几类器物研究，还有瓷器、城址等，历史时期的物质材料更加丰富、复杂，每一种材料都需要某些特殊的方法，就拿铁器研究来说，它涉及化学成分分析、冶金技术研究，自然还会涉及传统的器物形制研究，还有功能的研究，等等，跟石器、陶器等典型考古器物的分析一样会汇聚许多学科的方法在内，形成一个专门铁器本身的方法论。除了物质材料，可能还有一种方法比较特殊，那就是文献研究，我们既可以把它当作纯粹的分析方法，也可以把它当作一种研究材料。文献研究在历史考古中是最基本的方法之一。历史考古的研究主题也有所不同，它会涉及一些史前时代所没有的主题，如军事塞防、商业贸易与文化交流、族属区分与认同等。你要研究军事塞防的话，自然需要懂得相应的军事知识，知道在哪里布防才真正有意义，这里既有战略上的，也有战术上的。比如中原政权要抵御来自草原游牧民族的袭扰，若能控制河西走廊、河套地区，那么就有了战略缓冲。而这个地区恰好又有发展农业的条件，进行军事屯垦，可以减小后勤上的压力。战术上除了控制关隘之外，还需要许多带军事防御设施的屯垦小城，拱卫整个防御体系。

　　简言之，不同学科分支的方法是不同的，在方法的不同层次上都有差异，相对而言，在低层次的方法上区别较小，在高层次的方法上区别较大。不同层次的方法构成不同的方法论体系，因此我们可以说不同的学科分支具有不同的方法论。考古学上述三大分支的区分是明显的，对考古学研究的影响是深远的。虽然考古学不是一个很大的学科，但是在论文答辩的时候，经常看到的情形是做史前考古的老师面对历史考古的论文时，只敢说自己不懂。

　　而从横向来看考古学的区分，可以按照区域、相关学科、研究主题等标准来做。其中区域的影响是巨大的，不同的区域可能会有不同的学术传统，如中国考古与西方考古，西方考古中的欧洲考古与北美考古，欧洲考古中的法国、英国、德国考古都有比较明显的区别。法国考古学有结构主义传统，诸如操作链的方法就是渊源于此；英国有非常强的人类学研究传统，它推动了考古学研究中功能主义的方法。如中国这样广袤的区域，还可以划分出南方、北方、东北、西南、草原、西北、青藏高原考古等分支，每个分支也会形成自己独特的方法。按照相关学科，数理化天地生等自然学科、文史哲艺术等人文学科、政经法社会等社会学科都与考古学有交集，如从数学中来的统计方法、从生物学中来的生态学方法、从哲学中来的现象学的方法、从经济学中来的古经济学方法等，这也让考古学研究可以从不同的学科角度切入。按研究主题来划分就更多了，前面已经提及，这里就不再赘述。总而言之，考古学的方法是纵横交错的网络，用一种方法包打天下的时代早已远去，也正因为如此，考古学研究才显得如此丰富多彩，当然，也让我们的学习充满挑战。

五、有关考古学方法的训练

前面我们按照透物见人的任务、工作的程序、不同分支学科的要求分析了考古学方法的差异。之所以要从几个角度来说考古学方法，其中一个原因跟我们的方法训练有密切的联系。大家如果有兴趣去西方大学的网站浏览一下考古学者的简介，就会发现他们在解释自己研究领域时跟我们很不一样。我们的区分方法是旧石器、新石器、商周、秦汉、隋唐、宋元考古等几大段，以及少量的植物、动物、体质人类学等所谓科技考古的方向。相比而言，西方考古学者的划分要丰富得多，他们会列出学者关注的主题、侧重的方法、研究区域，如此等等，其方法的层次要丰富得多。这也反映西方考古学者在训练以及学术发展方面更注意方法的多样性。

没有方法的多样性，不仅会导致研究途径的单一，也会导致学生就业范围的狭窄。你想一下，一所大学，进两三名旧石器考古方向的老师就足够了，再多的话，就要相互打架了。但是如果每位学者擅长不同的方法，比如有的擅长 GIS，有的擅长微痕分析，有的擅长地质考古，那么虽然他们都是做旧石器考古研究，但也不会出现恶性竞争。我们现在的问题就比较严重，做新石器考古，大家采用同样的方法，所谓的区分只能是考古材料了，所以研究者把自己的材料看成秘不示人的宝贝。研究本来应该越做越丰富，不这样的话，研究的路就越走越窄。所以，我建议每位同学除了有纵向的方法定位之外，还应该有横向的方法定位，横向之中，还可以有区域、相关学科、研究主题上的特长。这样，大家才能相互合作，把学术的蛋糕做大。

就方法的训练而言，基本的规律应该是由浅入深、由粗入细、由普遍到特殊、由具体到抽象。本科阶段的学习，目标普遍强调田野考古，这个思路无疑是正确的。田野考古的方法是考古学最基本的方法，也是最具体、最普遍的方法。从另外一个角度来看，学生打破有点单调的大学校园生活，到田野中去，到社会实践中去，往往都是大学生活中最不寻常的记忆。目前我们的问题是，本科阶段本来应该增加纯粹分析方法的学习，尤其是相关基础知识的学习，如考古统计的基础数学，考古化学的基础化学，等等，但非常遗憾的是，由于高中文理分科制度以及大学教育观念的限制，我们的学生在这个阶段基本都没有接受相应的教育，这就导致他们后来在面对考古材料的时候，很难在方法应用领域有大的突破。由于这样的教育已经形成稳定的结构，大学考古教育的师资就是如此，他们也没有接受过相应的教育，而且这样的基础教育是很难通过自学获得的，因此能够传递给学生的还是残缺的基础。我不知道这样的状况什么时候会改变，现在高中似乎正在取消文理分科制度，希望不久的将来，大学低年级教育也能摆脱文理分科的教育模式，给学生一个厚实的学术基础。

到了硕士阶段，可以学习一些应用性的考古学方法，如陶器分析、石器分析、动物考古、植物考古等，学习的专业性逐渐加强。目前的教育体系也是这么设置的，存在的主要问题是专业性不够，方法的多样性不足。不少学校是按照更复杂的模式把本科生课程再讲一遍，如旧石器考古、新石器考古，或者开一些领域极其狭窄的课程，这些课程对于研究生来说帮助有限。此时需要增加较为专业的应用性考古学方法课程，因为学生在做毕业论文研究时，可能需要面对具体的考古材料。同样受制于师资，当前考古教育中能够给研究生开出丰富的应用性方法课程的院校非常罕见。因此，也特别寄希望于我们的同学，能够拓展出去，尽可能学习一些新的方法，从国外去学习，从其他学科去学习，丰富中国考古学的方法领域。

博士阶段可能要更侧重主题性方法的学习，把理论框架与方法应用结合起来。这样的方法往往不是老师能够系统讲授的，而且我也怀疑这种讲授的必要性，比如说你讲一门人口考古学，有多少人会感兴趣呢？主题性方法的学习是需要讨论、需要探索的，如人口考古这样的学术前沿课题，在探讨中才有趣味，它不是既成的知识，而是一种知识的探索。博士阶段，导师若能跟学生发展一些这样的互动话题，对双方都会很有帮助，真正达到教学相长的目的。博士阶段，是由方法应用逐渐向理论的抽象方向发展。当前，不仅由于方法教育上的限制，还因为理论发展上的不足，我们的博士论文大多达不到理论抽象的层次，大多还是就材料论材料。能够系统收集文献，整理材料，提出一定的想法，就算是合格的论文了。在学术发展的起步阶段，是可以理解的，将来中国考古学研究成熟的时候（这个趋势日渐明显），博士论文就没有那么简单了。

考古学方法的训练需要循序渐进，同时还需要强调指出的是，考古学方法的训练也是一个循环往复的过程。田野考古是我们最初掌握的考古学方法，实际上随着我们研究的深入，我们后来可能又会回到田野考古层面，比如说强调考古发掘的精度。当代考古学中所谓"高精度考古"，就是理论方法进一步反馈到基础方法层面的产物。做材料分析研究深入之后，可能会发现某些纯粹的方法，如考古统计，可能存在一些不合理的地方，就需要升级改造。考古学的方法就是在这样的循环往复中发展的。不存在并不改变的方法，即便是现在看起来似乎已经固化的考古类型学，随着进化论考古学思想的引入，以及计算机技术的发展，似乎又焕发出新的活力。

无论采取什么样的方法，考古学方法的目的都是一致的，那就是要从考古材料中获取更多、更重要的信息，要去解释、理解考古材料。正是通过考古学方法，我们才能揭示出考古材料的意义。我们若不能掌握足够的方法，面对考古材料时就会感到茫然、不知所措。考古学方法是学习考古学研究的关键。这个领域足够广阔，你可能由此涉足自然科学、社会科学与人文科学领域。或许这是考古学的魅力之一，你总能于其中找到你的兴趣点，只要你愿意。如果有人说他或她不适合从事考古学研究，我只能说他或她不适合从事研究，而不能说不适合考古学，因为考古学是通过物去研究人的学科。这个世界就是由人与物组成的，你怎么可能找不到落脚点？发现考古学，发现自己，我相信是能找到契合点的，然后就是训练，向前人学习，从失败中学习，我们才有可能掌握它。

六、考古论文写作中方法的运用问题

考古论文，本科、硕士、博士论文都是一种训练，这些过程中出现一些问题是很正常的，重要的是要能从自己的错误中学习。我这里说的都是我在参加学生开题、预答辩与答辩过程中遇到的问题，应该说是一些较为普遍的问题，希望能够对大家今后写作论文有所帮助。

最极端的情况是没有方法。没有方法怎么能够写论文？办法就是堆砌材料。如果收集的材料足够多，就确实付出了很大的辛苦。按照电影台词，没有功劳也有苦劳，没有苦劳还有疲劳。评委们一看，投入了这么多的劳动，也不好再说什么。研究似乎变成了吃苦比赛，谁吃的苦多，谁的论文就更优秀。但是堆砌材料，不进行任何解释，并不是真正的考古学研究。写这类论文同学的问题就在于没有掌握方法，不能分析材料，因此也就无法得出任何有意义的结论。

更常见的情况是没有合适的方法，论文所采用的方法与主题并不相符，或者论文采用的方法严重不足。你的研究主题是生业模式，但论文所用的主要方法是聚落考古，这就不那么匹配了。聚落形态当然与生业模式相关，但是它最适合解决的问题并不是生业模式，而是社会组织形态、文化生态关系等。最能反映生业模式的首先是同位素分析，当时的人们究竟吃了什么，一目了然。其次是工具构成，前提是你能够准确判断工具的功能。要知道许多工具都是多用途的，而且在工具的生命史上，工具会有衍生功能，处在废弃阶段还可能存在破坏性随意使用。你如果没有工具功能分析的方法，至少需要参考前人比较可靠的研究，而不能想当然。再次是动植物遗存，分析哪些是驯化的，哪些是野生的。又次是遗址结构，或称聚落形态，高度流动的群体所留下的居址与定居群体所留下的居址在特征上有很大的不同，还存在一种非稳定定居的状态，它留下的居址特征非常有特色，也是可以识别的。最后是器物组合，比如陶器、装饰品等，用它们来判断生业方式只能作为旁证。所有出土遗存还需要考虑到出土关联，墓葬中出土的动植物可能并不反映生业方式，灰坑、居住面、地层中出土的动植物证据的说服力并不一样，前两者的说服力更高，可以相互印证，后者可能是扰动所致，所以其说服力就很难说了。如果没有抓住生业模式分析的主要方法而去讨论生业模式，很显然这样的研究是不足以让人信服的。

现在攻读研究生学位的女同学比较多，性别考古是一个偏好的视角。这是一个很好的研究视角，问题是要找到合适的方法。性别考古一方面关注性别社会地位的变化，另一方面关注当时的社会性别认同。前者是客观的方面，需要寻找相关反映社会变化的证据；后者是比较主观的方面，需要研究当时社会通过怎样的手段来构建性别认同。基本分析方法包括：通过工具功能分析来判断性别劳动分工，通过体质人类学的方法来研究不同劳动强度与类型在男女骨骼中留下的印迹，通过空间分析来研究性别空间的分化，通过墓葬分析来体现男女社会地位的差异。这些都是强调客观的方法，艺术品的研究更多反映当时人的观念，代表人有意义的表达；还有空间的刻意塑造，尤其是墓葬上（墓葬是埋葬死者的，但为的是活人），如合葬墓中男女尸骨的摆放。只有把所有这些方法都用上，去分析你所收集的材料，你才可以就古代社会性别地位变化、性别认同提出自己的观点。

这里说的其实不仅仅是合适的方法问题，更是一整套方法论的问题。我们研究一个问题，往往不会只用到一种方法，通常会涉及许多相互关联的方法，我们把这种成体系的东西称为方法论。我自己在做磨制石器研究中就曾发展过一套方法论，这套方法论分为四个层次。第一个层次是材料层面的观察与分析，主要包括三个方面：一是石器工具的测量、统计与分类，了解石器的基本特征，其中分类的标准侧重于功能意义上的；二是石器工具的工艺设计分析，石器工具为了实现一定的功能必须具有一定的形态，拿个小石片是难以砍砸的，同样一件大型砍砸工具也不便于切割，通过工艺设计分析可以大致确定工具的功能范围；三是使用痕迹的观察，包括大痕迹与微痕，石器工具经过长期使用后会留下一定的形态特征。结合上述三个方面的观察与分析，我就可以对石器工具的功能做一基本判断。第二个层次是实验考古与民族考古，既已确定功能的大致范围，那么就需要进行验证，实验考古是很好的方法。我们采用类似的石器原料，进行不同的使用实验，从而确定究竟哪一种使用与考古材料最契合；而民族考古则是很好的佐证材料，如果能够在民族志中找到类似的使用方式，就会进一步增强说服力。第三个层次是结合遗址出土的工具组合以及器物组合，以及当时当地的自然地理条件进行分析，包括可以拓展到同一时期不同遗址的比较、不同区域的比较，进而深化石器工具在当时当地发挥的作用。第四个层次是把这些研究放在当时的历史过程中去考察，看看能够得到怎样的启示。我把这个层次递进、不断拓展关联的方法称为磨制石器分层-关联的方法论。

我们用这套方法论分析辽西史前的石器，取得了令人满意的成果。我们可以清楚地提出兴隆洼文化时期是史前农业的拓荒时期，之前这里基本都是荒地，石器工具组合支持这样的认识。我们还知道从兴隆洼文化到夏家店下层文化时期，人们耕种土地的高度在不断降低，逐渐从山坡转向了河滩。夏家店下层文化时期，辽西形成了原始的精耕细作农业，标志就是有了中耕，还有灌溉。我们还知道哈民先民的石器工具是做什么的，以及它们与最后的灾难之间有什么样的关系。有了方法论之后，我们对该地区史前史的认识就建立了一个以石器为中心的视角。

当然，这套方法论是否适用于其他地区，是否适用于打制石器工具，还需要进一步检验。一般说来，不同的材料与问题需要不同的考古学方法，不同的考古学方法适用于不同的材料与问题。我们在研究过程中，要基于自己的问题与材料，努力寻找与发展自己的方法论（还有理论），而不能简单地埋首于材料之中。材料本身不会说话，要知道是我们让它们说话。比如说你想做史前社会的社会组织形态研究，这是个热点话题，自然是可以去做的。你一旦选择了这个主题，就需要思考用什么样的理论方法研究，需要用到什么样的材料，我们现在又有什么样的材料。你需要思考：史前的社会组织形态有哪些分类方式？按照摩尔根、恩格斯的方案，还是塞维斯（Service）的方案？还是弗雷德（Fried）的方案？抑或是自己发展出一个方案来？还需要进一步思考：通过什么样的方法才能去研究社会组织形态？聚落考古？系统区域调查？家户考古？空间分析？工具功能研究？墓葬考古？如此等等。无疑这些方法都是有用的，但是你需要将之组织成一套行之有效的方法论，而不是方法的罗列。如果你能够将之打造成方法论的话，那么社会组织形态考古就成了一个主题性的方法，就像前面所说的人口考古一样。发展方法论是我们研究的一个重要目标，也是研究成功的标志。你如果在研究之中，不考虑理论方法的问题，直接一头扎进材料之中，我们何以知道你所建立的社会组织形态的理由呢？还是那句话，材料本身不会说话，是你在让它们说话，你不能不告诉读者你让材料说话的理由与方法。这也就是我们在写论文的时候，需要有理论方法部分的一个重要原因。

最后，再次强调一点，论文所用的方法以及对材料的分析，需要与整个论文的主题一致。你对陶器组合做了详细的分析，了解其工艺生产过程，然而你整个论文的主题是生业模式，那么无论你前面的研究多么细致，你下了多少功夫，这些工作对你论文的论证都没有帮助。论文写到这个地步确实是很让人痛苦的事情，前面大量的劳动都浪费了。我们做研究一定要避免这种南辕北辙的事情，这么做你的损失是双倍的。这是我们要梳理并发展理论方法的另一个重要原因，避免发生方向性的错误。因为一旦陷入材料的汪洋大海，难免会迷失方向。理论方法是研究的方向指引。抱歉我在谈论方法的时候提及理论，主要是因为理论方法是密切相关的，甚至是一体的。如果我只提方法，这可能会导致误解，以为考古学方法是单独存在的。

方法是关键的！找到了合适的方法，你论文的主体也就有了；找到了方法，你就可能找到有趣的发现，提出有价值的观点；最终，当你形成自己的方法论的时候，你可以说开辟了一条新的研究道路。

第十章　论文论证的常见问题

论文论证是论文写作的关键环节，也是学生论文中最常见的问题。也因为问题非常明显，所以这一章我不采取前面的形式，而是把这些问题归类之后，逐条加以说明，我想这样针对性可能会更好一些。这些问题并不玄妙，甚至只是一些常识，但是研究者身在写作之中时，时常可能会忘记了这些基本要求。所以，练习过程中，不妨对照一下，我们都是从错误中学习的，经过几次练习，都会有明显的改善。我总共归纳了十二个问题，具体如下。

一、缺乏论点的问题

论点是论文的中心，论证的目的就是要运用理论、方法、材料来证明论点的合理性，如果没有论点的话，论证就失去了目标。有时候，我们不说论点，而是说观点，即作者对一事物或事件的判断，然而，观点能否成立，同样需要证据与理由，仍然不能违背基本的逻辑。遗憾的是，有些论文就没有明确的论点与观点，论文成了材料的堆砌。有没有论点，通常在摘要与结论部分能够看出来，有意义的发现或认识应该体现在其中。如果你不能在这两个部分提出自己的论点，或者说不能提出一个中心论点，你就需要反思一下，论文是否有写作的必要，或者论文的组织是否出了问题。

通常一篇论文只需要一个中心论点，这个中心论点可以进一步区分为若干相互关联的小论点，它们共同支撑中心论点。如果论文同时存在若干个平行且相关性不强的论点，就要考虑是否分成若干篇文章来写；如果平行且有相关性，就要考虑从中提炼出一个中心论点。这么做的好处就是，论文观点明晰，让读者还有审稿人容易把握。宏观上，三四个论点平行而缺少中心论点会让人觉得文章有"精神分裂"之感，因为很少有人能够同

时关注两件事情；微观上，一段论述如果没有提炼的中心主题，也会让人
抓不着头脑。中心论点是画龙点睛的眼睛，有了它才能吸引人。

　　我们之所以准备阅读一篇论文，通常就是为一个新颖的观点所吸引。
观点新颖是论文的生命力所在，需要强调的是，这样的观点是提炼出来
的！我们在研究中可以产生无数的观点，但是真正有价值的并不多。原初
的观点与最后经过提炼的观点并不会完全一致，因为所谓提炼是需要考虑学
术界的动向以及读者的心理的，经过提炼后的观点会更加响亮，就像广告与
包装一样。好的论文会提出标志性的观点，非常简洁，让人过目不忘。如宾
福德标志性的考古学论文《作为人类学的考古学》，发展出了明确的新考古
学的主张：更科学，更人类学。简言之，你需要考虑一下，自己的论文能否
浓缩为一句话，即中心论点。这句话需要足够响亮、足够清晰、足够新颖。

　　还需要补充说明的是，不是什么都可以成为论点或观点，我们通常说
"真知灼见"才应该是首选项，而不是一个随便的判断或抬杠式的观点。
真知灼见的形成通常是整体的涌现，即研究者所有认识与思考的突然升
华，它总是突如其来，灵光一闪。有趣的是，论文写作要以一种具体的、
符合逻辑的形式将其充分地表现出来。也就是说，观点的产生并不是论文
论证的自然结果，论文是要表现这种结果。而换个角度来说，没有人比研
究者本人更清楚他的想法是如何产生的。再者，尽管灵感的出现常常是整
式的、直觉的，但是它无法为他人所领会，必须转化成逻辑的、具体的过
程。因此，研究的过程一方面需要我们全方位的努力，殚精竭虑，推敲叩
问，促成真知灼见的形成；另一方面需要扎实细密的功夫一点一点地把这
个过程表现出来。

二、缺少论证的问题

　　我们经常也会看到一些论文，有很好的论点，但是没有充分的论证。
作者可能在酝酿论文的过程中，读文献、看材料，不知不觉地形成了自己
的认识（论点），但是在写作过程中，却不知道论点是如何形成的，于是
直接把论点提出来，并辅之以一些相关性并不强的论述或材料，而没有真
正的论证过程。所谓论证，就是围绕中心论点，运用理论、方法与材料去
证明它，去说服人。我们在说服人的时候，通常会提及两个东西：一是
事实胜于雄辩；二是据理力争。我们要摆事实、讲道理。前者需要材料，

后者需要理论。这两者相辅相成，缺一不可。

论证是否有力取决于理论与材料的相关性，相关性越高，论证的说服力自然也就越强。然而，直接相关的材料与理论总是很稀缺的，而且容易单一。证据单一本身就是论证不足的表现，因为一旦这个单一的证据出了问题，所有的结论就都不成立了，因此论证需要多线证据，直接的与间接的，配合论证，才更有说服力。以农业起源研究为例，最直接的证据并不是驯化的植物种子或家畜骨骼，而是人骨同位素的证据，它表明人真的摄入了驯化作物；其次才是驯化物种证据；再次是标志性遗存，如陶器、磨制石器、定居聚落等。有时候，这些证据可能都没有保存下来（或者没有发掘到），尤其是在农业起源的最早阶段，此时石器的修理程度、原料来源、遗址结构等就成了重要的证据，它们可以揭示古代狩猎采集群体的流动性变化，流动性明显降低正是农业起源的前奏。简言之，论证是多层次的、多线条的，具体如何组织涉及下面这个问题。

三、"一打多"的问题

考古学研究中这个问题非常突出，尤其是在硕士生的论文中。从事考古学研究的人梦寐以求的是研究第一手材料，有了它，仿佛就吃了定心丸，因为即使没有什么研究，把第一手材料报告出来也是重要贡献。然而，第一手材料研究也是一个陷阱，它很容易让研究者执迷，研究者围绕它讨论众多的问题，每个问题都是浅尝辄止。作为读者，你刚刚看到一个让人感兴趣的地方，再翻一页，想多读一点，发现没有了。这就是我所说的"一打多"，就像一个人跟许多人打架，这无疑是困难的。要想打赢，最好的策略是"多打一"，集中优势兵力打歼灭战，"上穷碧落下黄泉"，搜集各种证据回答一个问题。可以想见两者之间的差别。

还记得我在美国读博士期间上过的一门课，整门课只有一个问题，那就是人类是何时进入美洲的。课程从研究史、年代学、古环境、DNA、人体骨骼学、最早的石器材料等众多角度切入，尽管最终我们也不能准确地说人类是何时进入美洲的，但对该问题的深入程度是前所未有的。这种研究就像是在打钻，或者像聚光镜，集中力量于一点上。而"一打多"就像用一个手指去摁五只跳蚤，是很难成功的。所谓研究，就是要学会集中攻击一点，最好这一点就是要害之处。任何材料的属性都是无穷无尽的，但是一批材料终究有最适合回答的问题，也就是它最有价值的地方，那么这个地方就应该是研究的切入点。否则，眉毛胡子一把抓，文章虽然写得很长，但始终还是像一本发掘材料的整理报告。如果博士论文只是写一本发掘报告，按道理来说，是不能成为博士论文的。

"多打一"的做法除了从多学科、多角度出发研究同一个问题，还有一个方法就是"蜘蛛织网"式的方法，围绕一批材料，把"在场的"特征与"不在场的"历史背景关联因素一层层地编织在一起。就像我们要去了解一个人一般，除了面对面所见，还需要把那些我们看不见的东西如家庭背景、教育、朋友圈等都结合起来，这样才能充分了解一个人。以前听中央美院郑岩老师讲灵岩寺铁袈裟的研究，就这么一个铁疙瘩，上面有一点铸造时的接缝，被古人称为是袈裟，于是成了神物。郑老师多年前就指出了这个问题，后来发现这么解释太简单了，古人没有这么傻，然后他去追溯铁袈裟的造神过程，把政治、宗教背景，以及当地历史等结合起来，就像蜘蛛织网一样，正是在这样绵密的背景关联中，我们清楚地看到并理解了铁袈裟的造神过程。"蜘蛛织网"式的研究非常适合历史时期考古，因为这个领域历史背景比较清晰，可以从中找到许多线索。它也代表一种比较人文的研究方式，又称为"历史叙事的方法"（historical-narrative method），与上面那个强调逻辑推理的科学方法相对应，也相互补充。充分的背景关联是让人理解材料，而不仅仅是去解释它。

除了多打一的方法，我们还可以看到"一打一"的方法，即从一个角度去论述。假定其他的因素一致，研究当前因素的影响，这种方法常用于自然科学的论文。一打一的方法结构比较简单，写一篇小论文比较合适，写博士论文不免显得有失偏颇，因此在写博士论文时比较少见。一打一贵在视角新颖，集中在一个角度去讨论，重点突出，观点鲜明。它并不求面面俱到，而是像 CT 扫描一样，为我们提供一个准确的剖面，因此这样的论文贵深入。广而言之，当代学术分科很多时候提供的都是从某一个学科角度的研究。交叉学科往往是学科的生长点，也是一打一的结果，所以注意从不同学科获取新鲜视角也是研究的一个重要途径。

四、既有文献覆盖的问题

读西方考古学的论文，不得不佩服他们对既有文献的覆盖程度。至今为止，我自己在这个方面也做得不够好，主要原因是自己的英文阅读速度有限，另外也许是自己的兴趣面有点太广。如今就任何问题几乎都有汗牛充栋的文献，没有集中关注点的话，每次开始一个课题，就需要全面覆盖文献，连续做这样的工作，是很难做好的。我们目前的论文研究普遍存在的问题就是文献覆盖度不够，尤其是对国外的研究，通常只能是星星点点地加以关注，而很难达到系统的程度。对于国内的研究，由于有些研究涉嫌灌水，观点不明确，又缺乏充分的论证，所以可以引用的价值不高，导致大家有些忽视文献的重要性。通常引用的多是原始材料的报告，以及代表研究阶段与现状的论文，而少有观点的引用。

一个主题可能涉及的既有研究非常多，有关文献可以分为经典文献与最新进展。何为经典文献？通常指那些引用率比较高的、权威学者的或观点代表性强的文献。过去的文献很多，由此可以将其合并归类，选择其中有代表性的回顾与引用，而不是什么文献都要提及。最新进展是论文的主要出发点——因为当前研究有问题所以本文才要去研究的。所谓最新，并没有一个确切的数字，它取决于你所研究主题的热度。如果热度非常高，文献数量大，最新所指的时间就短；反之则长。

在阅读文献的时候，我们更多按相关性来划分，通常与主题相关度非常高的文献只有那么几篇，这几篇是必须精读的。随着相关度的降低，阅读的强度也随之降低。面对那些内容只是粗略相关的论文，一天读十几篇到几十篇都是可能的，哪怕是英文文献。关于"相关性"需要强调的是，有一类文献相关性虽然不是那么密切，但是对论文的论证非常有意义，它就是来自相关学科的文献，比如考古学中偶尔会用到心理学、社会学等学科的研究，在讨论石器产品标准化问题时，心理学的研究表明人不能识别低于 2% 的变化率。这样的相关研究对于我们论证某些问题是很有帮助的，它也意味着我们在寻找文献的时候，不能太拘泥于相关性。相关性是指导性的，而不是唯一的指针，文章要出彩的话，必须要有独辟蹊径的地方。

重视文献是研究者必需的素质，而文献的阅读又是极其耗时的。要提高研究效率的话，靠压缩文献阅读的时间不是办法，而比较可行的策略是围绕一个主题展开长期的研究，这样的话，所读的文献就有了积累，不用每写一篇文章都要开始读新的文献。这就要求研究者所围绕的主题有足够的潜力可供研究，如有的主题写了一篇博士论文就耗尽了内容，不能再开展研究了。幸运的研究者是那些找到了有潜力主题的人，他们就像找到一片肥沃的处女地。因此，对于在攻读博士的研究者来说，慎重考虑自己的研究主题是十分必要的：它的研究潜力如何？是否足以支撑今后较长一段时间的研究？

就运用文献而言，在网络时代之前，中国学者做研究的时候，70%的时间都用来找文献了，图书馆、资料室的建设不健全，尤其是国外文献难找，是研究者最感痛苦的事情。如今这些问题基本不存在，网络数据库能够帮助我们实现大部分的文献搜索任务。随之而来的问题是文献太多，根本读不过来，必须要有所选择，选择的标准就是代表性、相关性。引用的过程同样基于此，引用的内容应该是文献主要支持的观点、一手资料或可资比较的内容。受过学术训练之后，容易陷入一个误区，就是过度地引用，似乎言必要有出处，动辄就是某某说。这种掉书袋的做法是我们应该避免的，读书治学以获取真知灼见为目的，不是为了炫耀自己读过多少书。所有的文献搜集与引用都是为了充分地表达与证明自己的见解，这是我们的目的。论文中都会有个研究综述部分，回顾既有的研究，需要提及论文覆盖到的文献，在这个部分研究者需要简要归纳既有研究的收获、进展以及存在的问题，这叫作述评，既介绍，又评论。不能只提有哪些研究，而不做任何述评。你不做述评，读者何以知道研究进展如何、为什么你可以开展研究。

五、分析的问题

就思维习惯而言，我们中国人更长于综合，而拙于分析。许多时候很惊奇西方学者从一个很简单的概念出发，居然可以写出长篇大论。仔细去看，就会发现大量的内容实际来自分析。说我们不会分析，可能有点言过其实，中国传统学术中训诂考据是很强大的，字词来源、意义的考证，就是分析的一种。这种方法至今仍然是有用的，但考据式的分析只是分析的一种形式，一种相对简单的形式。西方学者也并非不用这种形式，比如叙述一个概念的时候，他们也会搬出词典，把几种意思罗列出来；也会追根溯源，企图弄清楚究竟是谁首先提出这个概念的，又经历了哪些变化。由此形成考据分析的引申版，我们常用条分缕析来描述这种方法，即按照时间、地域或者某种其他的线索来探讨观点或概念的来龙去脉。

再进一个层次的分析是对变量的区分，探讨变量之间的关系，如果可能的话，还可以进行量化的研究。比如说考古学中最经常讨论的文化，什么是文化？可以从文化系统构成角度来讲，可以区分出许多变量，还可以将这些变量分成不同的层次，有经济基础和上层建筑两个层次的划分，还有技术、社会、意识形态三个层次的划分，等等。究竟有哪些因素影响到文化的面貌？自然可以分析出许多因素，环境条件、经济生产方式、社会复杂程度、文化交流等因素都可能产生影响。中国考古学研究深入分析的对象是考古学文化，分析其构成，由此产生一种分析方法，叫作"文化因素分析"，由此去分析一个时代、地区或者某个传统的文化结构，了解考古学文化的形成过程。总之，论文一旦展开分析，就有许多东西可写，甚至都可能打不住，因为相关的因素总是非常之多。

分析的最高层次我称之为"釜底抽薪法"，这个方法中国考古学研究中很少有人用，但是一旦能够用好它，就能撼动一个学科的研究范式，学科的革命往往都是以这种方式发生的。还是以上面所说的考古学文化这个概念为例。我们何以能够划分一个考古学文化？基于共同的遗存特征，也就是一些共同的标准，我们假定属于同一文化的群体一定会共享这些共同的标准，比如他们都会如此制陶、建房、葬人等。不论走到哪里，都会如此。因此，考古学文化的根基是一些标准或规范，是我们假定古人会有的，仿佛是他们广泛认同的东西。我们按照若干标准或规范就可以划分出一个考古学文化单位，甚至可以根据标准的粗略程度，划分出不同层次的单位（文化传统、文化类型）。考古学文化的变化就是这些标准或规范的改变，也就是人们的认同发生了改变。然而，人类学之父泰勒当初提出的文化是个整体的概念，用以描述人的世界，并不是可分的。而过程考古学提出，这样的文化观没有研究古人的生活，无法解释文化变化的原因与机制，转而提出另一种文化观，即作为身体之外适应外界的手段，一种具有功能意义的东西。

这样的分析往往需要深入概念立论的前提基础，有时还需要深入概念所依赖的本体论、认识论与价值观，如后过程考古学对过程考古学的质疑就是如此。分析到了这个层次，算是刨根问底了，遗憾的是，我们的论文研究中极少看到这样的分析。这是一种批判性的思考，是在根本上进行的质疑。如果我们研究一个概念，将其奉为圭臬，绝不敢去质疑，或者想去质疑，却又不知如何下手，分析其立论的前提是一个很好的方法。许多我们习以为常的概念都可以进行这样的质疑，比如考古材料，不同的理论视角中，考古材料的特征构成是不同的。有这样大胆的质疑，研究就可以深入比较深的层次。

　　从考据、条分缕析、变量分析再到根本上的质疑，分析的层次不断深入，当然难度也不断加大，研究的趣味也相应会增加，奇伟瑰丽的景致总是在难以达到的地方。不习惯分析就容易形成因袭与盲从，论文写来写去都是人家的观点或者材料的堆砌。因此，某种意义上说，学习论文写作，首先就要学习分析。

六、概念提炼的问题

　　一项成功的研究往往以提出标志性的概念为特征。一部考古学学术史就是以这样的概念标注的，如三代论、类型学、考古学文化、过程考古，如此等等。有些概念是研究者直接提出来的，有些是后人的归纳或添加的标签。常常有一种误解，以为概念是归纳出来的。我们从多少材料中能够归纳出"考古学文化"这个概念？无论怎么归纳都只是材料本身的特征，而考古学文化是一个无中生有的概念，它是把人类学中的"文化"概念嫁接到了考古学上，用以指代一定时空范围内的遗存特征组合；反过来，这些物质遗存就具有了人类学的"活态"（living）意义——人类学本来研究的是活态社会，考古学研究希望能够复原古代社会。考古学文化这个概念就是一个尝试，它让考古学家有了研究古代人类的社会单位，尽管我们不知道一个考古学文化是否就是一个具有活态意义的社会单位。从考古学文化这个我们熟悉得不能再熟悉的概念的形成来看，我们知道概念是需要提炼的，需要添加不同背景的知识进行加工，而不是单纯从材料中提炼出来的。

　　提炼概念，对于我们许多研究者来说，可能是不敢想的事情。但是你如果希望自己的研究被人记住的话，那么必须有自己标志性的概念，必须非常简洁，同时足够生动，便于记忆。宾福德的突出贡献就是他提出并发展了考古学的"中程理论"，他有许多贡献，但中程理论无疑是其中成就最高也最有代表性的。他在《考古学的系统分类学与文化过程研究》一文（这是考古学论文中引用率最高的十篇论文之一）中批评文化历史考古的文化观时，用了一个比喻"涟漪"（或译成水波）①，形象生动，于是后来

① L. R. Binford，"Archaeological Systematics and the Study of Cultural Process," *American Antiquity* 31（1965）：203-210.

者清楚地记住了这个观点，即文化历史考古的涟漪理论。

最近我们在石器分析课上讨论了"操作链""行为链""剥片序列"等几个概念。美国学者肖特对他的同胞大肆引用来自法国考古学的"操作链"概念很不满意，著文试图证明19世纪末的美国考古学家早就提出剥片序列的思想，操作链与剥片序列没有什么区别①。然而，我们分析不同概念的历史与背景之后，知道操作链概念来自人类学，应用范围非常广，其理论基础可以溯源到法国的结构主义。相比而言，剥片序列概念更多来自考古材料的观察。而行为链概念更类似操作链，来自当代物质文化的研究。三个类似的概念（在石器分析的操作层面，更加看不出区别）因为不同的理论基础与应用范围，发展的潜力产生了差别。尽管肖特不满，但许多同行还是选择了采用操作链概念。这个例子表明，概念的提炼扎根越深、基础越广，就越有生命力。

概念的提炼是一个从具体到抽象的过程，抽象不是为了让自己显得高深莫测，而是为了简洁，便于记忆，便于交流。不恰当的概念提炼可能导致文章晦涩难懂，尤其是自己所提的概念与前人相比并没有突破，所谓的新概念就有生造之嫌，反倒给学术交流添乱。因此，概念的创造需要有相应研究的支持，不能为了提出概念而去造概念。还记得读过20世纪80年代中期的一些论作，改革开放后不久，社会形势有些混乱，那一段时间是概念满天飞，比如什么"蓝色文明""黄色文明"。当然，有人理解为思想活跃，这是好的一面，纯粹从学术角度来说，大部分概念是肤浅的，没有思想基础，更缺乏相应的基础研究。某种意义上说，它们与后来的社会动荡也有干系。扎实的研究才可能有扎实的社会变革。后来则是矫枉过正，我们似乎又回到清代"朴学"的路子上去了，言必前辈权威，不敢越雷池半步，前辈学者若能复生，定然会叹息后继无人。

七、少有演绎推理的问题

一种观点认为，人文社会科学不像自然科学存在公理、定理，当然不可能存在演绎；另外，考古学是一门研究实物遗存的学科，研究必须立足

---

① M. J. Shott, "Chaîne opératoire and reduction sequence," *Lithic Technology* 28, 2 (2002): 95-105.

于实物材料，从理论出发进行推理，是脱离实际的、空洞的做法。无疑这是一个误解。我们对世界的认识从来就少不了演绎，任何研究都需要从若干理论前提开始演绎，比如说科学，它首先必须假定世界是客观存在的，次之假定世界是可知的。唯物主义与可知论就是科学所立足的公理，没有它们，科学就无法进一步推进，若世界不是客观存在，那么如何去验证假说。演绎是无处不在的，即便是在乡间没有接受多少教育的人群中，人们在讨论问题的时候也总是先摆道理，然后再说具体事情。这些道理就是人们着手演绎的出发点，是大家共同相信的前提，没有它们，人们是无法讨论问题的。

更确切地说，我们研究中的演绎分若干个层次，最广泛意义上的演绎是我们的本体论、认识论与价值论。任何一项研究必定要立足于某些理论基础，如过程考古学立足的是科学范畴，后过程考古学则正相反，它采用的是人文范畴，不承认存在客观的材料，也不认为我们能够复原或有必要复原过去，也不相信研究是客观中立的，认为不存在价值判断。后过程考古学在兴起之时，首先就颠覆了过程考古学的这些理论基础。这是一项"釜底抽薪"式的工作，一旦考古学立足的哲学基础发生了改变，后续的理论与方法革新也就都顺理成章了。

次一级意义上的演绎包括我们对社会、历史、文化以及人类行为与心理等方面的宏观理论。这些理论是我们去探讨过去的视角，没有它们，我们看到的就只有材料。试想一下，没有马克思主义，我们就不会去考察古代社会的阶级与阶级斗争。没有弗洛伊德，我们就不会去考虑潜意识。过程考古学曾经依赖文化进化论、文化生态学等理论，如今的后过程考古学更倾向于吉登斯的结构化与布迪厄的惯习理论。没有这些理论的支持，考古学家的视野就会非常狭窄。就像我们去参观旅行一样，如果你对巴黎一无所知，你到巴黎能够看到什么？闹哄哄的街市而已；相反，你如果对这个城市有充分的了解，那么一定会看到许多有趣的东西。这些宏观的理论让我们认识普遍的人，然后我们去研究过去的人（特殊的人）。不见森林，何以见树木。不了解普遍的人，何以了解特殊的人。或认为我们所谓有关人的普遍理论来自现代或历史社会，跟史前时代差别甚大，我们不能用这种来自现代社会观察的理论。这种认识的背后其实是不可知论，即古代与现代之间是高度区隔的，差别太大以至于无法沟通；如果按照这个逻辑，通过考古材料也还是无法了解过去的。

不管考古学家喜欢还是不喜欢，都不能离开演绎，这还因为当代考古学家研究人类过去都必须借助一些先在的概念，比如说母系社会。从考古材料中是不可能直接归纳出母系社会的，必须先有这个概念，然后推导出可以识别的考古材料特征：墓地中的个体都具有相同的血统，都具有母子关系或兄弟姐妹关系，没有嫁入的女性。没有演绎，就不可能有对古代社会的研究。即便是考古学文化研究，我们知道"考古学文化"也是一个理论概念，它假定了具有共同物质遗存特征就属于同一社会群体，从这个理论前提开始演绎，如果某一部分遗存特征发生改变，恰好与周邻考古学文化类似，而且这个文化的该特征更早，那么就表示，它可能受了周邻考古学文化的影响，也就是说周邻的人们以迁徙、武力或者其他的方式进入了该地，影响了当地人们的观念。

或认为考古学的演绎推理是一种模式论，即把材料硬套入一个既有的模式之中。首先要承认模式论在考古学研究中是存在的，种族主义考古就是模式论，把考古材料与某个种族强行联系在一起，某些族属考古同样如此。模式论不是过程考古学专有的东西。然后，需要弄清楚的是，演绎推理是从一般到特殊、从理论到材料，是从森林到树木。如果说把特殊归于一般就是模式论，那么考古学文化研究同样也是模式论了，因为它基于一定的相似性把不同的遗址材料归于同一个考古学文化。正如我们上面所说，考古学文化本身就是一个理论或称一种模式。

不承认考古学研究需要演绎推理其实暗含着一种认识，即考古学，或者更广泛一点说，整个社会与人文学科中并没有可以确实用于演绎推理的理论。的确，跟自然科学相比，人文社会科学的理论是模糊的，适应面比较窄，不能如自然科学理论那样进行直接验证，但由此认为人文社会科学没有确实的理论则是不合理的。一个简单的例子，就是市场经济与计划经济对中国经济发展的影响，这是我们都切身感受到的，它们都是经济学的理论，都经过社会实践的检验，区别是繁荣与萧条、富足与饥饿。再比如革命时期，有没有理论指导是共产党领导的革命与一般农民起义的重要区别，这也是成功与失败的区别。人文社科领域确实是有理论的，而且生死攸关，影响重大。只不过因为人类社会是复杂的巨系统，同时还涉及人的主观能动性与历史性（人生活在千百年来积累的文化之中），导致我们无法用明确的数量关系加以把握。简言之，人文社会科学是有理论的，不仅有理论，而且有不同层次、不同视角的理论。这些理论正是考古学家所借鉴与利用的理论。

我自己做博士论文的时候，研究中国农业起源问题，我所用的理论是狩猎采集者的文化生态学。它成立的基础是，不论是古代还是现代的狩猎采集者，只要是依赖自然生长而非人工种植之物生活，那么其人口必定受制于自然生长条件，简单地说就是温度与降水。我从中发展出来的模型与考古材料相比，令人惊异的是，得到较好的匹配。其实，这个模型并不是为了匹配材料而去做的，它原初的目的是要提供一个参考的框架。这种一致性反过来印证了我们的狩猎采集者文化生态模型是可靠的。当然，这个模型还是比较简单的，只是在生计-人口-环境的相互关联中的考虑，还没有涉及社会研究中比较复杂的方面，而当代考古学理论研究已经走进了这些更加复杂的领域。

八、论证的逻辑并行多、递进少的问题

这是一个什么问题？它就像盖房子，并行逻辑像是在砌砖，构建一些相互连接的建筑；而递进逻辑像在盖楼，层层向上，下一层是上一层的基础。应该说两种逻辑结构在我们的研究中都是需要的，前一种成功的关键在于相互连接的强度以及新颖的程度。如果研究讨论的若干方面之间联系并不紧密，不能形成合力或统一的结构，这样的研究就是发散性的，给人的感觉就是讨论问题不集中、不深入。以一批第一手考古材料为基础的研究最容易出现这类问题，尽管是以这批材料为中心，但讨论的问题是方方面面，面面俱到，也就是面面不到，没有一个问题能够深入下去。这样的并行结构是我们在研究中应该避免的。

我们更应该提倡递进结构的论文组织，它是一种层层深入的论证方式。比如我论证一类磨制石器的功能，第一个层次是形态特征描述（分类、测量、统计等）、工艺设计分析与使用痕迹分析，三者结合可以大致确定石器的功能范围，当然，这个范围还有点宽泛、不够准确。第二个层次是进行实验考古验证，并寻找民族考古的佐证，通过这个层次的研究，可以缩小功能判定的范围。第三个层次是把该类石器放在石器组合中看，放在当时当地的自然地理条件中看，并跟同类的考古材料进行比较，由此我们可以获得更准确的判断，更多了解与石器功能相关的信息。最后我们把石器功能研究的结果放到当时的社会发展条件中看，由此探索石器功能背后更多的意义。正是通过这种层层递进的方式，我们不仅了解器物功能本身，而且进入到古代社会运作的层次中。递进结构的组织像是钻探，着

力于一点，讨论的问题集中，逻辑更加紧密，因此结论更深入、更可信。

九、材料质量差的问题

材料不足以回答更高层次的问题，因此存在推理"大跃进"或者想当然。考古学研究最经常面临的问题是材料少而零碎，而考古学研究所希望回答的问题是有关古代社会运作、古人生活方面的。我们经常说，不是所有的人类活动都会留下物质遗存，不是所有的物质遗存都能保存下来，保存下来的物质遗存不是所有的都能被发掘出来，发掘出来的物质遗存也不一定都能为考古学家所认识，等等。这是考古学研究面临的实际情况。如旧石器时代的遗址，从民族考古研究我们知道，一个狩猎采集者群体留下的遗址可能绵延数公里，而我们在旧石器考古发掘中一般能够发掘的面积不过数百平方米，有时还更少。可以想象，我们得到的信息是相当有限的，在此基础上得出的推论难免会以偏概全。

一个经典的例子是英国著名的斯塔·卡尔遗址，这是一处中石器时代遗址，因为是湖滨环境，保存条件相当好，一些有机材料都保存下来了，比如用来铺地的桦木条。20 世纪 50 年代由格拉汉姆·克拉克主持发掘，多学科分析参与到研究中，通过动物考古研究认为这可能是一处季节性的居址。几十年后，考古学家再次发掘该遗址，发现遗址规模比以前所认为的大很多，还发现了聚落，如今认为这是一处定居的居址。克拉克是考古学界泰斗级的人物，他尚且有如此的失误，这很大程度上与考古发掘材料的不完整性有关，也就是说，我们不能假定自己把所有的东西都已经发掘出来了，因此在推理时需要谨慎。

上面所说的情况是非常严格的，而今我们遇到的情况要严重得多，部分已经与"民科"有些相似了。比如商代青铜器的饕餮纹与中美洲玛雅的图案有些相似，我们不能由此就得出中美洲的文化受到了商代的影响，因为这中间的缺环太多了。立论的基础本身就有问题，相似并不等于相关。导致相似的原因很多，并不一定存在相关性。再就是把考古材料直接与古史传说甚至是民间故事联系起来，得出来的结论就只能荒诞不经了。

这些年看学生论文注意到一个现象，应该说我们的学生对新生事物是比较敏感的，追求研究上的创新，希望把一些新的理论、视角或方法用到考古学研究中，回答除了文化历史编年之外的问题，了解古代社会更加深层次的内容，比如性别的问题、族属的问题、社会组织形态的问题等。我们首先要肯定这种积极性，研究贵在创新，但是创新还需要落在较为可靠的逻辑推理上（之所以说较为可靠，是因为人文社会科学研究的结果具有更多概率性，而不是绝对的）。而可靠推理的前提之一就是要有较为充分的材料证据，尤其是考古材料的精度。遗憾的是，有些发掘年代较早的材料，工作比较草率，发掘报告提供的信息残缺不全。可能更加严重的情况是，考古材料的发掘、整理以及出版都是在文化历史考古范式中进行的，研究者更加关注器物遗存的形态特征，报告的绝大部分内容是器物的分期排队、形态特征的详细描述，而对于器物的空间关系、出土形态等相对不那么关注。比如为了迅速看清楚器物的形态特征，研究者会在器物出土之后马上进行清洗，而这种"勤快"的举动会清除器物可能存在的残留物，而这些东西对于我们判断器物的功能、人们活动的类型是十分有帮助的。由于研究范式的限制，田野考古工作获取的信息相对有限，这就给后来的研究带来很大的困难。曾经我的一个学生做博士论文，研究北方新石器时代早期（如兴隆洼、磁山、后李等文化）遗址的废弃过程，但是当他开始详细阅读考古报告的时候，他感到特别痛苦，他发现他特别希望了解的器物出土形态、遗存保存状况等信息，报告中记录得非常简略，有的是一笔带过，有的则根本不提。

应对材料精度不够的方法，除了在今后的田野工作中提高材料精度之外（远水解不了近渴），可行的方法之一是增加材料的广度。通常我们遇到的情况是，保存好、报道比较充分的材料比较少，大量的是较为零碎、粗糙的材料，把精、粗两类材料结合起来，精细的材料相当于点，广泛而粗糙的材料相当于面，以点带面，点面结合，或许可以弥补材料的不足。方法之二是降低所要回答问题的层次，这可能是我们很不愿意去做的，但"巧妇难为无米之炊"，如果确实没有充分的材料，这也可能是不得不的选择，退而求其次，回答一个相对不那么深层次但材料足以支持的问题也是可以接受的。方法之三是我更欣赏的，就是在材料中发现新的可以解决的问题。近现代科学研究中这种成功的案例不胜枚举，本来指望去研究一个什么问题，迟迟得不到解决，结果在研究过程中发现了一个新的问题，而这个新的问题最后成了伟大的发现。研究最有意思的地方也正在这里，那种不确定性、那种意外的收获感，是最让人激动不已的。最后，面对大量低精度或者好像没有提供有用信息的材料，我们的办法就是要把这些材料转化成有用的信息，这也正是下面要说的。

十、材料信息转化能力不足的问题

就研究材料而言，考古学是一门有点悲惨的学科，我们所研究的材料总是那么零碎、贫乏，通常我们所能研究的是那些最结实的东西，如石器。我们之所以研究这些材料，不是因为它们在古人生活中最重要，而是因为只有这些材料得到最好的保存。我曾经调查过鄂伦春人六十多年前留下的遗址，我很想了解这些森林猎人的遗址结构、形成过程等，然而我站在遗址上时，却什么也看不到。鄂伦春人不用石器，金属制品、桦树皮制品都不能保存这么长的时间。加之森林树木的更替，层层叠叠的朽木堆积，于是就很难看到什么人工制品了，那个时候，我们怀念石器，如果鄂伦春人有石器制品那该多好，我就有线索了。从这个角度来说，考古学家是没有资格抱怨考古材料的，所有能够遗留下来的东西都是一种幸运，能够研究到这些材料就更属幸运了。

当然，幸运归幸运，问题还是很严重的，零碎的材料不会自己说话，需要研究者来转化，需要研究者提高自己的转化能力，把零碎的材料组织起来，让它们不那么零碎。或者通过其他的途径，让材料处在某个推理链条或背景关联之中，由此具有自己说话的可能。我们似乎又回到了开头提出的问题，让考古材料说话，这是这个学科的任务。它的基本途径有三条：归纳、演绎与类比。"上穷碧落下黄泉"，不断找材料，材料越多、越全面、越新鲜，说话的底气就越足，这是归纳的魅力，也是我们最常用的方法。这里更强调演绎，比如我们对石器材料的研究，因为时代久远，石器材料往往更加零碎，仅仅依赖归纳很难说明问题，于是经常需要用到演绎。如果狩猎采集者降低居址流动性，开始有了一定程度的定居的话，这可能会对石器制作产生明显的影响，比如更多的本地原料、更多的耐用器物、适合流动的工具更少，如此等等。通过演绎可以推导出材料可能存在的特征，因此，即便材料零碎，我们仍然可以通过蛛丝马迹做出判断。

考古材料就像是蛛丝马迹，没有演绎的话，这些有限的遗留是不会透露有关古代的信息的，因此这里所说的材料转化能力主要指演绎。我们因为不重视演绎，所以导致材料转化能力比较差。而如何才能提高演绎能力呢？演绎的前提是理论原理，没有理论原理，就不可能开展演绎，于是这个问题就变成了，我们需要掌握有关的理论原理。而我们有这样的理论原理吗？人文社会科学有普适性的理论原理吗？我相信肯定有人会这么问的。有的！所谓普适性取决于你所应用的层次。接着前面石器材料转化的例子来说，我们研究石器材料所依赖的主要原理是狩猎采集者的文化生态学，类似原理还有认知进化论（由此可以推断远古人类的进化阶段与认知能力）。社会思想家布迪厄的"惯习"理论、吉登斯的"结构化"理论是当代考古学家常用的理论，它们所处的层次比较高，离具体的考古材料特征相对较远，因此需要进一步的延伸推导。中国考古学一直比较忽视考古学理论的建设，推理之中可以依赖的理论原理缺乏，所以难以开展演绎，于是也就出现了材料转化能力的问题。

　　我的博士论文中有一章是模拟研究，基于现代气象站的材料模拟狩猎采集者。这个方法的基础是先师宾福德建立起来的，我的计算机能力比较差，只能应用。按照常规的研究方法，研究农业起源应该去寻找最早的驯化作物、家畜，或新石器时代的文化特征（磨制石器、定居的村落、陶器等），或结合考古科技的方法如同位素测定，看看古人究竟有没有摄入驯化作物（对于最早阶段的农业判断比较困难，因为那个阶段本来只是刚刚开始）[1]。宾福德反其道而行之，他从现代的材料出发，基于狩猎采集者的文化生态原理：一定环境条件（主要是温度与降水）下，每年能够生长的植物量（初级生产力）是恒定的，由此能够支持的动物量也是恒定的，狩猎采集者可以利用的植物量大体是可以计算出来的，虽然不同地带有所区别，能够利用的动物量也是如此，最终我们可以得到一个地方依赖陆生动植物资源可以支持的狩猎采集者的人口密度[2]。然后，我们进一步推测，如果气候发生改变，哪些地方首先会面临人口压力。无疑，那些承载力相对较弱的地方首先会面临人口压力。从我们的模型来看，这个地方是环渤海地区与长江中下游地区。这完全是个理论模型，没有料到的是它居然与考古材料很契合。从中我们可以看到的是宾福德的材料转化能力，把看似没有用的现代气象站材料转变成了可以利用的考古信息。

　　另外一个例子是有关石器材料的，最早的旧新石器时代过渡遗址很少磨制石器，多是打制的石器材料，我们不认为这样的材料对研究农业起源

---

　　[1]　陈胜前：《史前的现代化：中国农业起源过程的文化生态学考察》，科学出版社，2013。

　　[2]　L. R. Binford, *Constructing Frames of Reference: An Analytical Method for Archaeological Theory Building Using Hunter-Gatherer and Environmental Data Sets* (Berkeley: University of California Press, 2001).

有什么价值。但是如果我们采用演绎推理，如果这个时期的狩猎采集者开始走向农业起源，那么人们的流动性会降低，也就是说在中心居址的居留时间会延长，相应地，其石器打制策略、遗址结构都会有改变，如开始出现较多的"遗址家具"（site furniture）、更多的本地原料、更多权宜性的修理等[1]。通过这样的推理，我们就有可能把看起来没有多少价值的打制石器材料利用起来，变成了旧新石器时代过渡的重要证据。也许我们应该说，从来没有无用的材料，只有无效的推理。发展有效的推理是转化材料的根本保证。曾经读过《在乌苏里的莽林里：德尔苏·乌扎拉》，这是地理学家阿尔谢尼耶夫（B. K. Арсеньев）的考察笔记，其中记录了不少有关一位赫哲族老猎人德尔苏·乌扎拉的故事，这位老猎人极其熟悉森林中的生活，所以他对周围任何踪迹都非常敏感，根据极少的一点残留物与痕迹，就能准确复原曾经发生的故事，令人叹为观止[2]。我觉得这是一本很值得考古学家看的书。为什么他能够做到这一点？丰富的森林知识储备与对狩猎生活的充分理解，使得他能够把有限的遗物与遗迹关联起来。

　　这个例子也印证了我曾经说过的一句话：你不了解人的话，就不能研究人。换句话说就是，你不了解一般意义上的人，就不能了解作为特殊意义的古人。考古学家不是一个仅仅满足于能够复原古代生活场景的群体，他们更希望探索表象背后更深层的内容。知道遗存所代表的活动很重要，但更重要的是活动背后的含义，有文化进化的、文化适应的、文化象征的，如此等等。德尔苏·乌扎拉可以复原活动场景，而一个人类学家可能从中看到社会结构、文化传统、思维方式等内容。这也就是说，所谓的转化可以从广度与深度两个方面展开，或者说，转化包括具体的重现与抽象的提升两个环节。唯有如此，我们才能真正把考古材料的价值发挥出来，让考古材料说话，说"人话"，说有深度的话。

十一、考古材料本身的问题

考古材料本身如果有问题，那么我们的研究就是沙上建塔，而实际研

---

[1]　L. R. Binford, "Organization and Formation Processes: Looking at Curated Technologies," *Journal of Anthropological Research* 35 (1979): 255 - 273.

[2]　弗·克·阿尔谢尼耶夫：《在乌苏里的莽林里：德尔苏·乌扎拉》，王士燮等译，人民文学出版社，2005。

究中，这种情况并不罕见。一项研究，技术方法十分先进，论文组织也无可挑剔，但是有一个问题，那就是考古材料本身不可靠。比如你研究一个洞穴中出土的动物遗存，通过它们来重建古人的生计策略，无论你的动物考古学训练多么精熟，如果这些动物遗存与人类活动并不相关，那么你的研究就是有严重问题的。周口店遗址曾经发现过大量动物化石，早期的研究者简单将其都归为人类狩猎所致，后来发现这是有问题的，洞穴中有大量鬣狗粪便化石，鬣狗也可能导致动物化石的堆积。即便没有鬣狗，动物也可能在洞穴中自然死亡；在没有人类的时代，动物化石富集的地方也不罕见，所以，狩猎并不是动物化石集中发现的唯一原因。再者，洞穴堆积过程非常复杂，由于洞顶不断塌落，洞穴的地面可能并不水平，加之地下水流的作用，同一水平面上遗物的年代可能相差甚远。因此，尽管你对化石的研究无可挑剔，但是材料的年代如果出现了重大偏差，那么发现的价值也会大打折扣，甚至是错误的。

　　考古学上强调共存关系，共存是时代意义上的，表明两件东西曾经在同一时代一起出现过，但共存不等于关联，不等于它们曾经与古人的活动联系在一起。考古学家谢弗曾经就此有不少研究，如经过缓慢并彻底废弃的遗址，可以肯定地说，这些器物大多不在以前使用的位置，器物之间原始的功能关联已经失去；一个遗址细小的东西更可能保存在原来使用的位置上；相对而言，突然废弃的遗址保存有更多原初的活动关联①。不考虑考古材料形成过程，把所有的材料同等对待，就可能把经过后期扰动的遗存与真正保存有原初活动的遗存混为一谈，后者的价值没有发挥出来，而前者鱼目混珠，搅乱了我们的判断。忽视对考古材料废弃过程的考虑，是中国考古学研究中的普遍现象。历史时期考古大多研究墓葬、城址等，材料受废弃过程的影响相对较小，而在史前考古领域，尤其是旧石器考古中，影响非常大。

　　当代考古学研究结合了许多学科的研究，采用的科技手段越来越多，给人的感觉是考古学好像很科学、很可靠的样子。然而，非常讽刺的是，就是在这样鲜亮的外衣下，我们常常发现，问题却非常简单，困扰我们的问题跟一百多年前一样，那就是年代。如果我们得不到考古材料准确的年代，后面的许多研究都无法有效开展。如今测年手段很多，但能够提供直

---

① M. B. Schiffer, *Formation Processes of the Archaeological Record* (Salt Lake City: University of Utah Press, 1996).

接年代测定的并不多；即便能够直接进行年代测定，还需要解决一个非常简单的问题，就是地层。考古地层学号称中国考古学的两大基础理论之一，但是我们对它的掌握程度并不如自己想象的那么好。层位关系判定许多时候要依赖研究者的经验，如果研究者就是发掘者，而且确实能够在考古工地上持续工作，而不是让技工代劳，那么他所做判断的可靠性还可能比较高，否则的话，就很难说清楚了。进入考古学术圈之后，我们都会逐渐明白，有哪些材料在引用的时候需要谨慎，因为这些材料的地层、年代等可能有问题。所以，对一个研究者而言，尤其是对刚刚进入考古学研究领域的学生来说，要尊重考古材料，同时要知道考古材料并不是客观之物，它是经过一个认识过程的结果，其中可能存在错误。

一个非常经典的例子是有关最早美洲人的研究，美国考古学家中研究这个问题的数以百计，持续的时间已有上百年，相关的测年更是不计其数，然而学术界目前承认的人类最早进入美洲大陆的年代就是 1.45 万年前后。不断有学者提出找到了更早的材料，但是在严格检验的时候，往往都是地层出了问题，你测定的年代很早，这没有问题，但是所测定的年代可能并不是古人活动的年代。前些年，罗伯特·凯利来中国讲学，他是宾福德的学生，如今是美洲考古学会主席。讲学当天他讲最早美洲人研究的进展，讨论阶段我问他：有关最早美洲人，当前最关键的问题是什么？他的回答让我很吃惊——年代！作为一个过程考古学家，其研究似乎回到了起点。的确，考古材料没有准确的年代，你能够得出怎样的结论呢？

我们的学生做论文，有的不得不利用较早时期前发掘的资料，出土地点与地层不清，不同年代的材料混杂；有的甚至不得不研究传世品，真伪难辨；还有的做的是调查材料，没有地层，也没有确切的年代标志。总之，材料状况不佳。在这样的情况下，如果没有对材料本身的细致辨别，就贸然开始分析，那么最终的结论是很可疑的。无论分析方法多么先进，后续工作多么细致，都是无法弥补的。看到这样的论文，也是甚为惋惜的。

十二、态度的问题

这不是一个直接的问题，但是关系尤大，不输于逻辑。就个人而言，它关乎研究的本质意义。做研究是一种很"嗨"的事情，我说的是真正的研究，是那种有真正发现与真知灼见的研究，研究者能够从中得到一种嗨的感觉。这种感觉非常美妙。按照化学的说法，就是多巴胺分泌显著增加。按照心理学的说法，这叫高峰体验。你会觉得岁月静好，人生美丽，自己真的好棒。你会觉得世界上最美好的奖赏莫过于此，那些所谓名头、奖励其实都不值一提。一个没有真正研究体验的人，可能得到了许多社会荣誉，但命运是公平的，他不可能有这种嗨的感觉。世上有些人不得不求助毒品让自己嗨起来，最终把自己带向毁灭的深渊。但是，研究是一种非常良性的自嗨活动，你一旦尝过，就希望再次尝到，这是一个人研究的动力来源之一。当然，研究还有更崇高的社会与历史意义，做一件有价值、有意义的事情，也是对人生最好的奖赏。人生只有一次，时光易逝，命运多舛，若能找到一件这样的事情，应该是非常幸福与成功的。古往今来，我们看到的人类杰出之士，他们活着的时候，有的的确发达，有的终生潦倒，是什么支持他们能够不为外物所动，矢志不渝地努力，最后名垂青史？他们都是有追求的人，这种追求非常有意义，他们从自己的追求中得到了精神奖赏，也就是前面所说的"嗨"的体验。

这里存在一个重要的区别，那就是真正的研究与似是而非的研究。假装在做研究，可能带给你荣誉、利益，但是无法带给你真正的嗨。这么说可能稍嫌极端，做研究是个努力的过程，并不是每个时候努力都会有发现，往往是无数的失败才能换到一次嗨，我们不能由此说前面所有的研究都不是研究。所以，区别不一定在于结果，而在于态度。诚心正意，专心致志地投入，是走向嗨的必由之路。在这条路上努力，可能得到嗨，也可能得不到，但是不在这条路上努力，而是走歪门邪道，是不可能有真正的嗨的。不否认他们能够得到物质上的快感，但是不可能得到嗨这种精神层面的愉悦。

学习研究，某种意义上说，就是学习如何能够自嗨。现实有点残酷，社会把研究变成了一个个需要达到的指标，一个个需要实现的任务，一个个需要克服的困难。当你实现了一个，马上会有一个更大、更高、更难的等着你。你几乎被这个社会绑架了，你连自由都没有，如何能够自嗨？这是我们这个时代的悲剧，或者说是现代性思想的悲剧，它把外物与人对立，让人不断去征服，征服外物，战胜他人，最后把自己也当成了外物，是需要被征服、被战胜的。我们一旦不能成功，就会感到沮丧。我们总是处在焦虑之中，担心自己不能实现目标，担心自己无法驾驭自己。我们需要承认，被社会、被他人、被自己肯定，但是我们又把他们当成要征服、要战胜的对象。这如何能够实现呢？

我们似乎忘记了人是在做事之中获取价值、找到意义、享受乐趣的。人本来就在事情之中，人生本就是事情构成的，其意义也是由事情构成的，并没有一个独立在事情之外的人生存在。但是，按照现代性的思想，它假定存在一个事情之外的人生，事与人是分离的，我们靠事情来打发人生，事情是安置的、命令的、不可抗拒的，而不是人追求的、融入的，人是有能动性的（这些思想跟后过程考古学所立足的后现代主义是一致的，后现代主义是时代的需要！）。由此，我们看到许多人在混事，他们试图在事情之外寻找价值、意义与乐趣，当然，这是徒劳的，所以选择各种各样极端的娱乐方式来让自己忘记时间、忘记意义、忘记自我。

换一种思路来看研究，就会发现研究其实是很让人幸福的事情。研究应该是一种追求，一种无尽的探索，而不应该是人置身事外的一种形式。态度决定一切。对一名医生而言，如果没有仁爱、同情之心，就不可能是一名好医生。一名科学家，没有求真求知的精神，也不可能是一名好科学家。而一名人文社会科学的研究者，如果失去了对社会、文化以及人本身的关注，是不可能成为一名真正的学者的。因为人就是事，事就是人。

第十一章 考古学研究的叙事：科学的方式

前面我们已经探讨了考古学研究的几个关键环节，下面要讨论具体的形式了。考古学是一门跨越自然、社会与人文科学的交叉学科，所以考古学研究的相关论文可能发表在各种类型的期刊上（不要抱怨考古学的期刊少，应该说自己开拓得还不够）。不过，就其形式而言，大致可以分为两种类型：科学与人文，或者说得更具体一点，就是自然科学式的与非自然科学式的。前者的代表就是 SCI 论文，凡是不像 SCI 论文的都可以归入非自然科学式的论文。广义上说，考古学无疑是一门科学，但是我们在具体定义科学时，会发现科学并不是很容易说清楚，我们更像是根据哲学基础来区分科学，从最严格、封闭的逻辑实证主义，不能验证的都不予以承认，数学也被排除在科学之外；到最松散的社会建构论，科学就是一种知识的社会建构，看看科学背后的西方文化与社会背景，这种说法似乎也有几分合理性。当然，现实之中区分科学没有这么复杂，那就是自然科学与非自然科学。

中国的教育体系很好地贯彻了这个分类，即理科与文科。这种区分造成的影响是非常惊人的，经过学习训练之后，似乎诞生了两种人，两种具有不同思维方式的人。他们互相批判，互相鄙视，前者说后者空洞、无用，后者说前者刚愎、没文化。无疑，在现实利益面前，自然科学研究要占据绝对优势，它的评价标准得到更广泛的认同。考古学研究处在交叉地带，自然免不了要受到影响，越来越多的论文向自然科学的标准看齐。现实的学术评估体系也在鼓励这种趋势的发展。我们暂且不讨论这种趋势是好还是坏，我们首先需要了解：自然科学式的研究是如何开展的？有什么意义？尤其对考古学研究来说，有着怎样的价值？为了弄清楚这些问题，我们这一章将专门讨论 SCI 论文的写作方法，以及当前考古学研究中 SCI 论文的状况，并结合具体的案例来体会一下 SCI 论文的写作。我们绝大多数考古学方向的学生与研究者都是文科背景的，少数后来转向了自然科学。我们在批判对方之前，首先应该好好地了解对方，取长补短，从相互批判转向相互学习，这或许更有意义。

一、SCI 与 SCI 论文

说起 SCI，是个让人又爱又恨的东西，它的全称为 Science Citation Index，即"科学引用索引"，由"科学情报研究所"（Institute for Scientific Information）每年发布。SCI 可以用来检索科学论文被引用的情况，是当今科学界最权威的学术评估数据。其他如 SSCI（Social Science Citation Index）、JCR（Journal Citation Report）等都是 SCI 的衍生产品。江晓原、穆蕴秋两位曾在《读书》上连续发文揭露 SCI 的内幕①，有兴趣的话，可以参考一下。如他们所说，所谓"科学情报研究所"这么高大上的机构原来是一家美国私人商业公司，是一家营利机构。尽管其中存在种种黑幕，但那毕竟是美国人自己的事情。它在成为中国学术评估指标之后，就成了中国学术研究的问题，对中国考古学研究也产生了巨大的影响。

SCI 成为中国学术评估指标之后，对推动中国学术研究的国际化，以及提高中国学术的研究水准还是发挥了不小的作用，这是有目共睹的事实，是应该承认的。它对中国考古学研究产生的影响相对自然科学领域来说要更晚，中国考古学研究领域大规模发表 SCI 论文的历史不到十年。西方学术研究的规范化做法，及其研究思路与方法对中国学术研究助益良多。这种影响已经扩散到诸如研究生论文，尤其是博士论文中。学生在参加国际交流中，在写作 SCI 论文的过程中，在阅读、参考相关文献时，受到了许多直接与间接的影响。这种影响还在扩散之中，这是我们愿意看到的进步。

但是，SCI 的负面效应也正在扩大，这也是江、穆两位鞭挞 SCI 的主要原因。SCI 成为中国学术评估指标之后，中国自身的学术期刊受到严重的打击，对中国学术文化的打击同样如此。SCI 以英文期刊为主，中国进入 SCI 行列的一百多种期刊也都是英文的。中国学术研究最优秀的成果都用英文发表，然后中国学者借助一门外语来接触自己的学术成果，说出来

---

① 穆蕴秋、江晓原：《科学出版乌托邦：从开放存取到掠夺性期刊（上）》，《读书》2018 年第 8 期。江晓原、穆蕴秋：《科学出版乌托邦：从开放存取到掠夺性期刊（下）》，《读书》2018 年第 10 期。

都有点匪夷所思。我曾经用"学术自我殖民化"来描述这种情况。连在海外长期工作过的学者如施一公先生就曾发表意见，说我们把基础研究成果都发表到国外去，很不利于中国的工程研究者利用基础研究成果，毕竟不是每一位学者的英文都像母语一样好。学术是文化的一部分，而文化的载体就是语言，当我们放弃自己的语言的时候，要复兴自己的文化是不可能实现的任务。

曾从在海外工作的同学那里听到一个笑话，说他们把 SCI 称为 Stupid Chinese Index 的缩写，SSCI 就是 Super-stupid Chinese Index。这么说无疑非常偏激，但也说明现实确实有可笑之处。正如前文所言，SCI 并非一无是处，它的贡献是很明显的。问题并不在于它是什么，而在于我们如何用它。如果将它唯一化，然后给这个评估指标附上许多利益关系，那么就会带来一系列负面的影响。我们批评 SCI 的时候，马上就会被反问：如果没有 SCI，那么你能提供一个什么样的评估体系？这就与我们批评高考、批评科举一样，没有它们，还有什么更好的人才选择机制？科举是怎么被淘汰的？因为它太单一，太脱离现实。高考、SCI 面临的问题类似之，不是因为它们不对，而是因为它们唯一。SCI 只是一种评价体系，一种国际化的科学评估体系。而我们不应该只有国际学术，我们还应该有自身的学术。我们向全世界学习不是要消除自己的学术，而是为了发展自己的学术，为了建立自己的学术体系。说到这里，禁不住想到 20 世纪 20 年代周口店发掘之时，那时候的中国学者提出所有成果必须先发表在中国自己的期刊上，而非国外期刊上。在中国考古学还十分幼稚的时候，中国学者就坚持自己的声音，而今我们似乎少了那么一点独立的精神。

当然，我们还不清楚当前"学术国际化"的结果，也许它只是我们发展道路上的必经阶段。现在大家开始意识到自身学术体系建设的问题，也算是一种进步。这里我们还是要看到 SCI 论文的优点，看到那些可以为我所用的方面。总体来说，SCI 论文有比较明显的程式，有明确的规范，也便于学习。SCI 论文大体可以分成 4 种类型：（1）提出、介绍和描述新理论、新方法、新材料；（2）新的研究综述；（3）批评别人的观点，进行新的分析；（4）发现新的问题，并没有解决问题，发现问题也是论文的一种形式。从江、穆二人的评论来看，现在 SCI 论文中研究综述文章在不断增加，因为这样的文章引用率更高，有利于提高期刊的影响因子。中国考古学研究中还是第一种论文占绝对优势。下面重点介绍这一类论文的基本格式。当前图书市场有关如何撰写 SCI 论文的作品很多，可以找来参考。

最后，需要强调的是，SCI 论文只是一种形式的论文，并不是唯一形式的论文，当前大部分考古学的论文还不是 SCI 论文，也不大可能写成SCI 论文。其中最关键的原因，是逻辑上的问题。人文社会科学的研究逻辑与自然科学的研究逻辑是不同的，不可能拿研究细胞、原子的逻辑来理解人类社会，理解人本身。人是历史的、文化的存在，人生活在充满意义的物质世界中，与自然科学家研究物质世界存在着巨大的差异。自然科学家研究竹子只要考虑它的自然属性——放之四海都是统一的，而无须考虑竹子的坚韧、风骨、优雅——而这样的意义只见于中国文化以及受到中国文化影响的周边文化中。正是这样的差异决定了两者无法采用同样的研究逻辑。相对而言，SCI 论文的研究逻辑是简单的、直接的；而研究人类社会与文化的逻辑是复杂的，常常还是间接的。遗憾的是，在 SCI 论文大行其道的时代，它对人文社会科学研究产生了很大的冲击，以至于人们开始怀疑人文社会科学研究的价值。

二、SCI 论文的基本格式与内容

SCI 论文是非常程式化的，甚至有点"洋八股"的味道，它的基本内容包括：题目、摘要、关键词、正文部分（其中又包括引言、材料与方法、结果、讨论、结论）、致谢、参考文献、附录等部分。表 11 - 1 简要归纳了 SCI 论文的写作要点[①]：

表 11 - 1　　　　　　　SCI 论文的基本内容及其写作要点

基本内容	写作要点
Abstract（摘要）	What did I do in a nutshell? 概要
Introduction（引言）	What is the problem? 问题是什么？
Material and Methods（材料与方法）	How did I solve the problem? 我是如何解决问题的？
Results（结果）	What did I find out? 我发现了什么？

① 金坤林：《如何撰写和发表 SCI 期刊论文》，科学出版社，第 30 页。

续表

基本内容	写作要点
Discussion（讨论）	What does it mean? 发现有什么意义？
Acknowledgements（致谢）	Who helped me out? 谁帮助了我？
References（参考文献）	Whose work did I refer to? 我参考了谁的工作？
Appendices（附录）	Extra information 额外的数据或资料

当然，这只是一个基本的写作框架，在实际写作的时候是可以有很多变化的。下面我们逐条介绍每个部分的写作内容与注意事项。

题目。SCI 论文的题目很重要，有画龙点睛的作用。自然科学论文的题目必须特别明确，题目必须包括论文的核心要点。自然科学论文经常会出现一个大标题和一个小标题，大标题是大问题，小标题是大问题的一部分或者一个个案研究。不同于我们常见的考古学论文，SCI 论文的标题要求与内容严格契合，文中写的是什么内容，标题最好就体现内容，尤其是在不区分大小标题，而只有一个标题的时候。而我们常见的考古学论文要求就没有这么严格，可能题目很大，你读完之后，可能会发现自己上当了，文章所写的内容只是与之相关而已。这样的情况很少会出现在 SCI 论文中。

摘要。摘要部分的第一句话要点明背景，简要说明研究动机、主要内容、核心观点，以及研究的意义。英文 200～300 词。

关键词。关键词是网络时代便于搜索使用的，方便大家在网络上搜索论文，关键词一般在题目、摘要、文章小标题和结论中会有，是最能代表论文内容的，数量在 5 个左右。

正文部分。正文第一部分是引言。其中要包括：（1）文章研究的问题是什么；（2）提出问题的背景是什么；（3）研究简史，前人做了哪些研究、有哪些收获、现状及存在哪些问题；（4）你做该项研究的原因，介绍课题的性质、范畴及重要性，突出研究目的或要解决的问题；（5）研究中拟采用的方法、研究工作的新发现和意义。

这个部分并不只是 SCI 论文的要求，只要是以问题为中心的研究论文，大都如此（当然，不是所有的论文都是以问题为中心的）。SCI 论文的要求非常明晰，对我们写作考古学论文也有参考价值。我们写作前言部分的时候，可以参考这些要求。SCI 论文的引言部分要求虽多，但大多写得比较简洁，既要全面，又要重点突出。介绍研究简史时，既要体现经典的研究，也要体现最新的研究成果。如果忽视了最新研究，是很容易导致拒稿的。从前国内的研究不是很注意这个方面的问题，认为只要自己有新东西，前人的工作可以不用考虑那么多。但 SCI 论文就此有明确的规范性要求，是值得学习的。这个部分重点是抓住读者的眼球，让读者觉得本项研究具有重要的意义，然后继续读下去。引言部分也是作者在向审稿人推荐自己的论文。某种意义上说，它就是文章的门脸，一旦这个部分没有写好，就会给审稿人留下很不好的印象。

正文第二部分是材料与方法。自然科学研究很强调这个部分，材料就是研究的对象，方法就是去分析研究材料的手段。就这一点而言，考古学研究其实很像自然科学研究，因为考古学研究的对象也是材料，一种实物存在。正如前面反复强调过的，考古材料本身并不会说话，需要我们运用考古学理论方法使之说话。在考古学研究中，这个部分应该分为两个小部分来写：前一部分介绍材料，包括它的发现、内涵、时空框架、环境背景等；后一部分提出理论方法，一定的材料适用于一定的理论方法。理论方法通常不是现成的，需要研究者基于问题研究的目的去进一步发展，力争形成一套方法论，而不只是若干松散的方法。在理论分析中则要建立所采用的方法的合理性，如果理论上都行不通，那么如何能够开展具体的材料分析？还特别需要提醒的是，这里的材料研究应该是与前面所提出的问题相关联的，也就是说这些材料适合去回答前面所提出的问题。

需要注意的是，在考古学论文中，材料介绍与理论方法两个部分的次序并不严格，取决于作者想强调哪个部分。先介绍材料，再提出自己拟用的理论方法，看起来更合乎逻辑一些。不过，先讨论理论方法，再来说材料，后面紧接着分析材料，逻辑上同样顺畅。不论采用哪种次序，重要的是内在的逻辑，即提出问题之后，需要有相应的理论、方法与材料来回答这个问题，也就是我们说的论文的论证。问题与理论、方法、材料之间需要有良好的自洽，更细致地说，材料与方法之间、问题与材料之间都需要考虑这样的自洽性。我们发现一些论文就是在自洽性上存在问题，论文所用的材料并不适合回答所提出的问题，或所用的方法不适合回答该问题，或不适合用来分析这样的材料。保持逻辑的连贯性是这个部分需要特别强调的。

可能有读者注意到，我们中国考古学研究的绝大部分论文都没有理论方法这个部分，而在西方考古学，尤其美国考古学的论文中大多会有这个部分。一方面是因为，我们的理论方法发展还不足，大家所用的理论方法基本一致，无须在文中重复；另一方面是因为，这样的结构也是从 SCI 论文或曰科学论文中衍生出来的，它强调研究的逻辑性。对于研究生论文而言，尤其对于博士论文而言，没有理论方法部分是说不过去的。你的研究何以能够成立？你在理论方法上有没有更好的创意？文中应该有这么一个部分，提出自己的构想。经过材料分析之后，在后文的讨论部分还需要深化提炼，形成更深入与更抽象的理论性认识，可以凝聚成某个概念或某个观点。

　　有关材料背景介绍是比较好写的一个部分，但是照抄考古报告却不是一个很好的做法。就考古学论文而言，材料背景的介绍至少包括地点、时代、环境背景，可以扩展到该地区考古发现与研究简史、考古学文化时空框架的介绍、自然地理环境与古环境、考古材料发现经过等。这些内容往往在考古报告中可以找到，但是如果照抄原文，很容易出现文字雷同的情况。作者还是需要有所提炼，比如地区的考古学文化框架，有时甚至可以将古气候材料合并于其中，做出来一张图来，一目了然。这个部分的介绍并不是撒胡椒面，也需要重点突出，跟后文要分析的材料对象相配合。如后文要分析陶器的谱系，这里可能要侧重介绍层位关系；如后文是要分析空间组织，这里可能就要侧重介绍遗迹材料。无论如何，考古材料最核心的要素一个是年代，一个是空间分布，这两个方面是务必介绍清楚的。

　　正文第三部分是结果（材料分析）。结果在正文中是很重要的部分，一般会分节来写。这个部分实际写的是材料分析的过程，运用方法分析材料之后，会得到结果。最终的结果通常是通过若干步骤获得的，所以需要分解成若干小节来写。比如我曾经按照 SCI 格式写过一篇论文，论文的主题是用实验考古的方法分析中国旧石器时代的石球，在前文分析了中国发现的旧石器时代石球之后，我介绍了所采用的实验考古的方法。结果部分就包括：（1）原料的选择；（2）石球毛坯的选择；（3）制作技术、操作链与时间成本；（4）与手斧制作的对比；（5）用作投掷武器。在这五个部分我要叙述通过一系列实验研究所得到的认识，比如我发现在原料的选择上不能选择深色的石英岩，而要选择白色的石英岩、砂岩、石灰岩等，它们更容易加工；在毛坯的选择上不能选择貌似圆形的砾石，而必须选择有棱角的断块，这样更容易加工；我们发现制作一件类似球形的石球一般需要一个小时左右，要加工成高度滚圆的石球，需要的时间则要长得多；制作石球的时间成本要高于制作手斧；石球是一种用于徒手投掷的工具。这些结论直接来自实验，它们构成后面讨论的基础。

正文第四部分是讨论。国内很多考古学论文没有讨论部分，按照 SCI 论文的规范，讨论应该是一篇论文的精华，研究者通过讨论部分证明自己研究的重要价值，与哪些重要的问题相关，是否有推广的价值。讨论部分也是论文最难写的部分，它反映作者研习的文献量，对某个学术问题了解与理解的深度和广度。深度指就问题研究的深入程度；广度指是否能够从多个角度来分析解释实验结果。按照 SCI 论文的要求，讨论部分要让审稿人与读者了解论文为什么值得引起重视：（1）你的结果有什么理论意义；（2）你的发现有什么实际应用价值；（3）你的发现是否可以扩展到其他领域；（4）你的发现是否有助于理解更广泛的领域。

继续前文有关石球研究的例子，我的讨论部分包括三个部分：（1）作为一种工具类型的石球；（2）石球、莫维斯线与模式 I 技术；（3）石球所反映的文化适应。这里更深入地讨论前面实验结论的意义，石球这种所谓高劳动投入的工具，不会作为权宜性工具使用，由于不适合搬运，它属于一种预置技术。它在不同时期、不同地方都出现过，不能将之归入模式 I 技术。从许家窑遗址的情况来看，石球平时预置在猎物必经之地，待猎物进入打击范围之后，猎人们群起而攻之。但是徒手投掷石球的杀伤力有限，只能打伤动物，迟滞其行动，最终的猎杀可能还需要面对面地进行。同一时期尼安德特人骨骼上的伤痕支持这一认识。讨论是前文认识的升华，需要结合更多、更广泛的文献，从而能够真正提升认识的层次。

正文第五部分是结论。它是对自己研究要点、意义、价值的总结。这个部分值得注意的是要与摘要部分区别开来，直接把结论部分粘贴过去作为摘要是不能被接受的。相比而言，摘要部分要讲到研究的出发点、研究背景、所研究材料及其方法等，涉及的内容更多一些，而结论部分侧重的是研究的发现，尤其要强调其意义与价值，有时还会加上一些对研究所存在问题的回顾，并提出对未来研究的展望。比较忌讳的是说上一大堆空话，既看不出有什么发现，提出了什么新的观点，也看不出有什么反思。我们的学生经过多年的教育之后，每个人似乎对写这类话都很在行。但 SCI 论文是比较实在的，必须要写一些实质性的内容。结论写不出内容来，一个原因可能是论文的确没有什么新意，还有一个原因是缺乏提炼。对于学生而言，论文写到最后，已经筋疲力尽，结论部分开始马虎起来。所谓行百里者半九十，虎头蛇尾就不合适了。对于审稿人来说，首先看的就是摘要与结论，这样他就可以在宏观上把握论文，所以这个部分不能不重视。

致谢。要写清楚项目受到的资助、项目批准号，感谢要具体。这个部分也要小心，因为你写的论文大多是受到项目资助的，而项目基金也需要向它的上级机关负责，所以你的论文务必写清楚项目的全称、项目批准号（而非项目编号）。有些基金机构很严格，一旦没有署名，或署名不严格，就不视为项目成果，那么你在结项的时候就可能遇到麻烦。还有项目明确要求只能单一署名，不能同时挂上好几个项目名称，这也是需要注意的。我们有时会看到某些科研达人，一篇文章下面挂上数个项目名称的情况（拿到的项目太多，做不过来），要知道不是每个基金机构都能容忍这样的情况。

参考文献。参考文献的引用主要在引言部分，材料与方法部分会有一部分引用，结果部分的引用较少，讨论部分的引用会比较多。不同的杂志对参考文献的格式要求是不同的，有的姓在前，有的名在前，根据期刊的要求来做。不过 SCI 论文都是在西文框架中，采用 Endnote 软件可以帮助编辑参考文献。格式方面主要有两个问题：一是中国作者的署名，举例：刘伟，一般写作"Liu，W."，王晓明一般写作"Wang，X."，也可以写作"Wang，X-M."。二是单位署名的问题，中国考古学中许多报告是单位署名，然后文末附上执笔者的名字。有时是数家单位合作，翻译过来的名称会非常长。如果 SCI 论文引用的格式是在正文中加括号，里面插入作者名与出版年份，那么数家单位名称会占据两三行，这是不可接受的。以福建省文广新局为例，英文的单位署名有两种办法，一种是署上文末真实的写作作者的姓名，另一种方法是写"（Fujian.＋出版年份）"，然后在参考文献部分 Fujian. 之后加括号，括号里面附上单位全称。无论采用哪种方式，全文都需要保持统一。

图片表格。在材料与方法、结论的部分经常会用到图片和表格，所谓"一图胜千言"（a picture is worth a thousand words），图表直接明了，有利于阅读者的理解。审稿人看论文时，看了摘要、结论、前言之后，通常会看图表，这样能够更快地了解文章主旨。图表精美会给人留下很好的印象。图形文件通常不能直接插入正文，而是要做成单独的图形文件。正文之后附有图片和图片说明的板块（figures and captions），说明图片的标题、图例等。一般发表的图片的分辨率不能低于 300。

作者。在自然科学论文中，第一作者负责搜集文献、材料分析和写作，之后顺位的作者做协助搜集材料等工作，最后的作者一般负责协调工作，此外，有时文章会有通讯作者，通讯作者负责文章作者之间、作者和审稿人之间的交流协调。在现在的评估体系中，有时会把第一作者与通讯作者同等对待，有时又会要求第一作者同时是通讯作者。其中的原因一言难尽。目前 SCI 论文不少是国际合作的产物，在国内考古学界，就国际合作有个不成文的规定：如果是中方出材料，那么第一篇发表出来的论文，第一作者必须是中方负责人，虽然他或她可能并没有写这篇论文；之后的话，谁写的谁就是第一作者。在 SCI 热潮的驱使下，国际合作空前发展。以前中外合作，我们可能希望外方能够提供一些研究经费，如今经费不是太大的问题，甚至可以资助外方一部分，一起合作写论文就成了动力来源。除了第一篇论文之外，在后来的合作中，外方学者还可以帮助修改论文的英文表达。如果合作比较愉快的话，后面还会邀请双方讲学、学生交流，这些都是非常正面的结果，对中国的学术发展比较有利。

英文写作。自然科学论文的英文写作要求并不是很高，准确是最重要的，文采方面考虑不多。国际合作的好处就是有人能够帮助提高英文写作水平。绝大部分中国作者的英文写作达不到直接发表的水平，找英语为母语的同行看一下，会比较有帮助。我在美国留学六年，说来甚是惭愧，我的英文写作也没有过关。写英文论文时还是需要有一个中文底稿，我倒不需要逐字逐句去翻译原稿，但需要用原稿作为提示。究其原因，是我写作英文时，只能关注写作本身的问题，而无暇顾及专业上的问题；考虑专业问题时，又不能兼顾英文表达的问题，所以不得不把两个过程分开。修改英文论文时，总是改得体无完肤。即便如此，还是不能做到地道，最后还需要英语为母语的同行把关。当然，我说的是一般的考古学论文，SCI 论文的英文有既定的格式，相对来说，难度要小一些。国内大学理科的本科生也颇有能够发表 SCI 论文的，英文基础好是一个方面，格式清晰，易于遵循，也是原因之一。所以，写作 SCI 论文，一方面需要训练英文写作，另一方面要注意它的格式要求。

自然科学论文的篇幅一般在 5 000 词左右，折合成中文的话，相当于8 000 字上下。导言或前言一般在 400～500 词。

三、SCI 论文的特点

上面探讨了 SCI 论文的基本格式，仅从格式而言，SCI 论文并没有什么特殊之处。如果一定要说有什么特点的话，那就是规范，符合科学研究的逻辑。这个特点还是很值得我们学习的，比如前言部分的要求、材料的介绍与方法的提出、结果的分析、讨论的深化等，是考古学论文也需要考虑的。我们的同学在写作论文的时候，其实非常需要这样的规范。按照这样的规范来做，至少可以保证不会偏离基本的研究框架。即便是成熟的考古学研究者，在写作论文的时候，也可能会犯偏离基本研究逻辑的错误。这些研究者可能非常熟悉材料，有很好的直觉，但是他们在得出观点的时候没有分析方法，也没有理论支持，所以就这样的观点，既不能说它对，也不能说它错，只是感到说服力不足，甚至有点想当然。SCI 论文框架很好地规范了这一点，介绍材料之后必须要发展方法，然后要用方法去分析材料得出结果，最后解释结果的意义，研究的逻辑非常顺畅。所有这些都没有什么特别之处，真正的特别之处是暗含在其中的东西，它代表一种特殊的思维模式。

第一，SCI 论文模式以问题为中心。在过去很长的时间里，考古学研究并不必定要以问题为中心进行。你重建一个地区的考古学文化的时空序列，更大的可能是，你的研究是整个工作的一小部分，所以很难说这个研究是以一个具体问题为中心的。以问题为中心的研究模式是过程考古学特别强调的，因为过程考古学希望把考古学发展为一门科学——至少也要符合科学研究的一般程序。与过程考古学兴起同步的是考古科学的发展，这些来自自然科学领域的研究直接把科学研究的一般程序带到了考古学研究中，以至于我们现在做考古学研究的时候，也是强调要以问题为中心。

我们需要明白的是，以问题为中心的研究并不是所有考古学研究的模式，而是其中的一种模式。这种模式的优点是非常鲜明的，那就是研究的关注点非常明确，所有的理论、方法与材料分析都必须以问题为中心展开。即便问题再小，它也是研究的中心。研究以解决（或曰回答）问题为目的，如果能够实现这个目的，那么我们就说研究成功了。以问题为中心的研究，其前提是能够从研究对象中提炼出明确的问题。但不是任何研究对象都会有这样的问题，比如说你的目的是要去理解一个人，你去认识他或她，收集相关信息，在此过程中，你形成了理解，这中间就没有什么明确的问题。考古学恰恰是要去理解人的（理解人的历史与文化）。所以，以问题为中心的研究有特定的限制，它适合那些能够把问题明确化的研究对象。

第二，SCI 论文模式的理论、方法与材料都必须非常明确。你要从事什么研究，首先需要把你依赖的理论、所用的方法以及将要分析的材料都摆出来，而不能暗含在研究中。你如果不同意我的研究，可以依次检查我的理论、方法与材料分析，看看存在什么问题。一切都显得非常明晰。当年宾福德作为一名从自然科学领域转入考古学研究领域的学生，他感到震惊的是考古学家在做研究的时候基本不考虑预设的前提，比如大家都在讨论考古学文化，都在说文化，那么这里所说的"文化"究竟是什么？人类学研究者也在说文化，他们与考古学家所说的文化有什么区别？正是从理论前提的质疑着手，他引领了一次范式的变迁。同样对这一概念的质疑，后过程考古学的代表人物伊恩·霍德在"文化"的功能主义概念中发现了历史，发现了意义，发现了人的能动性。不过，后过程考古学走得有点太远，它开始质疑科学本身，质疑材料中所暗含的理论预设。显然，这样的研究是不可能包括在 SCI 式的研究中的。

第三，SCI 论文模式非常强调科学的事实。这种事实不是我们用感官观察到的直接事实，而是指在一定理论框架内，运用科学方法所获得的事实，即使我们的感官不能觉察到。科学的事实是 SCI 论文研究的基石。科学研究的目的就是要运用理论方法去发现这样的事实，并解释事实背后的意义。因此，SCI 论文格外强调事实，在论证的过程中，也特别强调要用充分的事实来证明观点。不过，我们对过去的认识是不是科学的事实？若不涉及价值判断的话，大多数时候争议并不大，比如古人吃了什么，通过不同的检测方式，是可能知道的。但如果涉及价值判断，比如这些东西是不是我们祖先的遗留，就有可能影响到我们的认识。当今世界，尽管大家在批判种族主义、殖民主义，很少有人敢直接表明自己有这样的立场，但是它们对研究暗含的影响不能说已经消失。这样的话，就可能制造许多貌似客观的"科学的事实"。这些极端的思想正在消失中，那些不那么明显显得负面的思想，如民族主义、男性主义等都在影响知识生产。科学的事实无疑很重要，但似乎并不是无所不在的，而是有条件存在的。

第四，SCI 论文模式强调研究的逻辑。逻辑在中国传统文化中长期不受重视，相于于英文，中文更像是一种诗歌语言，非常精练、形象，但是逻辑性较弱。熟悉英文的人都会注意到它总是有许多限定短语、从句，运用不同的词语分别界定相似的对象。研究中逻辑可以分为两个层次：一个是整个论文的结构组织，需要体现逻辑论证的严密性，不能有推理上的漏洞；另一个是在写作的语言组织上，要遵循逻辑组织性，比如判断的语气要适度，不要做材料支持还不够充分的判断。当然，需要指出的是，考古学是人文社会科学，尤其在涉及社会与行为研究的时候，研究的逻辑结构相对模糊。而在考古材料层面，其研究更近似于自然科学研究，也就是SCI式的研究，逻辑结构要明显得多。

第五，SCI论文模式遵循科学研究的一般程序，那就是可重复、可检验。可重复意味着不论谁来做，结果都应该保持一致才对。就好比一批石器的微痕，不同研究者得出的结论不能不同，否则其科学性就不足。不可否认，可重复性存在问题，所以微痕分析的科学性还存在一些疑问。但不管怎么说，正是因为需要可重复，研究者才会不断提高微痕分析技术。再比如周口店第一地点直立人用火的问题，最早是根据发掘者的判断，后来增加了一些多学科的分析，再后来国外学者介入其中，重新分析之后反对人工用火的存在。近些年来，中国研究者又进行了新的发掘，利用新的科技手段，重建古地面受热后的温度曲线，重新确立了这里存在人工用火的认识。同一个问题，不同的方法，不同的研究者，研究者认识可以反复检验。正是因为可重复与可检验，科学研究在不断进步。科学研究可能犯错，但是它可以纠正错误，正是通过否定之否定，科学研究得到更确定的认识。当然，并非所有的研究都可重复、可检验。考古学研究的是已经消失的过去，我们得出的结论也不可能回到过去检验。再者，人的活动具有特定的情境性，这种情境具有时间与空间的特殊性，无法再次检验。

第六，还要重复一遍，SCI论文模式具有规范性。这种规范性是西方学术近一两百年学术积淀的产物，部分SCI期刊已有一百多年的历史。这是什么意思？它意味着SCI的标准并不是一种天然的东西，它是西方学术文化发展的结果，其中混合着经济利益、权力博弈。按照江、穆两位的说法，它已经形成一套成熟的操作规则。这些东西与科学并没有什么关联，有些甚至是与科学精神背离的。也就是说，我们需要从学术文化的范畴中来理解SCI论文，而不应该将其神化为一种普适的存在。

总结起来说，SCI论文的优点与缺点一样突出。作为科学研究，它一方面采用实验的方法，另一方面注意研究客观世界（科学的世界观是二元的，把传统的二元混合分为主体与客体两个分离的部分，这样人就去研究客观世界）。正是因为中国传统文化中这两个方面发展不足，所以中国没能成为近代科学的起源地。在研究人类社会时，二元论的世界观是有问题的（参见第十二章）。与此同时，科学研究，也就是分科研究，它强调从某个角度或按照某个线索展开研究，把整体拆分成部分来研究。我们需要知道，整体并不总是可以拆分的，拆分的研究必然带来偏颇的观点。科学研究穷极根本，始终带有还原论的倾向，把世界分解成最小的单元，在自然界是粒子，在人类社会就是个人，然后从中寻找定律性的东西。这是科学家的天真之处，真实的世界，尤其是人类社会，是高度复杂的。以二元论哲学为基础，采用还原论式的研究方法，是难以研究人类社会的。这也就是说，SCI 论文适合某些考古学研究，但不能代表所有考古学研究。

四、中国考古学研究中的 SCI 论文

中国考古学研究中的 SCI 论文写作主要有两种方式：一种是考古科学研究，涉及古环境、植物考古等，这类论文主要是由与考古学相关学科的研究者所写；另一种是考古学者所写，主要侧重于年代、微痕分析等。归纳起来说，大都属于提供新材料的研究。从国际学术市场的角度来看，我们提供的学术产品还处在产业链的低端，更高端的新理论、新方法、新问题等触及不多。当然，还有一种可能，即在这个西方主导的 SCI 体系中，人家希望我们永远处在这个位置上，就像我们在工业技术市场中看到的一样。所以，从这个角度来说，尽管我们希望通过 SCI 融入国际学术体系，但我们还是被这个体系边缘化了。俗话说打铁还得自身硬，完全靠融入所谓国际学术体系来发展自己是不现实的，我们必须要两条腿走路：一方面，通过"融入"，像西方考古学学习；另一方面，还需要发展自己的学术体系，比如说我们自己的学术期刊。两条腿要同等重视，才能走得快，发展得好。目前的 SCI 论文"发烧"，自己的期刊没有优秀的稿子，这就是一个问题，我们太过于重视前者了。

我还注意到一个现实，写 SCI 论文的基本都是青年学者，部分还是在校学生。一方面，我为他们的国际化视野感到骄傲，他们很年轻就登上了国际学术舞台；另一方面，我又有一种深切的期望，我期望他们不要忘记中国考古学自身学术体系的建设。说到这里，我也感到自己自相矛盾的心态。对青年学者来说，面对现实中学术评估体系的压力，走国际化的道路是一条捷径。他们发表一篇 SCI 论文可能并不比在国内期刊上发表一篇论文更难，但回报则要高得多。这反映了国内期刊的发展存在严重的问题，在审稿上不能做到公允，审稿人工作不认真，自身的研究水准也有问题，再加上人情稿、关系稿、内部平衡稿等，于是乎，SCI 论文成了青年学者的一条出路。这种趋势如果继续下去，可能导致一个问题，那就是当这一

批青年学者成熟之后，他们可能更加认同"国际学术体系"，并且笃信中国学术是其中的一个组成部分，可能不会意识到学术是文化的一部分，不会意识到我们正在丧失自己的文化。于是，我们通过学术完成了文化意义上的自我殖民。

SCI 论文对中国考古学的影响通过学术评估体系在放大，有感于这种现实，我曾经在自己的博客上写过一篇小文章《中国考古学家的危机》，没料到经过转载，在考古学术圈中引起不小的反响。这说明考古学界跟我有共鸣的人不少。在"国际学术体系"中，中国考古学的主要研究者其实被边缘化了。他们关注的是中国考古学的问题，而不是"国际考古学"的问题。为此，我曾经批评过深孚众望的张光直先生，他曾经提出我们必须了解世界考古学的关键问题、核心问题，跳出中国的圈子；然后，研究中国丰富的资料是否可以对这些属于全世界的问题有所贡献；最后，如果有所贡献，能不能以世界性学者都看得懂的语言写出来。他的这个说法非常符合 SCI 式的研究，我们也正是这么做的。然而考古学并不是一门自然科学，我们也不能用研究自然科学的途径来研究考古学。考古学研究人以及人创造的文化。营养学告诉我们应该吃什么，但是我们还有烹调艺术，它并没有因为营养学的存在而消失，反而更加繁荣。理解人，理解人的文化，靠 SCI 式的研究是不行的。SCI 论文有许多优点，但也有不小的局限。把它当成考古学研究的最高水平或发展方向是一种误解，是我们这个时代的一种幻觉。

五、余论

目前大部分考古学研究论文多还是 SCI 格式的，尤其是史前考古学的论文，虽然并没有一个严格的规范放在那里。上述的规范也只是指导性的，比规范更重要的是 SCI 论文体现出来的学术逻辑。写作一篇考古学的学位论文，第一步要说明研究背景、研究的问题、研究思路（包括理论方法与材料在内）与研究意义；第二步要对前人的研究进行综述，了解前人的工作已经达到了什么程度，还存在什么问题；第三步（也可以是第四步）就是要提出自己的研究思路，即采用什么样的理论方法来解决存在的问题；第四步是介绍所研究的材料，包括它的文化与自然背景；第五步运用前面提出的理论方法分析材料；第六步是结合更多的关联信息讨论分析结果的意义；最后是得出结论。这是一篇论文最常见的结构，它包含着明确的学术逻辑，让我们的知识探索便于他人学习与验证。

比较学术论文与"民科"的研究，不难发现学术研究所得出的结论常常是有条件的（一定理论、方法与材料下的产物），而且是有限度的，所以许多时候看起来不如"民科"的研究那样抓人眼球、那样立场鲜明。对我们学习考古学研究的人来说，理解学术研究的逻辑是十分重要的，尽管它们看起来非常八股。这也正是我们从 SCI 论文可以学习到的内容。用这样的学术逻辑来分析我们经常看到的学位论文，就会发现我们的论文中非常缺乏这样的逻辑。论文的组织结构不完整暂且不提，理论方法、材料分析与问题之间脱节是很常见的问题，另一个常见的问题是缺乏理论方法，再者不能结合相关信息讨论分析结果的意义也很常见。这些问题都是我们在今后的研究中需要纠正的。

相对于 SCI 所体现的科学研究而言，我们常见的考古学研究还很不成熟，许多研究只是就材料说材料，从材料中寻找特征形态，比较不同材料特征的异同，并不需要运用理论方法去分析材料，因此也就没有分析的结果，自然也就不需要进一步的讨论。如果考古学研究以透物见人为目的，从考古材料中去探讨人，探讨人的行为、社会、文化等，那么必定需要采用一定的理论与方法，乃至于方法论，去分析材料，得到可以进一步讨论的结果。考古分析的结果是非常需要讨论的，因为它太零碎、孤立，不结合相关信息，就不可能更进一步深入了解古人。所以，从这个角度来说，中国考古学研究需要改变研究导向，要真正以透物见人为目的。

从 20 世纪 50 年代考古学子提出这个诉求，中国考古学研究在这个目的的追求上取得不小的进展，但总体情况还是不大理想。从大的方面来说，可能是没有把握透物见人研究的逻辑，再就是没有充分发展可以用来分析考古材料的理论方法，最后就是系统材料的积累问题。问题很多，目前比较容易解决的可能是把透物见人的逻辑用起来，考古学理论方法方面，我们可以向西方考古学学习。不然的话，沿着从前的逻辑，我们不能有效积累知识，研究结论模糊，既不能说对，也不能说错。如果我们能够采用透物见人的研究逻辑，一步一个脚印，那么中国考古学的发展必定能够更好。

第十二章　考古学研究的叙事：人文的方式

我们生活在一个科学时代，科学不仅是第一生产力，而且是一种替代性的意识形态。当我们说到科学的时候，有一层意思就是指对的、正确的、真的、合理的、有道理的、好的、高级的。科学有广义与狭义之分，前者的代表是德语所说的科学，包括各种学问在内，就像我们经常说的自然科学、社会科学、人文科学，它们都属于广义的科学；狭义的代表是英语所说的科学，也就是自然科学①。究竟什么是科学呢？迄今为止，科学哲学家也没有给出一个准确的定义。在这样的背景中，要想得到准确的有关人文的定义也是不可能的。人文是相对科学而言的，而这里所说的科学更近似于自然科学。

前一章我们谈到了科学的叙事方式，也就是自然科学的叙事方式，这一章我们将要讨论人文的叙事方式。然而，人文的考古学研究究竟意味着什么？究竟应该如何去做？国内考古学中尚没有既成的案例可以依靠，西方考古学其实也是在探索之中，所以这里讲的恐怕更多是一种探索性的思考，而不像上一章那样能够列出具体的规范。再者，也因为人文的研究本没有绝对的标准，迄今为止也没有听说过有什么规范。前文（第二章）曾经讨论过考古学的人文意义，这里要在此基础上进行更系统的讨论，探讨作为人文的世界的特点、适用的方法，并结合国外相关研究的例证，让大家了解考古学研究人文叙事的一些方式。人文的世界是一个多样的世界，所以这里所说的方式只是其中的一部分，更多的方式还需要大家以此为启示去进一步探索。

---

① 吴国盛：《什么是科学》，广东人民出版社，2016，第21页。

一、人文的世界

在说人文的世界之前，也许我们还是先要说说科学的世界，前者对我们来说，目前还是模糊的，后者经过长期的科学教育，我们已经耳熟能详，很适合作为讨论的起点。科学的世界是外在于人的，是客观的，是不以人的意志为转移的存在；这个世界存在规律，这些规律可以为人所掌握，人可以利用所掌握的规律来为自己服务。人利用外在世界的手段，我们称之为文化，它是人生理机能的延伸。我们没有猎豹的速度，但是我们有汽车；我们没有鸟类的翅膀，但是我们有各种飞行器；我们没有动物的利齿或能够反刍的胃，但是我们会用火、制作器具，可以烹饪出容易消化的食物；等等。文化让我们克服了自然的障碍，在网络时代，我们就像有了千里眼、顺风耳一般，足不出户，就能了解天下发生的大事与琐事（如今我们了解太多的琐事以至于淹没了大事）。

这个功能主义的文化定义来自过程考古学，其渊源则是功能主义的人类学。人类学家怀特更是将文化简化为热动力系统，其中的法则可以用一个公式来表示：文化＝能量×技术[1]。文化系统的差异就是利用能量水平的技术差异，如美国人每户至少一部小汽车，家里还有许多（汽油驱动的）机械与电力工具，其能量总水平至少有几十马力，中国在改革开放之前，农村还依靠牛来耕地，肩挑人扛，每户拥有的能量总水平恐怕一马力都不到。先进与落后一目了然，而今中国发展了，每户拥有的能量水平大增，进步就通过能量与技术反映出来了。怀特的学生梅格斯（Meggers）鉴于小型社会中缺乏非人类动力，因此把怀特的公式改为：文化＝环境×技术[2]。按照文化系统论，我们如果了解环境与技术，那么就可以推断文化系统其他部分的基本特点。事实上，也的确如此，狩猎采集社会的意识形态基本都是万物有灵论，社会结构简单，不可能有什么法治、城市生活。

功能主义的文化观可以很好地在科学（狭义的）的范畴内运作，这也

---

① L. White, *The Science of Culture* (New York：Farrar, Straus, 1949).

② B. J. Meggers, "The Low of Cultural Evolution as a Practical Research Tool," in *Essays in the Science of Culture*, eds. G. E Dole and R. L. Carneiro (New York：Crowell, 1960), pp. 302 - 316.

是宾福德之所以提出要把考古学发展为一门科学的底气。所有这些似乎并没有什么问题，每个推理步骤都合乎科学的规范，但是我们似乎又分明感到还是有什么不对劲的地方。我们人是怎么行动的？人的行动远要比上面所述及的规则复杂。为什么有的文化变化迅速，有的缓慢？为什么有的文化明明知道先进文化的优势，就是不去学习？如清朝初年，中国的士大夫阶层已经了解到西方在火炮、天文以及其他一些知识领域上具有优势，但就是拒绝学习。人在行动之中会考虑另一种文化，这种文化会让人们放弃技术上的追求。

与科学的世界不同的是，人文的世界不是外在于人的，它是与人相融合的。人不仅生活在自己所认识的世界（这里世界仍然是外在的，不过限于人所认识的部分）中，而是人会赋予物质世界意义，让它成为与人相融合的世界。正所谓"为天地立心"，天地万物本是客观的存在，经过文化改造之后有了"心"（即意义），所以有林和靖的"梅妻鹤子"，有所谓"疏影横斜水清浅，暗香浮动月黄昏"这一中国人能够欣赏的意境，有所谓"右军如龙，北海如象"这种对书法线条艺术的欣赏，等等。从此一根线条、一片阴影都有了意义，它们就不仅仅是一种与人相对的客观存在，而更是内化了人、内化了文化的东西。这里文化是一种表达，它能够传递意义。所以，我们看到五星红旗升起的时候会有一种庄严感，唱着《我和我的祖国》会油然而生一种感动。这面旗帜、这些音符传递的意义会激发体育健儿奋力拼搏，成为驱动人之行动的动因。因为意义的赋予，我们就不再生活在一个纯粹客观的物质世界中。

这些意义并不是孤立存在的，而是通过社会传递的，所以人文的世界又是一个社会的世界。社会构成的约束可能限制技术的学习与发明。从另一个方面说，社会就像物质存在一样，也为文化意义所渗透，所以，某种意义上，社会生产意义，意义也在"生产"（构建）社会，就像国旗、国歌对于国家认同具有重要意义一样。按布迪厄的说法①，社会存在通过日常实践来实现，其中包括日常生活实践与社会象征实践，前者塑造出"惯习"，一种潜意识状态的意义；后者则是能动性的意义表现，如历史上国家社会高度强调祭祀。所谓"国之大事，在祀与戎"。祭祀就是社会象征实践，表面上看，它似乎不生产任何东西，远不如技术那么实用，但是它

---

① 皮埃尔·布尔迪厄：《实践理论大纲》，高振华、李思宇译，中国人民大学出版社，2017。

对于国家社会存在的意义要大于技术。因为失去了国家的认同，将会有灾难性的后果，祭祀的宗旨就是加强这种社会组织的认同感。这里我们强调的，不只是文化意义通过社会来传递，更是它在维系社会，也就是维系人与社会、人与人之间的关系。

有意思的一点是，文化意义会影响到个体，改变其行动的方向；但还需要注意的是，个体并不总是遵循意义的规则，他可能反抗、破坏或改造意义本身，这就构成了个体的能动性。当然，能动性并不仅仅属于个体，当文化意义与物质世界交融之后，物质本身也可能有了能动性[1]，此时人就是物，物就是人，这有点我们中国文化中所说的"天人合一"境界，物借助人进而也具有了能动性，它可以影响人。就像信物的作用，它让人"不在如在"，极大地提高人与人之间的社交效率，人的社交网络可以超越必须面对面的局限。正因为人类改变了人与物之间的关系，解剖学上的现代人得以取代还需要依赖面对面交往的尼安德特人[2]。能动性的物极大地拓展了现代的社会网络，信息可以来自更广泛的区域，显然，这将更有利于群体的生存。能动性代表人对意义的重塑能力：一方面，人借助意义以行动；另一方面，人还可以能动地再造意义。这与前面所说人作为适应性的存在大相径庭，人可以遵循规则、利用规则，甚至还可以改造规则，尤其当这些规则只是社会运行的规则的时候。这也就是说，人并非总是基于适应性而行动，甚至不会为文化意义所羁縻，也正是因为这个特性，人创造了自己的历史。

不同于科学世界的另一个地方是，文化意义是时间性的，它是历史的积淀，也是时代的反映。中国人每到春节都会想到家庭团圆，不远千里返回家乡，虽然现在许多地方已经城市化，但人们还是按照习惯回到故乡，形成春运热潮。当然，新的特征也在出现，反向春运升温，人们开始以城市为中心团聚，文化意义有了新的时代特征。家的含义是中国文化千百年的积淀，2019 年最火爆的电影，也是可以堪称中国科幻电影里程碑的《流浪地球》上映，虽然是一部科幻剧，但内在的价值还是传统的，当太阳出现问题之后，中国人的想法不是自己坐飞船离开地球，而是带着地球这个家一起离开。拯救地球的行动需要全世界共同努力，中国式的表达没

① A. Gardner, "Agency," in *Handbook of Archaeological Theories*, eds. R. A. Bentley, H. D. G. Maschner and C. Chippindale (London: Altamira Press, 2009), pp. 95 - 108.

② C. Gamble, *Paleolithic Societies of Europe* (Cambridge: Cambridge University Press, 1999).

有好莱坞式的孤胆英雄，而是集体主义式的，这种表达还是离不开中国的文化传统。传统文化意义的表达即便是在最大胆的想象之中也仍然存在。传统把不同时代联系起来，传统的断裂与革新又把历史区分为不同的时代。一个时代的意义，换到另一个时代，可能会难以理解。中国封建时代遵循三纲五常，君要臣死，臣不敢不死，君臣、父子、夫妻之间是绝对的控制关系，现在想来都觉得不可思议，但是在封建时代人们觉得天经地义。

与时间相关联的是地方，科学世界的规律不会因时因地发生变化，作用于远古的地质营力同样会作用于现在，作用于美洲的营力同样会作用于亚洲，但是人文的世界不是这样，作用于一个时代、一个地方的文化意义，换一个时代、一个地方就可能不被理解。文化意义不能脱离地方而存在，春节是中国人的节日，理解它的意义不能脱离中国的文化传统与现实。我们前面提及的"岁寒三友，松、竹、梅"，这样的意义也是中国文化所特有的，早已融入无数的古诗词之中，融入中国古典园林的设计之中，融入传统中国人迎来送往的礼仪之中，融入中国人的审美观念之中，等等。在中国的学府之中，大家能够接受种植银杏、国槐，因为从前的学府辟雍就种植银杏，学府的另一个别名就是"槐宫"，后来为了迅速绿化，从国外引进了许多速生的杨树，尽管茅盾先生著有《白杨礼赞》，但杨树的文化意义在我们的生活中还没有生根，在大学校园的景观之中就看不出它的意义。人们不喜欢那四处飘飞的杨絮，也不喜欢它未黄就落的树叶。当然，你如果是在田野中，尤其是在黄土山沟里，看到一些白杨的话，的确会想到茅盾先生歌颂的白杨。简言之，意义是地方的，与特定的对象对应。

从上面的内容，我们不难看出，文化意义是多维的。它可以是性别的，尽管生活在同一个物理世界，不同性别所生活的社会与文化空间并不尽然相同，传统社会严格限制女性的社会空间，同时运用许多物质材料与社会象征来塑造这种社会秩序的合理性，从而形成根深蒂固的观念，以至于印度女性曾经反抗英国殖民者，坚持殉葬的传统。它也可以是宗教的，宗教对社会、对人的影响是极其巨大的，有正面的，也有负面的。宗教是意识形态的重要表现形式，代表体系化的人的精神世界。它在人文的世界中占有重要的位置，在一个宗教社会中，社会与人的行动都要围绕宗教理念展开。对我们现代人来说，尤其对没有宗教传统的中国人来说，让人围绕人自己创造的理念来生活，而浑然忘记周围客观存在的世界，确实是不可思议的事情。但是，我们需要知道，宗教提供一个社会，也就是人们所必需的世界观、认知方式、社会规范等社会赖以存在的东西，由此我们在考虑文化意义时不能忽视宗教以及宗教前身的种种影响。它还可以是民族的，不过，民族是个晚近的概念，是随着近现代民族国家兴起而出现的，来自历史上的族群，但不等同于历史上的族群，民族观念极大地影响现代考古学对物质材料的解读。

人文的世界是多维的，不同维度可以同时合理存在，它的魅力就在于多维，因为多维而丰富多彩；相反，单一维度的人文世界是贫乏的，属于文化的沙漠。有些人由此认为人文的世界不值得研究，因为它没有一个统一的标准，似乎怎么说都有道理，完全让人摸不着头脑。这是因为他们是在用科学的世界来要求人文的视角，用统一的标准来要求人文的世界，结果只能是灾难性的。

二、人文的方法

正是因为存在人文的世界，所以相应地需要人文的方法。下面我们将探讨一下人文的方法的主要特征，或者说要素。正如上面所说，人文的世界缺乏统一的标准，甚至不能用标准这个概念。它就像一个人在研究另一个人，一个社会在研究另一个社会，这里的关键不是对错，而是理解。研究人文的世界，第一个关键就是理解。而如何才能做到理解？在我们安慰另外一个人的时候，最有效的方法并不是对其现实状况的条分缕析，而是感同身受（empathy），能够站在对方的立场去体会，一种切实的类似体验十分重要。让富豪来理解白手起家者，有点困难，他会说，先定一个小目标，挣上一个亿。考古学家研究的对象是古人，是古代社会。然而古人与古代社会都已经远去，是我们感到陌生的。现实中，我们之所以能够实现对另一个人的理解，是因为我们的生活背景与之相似，我们充分了解各方面的情况，了解事情发生的特殊情境，如此等等，有了这样精细的了解之后，才产生了理解。在错误信息的指引下，只能产生误解。类似之，考古学家要想理解古人，理解古代社会，就必定也需要获得充分的信息，尤其是对于研究者而言，需要重新体验。试想一下，一个研究新石器时代社会的研究者完全不了解农村生活，完全不能体会那种生活方式，可以想象他的研究的层次，也许他能够进行科学分析，列出具体的事实，但他还是不知道农村生活为何物。当然，这不是说生活于城市的考古学家就不能理解新石器时代农业社会，而是说他需要重新体验，至少要熟悉现在还留存的农村生活，而不只是通过实验室、通过书本来了解。

人文的方法进一步要求从内部去理解。我们都知道科学强调把主客体截然分开，不要把主观的认识强加到客体之上，这是科学之所以能够形成的本体论基础。但是，人文的世界是主客体相融的，而不是二元对立的，因此需要从内部去理解。就像美军在阿富汗战场上提出的，要像敌人一样思考。为什么要这么做？因为只有这么做，才能把握敌人的行动规律、动因、目标等，才能有的放矢地采取针对性的行动。美军提出口号的精髓就是要从内部去理解，至于说他们是否达到了则是另一回事。从内部去理解，意味着要熟悉文化背景、环境条件，如此等等。研究世界史的人必定需要熟悉所研究国别的文化，熟悉其语言，如果做不到这些，研究显然是难以开展的；研究中国史的人不通古文，不通古诗词，要想理解古人，那也将是勉为其难的。从内部去理解意味着浸润其中，深入体会，这无疑比只了解相关的外在信息更进一步。

上文提到人文的世界具有历史性（或称时间性）与地方性，与之相应，需要采用历史的方法与关注地方的方法。下文会把历史的方法单独拿出来谈，这里暂且忽略，侧重探讨地方的方法，这里比较有代表性的是景观的方法。科学的世界之中只有环境，没有景观。景观是人化的环境，比如说江南水乡，从科学的角度来看，它就是亚热带的湖沼湿地环境，但是对中国人来说，那是一片具有许多文化联想的地方，是经过千百年人工改造的经济富庶之地，还是人文渊薮之地。景观的方法会关注历史，更关注地方性的知识与地方性的文化意义。我曾经举过一个例子，如我老家南方农村，对水田有非常多的称谓，根据田的位置、大小、形状、淤泥的深浅、水温的高低等来命名，在现代农业科学看来，就只有一种称谓，就是水田。这些地方性的知识对于当地人来说有非常强的意义，它就是构成"乡土"或"乡愁"的基本内容，因为有这些意义，人们才会有留恋，才会有文化传统，才会有悠久的社会认同，也才会有稳定的社会。"慎终追远，民德归厚"，不是空穴来风，浓厚人文传统的一个渊源就是地方。地方的方法意味着关注地方特点，关注人之于地方的意义赋予，而不是追求统一性，不是强调跨文化的比较。

人文的世界还是能动的，人、社会、物质都具有能动性，因此，能动性的方法是研究人文的世界需要考虑的。从能动性的角度出发，一切物质都可以构成文化意义。比如教堂，我们会发现它在刻意营造一种神圣庄严的气氛，尤其是欧洲哥特式的教堂，高耸入云的尖塔，彩色的玻璃，无所不在的宗教图像，让人油然而生敬畏之心。再如故宫这样的宫殿，它运用空间的收放、高下、对称性、色彩以及其他充满社会象征的器物等，构建出皇权至高无上的权威性。能动性不仅指人之于物质（也包括人）的运用，更指意义的赋予、渗透与积淀，最终实现人与物的融合。能动性的分析就是要区分意义，如考古学研究常见的对象墓葬材料，墓葬虽然埋葬死者，但实际整个墓葬行为都是给生者看的，它实际是生者的一种能动性表现。生者要用墓葬来体现自己的社会地位，强化某些社会关系，肯定某种社会规范与秩序，如此等等。墓葬行为是能动的，由此作为研究者，我们需要从能动性的角度来分析墓葬，它非常有利于分析死者之后的社会状况。同时，我们还需要说明的是，能动性是人的一种根本属性，是人区别动物的一个重要特点，我们研究古人、古代社会，如果不能把握能动性，就有可能把人当成动物一样研究。

人文的世界还是一个社会的世界，一个为各种社会关系所纠结的世界，它自然也适用于社会学的方法。人与物纠结的关系基本都是社会关系，就像前文提及的"旧石器时代晚期革命"，人与物的关系发生重大改变，人之于物的渗透使之成为"信物"，使得社会交往可以让参与者不在如在，大大扩展了社会交往的范围。人与物从简单的效用关系拓展到了象征（更好的说法是人与物的融合）意义上，社会规模空间扩大并复杂化。再比如在史前技术上，为什么会存在超乎实际功用的特征，考古学家用"威望技术"来解释，社会关系的需要促进了技术的夸张化表达。同样是在解释农业起源这个问题上，从社会关系的角度来理解，需要考虑为什么狩猎采集社会要打破"见者有份"的平均主义，转而产生生产剩余。宴飨理论可以较好地解释产生生产剩余的动力。农业不仅仅是一种生产技术，它还是一种社会关系，或者更准确地说，农业生产的过程也是一种社会关系的生产过程。当然，这里需要强调，单独社会关系并不足以构成人文的世界，它只是构成人文的世界的一个维度，是与上面我们所说的其他因素一起发挥作用的。因为社会性并不是人类独有的，社会性的动物并不少见。

社会关系是多重的，性别、年龄是最简单的两种社会关系，即便在最简单的人类社会中都会存在。进入复杂社会之后，有了阶层、阶级、族属等，晚近更是有了民族、国家的区别。当代社会关系的种种博弈也会影响到考古学研究，比如说性别考古与女权主义考古，研究者旨在发现被遗忘的性别，以及批判已经性别化的知识。在女权主义的考古学研究者看来，我们既有的考古学知识生产是男性垄断的，贯穿了以男性为中心的意识形态，需要加以重新梳理。再比如中国历史上的夏朝问题，它为什么会成为一个问题？它既是一个学术问题，也是一个文化问题，甚至是一个政治问题。从考古学发展的背景关联来看，夏朝成其为一个问题，与中国重新进入以西方为中心的世界体系相关。在当代复杂的社会关系背景中，不同的群体对同一个对象的解释可能相差甚远。

由于人文的世界是由文化意义构建的，这里文化就是一种交流，它需要媒介，需要传递，需要接收以及接收者的理解。不论是人还是物，其意义都需要象征符号去传递，其中都涉及组织结构（类似于语法）。因此，研究人文的世界的方法应该考虑象征与结构，应该考虑到认知。比如我们说到西方文化，会将其追溯到古希腊、基督教，并把它们与西方的近代科学联系起来，其自由的精神、追求终极的理念成为科学形成的思想基础。西方文化代表一种不同于中国文化的认知方式，其语言的组织更偏重于逻辑，而中文是一种更加诗化的语言。连带着艺术形式也有很大的差别，西方偏爱写实，中国偏爱写意，等等。从中西文化不同方面的区别中我们可以看出来，构建人文的世界可以有不同的规则、不同的意义形式，而不是只有一个唯一的世界。当然，我们也需要明白，尽管人文的世界存在诸多不同，但这并不影响它们之间是可以相互理解的，就像中西文化之间一样。那种认为具有不可沟通性的，就是种族主义的思想。交流的意义往往取决于情境，情境会影响意义的生成与传递，这就像我们平时说话一样，断章取义只能导致误解，全面的理解必定需要充分地了解意义生成与传递的情境，于是，这里还需要另一种方法，就是情境的方法。

最后我们需要了解的是，人文的世界与人的精神理念密切相关，研究人文的世界实际是在研究人的精神世界，因此，这里需要用到的方法应该是研究人的精神世界的方法。在我们当代学术体系中，研究这个领域的先锋是哲学，考古学研究由此与哲学联系起来。当代考古学研究日趋哲学化的表现正是这种方法在考古学中的应用。精神世界是人所创造的世界，是人的能动性的体现；人生活在科学的世界（或称物理的世界）中，同时也生活在人自己构建的世界中。后一个世界渗透于前一个世界，从这个角度说，所谓客观的科学的世界实际是人为剥离出来的认知体系（把主客体强行分开，或者说假定它们能够分开），倒是精神世界更像是客观实在，而所谓的客观物质世界其实是一种精神理念。

以上我们大致梳理了人文的方法的一些基本特点或要素，这些方法在当代后过程考古学中都有提及，上述的内容是我的一些理解。这个部分我没有一开始就搬出后过程考古学的观点，主要是为了让讨论更便于理解，从科学到人文，这是一个思想上互补的体系，两者相辅相成。而一开始就讨论后过程考古学的观点，会打破这种思路上的连贯性。当然，正本清源，我们还是需要考虑后过程考古学的观点，这是我们下面需要讨论的。

三、后过程考古学的叙事

下面我结合后过程考古学的具体研究案例来讨论后过程考古学的叙事方式，案例之一就是马修·约翰逊（M. H. Johnson）的《考古学阐释中的能动性概念》[①] 一文。马修·约翰逊是《考古学理论导论》（*Archaeological Theory：An Introduction*）的作者，为中国研究者所熟悉。他不仅是一名考古学理论研究者，而且是能动性考古的主要倡导者。选择这篇文章有如下四个原因：一者，这是一篇能动性考古的代表性论文；二者，它同时讨论性别考古的问题；三者，它包括具体案例研究在内；四者，它结合的案例是相对晚近的15、16世纪的住宅，背景比较清楚，容易理解。

在讨论案例之前，我还想强调的是，不论是哪一种考古学研究，它都必须遵循基本的推理逻辑以及基本的学术规范，尽管研究的形式非常多样，但后过程考古学并不例外。文章的导言部分首先说明所讨论议题提出的背景——考古学研究实践中很少考虑到个体；然后提出自己所有讨论的议题、研究思路以及研究潜在的意义；随后界定个体性这个可能会引起误解的概念，限定了它在讨论中的含义。文章的第二部分梳理考古学中能动性研究的历史，分析其中存在的理论问题，进一步明确文章的思路，要超越这些问题。文章的第三部分约翰逊分析了过去的几个研究实例，肯定所取得的成绩，指出存在的不足——忽略了能动性。文章从第四部分开始转入案例分析——英国中世纪萨福克郡住宅，介绍其背景，分析其意义，作者强调自己研究的主要是过渡期的房子。他特别以约翰·兰利（John Langley）家的房子进行了详细的分析，让我们看到房主，作为积极能动

---

① M. H. Johnson, "Conceptions of Agency in Archaeological Interpretation," *Journal of Anthropological Archaeology* 8 (1989)：189-211.

者，如何利用房屋来塑造社会价值观。最后文章分为两步重新回到理论层面：第一步是对上述建筑分析的归纳，提炼出更抽象的认识；第二步是进一步深化研究的意义，得出结论。

简单归纳文章的结构之后，我们再来看看后过程考古学研究是如何体现人文的方法的。首先，一个非常鲜明的特色就是文章侧重于对兰利住宅的详细分析，结合文献、时代背景，让我们看到作为个体的建房者如何体现出自己的能动性，把暗含的意识形态贯穿其中。这项研究跟之前的考古学研究不同，包括过程考古学在内都强调广泛搜集资料、统计分析，很少会针对一个个案进行详细的描述。后过程考古学研究强调这种细致的描述（thick description），它可以丰富细节，增加经验的内容，让读者的体验更具体。其次，细致描述也有助于读者了解材料的背景关联，约翰逊之所以选择中世纪至近代过渡时期的房子，就是因为这批材料的背景关联清楚，而且材料的变化特征微妙，有助于说明个体能动性的影响。没有清晰的背景关联，要理解兰利这栋反常的住宅是非常困难的。后过程考古学把自己称为关联考古学不是没有道理的。这栋住宅的建筑固然离不开当时的技术，它与房主的意识形态、当时的社会矛盾、性别关系等都密不可分。空间、位置、装饰等方面的微妙特征只有放在那个特定时代的背景关联中才能得以理解，就像我们从说话的情境来判断话语的真实内容一样。

这篇文章还可以看到作为研究对象的实物材料，也就是住宅，并不仅仅是反映当时的意识形态、社会关系等，它们参与到了当时意识形态与社会关系的构建之中。这让后过程考古学研究与之前的考古学研究明显区别开来，之前的考古学研究都是强调考古材料的客观性，没有专门去研究物质材料的参与作用。物质材料可能用以掩盖社会矛盾或者协调社会关系，这就让我们看到了物质材料另一方面的重要意义。一栋住宅就是不同意识形态与社会关系的缩影，通过它，可以达到管中窥豹的目的。从这个角度来说，它与过程考古学的区分并不明显。差异明显的是研究所立足的本体论，把物质材料看作为文化意义所渗透并且具有能动性的存在，颠覆了过程考古学所立足的科学世界观，也就是人与物二元区分的对立论。也有鉴于此，后过程考古学所讨论的内容也是围绕文化意义、能动性、社会关系、意识形态等内容展开的。

我们参考的另一篇论文是后过程考古学的代表人物伊恩·霍德对土耳其新石器时代的著名遗址恰特尔胡玉克遗址的研究。前面约翰逊的研究虽然精彩，但终究还没有分析具体的考古材料，尤其是史前时期的考古材料。霍德的研究正好可以弥补这个不足。这篇文章有统计分析，跟过程考古学研究更为相似，看起来似乎不像是一篇后过程考古学的论文。它采用了当时类似于过程考古学的演绎逻辑，从布迪厄的"惯习"理论出发，认为衣食住行等日常生活的社会实践反映社会规则、价值、倾向等，惯习应该具有时间与空间双重属性，尤其重要的是，它具有物质材料上的可见性，适用于考古学研究。

文章的第一部分是理论分析，然后考察恰特尔胡玉克遗址的考古材料。这个新石器时代遗址规模大，高峰时期估计有 3 500 至 8 000 人居住；房址的密度相当高，持续的时间非常长，同一座房子曾经历过六次重建，整个遗址的使用期限估计有 500 到 1 000 年[①]。同时，遗址看不出有政府管理机构存在，由此引入一个问题：当时的人们如何能够长期生活在一起？基于惯习理论，文章提出两个解释：一是日常生活实践，即空间上反复呈现；二是通过日常生活实践构建的社会记忆，即时间上的反复呈现。从这两条线索出发，详细分析考古材料，找到空间上反复呈现的证据：(1) 反复的粉刷房屋，最多居然高到 700 次；(2) 空间位置的一致性，遗物与遗迹的分布有固定的规律；(3) 空间的分隔有固定的规则，这些规则限制人们的行动。时间上反复呈现的方式更加多样，由于没有文字，社会记忆只有通过社会生产与再生产（技术、空间、时间）的形式加以塑造。

不同于"传统"，这是一种积极的记忆过程：(1) 反复使用的木材、灰泥以及房屋本身，它们就是社会记忆的形式之一；(2) 室内葬；(3) 颅骨的装饰行为，包括牛头骨、人头骨；(4) 日常生活，也就是农业社会的时间节律；(5) 利用重要的人，尤其是老人，选择装饰他们的头骨；(6) 其他物品的循环使用等。霍德等人运用土壤微形态分析、ICPAES（电感耦合等离子体原子发射光谱）等新技术来分析活动区的反复使用。他们从理论出发，从材料中找到适合该理论回答的问题，然后去分析材料、印证理论，很符合演绎的逻辑。

文章体现后过程考古学研究特色的方面，跟上文约翰逊的研究一样，认为古人不是只适应环境，而是运用物质材料在构建自己的社会生活，包括社会规则与社会关系。它还运用了一个新的概念——实践，这个概念是一个打破了人与物的二元对立、把人的主观与客观融为一体的概念。正是

---

① I. Hodder and C. Cessfor, "Daily Practice and Social Memory at Çatalhöyük," *American Antiquity* 69，1 (2004)：17 - 40.

借助这个中介理论概念，文章可以去解释社会何以能够整合的问题。近年来，后过程考古学在面对人与物的关系上，又发展出了"物质性"概念，即人不只是运用物质去构建社会关系与规则，物质本身在人的长期实践中形成一种属性，使得物质能够像人一样影响与之发生关系的人。单纯从这篇文章来看，除了本体论上的差异，它与过程考古学的论文差异并不大。不过，需要说明的是，日常实践只是后过程考古学分析的一个维度，还有诸如权力、性别、象征与结构、能动性、地方等维度，可以合理并行地对它们进行研究。这是与过程考古学研究存在很大差异的方面。

四、文化考古是不是一种新的可能？

我们通常说考古学是一门研究实物材料的学科，按照中国学术界对考古学的定义，它属于人文科学，以研究历史为目的。然而，当代考古学的研究实践表明这个定义其实过于狭窄了。20 世纪 60 年代以来，过程考古学兴起，其目的是要把考古学发展为一门科学，最好能达到地质学那样的程度。20 世纪 80 年代出现的后过程考古学更具有颠覆性，实证科学遭到批判。而最近一二十年考古学多样化的发展使得学科的领域进一步拓展。某种意义上说，考古学概念体系的建设落后于考古学的研究实践，即当前的概念体系并不能包括考古学的发展范畴。前文我们看到，考古学很大程度上是一门分裂的学科，我们可以说出若干个特色鲜明的考古学分支，它们各有其核心概念、学术目标、相关学科，甚至是社会应用领域，但很难说它们有统一的考古学概念体系。当前，我们将其统称为考古学的基本理由就是，它们都研究古代遗留下来的实物材料。这是否说考古学是一门关于考古材料的科学？显然，按照这样的视角，考古学就是一种技术或方法，是工具或手段，称不上是一门科学（广义的）。考古学的现实是严峻的，因为缺乏必要的理论建设，考古学有工具化的危险。这也就使得理论体系的建设具有了特殊的意义，即使只是一种尝试。

当代考古学的分裂是多重的，最大的裂痕是科学与人文的对立；其次是三大考古学分支由来已久的裂痕。再者，考古学理论体系还面临传统与现代的难题，每一个理论体系若都重起炉灶，那么前人的劳动就将前功尽弃，这实际上是不符合知识发展的一般规律的。革新与改良需要兼而用之，实践证明现代主义式地割裂历史只是一种空想。对于中国考古学而言，还存在另外一重矛盾，那就是西方与中国，我们是否仅仅需要向西方考古学学习技术方法，而无须考虑它的理论？或者仅仅考虑某些理论教条而无须考虑其思想基础？这是不是将西方学术工具化的考古学版？在这个矛盾之中，还存在着一个重要的现实，那就是中国考古学亟待一个概念体系，能够兼容传统与现代、科学与人文，能够会通中西。当然这样的目标可能过于庞大，但这无疑是我们努力的方向。

契机是存在的。从考古学的发展史与现状来看，不同时期、分支、流派或范式的考古学都是以文化为核心展开的，文化是考古学中罕有的共同理论基础。考古学的目的是，通过研究实物遗存来研究人本身，关于实物遗留争议不大，但是何为"人本身"，众说纷纭。作为实体的人首先是一种生物学的存在，然后是一种社会历史存在；再者，人还不局限于此，人还是精神的存在。还需要强调的是，人的诸种存在是高度关联的，并没有独立于精神的生物学存在，或者孤悬世外的存在。所以，"文化"就成了一个非常合适的概念，能够很好地表达人的属性，文化即人，人就是文化的存在。文化囊括了人类所有重要的属性，最重要的也许是，文化是考古学家可以研究的对象；若不能有这个专属的领域，考古学就存在工具化的风险，或者泡沫化，即考古学家并不知道自己能够做什么，似乎什么都可以，但是每一项工作都有更专业的群体来从事，考古学家成了局外人。

当然，风险同样存在。以文化为中心的考古学研究并不是什么特别新潮的看法，考古学其实一直都是以之为中心的，只是没有人专门指出来而已。文化是一个极端泛化的概念，如果它什么都包括，那也就是说，它什么也没有说明。所以，这里提出一个分层与关联的方法，以使得文化考古现实可行。考古学理论一直存在分层的认识，特里格就将考古学理论分为低层、中层与高层理论，笔者则更详细地将考古学理论分为五个层次，并将之与考古学的"透物见人"推理过程结合起来。也就是说，考古学研究本来就是一个逐渐深入的过程，这也就意味着在过程的不同阶段（即层面或层次）需要不同的概念支撑。与之相应，文化考古至少可以从三个层面展开。首先，是功能层面的，经典的案例是文化适应方式的研究，比如狩猎采集者为什么会放弃既有的生活方式转而从事农业生产，考古学家通过探索狩猎采集者的文化适应机制来回答这个问题。其次，可以从社会历史层面进行研究，典型的如文明起源机制的研究，文明起源涉及社会组织的复杂化，它不是一个生计层面的问题，而是一个社会层面的问题，由权力、阶层等新的社会组织因素形成。最后，还需要从文化意义层面进行研究，这里文化更多是一种精神形态。这三个层面之间实际上存在着广泛的交融，比如研究农业起源现在也有社会与象征的视角。跟宾福德所说文化系统的三个层次相比，这里更强调文化概念的弹性，不同层面所强调的文化含义是不同的，并不秉承同一个功能的模式。

功能—社会—意义是文化考古推理的基本顺序，这是一个逐渐深入的过程，需要组织的材料也不断增加，在意义研究的层面，甚至还需要加入研究者个人的体验。功能的研究相对比较具体，一件陶器的生产与使用通过实验室分析、实验考古研究以及出土关联的分析可以大致了解。而在社会层面上探讨，就需要考虑器物的风格，风格代表一个社会群体，社会群体之间的关系通过风格反映出来。我们探讨意义的时候，必须要将它放在历史中去考察，一件器物可能反映了一个时代的心理与精神结构。更好理解的例子是穿衣，服饰是一个时代的精神写照，而在当时社会的人们看来，怎么穿着是社会关系规定的，而其最基本的功能不过是保暖遮盖而已。

这里值得强调的是，分层研究是过程，而非最终的目的。我们最终希望得到的是对一个文化体系的认识。以辽西史前农业社会研究为例，我们首先需要了解不同考古学文化阶段农业生产的状况，然后了解其社会关系的发展，再后探索物质文化的意义，整体融合起来，形成我们对这一地区史前时代的宏观认识。我们不能只见树木，不见森林。文化考古是一项寻求"见森林"的努力。当然，在具体研究层面，还需要做细致的工作，这两者并不矛盾。而在当前，我们的考古学研究最欠缺的可能还是目标的缺失。文化考古无疑是一个可行的方向。

在分层研究之外，就是要去拓展关联，探索文化更多的内涵，从认知考古、进化考古、能动性考古等出发是目前已有的角度。如当前在环境考古之外兴起景观考古，注重古代人对于环境的认知——人生活在所认识的环境中，他们把自己融入环境中，一草一木都是有意义的。内蒙古白音长汗遗址包含从小河西到小河沿共五个阶段的考古学文化，这个遗址的朝向偏北，历史与现代村落都没有再选择这个位置。但它隔河正好面对一处风化石，当地称"蛤蟆石"，这样一处景观可能对白音长汗的五个史前文化产生了重要的影响。这个例子表明我们在聚落的位置分析上还可以有更多的拓展空间。关联的探索是没有止境的，人类生活的关联因素有多少，那么可以探索的因素就有多少。把分层与关联区分开来的好处就是，考古学家知道自己的基本任务，然后还可以去扩充自己的研究领域。

最后，我们可能实现对史前时代文化体系的建构与理解。文化体系其实建立在考古学文化、区系类型、文化系统、结构、象征等概念基础之上。如果我们把这些概念视为不同层次的研究工具，那么文化体系就是广义的文化最深层、最稳定的内涵。它没有将自然与人、物质与精神视为二元对立的，而是视为相互关联的一体。一方面，它具有明显的相对性，即不同的体系可能有其自身标准；另一方面，体系又具有绝对性，它是明确存在之物，并不是一个神秘的心理结构。当然，它也不是一个简单的社会结构。它考虑到了自然环境、生产方式，也包括心理因素在其中。这样的话，考古学研究就上升到了非常宏观的层次，考古学也就不再仅仅是一门研究物质材料的学科。

文化考古是一个宏观的视角，它旨在解决分裂的考古学缺乏共同认同的概念体系的困难，避免考古学研究空心化的趋向。它并没有试图去建立一个全新的体系，而是寻求立足于考古学的历史与当代的实践，超越过程考古与后过程考古的简单对立，也就是寻求弥合科学与人文的分裂。文化考古也没有简单排斥文化历史考古，而是认为它具有发展社会历史层面研究的实力。文化考古同样欢迎最新的考古学理论探索，如进化、认知、能动性、景观等因素的关注，它强调在功能—社会—意义之外进行广泛的关联探索，最终构成对文化体系的了解与理解。文化考古体系的建立是一个循序渐进的探索过程：一方面，从功能到文化意义，逐层深入；另一方面，从模因到能动性，不断拓展关联。我们可以将文化考古视为考古学研究的核心，其实，考古学家如果不能研究文化，就可能什么都研究不了，即便是实物材料；考古学家若不是文化人，考古学也就失去了其终极意义。

五、结语

人文的考古学研究最终的目的是理解文化、欣赏文化、传承文化、发展文化。它通常需要一种历史叙事方法（historical-narrative method），而不是一种以逻辑论证为中心的方法。这种方法侧重于以下方面的内容：（1）厘清事件的来龙去脉（而不是前因后果）有助于我们理解事物。（2）强调体验与理解，关注历史文化背景，就像《红楼梦》，没有历史文化背景的理解，没有中国文化的体验，是很难欣赏的。（3）采用关联的方法，如蜘蛛结网一般把研究对象安放在关联的网络中来理解。（4）采用关联的方法时除了纵向的关注（时间性），还要横向的拓展，其中主题包括性别、阶级、地方性等。（5）注意参考材料的拓展，尤其是人类学、社会学、心理学等密切相关学科的研究。（6）从人文视角考察考古材料，注意它的文本、物质性以及能动性。考古学中的人文研究侧重于人是怎么运用物质来创造社会秩序和社会认同。研究考古材料的视角发生了转变，强调考古材料的空间布局，强调新材料和新器物的出现。霍德曾说，考古材料中器物表现最多的方面正是这个群体最需要的①。

　　人文的考古学在"解读"或"阐释"人文材料，而不是在"解释"（回答 why 与 how 这样的问题）。所谓解读，就是把材料当作文献来阐释，不同的人可以通过不同的经验来解读，这样的话，对于材料的解释就不止一种，可以通过性别、阶级、地方等不同角度对考古材料进行反复的解读。就像理解一个人，关注在场的因素，更要关注不在场的因素，如其背景，包括社会背景、文化背景。此外，还需要考虑角度，每个人在社会上都有多重的角色，从不同的角度都可以看待这个人，要把握住关键角度。最后是理解（empathy），理解和知道是不同的，与理解相关的必定涉及价值判断和价值认同，理解也包括对人的形成过程即历史的了解，包括对人的直接体验-直觉。理解是双向的过程，看到的东西受制于自己本身既有的知识和修养，这是一个反身的视角。

　　解读考古材料也是一样的过程：第一要运用的是背景关联的方法，弄清楚材料的背景。第二是视角，运用多元、多维的视角，多元的视角都是合理的，强调多维视角的重要性。第三是理解，由内而外的理解，对于人文方面的知识强调理解，不理解是没有意义的。第四是价值判断，科学研究中不应该有价值判断，价值判断有损学科客观性，但是人文研究需要有价值判断。第五是历史过程，考古学中使用的方法是历史叙事法，将一件事情的来龙去脉讲述清楚，就是对材料很好的解释。第六强调个人的经验和体验。第七是反身的方法，反思自己的立场。

----

①　I. Hodder, "Post-processual Archaeology," in *Advances in Archaeological Method and Theory* 8, ed. M. Schiffer (New York: Academic Press, 1985), pp. 1 - 26.

第十三章 研究实践的过程：写作、发表与申请基金

2019 年春节之后，也就是我写作这一章内容的时候，有两件事特别引人关注：一是翟天临学术不端事件，另一是中国科学技术大学博士生刘春杨失踪事件。翟天临是小有名气的明星，演过一些电影，刚参加过春晚，他在网上晒他的北大光华管理学院博士后录取通知，然而他居然不知道"知网"为何物。所有的博士在参加答辩之前一般都需要发表论文，这些论文应该在知网上能够搜索到；再者，写作过程中收集文献，也必定要利用知网。有较真的人检索了他发表的论文，发现他根本没有核心期刊论文；还对他的硕士与博士论文进行了重复率检查，超过 40％，涉嫌抄袭。连带着他的高考录取、导师、学校等都受到了质疑，事情惊动了教育部。有人调侃说翟天临这一个"瓜"让大家看到了一片"瓜地"；还有人说翟天临点燃了自己，照亮了学术界的黑暗；还有人说翟天临得罪了天下辛辛苦苦读书的大学生、研究生，他声名扫地，是咎由自取。网络时代，信息是透明的，要想人不知，除非己莫为，而且网络有放大效应，会牵扯出很多很多事情来。

另一事件则让人不胜唏嘘，中科大的博士生刘春杨在失踪十多天后，他的尸体在水库边被找到，自杀的可能性很大。刘春杨是 2014 级的博士生，论文还没有发出来，毕业无望。作为过来人——曾经的博士生以及现在的博士生导师，我能够体会到一名学生在这个时候的沮丧，对生命意义的怀疑。截止到 2019 年初，新闻界已经有不少于五起博士生自杀事件的报道。年轻生命的消失总是让人扼腕痛惜。我想攻读博士固然不易（翟天临之流除外，他读博期间还拍了十几部戏），但如果认识这个过程，了解其中存在的问题以及应对策略，应该是可以避免这样的悲剧的。一个人如果预先知道存在的困难，了解困难的意义，那么就不会被困难吓倒，不会由此怀疑自己存在的意义。我想很有必要把研究过程，尤其是论文的写作

与发表过程，乃至攻读博士的过程梳理一下。我想这些经验可能对未来的学子有一定的借鉴价值。两件事都是悲剧，两种情况在当前攻读研究生学位的群体中都不同程度地存在着，前者搞不明白什么是自己的研究，后者是不知道如何克服研究中存在的困难。夸张一点说，研究生论文如今已经成了生死存亡的大事（可能并不夸张），不能不加以重视。

一、论文写作从哪里开始？

就具体的论文写作而言，并没有人规定，它必须从题目开始，从前言一直写到结论。实际上，它可以从任何地方开始，你可以选择从研究综述开始，也可以从材料分析开始，还可以从理论研究开始，等等。论文写作，作为一项创造性的劳动，从来不是一项轻松容易的工作。正因为它困难，所以我们就像打仗一样，要从最容易突破的地方开始，从成功走向成功，这么写作的话，就会感到论文写作好像并不困难。一旦你发现自己已经不知不觉完成了大半工作，那么剩下的工作，哪怕再困难，也更容易坚持下去。那么一篇论文，什么地方最容易呢？显然不是前言与结论，也不会是讨论部分，就我的体会而言，所谓最容易的地方，就是你前期研究投入最多的地方。

如果你的研究对象是具体的考古材料，那么你一定会去做许多卡片、统计等，此时，顺理成章，论文写作应该从材料分析部分开始。毫无疑问，从这个部分开始，你会觉得最容易。如果你是从某个理论视角去分析已经发表的材料，我相信你在前期研究中一定花费了不少时间去消化理论，也一定会有一些想法，这个时候最容易写作的部分就是理论研究部分。如果你要去解释某个现象，或者你只是大概知道研究方向，还不知道具体的问题是什么，这个时候你就需要广泛搜集前人的相关研究，论文合理的开始之处就是研究综述。很有可能出现的情况是，你发现有关这个方向的研究可以参考的内容非常少，你就像在摸黑走夜路，此时能够照亮你研究方向的是拓展关联，也就是拓展与该方向或问题相关的知识范畴。就像在了解一个人的时候，发现与这个人直接相关的信息非常少，那么我们就必须拓展到更广泛的相关背景中去，寻找更多的线索，从而了解这个人。

万事开头难，有了开始，就可以顺藤摸瓜，上下扩展，从而完成整篇论文。不论我们的研究从哪里开始，它都必须遵循基本的逻辑。首先，是理论、方法与材料之间的自洽。从容易的地方开始写作容易出现一个问题，就是忘记了文章的前后衔接，导致理论、方法与材料研究之间出现明显的脱节，结果理论就是理论，材料还是材料，两者之间好像没有什么联系。其次，是需要保证文章结构的完整。比如说文章需要有问题，对具体材料分析的论文来说，内容篇幅可能很长，但没有问题，这就是文章结构不完整的表现。没有问题，何来研究？你需要回溯到前面的部分，把与材料分析相关的问题提出来。再次，就是保证论文各个部分之间体量的平衡。一个特别容易出现的问题就是文章各个部分之间的体量不平衡，因为前期投入的原因，很容易把开始的部分写得非常详细，篇幅惊人，以至于后面的部分要么随着扩充，要么不得不删掉已经写作的许多内容，造成前期工作的巨大浪费。还有一种可能，就是改变论文的研究方向。我曾经遇到过这样的博士论文，本来是要从某个新的理论视角来研究材料，结果由于理论研究部分写得太长，投入太多，以至于后面的工作没法完成，最后论文转向，变成了一篇以理论研究为主的论文。论文写作就是这样，它的发展具有不确定性，尤其是长篇幅的博士论文，因此要理解这种不确定性，甚至要利用这种不确定性，不能找一堵墙在那里死磕。

打仗需要机动、灵活，尤其需要勇敢，勇敢才有战法。写论文跟它一样，首先要敢写，敢于开始，然后才可以说方法。不敢写是刚进入研究领域的学生的通病。中国古人强调"述而不作"，似乎后人没有创造的权利，这有损文化的创造力。学生看前人的读书心得，大多是要严谨、"悔其少作"，如此等等。在我读书的经历中，我所得到的教育是不强调写作的，似乎一去写作，就是功利心发作，就是拔苗助长。这样的教育环境，导致我们不敢写。与此同时，急功近利的情况又的确存在，为稻粱谋的写作就像野草一样疯狂生长。如何看待这种矛盾？从研究发展的角度来说，论文写作实践对于促进研究是非常有帮助的，没有人的写作一动笔就是完善的，都是从蹒跚学步开始的，不敢写，不敢犯错误，那么就不可能有完善的一天。大胆去写与急功近利是两回事，但只有一纸之隔。尽管外在的行为相似，但两者的目的完全不同。大胆去写是就研究训练而言，是为了获得更好的成果；急功近利的写作目的就是功利，而不是为了研究的完善，不是为了学术本身的发展。具体情况具体分析，就我们的学生而言，存在的主要问题还是不敢写。不动笔，永远不知道自己的问题在哪里，研究还欠缺哪些内容，准备工作也不能做到有的放矢。写作是困难的，面对困难是需要勇气的，以严谨、淡泊等高尚的名义为遁词是一种自欺的行为。这些优秀的品德是存在的，但不是针对初学者的。

当然，动笔是有条件，不讲条件的勇敢是鲁莽。研究需要基本准备，那么有多少准备才可以开始写作？这不是一个很容易回答的问题，因为各人学术基础不一样，并没有一个统一的标准。但有一点是非常重要的，那就是"新意"，新的想法是研究准备中最核心的。所谓研究道路千万条，新意第一条。但是，对于研究生论文来说，恰恰相反，很少是从新意开始的，而是从任务开始的——必须要写一篇论文。另外，对于考古学研究的论文来说，很多是具体材料研究，新意并不是出发点（或者说新意就是指新材料）。这就构成了研究论文写作中非常矛盾的一个方面，为了写作而写作，或者说，为了训练而写作。研究生的学位论文就是这样，它跟后来的论文写作有不小的区别。很少研究生的学位论文是从新意开始的，尽管我们把新意视为研究的基础，但是对于缺乏研究积累的学生而言，实际上是做不到的。由此而出现一种情况，研究生的学位论文需要在写作过程中寻找新意，提炼新意。对于学术训练来说，这是可以理解的。

古人讲要"胸有成竹"，即研究有充分准备之后，才可以动笔。我以前也相信这种说法，后来在自己的研究实践发现这是错误的。研究是一门艺术！你若想得到研究的快乐，准备就不能过于充分，那会让你觉得自己就是个码字工，写作过程中一点快乐都没有。恰当的准备是，你觉得准备不是很充分，于是你在写作的过程中殚精竭虑地去补充，这样在写作的过程不断有发现，越写越兴奋，进入了一种创造的状态。这种感觉非常好，这样的准备可谓是研究的"黄金分割点"，比较充分，但还有比较大的欠缺。此时不仅可以动笔了，而且是动笔的最佳时机。充分的准备对研究生来说，大多是做不到的，理论、方法与材料总是有不足，而且一定有不足。到了黄金分割点之后，如果还不动笔，研究热情可能会消退，写作动力也就不足了。

还有一种情况，就是勉强动笔了，发现没有什么好写的；做了几天乃至几个星期的材料分析，发现能够写的内容只有几行字，离至少十万字的博士论文遥遥无期。前面一种情况与积累和训练相关，如果平时就有一些不大正规的论文训练，情况就会好许多。现在直博的同学不需要写硕士论文，有利也有弊，一个明显的弊端就是学生没有经过硕士论文的训练，一下子投入到博士论文的写作中，很难驾驭得好。论文训练是一个循序渐进的过程，都是通过不断犯错误、不断改正错误从而得到提高的。硕士论文是比较正规的训练，其实还需要一些不正规的训练，如写课程论文、学术博客等。如果一名同学已经能够完成两篇左右的正规发表论文，那么他直接攻读博士才是可以考虑的。再就是平时有研究思考的积累，也就是有研究性的思维习惯，围绕一个问题，长期关注，不断积累材料，积累思考，有了这些基础，写作起来就不会感到困难。

后一种情况与研究方法有关，无论一个遗址的发掘材料多么丰富，相对我们要了解的古代生活来说都是非常有限的，丰富的材料还可能给人一种错觉，认为仅仅凭借这些材料就能够完成一篇博士论文。考古材料的意义是通过知识网络体现出来的，这个知识网络可以指多学科的分析，它们会带来不同的信息；也可以指实验、民族考古等中程理论研究，它们帮助我们把碎片化的信息缀合起来；还可以指纵横时空的材料，即同一时期不同遗址的材料、同一地区不同时期的材料，在时空经纬中通过比较来分析考古材料的意义。知识网络的含义是丰富的，一名社会学者可能看到更多与社会相关的信息，一名宗教学者可能看到更多与意识形态相关的内容。如果我们从以上提及的多维角度去看一批考古材料，还会没有东西可写吗？再者，如果把这批材料与某个具体的问题联系起来，比如农业起源、现代人的行为现代性等，那么就可以拓展谈论许多内容，不会孤立地研究一个遗址的材料，就可能根据知识网络以及问题线索，以该遗址的材料为基础，讲出一个故事来。能够讲出故事的时候，有关遗址的研究就成功了，因为它意味着考古学研究能够"透物见人"了。

总之，论文写作从哪里开始不是一个重要的问题，重要的首先是能够开始，其次是找到新意，最后就是建立论文完整的结构，保证文章逻辑的顺畅以及各部分之间的平衡。

二、论文写作的过程

论文写作开始之后，进展可能很快，也可能很慢，不过最痛苦的莫过于写好了许多内容，到最后不得不推倒重来，工作白费了。这种情况在研究生论文写作中比较常见，尤其是把论文给指导老师看过后。其实为了避免出现这种情况，是有一种制度设计的，那就是撰写开题报告。开题报告不仅应该确定选题，收集基本的文献资料，完成初步的材料分析，还应该列出大致的写作提纲。学生在开题报告会上需要报告这些内容，与会的指导老师会指出存在的问题。这本来是一个很好的制度设计，但是目前没有得到很好的执行与利用，导致学生完成论文草稿之后，还需要做大幅度的调整。这个时候，对于指导老师与学生来说都是非常痛苦的，老师看这样的论文很费劲，学生在执行老师的修改建议时也很困难，因为学生此时的思路已经固定。这就好比毛坯房已经盖好，又要大拆大建。所以，我认为，指导学生的学位论文，应该把更多的精力放在开题阶段，而不是修改阶段；前面的工作做得好，后面修改的任务就比较轻了。

目前来说，学生普遍对论文开题准备不足，前期的调研不够，尤其是没有形成新的想法。什么意思呢？在开题之前，需要阅读大量的文献，而不只是收集文献。不读书，如何能够有想法？在这样的情况下，列出的提纲对后来的写作没有太大的指导价值。因此，我建议学生在动笔写作学位论文之前，应该与指导老师多商量，同时认真考虑开题报告会上其他老师给出的建议。三个臭皮匠，赛过诸葛亮。我不是说指导老师的意见肯定正确，而是说在这个阶段听取建议，会比成文之后做大幅度修改好。指导老师的意见作为参考，而不是指令，因为学生论文，尤其是博士论文的研究范畴往往已经超出了指导教师熟悉的范围。为什么称为"指导老师"？因为他们只能给出概略性的指导建议。指导老师因为对学生研究的问题没有专门的研究，很难给出具体的帮助，不过指导性建议还是可能提出的，所以学生需要适当地参考老师的建议，既不要盲从，也不能充耳不闻。另外，尽管学校给每位学生确定了一位导师，但不是说你只能向这位老师求助、只遵循他的指导，聪明的学生会向多位合适的老师求助。我从来都认为老师与学生在学术研究上是亦师亦友的关系，老师进入学术领域稍早一点，多一点经验，也有不少局限，跟不同的老师讨论，对于拓展思路是非常有帮助的。广而言之，学生还有一个非常重要的帮助来源，那就是同学。我在前面就说过，学生很大程度上是跟同学学习，甚至比从老师那里得到的还要多。三五同学经常讨论，同龄人之间，没有什么禁忌，相互辩难，促进思考。

这些帮助对于解决写作过程中遇到的困难是非常有意义的。论文写作经常会遇到的一个问题，就是写到中间的时候突然被一个问题卡住，不知如何是好，就像登山时卡在半途，上不去也下不来。遇到这样的情况是让人十分焦灼的，解决办法之一就是上面所说的向老师、向同学求助，不是说他们肯定有办法，而是说"当局者迷，旁观者清"，旁人提供一些想法可能会启发你走出困局。如果短时间内无法突破，为了不破坏写作的节奏，可以先跳过去，把这个难题留在最后。最糟糕的做法就是停留在原地，痛苦不已，人的天性是趋易避难的，有些同学会选择打游戏去逃避，结果打断了写作节奏，造成长时间停滞不前，压力不断增长，最终造成难以预料的结果。

前面我反复强调过要辩证地看待研究中遇到的困难，这些困难的背后往往正是突破口，正是文章最有意义的地方，也是研究过程中最有吸引力的地方。因为这样的困难并不是针对你一个人的，其他人研究的时候，同样也会遇到困难，你若是能够克服困难，文章的意义便增加了一分。当你在一个问题上得不到突破的时候，你应该考虑围绕它是否在其他地方有突破口。我在这个方面有特别深切的体会，在研究湖北余嘴 2 号旧石器遗址、内蒙古大山前遗址、内蒙古哈民忙哈遗址等材料时，都发现最初的研究计划根本没法实现，但是研究过程中发现的其他问题非常有研究价值。我们要重视研究中的困难，不是因为我们喜欢困难，而是因为困难中蕴含着研究中最有价值的东西。一帆风顺的研究其实是不存在的，即便存在，也没有什么价值，因为研究的目的就是去寻找困难，克服困难。

辩证地看待困难，还需要处理好写作节奏与困难的关系，我上面所说的困难大多时候是需要在写作之前解决的，一旦开始写作，最好不要被困难纠缠太长。就这一点而言，人跟机器倒是很相似，开始是磨合期，有点慢，一旦进入状态，写作的速度就会稳定下来。关于论文的写作节奏我有四点建议：一是曾国藩的那句话，"置之一处，无事不办"，写研究生的学位论文，尤其是博士学位论文，必须有一段时间全身心投入。它类似于修行之人的"闭关"。论文写作需要连续思考，如果反复被打断，做一点又忘记了前面的，不得不重新开始，效率就会大打折扣。有的人选择此时关闭手机，有的人则把娱乐设备送人，有的人跑到外面去租房，总之，所有的一切都是为了集中精力，因为最好的办法就是集中精力。不少同学会把论文写作拖延到答辩的那个学期，这个学期往往又是找工作的时候，两件事都很重要，找工作不是自己能够决定的事情，焦虑不堪，此时还要写论文，可以想象这样的论文质量。因此，集中精力写论文的时间应该是在找工作之前，至少要早半年。如果是春季学期毕业，那么冬季学期之末，最晚也要在春节之前把论文初稿拿出来。

二是"谋定而后动"，每天要写作的内容先考虑好一个大致的提纲，然后开始写作，这样效果比较好。如博士论文，一开始就会有一个大纲，但是这个大纲是非常粗线条的，并不足以支持每天的写作。因此，在每次写作之前先考虑好写作提纲，这样写作时就不会想一句写一句，整个论文的逻辑关系就会更顺畅一些。"谋定"的环节是可以在任何时候进行的，全身心投入博士论文写作之后，做梦都会想到写作，走路、坐车、吃饭时都可以想一想，总之，生活中所有的闲暇时光都可以利用起来。其实论文写作的时间并不要求很长，现在大家都用电脑写作，即使打字速度一般的人，一个小时写上千字也是轻松的事情。当然，论文写作不只是打字。如果一天写作四个小时，差不多能写到五千字，一篇博士论文通常为十余万字，不到一个月就可以完成。也就是说，写作的环节其实是比较简单的，困难的是"谋定"，所以，这个环节需要更多的时间，需要花很多时间去琢磨，确定大致要写哪些内容。如果真的用心的话，写博士论文至少看起来应该是很轻松的，你每天仅仅需要四个小时的写作时间（每个时段都可以包括 15 分钟的休息时间），其他时间是"自由的"，仅仅需要把心思留在论文上。

三是重要的事情先做。可以把每天的工作分为几个时段，以我自己为例，可以分为早上、上午、下午、晚上四个部分。我早上醒得早，头脑清醒，适合思考，也适合写作，尽管只有个把小时的工作时间，但此时的工作效率是有保证的。上、下午的效率都还可以，晚上精力稍差，效率相对较低。但是白天的事情比较杂，虽然你希望只有写论文这一件事，但实际上没有人生活这么单纯，总会有许多琐事需要处理，因此，上、下午首先把最重要的写作任务完成，晚上也是如此。如此一来，每次工作的时间都不长，集中精神很快可以完成。之后可以处理其他事务，或者为下次写作积累素材。对于学生，大多数学生是喜欢熬夜的，如果晚上精神好，那么就可以在晚上安排两个写作时段。把写作论文的事情分若干个时段来做，就形成了工作节奏。节奏是重要的。做一件事，行家与生手的区别就是节奏。你看那些熟练的劳动者，他们做事总是不紧不慢，效率高，看起来让人能产生一种节奏的美感。研究工作同样如此，寻找与培养自己的工作节奏是一项很有意义的训练。善于控制节奏的人，研究成果不仅丰富，而且也不那么疲劳。一些研究工作者英年早逝，原因虽然很多，但不注意自己的工作节奏，导致健康受损，不能不说是原因之一。

四是定时定量地做。写作研究生的学位论文对于没有多少研究经验的同学来说不是一件容易的事情，更不可能有人爱好写作这样的论文，更多是因为训练，不得不去做。人的天性是喜欢自由而不喜欢拘束，厌恶理性控制而偏好率性而为，但是为了训练的目的，不得不去做。要让自己去做一件不得不做的事情，定时定量是一个很切实的策略，把它化为一种下意识的习惯，一种不需要考虑就会去做的事情。上面说到可以把每天的时间划分为几个部分，每个部分中定出一两个时段来，定出时段之后，要对应定出一定的工作量。这个工足量不要定得太高，应该是一个基本的工作量，即自己正常情况下大体可以完成的量。有时间保证，有量的目标，目标切实可行，只要坚持，每天都可以有切实的进展。就我个人的体会来说，我很喜欢能有几个月的时间投入到一项写作任务中去。每天按照计划去做，工作量并不是太大，但是每天都会有实质性的收获。这个时候整个人心无旁骛，内心宁静，琐事也不足以烦扰我，偶有所得，则欣然忘形。我相信这是人生最美好的状态，很可惜，我们总会有其他的工作与生活安排，并不能经常拥有这样的时间。对于写作博士论文的同学来说，多年后再回首，一定会很怀念那段时光，那么单纯，那么投入，世界都随之变得简单，会发现许多事情其实是可以省略的，至少不用那么操心。从这个角度来说，写作博士论文又是可以欣赏的，又是可以让我们热爱的工作。

如今博士毕业越来越困难了，学制大多改成了四年，我曾经说，不是因为学校或老师的要求提高了，而是学生同侪的水平提高了。水涨船高，你的水平如果太差，如何跟周围的人相处？容易的选题早已被写完了，剩下的工作都不那么容易。不过，就我个人的体会而言，博士论文的写作与其说是个智商的问题，不如说是个情商的问题。能够考上博士的人，就说明他的智商没有问题。完不成博士论文，大多来自非智商的原因。这里我的态度非常明确：自强不息，厚德载物。努力是硬道理，上面也说到如何具体去做，坚持不懈，就没有完成不了的论文。在另外一个方面，我们还要学会接受现实，现实是不完美的，研究也是不完美的。完美主义者不适合写博士论文，不适合读博，因为在有限的写作时间（充其量一年多）完成十多万字以上的论文，注定不可能完美。理论不完美，材料也不充分，方法也有限度，我们努力，尽可能实现一个目标，即有所创造，但一定会存在不足与遗憾。要学会接受现实的不完美，把主要精力放在核心目标上，要知道追求完美会让你在并不重要的目标上耽误时间，而这对于时间有限的攻读博士期是非常有害的，一旦拖延就会带来其他的压力，学校的压力、找工作的压力、家庭的压力，再加上学业的压力，很容易把人压垮。攻读博士的学生需要认真地管理好自己的时间，抓大放小，尽可能早一点毕业。博士论文只是一个起点，可以在后面的工作中进一步完善，把它写成一部著作。这样的著作对许多人来说，可能是一生最有水平的成果，因为后来的工作中也不大可能再有数年的时间去雕琢这样一部著作了。

三、学术规范问题

学术是求真的事业，它最反对的莫过于弄虚作假。学术规范是对学术研究的基本要求，但对于究竟什么是学术规范，学界并没有一致的看法，如果大家有兴趣的话，可以参考一下相关的研究①。所谓的差异，主要涉及学术规范的范围。这里我不想画蛇添足，再来讨论学术规范的概念问题。按我自己的理解，就考古论文写作而言，学术规范主要指两个方面的内容：一个是学术道德规范，这是学术研究的道德底线；另一个是学术程序规范，即论文写作规范。

学术道德规范是研究者内心的行为尺度，那就是不能弄虚作假，然而在当前急功近利的氛围中，这一尺度屡屡被突破，以至于需要法律加以惩戒。弄虚作假的形式很多，可以说是"与时俱进"，花样不断翻新，目前常见的有如下六种：

其一，玩虚的。包括做没有价值、低水平重复的研究等，大量的灌水论文制造了虚假的学术繁荣，其实没有什么意义，纯粹浪费读者的时间，也是在浪费自己的生命。

其二，抄袭剽窃。把他人的成果据为己有，可谓简单。如今论文查重工作越来越细致，抄袭也改变了形式，比如把抄袭的部分文字打乱。抄袭的后果很严重，而且有追溯制度，不知道什么时候会败露，到时候可能身败名裂。

其三，数据或材料造假。为了让研究结果显得漂亮一点，故意篡改事实。一般说来，理工科论文更可能出现数据造假现象，考古学论文，尤其是科技考古论文，具有理工科论文特征，也可能出现这种现象。第一手考古材料的研究具有排他性，这一类造假往往不容易迅速发现。在基础数据上造假，危害非常大。

其四，成果署名造假。明明自己不是论文作者，却堂而皇之成了唯一作者或第一作者。当前学术界这个问题非常复杂，理工科论文中项目的

---

① 卢文辉、叶继元：《对学术规范内容体系的再思考》，《高校图书馆工作》2019年第1期。

"大老板"往往可能成为第一作者；博士生写作的论文，导师成了第一作者（部分是为了发表起来更容易），这些都是学界的"潜规则"，某种意义上说，其实是署名造假。至于说买论文，那就更明显了。

其五，一稿多投。为了尽快发表，把一篇论文同时投给多家刊物，就是一稿多投。一旦同时中了好几家刊物，就假装有某种原因而要求退稿，给刊物的编辑造成严重干扰，而且也有违学术公平。一稿多投是学术界不能接受的行为，一旦被发现，就会被刊物列入黑名单。

其六，注释造假。明明没有引用相关的文献，却罗列在参考文献上，洋洋洒洒，显得是在引经据典。

学术失范是当前中国学术界存在的突出问题，在功利化的氛围中，同时迫于科研压力，研究者举止失当，失去了内在的道德操守。有个人的原因，也有社会的原因。现在各个高校在研究生教育中普遍开设"学术规范与论文写作"课程，目的也是想要改变积弊。大多数人在违规的时候并非不知道自己在做错误的事情，但为利益所诱、压力所迫、能力所限，铤而走险。增强对学术规范的认知、提高学术道德修养、发展研究能力，无疑会有助于避免学术失范，这也是本书的主要目的。

论文写作规范代表论文的形式要求，它是学术圈成员能够互相理解的基础。我刚开始写论文的时候，非常讨厌规范，觉得完全是形式主义，浪费时间，后来逐渐理解到规范的必要性。这些年来看学生的论文，已经形成一种直觉，一篇论文打开，花几分钟扫视一下，基本就可以判断水平高下。这其中形式的判断要占很大的比重，形式不规范但内容好的论文几乎是不存在的，好的论文基本都有很规范、很美观的形式。写一篇好论文是需要认真投入的，认真投入的论文不会不讲究形式，因为你总是希望自己的论文尽善尽美，甚至会挑剔字体的风格、大小、行间距。按照后过程考古学的说法，所有的物质形式都是有意义的，它们可以代表你的心态、修养、趣味等。这也就是为什么我们可以用几分钟评价一篇论文的原因。

每个学校、每个期刊都对论文有相应的格式要求。我还记得自己在南方卫理公会大学毕业的时候，核查人员拿着尺子测量博士论文的页边距，提交的纸质版对用什么纸（必须是100％棉质纸）都有规定。不依规矩，难成方圆。每一届毕业生大多按照上一届的格式来安排自己的论文，结果是一届届的错误因袭下来，最典型的莫过于内容摘要。学位论文的内容摘要比发表论文的长，可以长达一两千字。学生们因袭的传统是按章节介绍内容，然而这不是内容摘要的写法，内容摘要需要简单介绍选题背景、所研究的问题、采用的方法与思路、材料分析的结果以及最终的观点，最后讨论该项研究的学术价值与意义。内容摘要不能简单罗列章节的内容，也不能照搬结论部分，它是文章精华的荟萃，要用最短的篇幅把文章最重要的贡献告诉读者。

在文章规范中，文字的规范相对比较容易发现，比较容易忽视的部分是图表与参考文献，我自己在这个方面的教训比较多。校对文字时会比较仔细，图表看起来很简单，结果不小心就忽视了其中的错别字。要知道读者看论文，大多会首先看图表，这种错误非常扎眼。参考文献格式烦琐，每种期刊的要求都不一样，尤其是当某种期刊的要求与大多数期刊不一样的时候，往往会顾此失彼。我自己最近发表在《中国社会科学》上的一篇论文就遇到了这个问题，幸亏责任编辑负责，发现了不少失误，想来让人汗颜不已。我之所以不惮于把这个错误暴露出来，是希望引起同学的重视，你的记忆可能没有你自己想象的好，你越痛恨细节，细节就越会烦扰你。就这一点而言，性别之间可能有差异，男性普遍较容易忽视细节，此时交叉检查可能会比较好，自己的论文看过许多遍之后，即使有错误，也看不出来，让朋友帮助看一下，更容易发现问题。

所有规范之中，影响最大的是文献的引用，因为一旦没有处理好，就成了抄袭、剽窃。在学术圈中，没有比这个结果对一个人声誉的打击更严重的了，一个人在这个方面出了问题，就很难再在学术圈立足了。关于文献的引用，最重要的地方就是标注，不是不可以引用，而是引用之后必须标注出来。如果是直接引用原话，就需要用引号区别开来，最好在注释中标注出引用的页码；如果是大段的原话引用，就需要单独用一个段落，用不同的字体显示。一般性的引用最好是根据自己的理解，用自己的话来表述。对于刚开始学习研究的同学来说，因为自己的想法比较少，容易出现一种情况，就是论文每句话都有文献引用。表面上看，作者的文风严谨，而实质性上是作者自己的想法太少。就论文的类型而言，综述研究进展的论文，引用的文献最多；材料分析型的论文，引用的文献最少。如果是反驳某种观点的论文，就可能存在大段的原话引用。从一篇论文来讲，前言、理论部分引用的文献比较多，讨论部分也会有较多的引用，中间的材料分析部分引用较少。也就是说，一篇论文如果没有理论与讨论部分，引用的文献数量就可能大幅度减少。

最后，我们可能需要弄清楚的是：为什么要引用文献？引用文献的目的主要包括：一是不能埋没前人的贡献，你必须提交前人相关研究取得的进展，你还需要提及它们存在的问题，这是你的研究的出发点；二是作为佐证，比如在讨论古人生活方式的时候，你引用科技考古的相关研究，作为你的观点的辅助证据；三是显示材料来源，你所说的某某发现、某某现象，其出处何在；四是对不同观点的说明，比如你在文中说"有观点认为或有学者认为"，那么你就需要列出出处。引用的基本目的就是把自己的贡献与别人的贡献区分开来，一篇论文如果有鲜明的新意，有重要的贡献，是很容易做到这种区分的。通常做不好区分的论文，都是一些没有新意、勉强凑成的文章。别人从中看不到有价值的东西，也就只能看看格式、规范，自然也就漏洞百出。

与引用相关的是参考文献部分，涉及引用原话、观点的内容就需要标注页码。如果只是一般性地作为整体的参考，则不需要标注页码。除此之外，还有注释。理论上注释与参考文献是不同的，不过有些期刊不区分两者。所谓注释，就是补充正文的内容，即作者认为写在正文中会显得累赘，不写出来又显得疏忽的内容，它是正文的补充说明。一种格式是与参考文献分开，采用脚注的形式；另一种格式是与参考文献一起，放在文后。具体怎么做，取决于不同期刊的习惯性要求。

四、论文的发表

论文的发表有一个流程，这个流程包括投稿、审稿、校对、正式发表等。比如说，比较正式的刊物会采用双盲审稿制度，即审稿人不知道作者是谁，作者也不知道审稿人是谁，较之不采用这种方式的审稿制度，会更加公正一些，尤其是对于初出茅庐的作者来说。这里我梳理一下论文发表的几个关键步骤，可能会对大家发表论文有所帮助。

论文发表的第一步是投稿，往哪里投是非常关键的，这里涉及两个方面，一是论文本身的内容与质量，二是刊物本身的宗旨与要求。我比较欣赏"学术市场"的说法，我们生活在一个市场经济的时代，学术发表也非常像市场，论文就像是产品。市场交换中，产品质量过硬当然是非常重要的，但是如果不符合市场的需要，再好的产品也不能产生效益。因此，论文的写作阶段就需要考虑"学术市场"的需要，需要考虑你的论文与当前的学术研究有什么关系，能够解决什么问题。论文写作中通常都需要说到研究的学术意义，所谓学术意义就是研究对当前学术研究的贡献。如果说不清楚论文的贡献究竟在何处，也许应该考虑是否值得一写。

以上是就文章的内容说的，一篇论文要想发表，除了合格的质量之外，一个恰当的题目会增色许多。论文题目不仅点明论文的主题，还是论文的"广告词"，起到宣传论文的作用。给论文取一个合适的题目是很值得斟酌的。单纯为了抓人眼球，当代自媒体十分在行，它们会把文章中某个特别的观点提取出来作为标题，虽然这个标题并不能代表文章的整体内容。因此，这个方法并不适合学术论文，但是传统的题目，仅仅有时代、地点、材料或某个主题，中规中矩，很缺乏吸引力。以主题为中心，关注学术发展动向，在取题目时适当地别致一点，会让人有耳目一新之感。比如某位同学研究一个旧石器时代遗址的材料，其题目一开始就是某某遗址石制品研究，没有鲜明的主题。开题报告会，与会的老师建议了一个主题：某某遗址古人类石器技术与人类生存行为研究。修改之后题目的主题就鲜明多了，尤其是与当前旧石器考古的学术动态结合起来了。不少论文是采取大小标题，大标题点明主旨，小标题（或称副标题）说明时代、地点与材料，或说明具体的角度。大标题可以取得比较简洁、响亮，达到宣传的目的，小标题则是为了明确，保证学术研究必要的严谨。这种表达也可以反过来做。当然，大小标题结合会让题目显得有点累赘，不如单一标题直截了当。

前面的章节我们讨论的内容都是为了提高论文的质量，下面谈一下学术市场的需求。这里也许需要先做一下区分，满足学术市场的需求跟盲目追踪热点、赶时髦不是一回事，因为其前提是高质量的论文。不同的期刊代表不同的市场，会有不同的需求。另外，一个时期期刊的主编与责任编辑可能会关注特定的问题，他们甚至可能会组织稿源。

就考古学的学术期刊而言，时代、地域、主题等方面的区分还是很明显的。三大刊——《考古》《文物》《考古学报》——是公认的能够代表中国考古学研究水平的期刊。《考古》侧重发表史前阶段考古材料的发现与研究，《文物》更多侧重历史时期，《考古学报》发表的是一般在两三万字之间较大篇幅的论文。其他核心刊物差别更加明显，如《东南文化》发表的论文多围绕东南考古（苏浙沪、安徽，偶尔包括江西、山东）展开，不过《东南文化》还有个特色，就是关注考古学理论方法研究，在这个方面，它可能是国内考古学研究最新锐的地方。《江汉考古》类似之，它侧重湖南、湖北、河南等长江中游地区的考古学研究，最近也比较关注考古学理论方法的进展。《考古与文物》覆盖的范围更广一些，不过还是侧重中原地区。吉林大学的《边疆考古研究》，顾名思义，更多关注北方边疆地区的研究，当然，由于它是大学主办的，关注点更广泛一些，不如前面几种刊物那么严格。从另外一个角度来说，当前学术期刊之间的竞争也是比较激烈的，以前三大刊基本包揽所有重要的论文，如今不仅地方期刊崛起，特色鲜明，而且它们还受到国外期刊的挤压。尤其是这些年来强调发表SCI与SSCI论文，一些优质的稿源投向了国外期刊，这一点在旧石器考古研究领域表现十分明显，以至于看第一手考古发现的报道都需要去检索国外期刊。

论文投稿还需要考虑期刊的分别（核心与非核心），以及各大学与研究机构自己所确定的刊物级别。这里我不想愤世嫉俗，虽然我个人很不喜欢这样的区分，把苹果、梨、葡萄等不同水果非要分出一个等级来，实在是有点匪夷所思，不同期刊所侧重的方面往往不同，如何会有那么清晰的等级？更有甚者，把国外期刊也做出区分来。若是真的了解，做出区分倒也情有可原，但自己设定一个比例，然后就随意划分，让人莫名其妙。现实就是这样，绝大多数高校与研究所都要求博士研究生发表论文，有的要求发表两篇核心期刊论文，有的要求发表一篇核心期刊论文，另外一篇相当于核心期刊论文。考古学研究的核心期刊不同年份是有变化的，核心期刊又名CSSCI（中文社会科学引用索引），目前包括三大刊和《考古与文物》《东南文化》《江汉考古》《边疆考古研究》《考古学集刊》《故宫博物院院刊》等。还需要考虑的是各大学或研究所所列核心期刊的组成是不同的，如我以前在吉林大学工作时，《人类学学报》是与《考古》同级的核心期刊，但是到中国人民大学工作之后，《人类学学报》就降为一般刊物了。《人类学学报》是国内有关旧石器考古-古人类考古最高水平的刊物，许多高校的评价体系中都没有列入重要期刊行列，究其原因，是因为它属于科学院系统的期刊，另外，旧石器考古是考古学研究中的冷门。

对研究者来说，说到期刊级别是件无可奈何之事，但是又不得不重视。博士生要获得答辩资格，需要发表核心期刊论文，研究者应对考核、职称评审都需要发表有级别的论文。在投稿之前，一定要熟悉投稿刊物，阅读该刊的论文，熟悉其文章的选择与格式要求，还有发稿周期，以免被动。有些期刊是发大篇幅文章的，如《中国社会科学》，一般要求在两万五千字左右，《历史研究》要求两万字左右。大部分刊物要求的论文在一万字左右，除去注释、摘要，正文的长度为八九千字。不过，文章的长短并不关键，真是好文章，编辑在采用之后会要求你删除一部分；若是不足，会要求你做扩充，关键核心内容要有价值。如今研究者的数量不断增加，核心期刊的数量有限，僧多粥少，重要期刊往往排队现象严重，一篇文章拖两三年才发表是很常见的。如《考古学报》一年只有四期，每期三四篇文章，一年能够发表的论文数量非常有限，所以一篇论文可能会排上三四年的时间。如果时间紧张的话，就不要贸然投稿给这样的期刊。

考古学研究可投刊物并不限于前面所说的专业刊物，还有一些综合性的刊物，如《中国社会科学》《学术月刊》《江海学刊》等，此外各大学的学报也是一种综合性的刊物。这些综合性的刊物不少都属于核心期刊，但是对于学术界的新手而言，在上面发表文章的难度比较大，相对而言，专业刊物更注重论文在专业研究上的贡献，较少考虑其他因素。于考古学研究而言，还有一类刊物是我们较为忽视的，就是相关学科的刊物，比如说《第四纪研究》《科学通报》等自然科学的刊物也可能刊登考古学研究论文。如今学科之间相互渗透增加，相互发表论文日渐常见，所以相关学科的刊物也是一个值得注意的投稿方向。

一篇论文完成之后，通常正文、图表是要分开做成不同文件的，前面的章节（第十一章）已经谈到，除了这些内容之外，最好附上一封文章的自荐信，简要说明文章的写作背景与重要意义。这封信对于编辑大致了解论文会有所帮助，找到合适的审稿人，早一点进入审稿程序，尽管他们不能由此决定是否采用论文。

论文附录的地图，在国内出版都需要审查，地图底图要来自法定的网站。此外，还会有一些特定的表述要求，考古学研究中涉及这方面的内容不是太多，编辑也会提醒你的，一两次也就熟悉了。

一旦进入审稿程序，一篇论文通常会有两三个审稿人，编辑会把审稿修改意见反馈给作者。有些审稿人会很认真负责，有些可能会比较马虎；有的审稿人会比较客气，提意见比较委婉，有的审稿人说话则很不客气，甚至会带上一些判断性语气，比如说这篇论文写得很糟糕。这样的话你收到审稿意见之后可能会很生气，但是面对审稿人的意见，一定要平心静气。回复审稿人的意见时，需要逐条回复：合理的意见予以肯定，并做出相应的修改；面对不合理的意见，则需要进行耐心细致的解释，回答自己坚持不修改的原因。有些作者一旦完成论文之后，就不想进行大的修改，面对审稿人合理的意见也不妥协，这样的稿件一定会被审稿人否决。当一篇稿子进入审稿程序后，只要接受审稿人的意见，认真修改，一般都能发表。拒不修改又拿不出合适的理由，由此导致稿件被拒，是很可惜的。

　　在论文发表之前，还会有一个校对过程，通常编辑给你发过来的版本为 PDF 格式，你可以直接在 PDF 格式论文上修改。校对的内容除了文字之外，特别需要注意图表与注释部分，这两个部分是最容易犯错的。

　　最后需要提醒的是，论文投稿之后，注意跟踪稿件。因为投稿数量多，编辑有可能把你的论文遗忘了，及时跟踪稿件有助于让论文早一点进入审稿程序。另外，为了避免遗漏，最好在电子投稿后，另外再邮寄一份纸质版的。

五、基金的申请

　　对于研究者而言，申请基金资助是研究工作的一个不可或缺的部分，也是当前学术评估的重要部分，按照当前的学术评估体系，能够申请到足够多的资助是研究能力突出的表现。即便是对于学生，也有研究项目可以申请，本科生、研究生阶段都有。基金申请也是一种训练，是需要学习的。较早熟悉这个过程有助于少走弯路，也有利于学术研究的开展。基金既可以为研究提供物质条件上的保障，也是一种压力，可以促使你为完成研究计划而努力工作。

　　目前研究基金的构成大体可以分为纵向项目、横向项目、学校或研究所的项目、国外项目等几类。纵向项目中最有代表性的是国家自然科学基金、国家社会科学基金，再就是教育部、科技部等中央部委资助的项目。纵向项目中有若干类别，如重大项目、重点项目、面上项目、青年项目等。国家社会科学基金重大项目的申请时间与其他项目有些差别，它分为两次申请，第一次提出课题，写一个三千字左右的课题申请书。入选之后再写详细的课题申请书，参加第二轮遴选。纵向项目的资助力度其实并不是很大，但是它在学术评估体系中的地位高。不少学校宁愿赔上一个学校项目，也希望老师去申请纵向项目，也就是说两个项目可以是同一个名称，可以用纵向项目的成果给学校项目结项。纵向项目的申请多在每年 3 月，因此研究者的春节很少能够过得好（提前写好的除外），需要考虑项目申请书怎么写。

　　横向项目来自公司、地方机构等地方，往往是需要帮助解决一些切实的问题，项目的难度不大，资金也较为充裕，在经费使用的自由度上也比较大，但是不利之处就是在学术评估体系中的重要性比较低。以考古学研究为例，地方考古所、文物管理机构的一些发掘项目、文物保护规划、发掘报告整理研究等都可能成为横向项目，这些项目对于弥补研究经费的不足以及训练学生还是有一定帮助的。当然，这个度需要控制好，处理不好就容易失去学术前沿的研究能力，而这正是纵向项目所推崇的。两者能够相互补充，也能够相互损害，要想相得益彰就需要保持一个合适的度，而这恰恰是非常困难的。毕竟人在利益面前保持足够清醒并不容易。对于青年研究者而言，在缺乏研究经费的情况下，考虑一下横向项目也是一个可行的选择，它不仅能够带来经费，也能够带来一些新的材料，虽然材料不会是特别好的那种，但有毕竟胜于无。起步期总是比较困难的，有横向项目的资助还是应该考虑的。

另外可以考虑的就是学校或研究所内部的项目，这类项目的资助力度差异很大，有的学校经济条件比较好，学校项目的资助力度甚至大于纵向项目；有的学校经济条件差，资助力度会很小，但要求倒是不低。正如前面说到的，不少学校宁愿赔上学校项目，也要鼓励申请纵向项目，两者可以共用研究成果。也就是说，学校项目是申请纵向项目的孵化器。青年研究者一开始申请纵向项目的时候，不容易成功，前期用学校项目铺垫一下，是一个很不错的选择。

而对于一些研究能力比较突出的研究者来说，还可以考虑国外的项目资助，尤其是有国际合作的时候。尤其是在科技考古领域，国际化程度比较高，中国学者有材料上的优势，可以考虑申请国际资助。当前，中国考古学正在走向世界，国家也有专项的经费资助，当然，仅靠国内的经费是不够的，此时可以与外方一起合作申请国外的基金。国际合作的好处非常明显，有助于获得更高的成果认同度。

申请基金资助需要写作申请书，它就是一个论证报告，论证你的选题是重要的、合理的、可行的。所谓重要性不是你所认为的，而是需要论证的。何以论证一个选题是重要的？你当然需要说明选题的背景，综述国内外既有的研究、已取得的成绩和还存在的问题。你的选题就是要解决存在的问题，按照你的思路，如果解决了该问题，将会有怎样的价值与意义。学术课题的重要性不会是孤立存在的，它必定存在于某个体系之中，这个体系就是当前学术研究的内外关联。所谓外部关联，是指与服务社会现实之间的联系，而内部关联是指与学科重要问题的联系。一个课题之所以可以得到资助，不仅因为它重要，还因为工作思路合理，所以你需要说明你的研究对象、研究内容、研究思路，以及所采用的理论方法等，它的目的是证明你的研究思路是合理的，符合科学研究的规范，按照它，你有可能完成研究课题。课题还需要证明的是创新性，它不仅指课题内容弥补前人研究的空白、纠正前人的错误，还指研究思路上的创造性。如果研究是别人已经做过的，或者说你的研究没有独创性，那么价值就会大打折扣。最后要证明你有条件、有能力完成该课题，最好的证明就是你已经发表的成果和曾经完成的课题。

　　一个项目申请要得到批准，需要经过评审。数名匿名的评审人需要对你的申请逐项打分，比如学术前沿性、创新性、科学性、可行性，经过加权之后计算总分。但是这里有个问题，对于学术前沿性课题，许多评审人其实并不了解，而且这些学界前辈大多比较忙，并没有多少时间认真看你的申请书。所以，就让最后一个标准脱颖而出，那就是已经发表的成果与完成的项目。这个标准对于青年研究者来说是非常不利的。它就像"二十二条军规"一样，没有丰富的成果，就不能成功申请项目；而没有项目资助，何来丰富的成果？学术起步期是最为艰难的，此时研究能力还没有成熟，需要有机会得到训练，偏偏此时不容易获得研究的资源。比较现实的适应策略有二：一是循序渐进，从相对容易的项目开始申请，比如说教育部项目相对于国家社科基金项目，申请难度会小一些，学校项目、横向项目都可以作为铺垫。不断积累成果，最后可以去申请国家社科基金的重点项目、重大项目。二是早动手，勤动笔，在读书的时候就准备出一些成果。并非所有的研究都一定需要资助才能完成，学生在学校学习期间，有许多免费的学术资源可以利用，比如图书馆。若是研究生，还可以利用导师课题的资助。所以，自己是否有课题并不是出成果的必要条件。这里我说读书的时候准备出一些成果，并不是说读书期间一定要出成果，而是说你可以准备好一些成果。一篇成功的硕士论文，其中应该可以衍生出两三篇论文，一篇博士论文，应该可以衍生出四五篇以上的论文。如果你的研究生论文只能生发出一篇论文，也许真应该考虑一下这个论文是否写得不大成功。少数学生在读研究生期间就能写出不错的论文，这当然是非常理想的，不过，研究生还是以学习为主，科研次之。研究生阶段最好是能够积累一些研究素材，能够完成一些半成品。这样的话，就可以在毕业之后较快地推出自己的研究成果，然后就可以去申请基金资助了。

　　成功申请到课题资助除了前期成果亮眼之外，还需要另外两个条件：对学科重大问题的把握与对学术进展的把握。要想提出吸引评审人的选题，选择与学科重大问题相关的课题是秘诀之一，依托重大问题，衬托出你的选题的重要性。对学术进展的把握意味着了解当前学术研究的需求，脱离当前研究需求的课题，尽管新颖，却不易引起评审人的共鸣。因此，在提出课题的时候，需要对当前的学术进展进行研究，了解前人已经做过的研究，最好能够对研究趋势有所判断。符合研究趋势的课题显然更容易获得资助，一个老套的课题是不易打动评审人的。就考古学研究而言，当前比较容易获得资助的课题往往与重大的考古发现相关，另外就是科技考古方法的应用，前者因为发现重要，后者因为成果突出。理论与区域综合性研究获得资助的难度相对大一些，当前，有田野工作基础与研究基础，还是会很有帮助。简言之，机遇总是垂青有准备的人，没有任何准备就想"空手套白狼"，是有点困难的。

六、如何提高研究的产量与质量？

讲到这个问题时，我的心里是矛盾的。早出成果跟打好学术基础是有矛盾的，提高研究成果的产量与质量也是有矛盾的。刘春杨死于科研压力，就在这一章即将结尾的时候，又听说斯坦福大学一位来自中科大的中国博士生选择了自杀，科研压力摧毁了他的信心。在别人看来，他的机遇绝佳，前程似锦，但是在他自己看来，周围的同学个个都胜过自己。要解决科研压力问题，还是需要直接面对，还是需要早做准备。研究的产量与质量有矛盾的一面，也有相辅相成的一面。如何发挥后者的优势，是我们需要认真考虑的。

从一个有意义的问题开始，围绕它展开思考与研究，以之为引领，不断进行研究，不知不觉你就可能在某个领域卓然成家了。宾福德一直思考的问题就是如何跨越静态的考古材料与动态的古人行为之间的鸿沟，他提出要发展作为人类学的考古学，要发展科学推理，要发展中程理论，并切身到阿拉斯加去开展民族考古的研究工作，等等，都是为了这个目标，由此他写作了一系列重要的论文与著作，终成一代学术大师。行为考古学的提出者谢弗在读博士期间就开始关注考古材料的形成过程，后来将其发展为行为考古，更进一步发展为人与物关系的研究，从另一条道路回答了前面宾福德所关注的问题。以有意义的、重大的学术问题为引领，坚持不懈地围绕它展开研究，这是两位杰出考古学家的经验。对于博士生而言，要想提高研究的产量与质量，找到一个有潜力的方向是十分重要的。非常遗憾的是，这样的方向不容易找到，不少博士生也不是很重视，只是满足于尽快写出博士论文，完成需要发表的任务。但是，他们所从事的课题，属于那种已经快耗尽资源的，没有多少潜力可挖。完成博士论文之后，要想再深入研究，就需要重起炉灶。重要的成果不可能是短期完成的，都需要长期不懈地努力，重起炉灶显然不利于出产高质量的重要成果。在这个意义上说，一个博士生未来的学术成就，从博士论文选题上已经可以看出端倪。

提高研究效率的另一个途径就是积极的研究。所谓积极的研究，就是围绕所选课题去寻找一切可以利用的机会，没有机会的时候去创造机会，来开展研究。积极的研究还意味着未雨绸缪，在做一项研究的时候，已经考虑到下面一项乃至几项研究的可能。研究具有不确定性，虽然我们制订了很好的研究计划，但是研究的发展常常不是随着我们的计划而发生的，时常会出现山穷水尽的状况。积极的研究就意味着，在这样的情况下，我们实际还可以探索其他的可能性，我们要去抓住一切可以研究的机会，而不是消极地停留在该问题的研究上，止步不前。积极的研究会帮助我们找到其他的研究机会，这些机会足以补充我们此前的努力，甚至超乎我们原初的计划。正如前面所言，它代表新的发现、出人意料的发现，这是研究中最令人惊喜的地方，也是研究的乐趣所在。积极的研究还意味着执着，围绕问题上下求索，做研究上的"有心人"，殚精竭虑，精诚所至，金石为开。在这一点上，做研究跟从事其他任何事业又都是一样的。

再就是把研究培养成一种习惯。研究能力是训练出来的，需要反复的甚至是艰苦的训练。研究训练的形式是多样的，从平时的思考笔记到学术博客，正是通过各种各样的研究训练，养成了优秀的论文写作能力。不同形式的写作是互相促进的，写作会衍生写作。研究论文往往来自平时的思考，而写作论文时的深入研究又会带来新的思考。同时，不同形式的写作会大大增加研究的趣味，如写作学术博客会带来思考与体验上的快乐，思考笔记则会带来自由写作的畅快。从来不动笔，指望下笔如有神是痴人说梦，研究需要磨炼笔头功夫，平时多写、多改，有了经验，有了技巧，写作才有速度。对于那些高产的学者来说，研究写作是一种习惯，习惯成自然，是一种不得不去做的事情。就像作家把写作当作情感的宣泄一样，这些研究者把写作当成思考的宣泄，欲罢不能。

当然，研究工作不同于一般工作，它重视质量胜于数量，就像我们评价一名医生，名医是那些能够治好疑难疾病的人，每天看几十号感冒患者

是成不了名医的。一门学科，最重要的研究者就是那些能够开创学术研究
范式的人，包括开创出新的研究议题、提出标志性的概念。重复性的研究
能够产生数量，但是对于学科的发展帮助有限，所能产生的学术影响力也
相对有限。对于研究者而言，其最终目标还是要深入（要有理论或思想高
度）、要有发现与创造，这才是研究的灵魂。没有灵魂的研究，某种意义
上说，是浪费纸张，浪费他人的时间与精力。但是质量与数量是一个辩证
的关系，没有质量的数量没有意义；具体实践上，没有一定的数量也不会
有质量。论文的质量并不会一蹴而就，需要经过反复的尝试，不断发现错
误，改正错误，然后才逐渐臻于完善。我们需要努力去训练、去尝试，数
量的增加由此推动质量的提高。数量不是目的，而是过程。

　　最后，回到序言中所说的，研究是水到渠成的事情，前面的功夫做
了，后面的成果也就顺理成章。所谓"学贵根底"，学术功底扎实，研究
成果的数量与质量才有保证。所谓学术功底，学历史的同学有体会，那就
是文献功底，基础文献需要滚瓜烂熟。就考古学而言，那就是基础考古材
料、基本理论与基本方法。对于考古学研究者而言，不仅需要看报告，更
需要看实物，反复观摩；不仅需要研究实物，还需要去看遗址、看环境；
不仅需要看古代的材料，还需要看现在的（民族志、历史的）材料，需要
亲自动手制作、使用，由此达到对考古材料的深入理解。考古学是有时间
深度与空间广度的，需要考察一个地区不同时段的材料，这样才能有更好
的理解。考察它还需要多学科的视角，多维度的考察才能有全面、扎实的
理解。学术根底既需要渊，也需要博，两者结合，无往不利。

附录　如何写作开题报告？

　　每年 5 月是毕业生答辩与新一届学生开题的季节。开题是写作论文的
开端，按照现在的教学培养体系，一般需要撰写一份开题报告，提交导师
指导委员会审议，在答辩会上回答老师的提问。这是一个"诸葛亮会"，
不同老师从不同角度审视学生的开题报告，提出建议，对于提高论文的质
量是很有帮助的。当然，要得到帮助也是有前提的。其一是态度，答辩会
是大家群策群力想办法解决问题的机会，建议不一定都合理，但是不同视
角的批评有助于发现自己闭门造车不能发现的问题。如果将其理解为仅仅
是一个形式，或理解为老师指责学生、炫耀知识的地方，那么就可能吸收

不到有益的指导。其二是准备，开题答辩不是老师帮助想个题目，而是帮助提高准备的水平，因此，撰写一份准备充分的开题报告是必要的。而如何写作开题报告似乎并没有什么原则，每一届学生都是根据上一届学生的模板写作的，并不清楚为什么要这么写以及怎么去写，这里很有必要总结一下，以为参考。

　　所谓开题报告是一个论证报告。它要论证两件事：一是本课题很重要，有必要开展；二是本课题可行，不是心血来潮、凭空玄想（或者说三个问题：想做什么？为什么要做？准备怎么做？）。一项研究的重要性指什么呢？首先是指它解决的问题很重要，由此能够产生重要的意义，就好比说课题解决了与文明起源相关的某个问题，这对于人类社会组织的发展具有重要的意义。其次是指创新性，它解决的必定是前人还没有解决的问题，必定是采用前人没有采用的某些理论、方法或材料，或者它为解决某个问题提供了理论、方法或材料（即不是直接解决问题的）。而可行性取决于准备程度，理论上的、方法上的、材料上的，还有前期的研究基础等，也就是说所选课题有理论可依，有方法可行，有材料支撑，而且研究者已有一定的研究积累，不是从零开始；或者研究者已经证明了自己的研究能力，能够完成这一课题。开题报告是写作硕士、博士论文之前要写作的东西，它的结构与基金申请书基本一致，所以你学会了写作开题报告，也就学会了写作基金申请书，是一举两得的事情。

　　在开始写作开题报告之前，还需要弄清楚硕士、博士论文乃至我们的研究的基本要求。一个简单的说法，它是科学研究！所谓科学研究，是基于一定的理论、方法、材料，运用理论方法分析材料，在分析结果的基础上结合多方面的信息进行逻辑推导，得出一个不超于理论、方法、材料支持的判断的过程。你可以把它与"民科"的研究做一下对比，科学研究的特点是，所得判断是有限度的，是基于一定理论前提的，是基于材料分析的，是基于当前我们的认识能力的，于是，它得出的结论总是谨慎的。它的每一个推理步骤都是可以回溯的，都是可以质疑的。民科往往是基于某一点信息就得出一个无比惊人的结论，而且不接受质疑，一旦你质疑它，就说你在打压不同观点。具体就论文来说，一项科学研究通常需要符合两个条件：一是符合一般的科学研究逻辑；二是能够运用一种以上的学科方法来分析材料。这后一点对于考古学研究论文尤其重要，因为考古学就是研究物质遗存的学科，需要通过物质遗存研究了解古人，也就是所谓"透物见人"。前者强调的是一般意义上的科学逻辑，后者强调的是特殊意义上的科学方法。它们构成论文的科学本质，也是指导开题报告写作乃至论文写作的基本原则。

前面已经说到开题报告有两大任务，论证课题的重要性与可行性。具体说来，前者通常也叫作立项依据或立论依据，其中包括选题背景、研究缘起、研究问题、前人工作、研究思路、研究意义等；后者又叫作研究方案，其中包括研究拟采用的理论方法、研究材料、分析方案、研究难点、创新点、基本观点、既有工作基础与准备等。除此之外，开题报告中还包括研究大纲、预期进展、参考文献、附录等内容。这些内容的写作不是每一项单独构成一个部分，根据内容的多少与关联性，可以把两项内容合并到一起说，比如把研究的难点与创新点放在一个部分谈。下面就逐一来说各个部分的写作内容与关键之处。

选题背景是立论依据的开端，是指研究者所研究的问题与哪些重大问题相关。如果解决该问题能够有益于解决某些重大问题，那么该课题必然也重要，相关程度越高，重要性的程度也就越高。知道自己的课题与哪些重大问题相关，知道相关的程度，并不是容易的事情，它涉及研究者对学科发展整体的把握，目前能够写好这个部分的学生不多。写作这个部分的核心就是，寻找相关的重大学科问题，建立起有力的相关性。

研究缘起通常是跟选题背景一起写作的，它还是为了证明研究者选择的课题为什么重要。迄今为止，选择一个有价值、有意义的研究课题，对于研究生（不论是硕士生还是博士生），甚至是已经工作的研究者，都不是一件容易的事情。研究缘起更详细地介绍选题过程，说明你与该课题的密切关联，比如说你对该课题已经做过相当不少的野外工作，你是在野外工作过程中发现该课题的，这么介绍一下你的选题过程，显然会增加开题报告的说服力。

一个课题的价值与意义体现在什么地方？这是研究者需要重点琢磨的，前文（参见第三章）曾讨论过，它来自考古学研究的外部与内部的关联。在开题报告中，通常需要提及的是内部关联，即与重大问题的关联性。这是一个课题大的方面。当然，你还需要提出自己具体研究的问题。所谓问题，就是带问号的表述。它代表课题小的方面，是课题落地生根之处。具体到研究中，就是要通过对小的问题研究来透视大的关联，所谓"以小见大"。

选题时，常见的问题是选题太大、太模糊，结果就是问题不集中、不明确，研究起来涉及的工作量太大，不容易深入下去，不能落到具体材料研究上，只能泛泛而谈。到目前为止，我还没有遇到过选题过小的情况，都是选题过大。为什么？能够把题目选得小一点，需要更深入的研究。研究的过程也是一个明确问题的过程。当你能够把问题明确为一个小问题的时候，也就说明你的研究已经进行到较为深入的程度。题目的大小，并不仅仅在于时空范围，更在于视角。如果视角独特，就是研究整个中国，其范围也不会显得太大。没有新的视角，即便只研究一件器物，仍然可能显得太大（任何一件器物都会有无穷无尽的属性可以研究）。于是，在确定中心议题的过程中，一方面需要提出一个问题（带问号的表述），另一方面需要提出一个视角，即你是从什么角度来看这个问题的。

研究回顾，或称文献综述、前人工作等，有同学发现这个部分也不是很好写。如研究一个遗址的材料，前人就这个遗址几乎没有发表过任何东西，那能写什么呢？前面的选题背景说到了与课题（或称问题、议题）相关的重大问题，围绕这些重大问题的研究显然不会少，它们都是与该课题相关的研究。如果你找不到太多的文献可以进行综述，一个非常可能的原因，就是你没有发现你所研究课题与哪些重大问题相关，这还会影响到后面研究意义的写作。而要做到这一点，需要你增强对所研究领域的整体把握，知道当前学术界关注哪些重大问题。

写作文献综述，一方面是为了说明你所开展课题研究的基础，另一方面就是为了证明该课题是前人没有做过的。因此，介绍前人工作之后，还需要指出前人研究存在的问题与不足。这个问题与不足正是你即将去研究的。一般来说，你不需要指出你自己也解决不了的问题、弥补不了的不足。有很多同学仅仅介绍前人的工作，不提存在的问题与不足，这就是没有证明自己所提出课题的必要性。研究综述写作中存在的问题还包括把握前人观点不准确，以及不了解哪些研究更重要。要知道有些研究只是蹭热点，并没有什么价值，一笔带过就可以了，并不需要以同等篇幅进行介绍。因此，写作研究综述的时候需要进行比较，了解该领域重要的研究者、重要的发现与研究、不同发展阶段所取得的进展等。

我注意到有同学把学位论文拿出来单独进行述评，这是一个不错的举措。中国研究生教育大规模扩招比较晚，由此学位论文都是较新的研究，也是容易与你的选题产生冲突的文献。近些年产生的学术不端事件大多与抄袭他人的学术论文有关。把这个单独拿出来重点叙述，可以达到避嫌的效果。

研究综述是开题报告中占篇幅较大的部分之一，在肯定前人成绩的同时，指出前人研究存在的问题与不足。按照论文发展的逻辑顺序，下一步就应该提出自己的研究思路，阐述开展本项研究的意义（假定你已经解决了该问题）。由于后面的研究方案中还要详细讲述研究如何开展，这里只需要简单加以概括就可以了。可以把这两个部分与研究综述放在一起写，也可以单独拿出来写，但是不能忽略。你既然已经指出前人的问题，顺理成章，你需要说说你的解决方案，以及由此产生的意义。

讲完立论依据，我们再来说研究方案部分。研究方案的主体就是本项研究拟采用的理论、材料与分析方法，在此基础上，归纳出研究的难点、创新点、基本观点等。绝大多数同学写作这个部分的时候，90％的精力都放在材料的收集与介绍上了，严重忽视理论、方法，以及它们与材料的关联性。一项以解释考古材料为中心的研究，必定要涉及理论，也就是解释的理论依据，比如说通过石器去研究史前的文化适应，文化生态学就是非常合适的理论。当然，这里特别需要强调指出的是，绝大多数理论并不是直接探讨考古材料与人类行为之间的关系。绝少有从静态物质遗存直接到动态古人行为的理论原理，大多数时候都需要我们从一定的理论出发进行推导，演绎出一定的假说，预测可能存在的物质遗存特征。理论是非常多的，考古学通常运用的理论主要来自社会学、人类学、经济学、政治学等社会科学领域。我们需要根据解释的需要去选择合适的理论，不同的理论在解释考古材料上的能力是不一样的，我们之所以选择它，是因为它在这个问题上解释能力强。如果可能的话，写作开题报告时应该完成整个理论部分的写作。由于理论研究在中国考古学研究中还是比较陌生的领域，目前看到的开题报告中罕有相关探讨的。

材料部分自然相对好写，也是当前开题报告写作中做得较好的部分。一般说来，材料部分至少需要写作三个部分的内容：一是材料的环境背景；二是材料的文化历史框架；三是材料的构成，包括来源、种类、多少、精度、保存状态、研究的可能性等。环境背景指所研究区域、遗址的自然地理状态，以史前时代为研究对象的，还应该考虑古环境。材料的文化历史框架是所研究区域的考古学文化时空框架，有时还应该加上周邻地区的，这样让大家清楚地了解研究对象所处的时代、空间位置。这些都是背景，是不能不介绍的。不能假定读者都了解这些背景，常有同学在写作开题报告时不写这些内容，要知道就所研究的课题而言，你比老师的了解多得多，你不介绍的话，指导老师可能都摸不清头绪。

材料部分应该重点介绍的是材料的构成，需要说明你已收集的资料足以支撑即将开展的研究。在开题报告会上，指导老师经常质疑学生的就是研究材料充分与否，这里也包括材料过多的情况，过犹不及，材料太多会导致工作量太大，根本来不及完成。更经常存在的问题是材料不明确、材料的精度太低（研究的目标太高）、材料的真实性存疑等。比如你研究的那个历史时期存在时间极短，你想去研究那个时期专属的物质遗存，恐怕就很困难；再比如你研究的是一些传世品，来源存疑，这样的材料是不足以支撑扎实的研究的。写作这个部分通常需要绘图、列表，并对材料做初步的整理，而不应该是一种简单的材料辑录，即从考古报告中辑录出来的描述。在开题阶段，你需要对材料的状况做初步的分类，避免一股脑地端上来，让人摸不清头绪。

　　方法部分具体而言，就是指你准备采用什么样的方法来研究材料，它包括方法论与分析方案两个部分。所谓方法论，是指论文可能用到的一系列相关的方法，它是为了分析材料、解决问题而生的，它必须遵循前面所说的理论，不能与所研究课题依赖的理论抵触。曾经看到有学生写到论文拟用方法包括文献研究法、比较法等，不免有些可笑，这样写方法太泛了，如此写作的话，快速阅读法、笔记记录法都可以算上。方法论是能够解决问题的方法的系统集成，你需要在这个部分论证你所采用的方法能够解决你所提出的问题。怎么论证？好的论证就是成功的案例。对于学生来说，通常是不知道具体怎么做，成功的案例就是好的范本，看看别人是怎么做的，可以从中学习什么，然后结合自己的问题与材料提出可行的具体操作方案。有学生可能会说自己做的研究是全新的，需要自己发展方法。我不认为存在这样全新的研究，前人相关的成功案例还是有不少可以借鉴的地方；如果真的是全新的话，对于学生来说，这样的论文难度就太大了。学习前人成功的实践是构建自己的方法论的简捷方法。

　　建立方法论之后，下一步你需要告诉大家你准备如何去做，如何去分析所要研究的材料，这里写作的是具体的分析方案。比如你要研究一批石器，你准备统计测量哪些内容？观察哪些特征？要做哪些实验？可能要用到的技术设备有哪些？如此等等。这些年看开题报告，很少看到学生写作这方面的内容。你不写怎么做，没有具体的分析方案，我怎么相信你能够完成课题？当一个学生能够把这个部分较为纤细地写出来的时候，基本可以确定其论文已落地生根，否则还可能只是空中楼阁。

　　一篇论文有了合适的理论、材料、方法以及具体的材料分析方案，也就可以说具体可行了。下一步就要讲一讲结论性的内容。有同学可能会质疑，研究还没有充分开展，怎么就有结论了？我以前也有这样的怀疑，后来自己进行的研究较多之后，发现在开题阶段是可能做到的。一者，因为开题之时，论文的研究已经在半途，并不是刚刚起步。二者，我们之所以选择这个题目，大多数时候是因为我们脑海中已经有了"新意"——论文的灵魂，也就是结论。所谓论文，就是要以符合科学逻辑的方式（一般意义上的科学方法）把它呈现出来，它还包括采用具体的方法去分析具体的考古材料（特殊意义上的科学方法），用事实来论证。所以这个部分可能会写到论文的基本观点、主要创新以及研究难点。当你还没有基本观点的时候，我很可能怀疑你的论文没有"新意"。有新意的研究者自然能够轻松写出基本观点。类似之，创新点也是如此，创新点有所不同的是，它可以包括论文在不同方面可能取得的成绩，包括填补空白、发展方法，如此等等，总之，凡是前人没有做的事都是新的。研究难点就不用细说了，对于处在研究起步期的同学来说，前面都是困难。我们需要明白的是，研究就是要发现困难，克服困难。若没有困难，就没有研究了。研究难点部分要侧重写你可能会克服困难，你若能克服困难，研究意义就又递增了一分。

再下一步就是拟出论文提纲，这里需要注意的内容，第一点是论文结构的完整性。一篇论文应该有绪论部分，其中包括研究背景、研究的问题、研究综述、研究思路与研究意义等，如果研究综述比较长，可以单独成一章。第二大部分就是论文研究的理论、方法与材料，由于大部分论文不会在理论、方法上写作太多的篇幅，往往可以把理论、方法合为一章来写，有的论文甚至把理论、方法放在绪论中写。无论如何，论文必须有理论方法部分。材料部分需要介绍材料的背景、构成及现状，考古学论文通常又是极其强调材料的，所以这个部分无疑需要单独列出来。第三大部分就是考古材料的分析部分，它是论文的主体内容。第四大部分是论文的讨论部分，具体来说的时候，不一定叫作讨论，它以材料分析的结果为基础，结合理论研究、多学科的信息、不同时代不同地区的信息等讨论材料分析结果的意义，这是论文的另一个主体内容，大致要占论文三分之一到四分之一的篇幅。之后是结论部分，如果觉得没有确凿的结论，可以写成余论，谈谈已有的认识，目前存在的问题以及对未来研究的展望。不同论文具体章节安排可能差异巨大，但是论文的基本结构都是相似的。论文大纲需要体现完整的论文结构，对于初学者而言，严格遵循基本结构很有必要，将来研究能力熟练之后，再行发展变化。

　　论文提纲中第二点值得注意的是，论文章节小标题的设置应该与内容的重要程度和篇幅成正比，不能一个部分内容只有一页，小标题四五个，而另一个部分内容可能五十页，却没有小标题。小标题有凸显内容的作用。另外，写作学术论文是一种训练，格式相对死板，不建议采用一些文学化的表达，这样的表达写书时可以，写论文尤其是学位论文时是非常不合适的。

　　论文提纲之后通常有个部分叫作预期工作进展。这个部分需要说明你已经做了什么，还需要做什么，以及不同时间阶段的大致安排。到了完成开题报告阶段，一篇论文的研究综述应该基本完成，材料背景部分也应该完成了，接近完成的部分还包括选题背景、研究思路、研究意义等，理论方法部分也是可以提前写作的。当然，考虑到开题之后，可能还会有较大幅度的调整，所以，这些完成的工作还不能算作论文的直接组成部分。下手快的同学开题时已经写完了数章内容，一般就是指论文前面的几个章节。下一步工作的核心内容是材料分析，完成了这个部分，论文就有了扎实的基础，因此，预期进展的关键时间节点就与此相关。再有一个时间节点就是拿出初稿来，我对学生的要求是在春节之前，也就是毕业年的一二月份。什么时候拿出初稿，什么时候回家过年。这样能够留出较充分的时间修改。春节后，春季学期开学，事务繁杂，难以集中精力。从五月开题到次年一二月完成初稿，这中间有八九个月的时间，稍稍抓紧一点，应该可以顺利完成。

　　然后就是参考文献部分，开题的时候文献收集工作应该完成了，由于不确定哪些文献可能会用到，此时收集的文献应该多于将来要用到的文献。按照经验来说，这个比例大概是三比一，也就是平均收集三篇文献，真正会引用的可能是一篇。通常硕士论文会引用一百篇（部）左右的文献，那么收集的文献应该在三百篇（部）左右。如今收集文献并不困难，有知网以及其他网络数据库的帮助，不到一个星期就可以完成文献收集工作。如果在开题报告书上仅仅列出二三十篇文献，对于一篇硕士论文的准备而言，显然非常不足。在当前的学术状态中，几乎不可能存在一个问题的相关研究只有区区几十篇文献的情况。这也就是说学生的开题准备相当不充分。

　　收集文献并不是一项复杂的工作，如果只是简单罗列的话，不免有形式主义的感觉。对于研究者而言，收集到文献之后，首先可能是要分类，弄清楚哪些文献属于理论方法部分，哪些文献属于经典案例研究，哪些文献提供材料背景，如此等等。文献分类应该对应开题报告前面的内容或大纲的框架，而不是随意地进行分类。文献分类决定研究者下一步重点要阅读哪些文献。文献收集中不能缺少的是经典文献与最新文献，然而，不做分类、不做比较，可能就不知道哪些属于经典文献。经常看到学生论文忽视经典文献而引用一些并不那么重要的文献，这跟学生不熟悉研究领域的发展状况相关。"不怕不识货，就怕货比货"，做一下比较工作，其实不难识别出来。总之，我们希望开题报告罗列的参考文献应该是充分的，应该是分类的。如果有可能的话，还可以对文献的重要性加以标识。

开题报告还可以加上附录，通常是所收集材料的列表。只是在材料非常多的情况下，才需要添加附录；如果材料不多，可以直接放在正文中。附录不是开题报告所必需的内容，除非这个部分对于说明论文的可行性非常重要。

开题报告可以添加目录、页码，还可以添加摘要、关键词，这样的话，会使报告更加清晰。这两项工作很少看到学生做，如果能够加上，是很能给开题报告增色的。把所有内容都算上的话，以硕士论文为例，开题报告正常的篇幅在一两万字之间，不大可能超过三万字，亦不大可能少于五千字。博士论文的开题报告会稍长一些，两三万字是比较合理的篇幅。字数并不关键，重要的是结构完整，重点内容如理论方法、材料分析方案明晰。研究综述部分写得很长（很容易如此），其他关键内容残缺，这不能说是合格的开题报告。

开题报告虽然不是正式的论文，但它是论文的先导与构架，其形式不能不注意。除了内容，还需要讲究形式美感，这直接反映研究者对自己工作的态度。形式美不仅可以愉悦自己，也可以给阅读者带来很好的印象，所以，在开题报告打印之前，应该好好调整报告的格式，使其尽善尽美。

开题报告类似建筑的设计图纸，一栋建筑没有设计方案是不可思议的。于初学者而言，很可能提出若干个方案，需要比较、讨论。开题阶段是一个过程，而不是仅仅指开题报告这样一个结果。在这个过程中，是指导老师能够发挥较大作用的时候，一旦论文初稿写成，要进行大的修改，大多数时候是难以实现的。学生要多找指导老师讨论，确定哪一个方案更好。除了找自己的导师，可能还需要找相关的其他老师咨询。三人行，必有我师。还有一个重要的参考来源，就是同学，大家一起商量，也会有不少帮助。最后的开题报告答辩会相对而言只是一个形式，前面的这些工作乃是冰山下的部分。开题报告答辩后，还需要进行修改、再讨论与咨询，确定最终的实施方案。

　　以上就是开题报告所有的程序，有点理想化。开题报告本来就是在叙述理想的研究方案。理想很丰满，现实很骨感，这是常情。如果理想都做不到丰满，那么到现实之中，最终的结果可想而知。现实可能不完美，也正因为如此，研究才显得珍贵。当然，这是后话。

第十四章　考古学研究的学术伦理

考古学研究过去遗留下来的物质遗存，按照《垃圾考古学》（*Archae-ology of Garbage*）的作者拉什杰的说法，就是研究垃圾。一门研究垃圾的学问能有多大危害？所以谈论考古学研究的学术伦理似乎有点小题大做。如果考古学研究只是用科学的方法重建过去，那么单独来谈考古学的伦理的确有点多余，但是考古学研究的目的并不限于此，它还要探讨物质的意义、过去的意义，这就涉及价值判断的问题。我们研究的是谁的过去？我们应该如何理解过去？我们对待自己与别人的过去是否能做到同一种态度？面对如此等等的问题，我并没有答案，只能提供一种思考。如果说有答案的话，也只有一些最基本的伦理原则，那就是相互尊重，相互理解，遵循人类社会中的基本法则。对于大多数同学来说，说到学术伦理的时候，首先想到的恐怕是如何避免学术剽窃这类问题。当然，这也确实是学术伦理问题，上一章已经谈及。不过，它并不专属于考古学，这里所说的学术伦理是专门针对考古学而言的。国内考古学研究中很少会考虑到学术伦理问题，但不考虑不等于这些问题不存在，只是或明或暗而已。随着中国考古学的发展，有些问题已经日渐尖锐，如性别、地方、权力等。尽管仅从考古学出发，远不足以解决这些问题，但是我们的确需要进行认真的思考。

一、我们如何面对他者的文化？

美国自然历史博物馆陈列有古代印第安人的遗存，美国还有一个国家博物馆，这是不是很有趣？印第安人的遗存怎么跟矿物岩石、恐龙化石、鸟类等自然之物陈列在一起，为什么没有陈列在美国的国家博物馆中？当然，你可以说，美国国家博物馆应该展示国家的历史，而不是其他不甚相关的东西，但是欧洲各国、中国的国家博物馆都不是如此。对于美国来说，印第安人只是土著，是被替代的群体，如此而已。这个例子清楚地显示出，现代社会面对过去的态度并不一致，存在自己与"他者"的区别。由此可以上溯到学术传统的差异，以及其中暗含的价值伦理。

1962 年宾福德发表《作为人类学的考古学》一文，提出考古学不能仅仅研究器物，而要像人类学那样研究文化系统，由此掀开了过程考古学的发展序幕①。过程考古学的宗旨归纳起来就是一句话：更科学，更人类学。我们知道，人类学是研究"他者"的学科，它诞生于西方殖民主义狂潮时期，西方学者到世界各地去研究那些"落后的""未开化的"文化。研究者站在研究对象之外，观察他们，记录他们，间或有好事的人类学家，还会给所研究的群体输入某些产品，以观察所产生的效果［如拿破仑·沙尼翁（Napoleon Chagnon）把金属斧子带给亚马孙丛林的土著］②。研究者需要冷静、客观，就像他们在研究自然界一样。就这一点而言，人类学的精神与科学是一致的。科学要求研究者保持理性、尊重客观，研究者与所研究对象是对立的，研究者不能把自己的主观感受添加到研究对象之上。科学也是研究"他者"的。考古学研究古代社会，古人的生活与现代人的生活相差甚远，如新石器时代的农业聚落、旧石器时代的狩猎采集生活，我们现代人都十分陌生，从这个角度说，考古学研究的也是"他者"。加之，我们还不能像人类学家那样直接观察研究对象，我们能够观察到的只是一些实物遗存，从物到人，又隔了一层，更何况这些物往往是零碎不堪的。如果我们研究的不是自身民族的过去，而是其他民族的过去，陌生感还会再加深一层。如此一来，考古学研究就成了三重的"他者"的研究。过去几十年，人类学中不断有人反思，批评作为"他者"的研究所存在的种种问题，相比而言，考古学的问题应该严重得多，但是我们的反思却少得多。

我曾经有一个印象非常深刻的文化体验，那是我刚到美国留学的时候，我很希望了解美国是如何看待中国的。我在图书馆里乱翻书，偶尔找到一本研究中国的书，该书收集的资料十分丰富，理论、方法无疑都非常

①　L. R. Binford, "Archaeology as Anthropology," *American Antiquity* 28 (1962)：217 - 225.

②　霍莉·彼得斯-戈尔登《改变人类学：15 个经典个案研究（第五版）》，张经纬等译，北京大学出版社，2012。

值得学习，然而我看到结论的时候，又觉得很可笑。作为中国人，我知道我们不是这么想的，我们不是他们所认为的那样的人。问题出在哪里？科学的理论、方法、材料，为什么得不出让人信服的结论？这样的研究有什么价值？如果美国人用这样的研究来指导与中国的外交往来，那么一定会产生许多误解。从这个经历中，我深切体会到人文社会的研究，最重要的还是理解，仅仅知道事实是远远不够的。我们每个人都是从孩子长大的，通过教育，我们很早就知道许多有关社会的事实，但是理解社会、理解人生，还是在我们切身参与到社会实践之后，切身的参与和体验是不能替代的。看西方学者高居翰（James Cahill）的中国艺术史研究，他采用现代艺术史的研究方法研究中国绘画，写了不少书，近些年都翻译成了中文。他的研究方法无疑非常值得中国研究者借鉴，但是我发现他绝少有体验性的文字，如空灵、气韵，如黄宾虹的浑厚华滋，如齐白石的天真朴拙。他用的还是"科学"的方法，站在外面研究；而人文社会的研究通常需要站在里面来理解。他缺的是后者。

　　因为缺乏站在里面的理解，就很容易用自身的立场、当下的标准去看过去，去看他者的文化。比如说西方学者看中国考古学研究，认为中国考古学者的研究深受民族主义的驱使，这有失公允。西方学者如果揽镜自照的话，也许真应该好好反思一下文化帝国主义；中国学者当然也需要反思民族主义，我们还应该反思文化上的自我殖民主义——一种被文化帝国主义洗脑后用其标准来衡量自身的态度。研究者习惯从自身的文化背景出发来看待其他文化，这本是可以理解的，但如果以自身为文化中心，如西方考古学研究者以西方为中心来研究世界（如近东、中东、远东的划分），就构成了西方文化中心论；更进一步，因为西方文化处于优势地位，进而形成西方文化优越论；更有甚者，把文化优势上升到种族优势，形成种族优越论。经过文化自我殖民主义洗礼的研究者则跟随附和，甚至表现更为极端（不极端不足以表现其立场）。这些立场都是现实中的存在，对于学者而言，需要警惕"民族中心论""文化中心论""种族中心论"等观念，推己及人，要能够反思立场局限。后过程考古学强调多元话语、平权表达，某种意义上是试图克服这些局限。随着中国考古学走出国门，我们将来会遇到西方考古学曾经遇到的问题：我们该如何看待其他民族的过去？我们不能像西方曾经对待我们那样去对待其他民族的文化。上面所说的方法有助于我们解决这一问题。

二、我们如何面对自己的历史？

考古学帮助我们了解人类自身、民族、地方等范畴的历史，考古学面对的第二个学术伦理问题就是我们如何面对自己的历史，这跟前面的如何面对他者的文化是同一问题的两个方面。因为我们了解自己的文化，所以这里用"历史"来表述。考古学的优点是从实物遗存出发，它的研究有助于纠正文献记载、传说的谬误。近代中国学术界有一段时间流行"疑古"，研究者怀疑流传下来的文献不仅成书晚，而且经过篡改，不可信。巧合的是，这个思潮流行的时候正是中国处在半殖民地半封建社会时期，民族还没有赢得独立自主。与此同时，中国文化西来说、中国人种西来说，如此这般的说法喧嚣一时①。单纯从学术讨论的角度来说，上述观点也不是空穴来风，有意味的是，它们与当时的中国时局是那样匹配。甲骨文的发现与研究首先肯定了司马迁所记录的商王世系是可信的，殷墟的发掘更证明"疑古"走过了头。仰韶文化的发现与研究，证明彩陶西来说并不可靠。周口店的发现与发掘则更让中国成为人类起源研究的重要区域。就此而论，中国现代意义上的考古学的形成对于重构（或者说维护）中国历史发挥了重要的作用。

除了面临文化中心论的挑战，当代考古学面临的最大挑战还是来自民族历史观。当代国家基本都是民族国家（nation），与传统的帝国有很大的不同，它是基于民族认同而形成的政治单位。民族认同构成一个国家政治稳定的基石。考古学研究能够在这个方面发挥一定的作用，这在 19 世纪初近代考古学起步的时候就已经表现出来。受到政治与大众的影响，夸大民族历史的例子并不鲜见。美化自身民族的历史是有违科学精神的，另一种类似的情况则是把自己民族的历史虚无化。否定一个民族的文化往往是从否定其历史开始的。中国考古学是复兴中华文化的重要力量，研究我们自己的历史时，必须以科学为指引，向先进的西方考古学学习，这与肯定我们自己的历史并不矛盾。我们的历史是千百年来适应的产物，它代表最经济、最有效的解决现实问题的方式。尽管后来面对西方文化冲击时遇到了巨大的困难，但这并不意味着它完全丧失了合理性。任何学习都是取长

---

① 陈星灿：《中国史前史考古学史研究（1895—1949）》，三联书店，1997。

补短，而不是舍弃自己的比较优势。对于处在现代化进程中的中国来说，如何尊重自身的文化历史传统仍然是一个严重的问题。

过去一百多年来，中国是一个奉现代主义思想为圭臬的国家，启蒙与救亡的任务让我们认为传统就是前进道路上的绊脚石，必欲除之而后快。我们曾经想废除自己的文字，想拆除古老的建筑，想抛弃所有的古物，等等。现代主义单线条的思维方式迷信未来，否定过去的价值与意义。按照现代主义的理念，考古学的意义就是研究人类的自然史，文化遗产的意义主要是经济上的（与旅游工业密切相关）。现代主义迷信科技手段，把自然界视为需要征服的对象，同时以单一的标准来衡量世界文化，比如影响过程考古学产生的人类学家莱斯利·怀特曾经用控制能量的多少来比较世界不同的文化。现代主义思潮的泛滥对人类赖以生存的自然界以及文化多样性造成了巨大的伤害。进入 21 世纪，生态主义思想与强调文化多样性的观念逐渐成为学术思想的主流。在这样的背景中，中国考古学在研究自己历史的时候，应该包容与尊重自己的文化传统，做增量的历史，而不是总否定前人。只有改变现代主义的观念，我们才可能去研究古代遗存的文化意义，让它服务于复兴中华文化的大业。

三、考古学的政治学

社会中的一切都可以是政治的，考古学岂能例外！在考古学研究的学术伦理中，政治是一个非常重要的因素，其实我们前面探讨的两个方面也都与政治相关。考古学研究对政治的关注始于后过程考古学，它把考古政治作为一个独立因素加以研究。这并不是说后过程考古学出现之前的考古学不了解政治的影响，但是大多将其视作一种不可避免或应该尽力避免的因素。在后过程考古学看来，政治是需要研究的，不能假装看不见。考古学史上最突出的政治影响莫过于种族主义，这种盛行于 19 世纪的思想影响了近代考古学的形成。种族主义的核心就是不同种族之间存在不可通约的因素①，它们构成种族的特质。这种伴随殖民主义的思想观念影响非常深远，其幽灵至今还存在，尤其是在缺乏相关教育的大众之中（你如果不信的话，可以打开自媒体的相关新闻的评论看看）。种族主义的考古学认

---

① 皮埃尔-安德烈·塔吉耶夫：《种族主义源流》，高凌瀚译，三联书店，2005。

为非洲土著不可能创造大津巴布韦，认为印第安土著不可能创造北美的复杂文化①。种族主义思想甚至影响到著名考古学家柴尔德，他曾经专门写过一本书《雅利安人》②，讨论其渊源。没有证据表明柴尔德是种族主义者，但他接受了种族主义者科西纳的"考古学文化"理论。种族主义的一个分支就是纳粹主义，纳粹考古由此而产生，它以此去声索领土，去宣传种族主义思想，为纳粹的扩张与种族灭绝政策服务。这可能是考古政治中最黑暗的一页。

　　二战结束之后，美苏两大阵营争夺世界的主导权，在意识形态领域竞争激烈，考古学也不能幸免。苏联考古学把文化历史考古视为资本主义的学术加以批判，导致其考古材料的整理工作存在严重的问题，20世纪70年代之后，苏联考古学不得不重新回到文化历史考古的研究上来。这也反过来说明考古学研究的发展有自身的逻辑，政治可以干扰考古学研究的开展，但最终不能违背这种基本逻辑。没有良好时空控制的考古材料、没有经过理论概括（考古学文化论）的材料，是无法用于复原古代社会的，更谈不上去解释与理解。考古学研究与政治相关但不等同，20世纪50年代，中国考古学研究曾经有个"以论代史"的趋向，把马克思主义的普遍原理当成历史本身，直接拿考古材料去套理论。这样的研究，其可信度可想而知。考古材料必须经过一个"透物见人"的研究过程之后才可能与马克思主义结合起来，而透物见人正是考古学研究的中心任务。有趣的是，我们曾经研究过政治运动高潮期中国考古学的三大杂志《考古》《文物》《考古学报》上的论文，除去当时的政治语言之后，发现当时的考古学研究并没有受到根本性的影响。从这个角度说，我们又不能过高估计政治对考古学研究的影响。

　　正如前文已经谈及的，考古学研究深受西方文化中心论的影响，这是因为近代考古学诞生于一个由西方主导的国际体系之中，秉承工业革命、市场经济、科技进步等带来的文化优势，这个体系在过去两百年的时间里建立了全球的话语霸权。中国在近代化（或称现代化）过程中落后了，处在边缘地位，在西方列强坚船利炮的威胁下，不得不进行门户开放，不得不全面向西方学习，从师夷长技到学习"德先生"与"赛先生"，再到全

---

① 布鲁斯·特里格：《考古学思想史》，陈淳译，中国人民大学出版社，2010。
② V. G. Childe, *The Aryans：A Study of Indo-European Origins*（London：Kegan Paul, 1926）.

面的政治变革与社会改造。与此同时，学术界全面反思中国传统文化，压倒性的认识是要彻底革新中国文化，从思维方式到语言，从服装到日常礼仪，中国传统文化基本被全盘否定，自然也包括中国传统的考古学，即金石学。我们现在所熟知的考古学完全由西方引入，即便后来中国学者自己有所创造，全面地融入西方主导的体系也一直是呼声所在，事实上也是我们正在做的。

殊不知我们学习的这个体系，本身非常特殊，人类历史上从未有过。这个体系中贯穿了一种思想，即文化帝国主义，它是为主导体系的国家及其背后的文化所推行的。它以时尚流行、普适价值、自由市场等旗号为引导，横扫全球。这种软性的策略非常有效，它能实现以前必须通过武力扩张、海外殖民等手段才能实现的目标。从这一点上说，不是帝国主义变仁慈了，而是因为它有了同样有效的、更低成本的手段。反对文化帝国主义是第三世界考古学的一项任务，拉美地区流行马克思主义考古就是一个表征，马克思主义本是一种反抗帝国主义的思想工具①。中国之所以选择马克思主义，同样也是如此。离开了帝国主义的背景，是难以理解马克思主义考古的。当前中国作为一个新兴国家，正在迅速崛起，我们充分利用了既有体系的一点便利，但是挑战随之而来，这引起了整个体系的警惕。因为中国的崛起将会改变这个单一的体系，让世界文化回归到多元的状态，这条道路注定不会平坦。

从另一种政治关系来看，按照特里格的说法，考古学是中产阶级兴起的产物②。最早考古学是服务于精英阶层的，只有极少人能够接触古物。随着近代社会的发展变迁，中产阶级扩充，受过教育的群体扩大，休闲时间增加，人们有了文化上的需要，于是博物馆、遗址公园应运而生。欧美19世纪中后期曾经发生过的事情正在中国以空前的规模重演。当然，考古学研究并不仅仅服务于中产阶级，不同社会阶层对于考古学有不同的利益诉求。当前公众考古的发展成为一个热点，民间考古，包括各种各样的"民科"，也日趋火热，民间收藏同样火爆（古物最终流向社会上层）。从中不难看出，考古学交织在不同的利益交往之中，投射出整个社会的政治生态。

---

① R. H. McGuire, "Archaeology and Marxism," *Archaeological Method and Theory* 5 (1993): 101–157.

② 布鲁斯·特里格：《考古学思想史》，陈淳译，中国人民大学出版社，2010。

四、考古学研究的性别与性别问题

考古学是研究人的，也是由人来研究的，而人有性别之分。考古学形成之初，基本是一项由男性把持的活动，但随着社会发展，越来越多的女性参与到考古学研究之中，性别逐渐成为一个考古学研究的问题。目前这个问题主要包括两个层面的含义：一个是在考古学中研究性别问题，称为性别考古；另一个侧重于为女性考古学家争取权利，比较合适的称呼是女权主义考古。两者相互交织，同时受到社会思想领域性别研究与女权主义思想的影响。目前，中国大学的考古学教育正在发生颠覆性的性别变化，从前极少有女性报考的考古学专业，如今已经是以女性为主，一届学生中，多者女同学占到四分之三，少者也有近三分之二。面对这样的新形势，考古学研究必定要进行相应的调整。

我们首先来看性别考古，它着力发现历史上被忽视的女性以及与女性关系更加密切的儿童问题。人类进化史上，女性作为占人类一半的群体在狩猎采集时代以采集的方式，为群体提供更加稳定的生活保障（女性还是狩猎活动的参与者），狩猎采集社会性别歧视不明显。进入食物生产阶段之后，随着社会权力的复杂化，女性逐渐被排除到权力边缘，性别歧视加强。这种趋势在进入工业化社会之后有所缓解，这是女性意识崛起的社会基础。性别考古一方面研究古代物质遗存所反映的性别，诸如劳动的性别分工、社会空间的性别化、性别等级观念等[1]；另一方面从能动性的角度，研究一个时代的性别意识对物质文化的影响，如考古学家马修·约翰逊研究中世纪建筑所受到的性别意识影响[2]。从中我们可以得知，物质材料已经为性别意识所渗透，它反映性别意识，反过来，渗透了性别意识的物质材料又影响到当时人们的行为与观念，参与到当时社会性别意识的构建之中。由此，性别成为考古学研究的一个重要领域，我们看待考古材料的时候又有了一个新的视角。性别作为社会的一个重要维度，成为以社会为中心的考古学研究新趋势的组成部分。

---

[1]　K. A. Hays-Gilpin, "Gender," in *Handbook of Archaeological Theories*, eds. R. A. Bentley, H. D. G. Maschner and C. Chippindale (Lanham: AltaMira, 2009), pp. 335 - 350.

[2]　M. H. Johnson, "Conceptions of Agency in Archaeology Interpretation," *Journal of Anthropological Archaeology* 8 (1989): 189 - 211.

　　某种意义上，研究古代的女性就是为了当代女性的权益，这也是女权主义考古的宗旨。这个方面的研究大体可以分为三个层次。第一个层次是发现被忽视的女性考古学家的贡献。在考古学的发展史上，女性考古学家是一个容易被遗忘的群体，这里包括在中东开展工作的格特鲁德·贝尔（Gertrude Bell）、克里特岛戈尔尼亚遗址的发掘者哈莉特·B. 霍斯（Harriet B. Hawes）、非洲考古学家格特鲁德·卡顿-汤普森（Gertrude Caton-Thompson）、以色列骆驼山洞遗址的发掘者多萝西·加洛德（Dorothy Garrod）、杰里科遗址的发掘者凯瑟琳·凯尼恩（Kathleen Kenyon），以及旧石器考古学家玛丽·利基（Mary Leakey），尤其是较早期的女性考古学家，是女权主义考古兴起之后逐渐关注到的。

　　第二个层次更侧重于社会实践，关注女性考古学家在找工作、晋升、基金申请、学术评价等方面遭遇到的或明或暗的性别歧视。这些方面的问题在中国甚至更加明显，不少单位直接表示不会接受女性毕业生。然而，与之相反的是考古教育中女同学越来越多，如果用人单位不改变接受毕业生的习惯，那么就会造成考古教育的巨大浪费。当然，用人单位对女性在参与田野工作方面的担忧也并非没有道理。现在真正需要改变的是几十年来一贯的田野工作习惯，似乎条件不艰苦就不是田野考古似的。以我们目前的物质条件，完全可以让田野考古工作更适合女性。我相信随着越来越多的女性加入考古行业，尤其是长期为男性所垄断的田野考古，考古工作的形态将可能发生改变，也应该发生改变，否则是非常不公平的。

　　第三个层次是纯粹学理上的，女权主义考古质疑考古知识的性别化。由于考古学研究长期是由男性从事的工作，整个考古学知识生产已经男性化。女权主义考古质疑考古学的叙事方式，即强调理性，强调逻辑论证，反对感性，反对个人的体会。考古学家珍妮特·斯克特（Janet Spector）写有一本书《这把锥子是什么意思》，开创了另一种写作方式①，她从女性特点出发，更多采用细腻、注重感受、故事性的叙事。值得注意的是，这样的叙事方式与后过程考古学强调感受、体验的观念是一致的。也就是说，女性考古学家先天与作为人文的考古学更贴近。从这个方面说，女性考古学家的加入，能够更好地平衡考古学的科学与人文倾向。

　　性别作为考古学研究学术伦理的重要因素，在中国考古学领域也是最

------

① J. D. Spector, *What This Awl Means: Feminist Archaeology at a Wahpeton Dakota Village* (St. Paul: Minnesota Historical Society Press, 1993).

近这些年才开始，女性考古学家作为一个弱势群体，目前还是难以听到相应的呼声。其中一个很重要的原因是缺乏合适的渠道。中国女性考古学家需要自己的协会组织，从而更好地保护自己的权益，发展自己的表达方式。2012 年，中国女考古学家会议在吉林大学召开，开始了一次有益的尝试。在可以预见的范围内，性别必将是中国考古学研究的重要问题。中国有着漫长的农业社会历史，性别歧视严重，这也意味着有很大一个空白领域需要研究。从女性考古学家的权益到考古知识的检视，都还有许多工作要做。

五、考古学研究的地方主义

中国考古学研究中地方主义是个新问题，这个问题已经开始影响到研究工作的开展，成为不得不面对的现实。西方考古学研究中也有同样的问题，由于西方考古学发展比较早，而且其地方自治的历史悠久，所以问题不严重。中国的情况有所不同，新中国成立之初，考古研究机构只有中央才有，后来省级单位相继才有了研究机构，而如今不少地级市也开始有了自己的考古研究机构。加之近些年，中国文博事业发展非常迅速，博物馆如雨后春笋般建立起来，由此产生了大量的展陈与收藏的需要。因此，地方考古机构发掘到较好的遗址时，不再愿意上一级单位将考古材料带走，由此产生了不少矛盾。地方政府出于开发利用的目的，更希望遗址原样保存，而研究机构需要提取器物进行研究，于是也产生了矛盾。结果是中央级研究机构的人员去省一级地方工作时不受欢迎，省一级研究机构的人员到地市级地方工作时不受欢迎，这就构成了我们所说的地方主义问题。

对于中央级研究机构的人员而言，长期以来他们都是自由地在国内各个地方开展工作，发掘完毕都是把考古材料直接带走，当地方研究力量兴起之后，就产生了研究资料上的竞争。更重要的是地方需要保留这些材料，不仅为以后的展陈与研究服务，而且它们是当地的文化遗产，是地方历史文化的象征。在地方看来，上一级研究机构的收藏已经很丰富，用不着跟地方争夺这些新材料。更常见的做法是把考古材料分成几份，各级相关机构各自保留一部分，但是这种做法极大地破坏了材料的完整性，对后续更深入的研究极为不利。地方的诉求无疑有合理的地方，不能兴建了博物馆，结果里面没有文物可以陈列，而上一级研究机构连安放考古材料的地方都没有。据我所知，有的研究机构因为空间紧张，发掘出来的考古材料只能堆在走廊里。与其这样，还不如放在地方。

从前省一级考古研究所的主要任务是配合进行基础设施建设，进行抢救性发掘，如今地市级考古研究出现之后，它们也有发掘权，可以从事同样的工作，那么对这个地方来说，省级考古研究所就成了多余的机构。如果一个省内成立了若干地市级考古研究机构，那么省级考古研究所可以去的地方就非常少了，这对于省级考古研究所来说是难以接受的。从目前的情况来看，省级考古研究所需要升级，比如说更侧重研究，建立更专业的研究中心，从而能够与地方考古机构展开合作，而不是与它们竞争基建考古项目，除非是需要协助的时候。中央与地方考古研究机构的关系也是如此，若是研究水准不够尖端的话，恐怕很难与地方展开合作。就这一点而言，大学与地方的关系处理得更好一点，大学基本是以地方为中心进行合作，一般不会把考古材料带走（研究报告完成之前可能会暂时带到大学去研究），大学往往有众多的研究生参与工作，协助整理考古材料的过程同时也是训练学生的过程，这是大学与地方双赢的举措。中央与地方的考古研究机构业务重叠度比较高，因此更多是一种零和游戏，矛盾比较突出。中央或省一级研究机构要想摆脱目前的困局，必须减少业务的重叠度，错向发展。地市级考古机构的任务比较固定，没有多少可以改变的余地，所以需要改变的只能是上一级研究机构。

从地方的角度讲，则需要摆脱零和游戏的思维，要知道与上一级研究机构合作是必不可少的。相比而言，地方更容易受到现实利益的驱动，地方政府很少会考虑研究机构的需求，更希望迅速发挥出文化遗产的经济效益，而地方考古机构是很难对抗地方政府的压力的。这个时候上一级研究机构的帮助就十分重要。与上一级研究机构和大学合作，有助于认识到文化遗产的意义，提升其重要性。同时，通过研究增加可以利用的途径，没有研究的考古材料其实是无法利用的。对于研究力量相对薄弱的地方考古机构来说，单独完成研究并不现实，尤其是当代考古学研究需要大量的多学科分析，还需要广泛地拓展关联（仅仅凭借一批考古材料所办的陈列将会很乏味），与同时代不同地区或同地区不同时代的材料比较，把它放在中国史前史乃至世界史前史中去考察。所有这些研究都需要得到更多研究机构的合作。合作于地方考古机构来说，是最佳的选择。

地方考古机构不得不选择合作的另一个原因是基于可持续发展的考虑。一个地市级考古机构所能覆盖的范围相对有限，尤其是那些基于某个重要遗址发现而建立的考古机构，一旦基本研究完成，就很难得到后续的支持，也难以留住人才。只有通过合作，建立长期的、可持续的研究，才可能保持该机构的活力。不论是考古学家还是地方政府，遇到重大考古发现的时候，都倾向于进行原地保护，但原地保护是有条件的。现在我们看到一些基于重大考古发现而建立的地方考古机构由于地处偏僻，或由于开发利用管理不当，成为地方政府的负担，同时文化遗产也不能得到保护与研究，这是典型的双输做法。

目前国内已经形成一种成功的发展模式：当遗址经过发掘，成果得到初步承认之后，首先在这里建立一个研究工作站，同时也是保护机构，继续进行发掘，开展研究工作，此时研究工作就是一种广泛的合作；当发掘与研究达到一定规模之后，开始建立博物馆，这座博物馆也是研究机构，发掘与研究持续开展；最后发展为考古遗址公园，此时规模已经扩展到周边地区，它已经不仅仅是一个考古展示的项目，已经扩展为生态项目，把文化、旅游、休闲、娱乐等功能都囊括其中。当然，这种成功的模式是有条件的，通常遗址的规模要足够大，满足长期的发掘与研究。更重要的是，遗址的位置就在现代都市范围内，交通便利，方便参观者到达。再者，就是合理的开发与利用，一方面能够给参观者带来比较好的文化体验；另一方面也便于他们活动与消费，有些遗址公园周围空荡荡的，连基本的服务设施都不能到位，久而久之就不会有人来了。最后，就是要有合适的宣传，打出知名度来，宣传的基础就是研究，不断有研究的话，才可能不断有新闻热点。国内目前已经打造了一批成功的考古遗址公园，如成都的金沙、武汉的盘龙城、无锡的鸿山等。部分遗址还考虑申请世界文化遗产，如良渚、牛河梁等，一旦申请成功，遗址的开发利用还能更上一个台阶。在遗址开发与利用过程中，每一步都需要研究工作的支持，合作才能共赢。

地方的良性发展不仅取决于合作与交流，还需要审时度势，因地制宜地进行开发与利用。一味地以地方为中心，把他人拒之门外并不是明智的策略，最终是地方失去了可持续与更高层次的发展。对于省级、中央级的研究机构来说，需要改变以往的工作态度与方式，从前一家独大的局面已经不复存在，多元合作与竞争已经成为潮流。顺之者盛，逆之者衰。发展地方的文化事业也是一种趋势，是需要支持的。双方与多方合作是最为有利的，至于说考古材料的最终归属，保障其完整性还是基本原则，原地保存自然最好。如果不能实现的话，可以签订协议，实行阶段式的保管，先由上级研究机构保管研究，待地方发展到一定阶段之后，再行转交。

六、考古学研究中的权力与规则

　　前面所说的考古学的政治、谁的过去等问题涉及的都是宏观的社会权力，这一节所说的是考古学研究中微观的社会权力，一种在考古学研究学术圈中运作的权力，通常是不明显的、不公开的，类似于潜规则、"江湖规矩"。初入道的研究者一定会遇到，这种东西极少有人会公开谈论，这里居然胆敢提及，有点冒天下之大不韪的意思。本着学术研究不应该有禁区的精神，这里将之提出来讨论，如有冒犯之处，尚希读者见谅。之所以要谈及这个问题，是因为它是一种现实的存在，不论你喜欢或是不喜欢。我不想拔高来谈，为了学术的发展、知识的进步、科学的崇高理想，诸如此类；也不想低俗地说，"人为财死，鸟为食亡"。我选择的是一种中间立场，尽可能平实地叙事，不妄加个人的评论。

　　学术圈是个社会，然而只要是人的社会，一定会涉及权力与规则，学术圈不能独善其身。这里的权力与规则主要围绕资源的获取和分配展开，其中还包括诸如职称的评定、奖项的评审、荣誉头衔的推荐等，所有这些都是与现实利益密切挂钩的，更关键的可能涉及研究者的社会认同度，这时常比现实利益更让研究者感到受伤。在当下的中国学术体系中，资源的获取和分配是通过一套混合行政与学术评审在内的评价方式来安排的，因此权力的中心就在于行政与学术评审，相应的规则围绕之展开，比如利益的平衡与交换、竞争与协商。权力是与组织活动相关的，能够参与权力分配的往往是研究项目的组织者，他能够帮助获取资源，当然也主持资源的分配。当今考古学研究采用的是一种近乎工程管理的体系来运作的，这也是从自然科学研究借鉴而来，自然科学研究中把项目负责人叫作"老板"，下面的研究者一定意义上像雇员。大的研究项目会有若干层次的组织。

　　在这样的研究体制中，产生了一个学术伦理问题：研究的成果究竟是谁的？一般情况下，这个问题其实并不突出，按照自然科学研究的惯例，谁是第一作者，谁就是成果的代表者，当然论文的作者中也会带上项目组的成员，最后一位通常是项目负责人。如果文章是项目负责人自己所写，那么他也可以是第一作者。在考古学研究中，这个问题更加复杂，因为其中涉及考古材料的所有权问题。中外合作的惯例是，外方发表的第一篇论文的第一作者需要是中方负责人，虽然作者不一定是中方人士。国内合作时，也存在类似的问题，第一篇论文的第一作者需要是材料提供方。《考古》杂志提供了一种妥协方案，即论文下面的作者以单位冠名，材料提供方作为第一作者，在文章的末尾列出执笔者，真正的作者可以作为执笔者署名，这种妥协是双方都能接受的最佳方案，也是当前学术评估体系能够接受的。

现实的情况总是比我们想象的复杂，考古学研究跟自然科学研究的不同之处还在于它经常采用单位冠名的方式，尤其是在地方考古机构中，这种方式是为了回避成果所有权的问题。但是这种方式因为不符合国际惯例，其应用正在减少。以项目负责人来冠名成果也有一些问题，作为资源的获取者与分配者，项目负责人可能垄断项目的所有成果，虽然他不一定付出了相应的劳动，这种情况在学术成果的出版中也是可以看到的。在大学之中，不知道是为了鼓励导师写文章，还是为了鼓励学生写文章，抑或是鼓励导师带着学生写文章，普遍有一个规定，导师作为第一作者、学生作为第二作者的论文等同于学生作为第一作者，从这个规定中似乎可以嗅到导师占用学生研究成果的味道。当然，实际情况也有是导师送学生走出研究发表第一步的意思。如此等等的情况让我们不得不思考一个学术伦理问题：究竟是谁在做考古学研究？

涉及学术权力的另一个问题是话语权。托马斯·库恩把共同话语视为处在一定范式中的科学共同体的特征，但是，实际上，与其将共同话语视为科学共同体自发的合作，不如将其视为权力关系的产物，即掌握话语权的群体的表达方式，共同话语是话语权的最终产品。话语权是怎么形成的？话语权的表达并不抽象，它出现在各种学术期刊、著作、评审表格、答辩评语等媒介之中，某一种话语如果不符合主流的形式，就可能被排斥。这里面有合理性的因素，比如"民科"，他们常常抱怨遭受学术群体的打压，遭受学术欺凌，但是"民科"的话语严重违背基本逻辑，高度选择性地利用事实，学术界不可能花费大量的时间与其争论，因为他们的论点已经设定：若是反对他们，必定是学术霸权与学术欺凌，所以只能同意他们。另一个合理性在于学术交流必定需要共同话语，否则难以互相沟通。但我们还是需要承认，共同话语的形成是受到学术社会权力关系的影响的，这种权力关系的弊端就是容易出现集体主义的谬误，不能容纳不同的思维方式，导致创造性的观点难以被接受。

考古学史上新考古学（过程考古学）的出现即为一例，其先驱瓦尔特·泰勒 1948 年出版其博士论文《考古学研究》①，大力鞭挞传统考古学研究，无疑他的措辞有过于尖锐之处，这导致他长期被排除在主流学术圈之外。十多年后，宾福德提出新考古学的理论主张时，失去了芝加哥大学工作续约，理由很冠冕堂皇，说宾福德没有博士学位，其实早在 1960 年宾福德就完成了博士论文。后来在很长时间里宾福德都拿不到美国国家科学基金的资助，他去南非做研究利用的联合国的资助。他直到 2000 年才评上美国科学院院士，而我的另外一位博士生导师，弗雷德·温道夫早到 1984 年就已经是院士了。温道夫也是著名的学者，但论学术贡献与威望，无疑是比不上宾福德的。你很难说清楚究竟是谁在与宾福德作对，学术评审通常都是匿名的，学术圈很多人不愿意接受新的话语，于是他们就可以利用自己的权力阻止这种新的话语体系的发展。宾福德曾经写过一篇讽刺性文章，把考古学家分成几个群体，其中有大咖，有马仔，有蹭热点的，有自命清高的。话语权首先属于大咖，拥趸、马仔可以分享部分话语权，如此形成共同话语。我们不能把学术话语完全视为权力运作的产物，而是说它会受到权力关系的影响。否认权力关系的存在无疑是"天真无邪"的。

　　还有一个考古学研究的伦理难题，就是考古材料的所有权问题。理论上说，考古材料所有权不可能属于个人，它首先属于国家，具体就是各级考古机构。但是在社会操作层面上，发掘者通常有权控制让谁或不让谁接触自己发掘的考古材料，导致了考古材料实质上的私有化。如果发掘者长期不把考古材料发表出来，那么其他研究者就不可能了解材料的详细信息；如果考古材料只有一个版本的报告，那么就有可能把错误的报告当成考古材料本身。所以，从这个意义上说，考古材料也是需要重复研究的。实际上，考古材料的研究者越多，其增加的信息就越丰富，其社会影响力也就越大。所有这些工作都无损发掘者的功劳，相反是在彰显其成绩。相反，如果发掘者如挤牙膏似的一点一点透露相关的发现信息，材料的价值就会大打折扣，他并不会因为占有信息发布权而产生更多的学术影响力。研究者减少之后，材料的价值也不可能得到充分的发挥。道理虽然很明显，但是在个人短期利益与长期利益以及学科的整体利益之间，时常是个人短期利益占上风。不过，令人欣慰的是，越来越多考古学者意识到合作

① W. W. Taylor, *A Study of Archaeology*. Memoirs of the American Anthropological Association 69, Bloomington: American Anthropological Association, 1948.

能够带来更大的好处，其实在考古学术圈中，大家都默认一条规则，就是尊重发掘者发布考古材料基本信息的权力。

对于刚刚进入考古学研究领域的年轻人来说，面对权力与规则时，很容易茫然不知所措。最明显的挑战可能是被迫站队，即选择跟随哪一面旗帜。靠近权力中心的好处是显而易见的，可以获得必要的提携，获取一位年轻人难以接近的资源。当然，也不是没有代价的，这就意味着自己的学术独立性会受到影响。尽管我在这一节开头明确表示不会唱高调，但在这里我还是主张要"取法乎上"，即我们要追求学术的本分，做一个有理想、有人格的大写的人。也许开始不那么顺利，但是最终的结果更美好一点。学术研究的道路本来是无须站队的，同声相应，同气相求，只要真心欣赏那些优秀的研究，是不难找到同道的。君子之交淡如水，学术交流是精神层面的交流，理应少一点实际的利益关系。当然，我们需要明白，这样的标准只能要求我们自己，而不能强求他人。我们需要理解，社会是复杂的，人性也是复杂的。因此，在这个方面的学术伦理上，我们需要对他人多一点宽容与理解，同时，也避免过于简单地看问题。

七、谁的考古学：分裂的考古学？

前文曾经讲到考古学有三个不同分支，即旧石器-古人类考古、新石器-原史考古、历史-古典考古，它们具有不同的历史渊源，偏好不同的理论方法，在实践中也形成了不同的体系，以至于我们产生了怀疑：有没有一门学科叫作考古学？它们尽管存在差异，但还是归于考古学之下。然而，当前的考古学研究实践中，的确产生了某种分裂，这是考古学家群体的分裂，或者说是考古学家群体自我认同的分裂，这让我们产生了一个新的疑问：究竟谁的考古学才是考古学？

当前考古学的分裂体现为三个独立群体的形成，一个是基建考古，一个是学术考古，一个是科技考古。基建考古，在美国称为合同考古（contract archaeology），大多由考古公司来实施，以抢救性发掘为目的，这个部门雇用越来越多的考古学家。中国正在像美国学习，也成立了一些考古公司，但基建考古主要还是由地方考古机构承担，这些机构都是行政事业单位。尽管考古机构的组织形式不大一样，但工作内容是一致的，也都以营利为目的。前些年，各级地方考古机构都是当地文化部门中经济状况最好的，通过收取考古勘探发掘费用，这些考古机构积攒了让其他部门与上级管理机构眼红的雄厚资金。近几年进行机构改革，资金管理明显收紧，基建考古的营利色彩减弱，今后如何发展还难以预测。不过，工作的基本内容与形式没有改变，那就是考古调查、勘探与发掘，然后整理出版报告。中国由于处在高速发展时期，基础设施建设如火如荼，基建考古的任务非常繁重，考古工作者一年中绝大部分时间都在野外，相当辛苦。高峰的时候，一个考古领队要负责若干个考古工地。长年的野外工作积累了大量的考古材料，在野外工作任务不那么紧张的时候，他们就需要整理出版考古报告。跟美国不同的是，中国考古学非常强调考古报告的出版，考古报告往往装帧精美，而美国的基建考古所出版的报告多以非正式出版物的形式发行。不论采用什么样的形式，基建考古关注的问题显然与学术考古有所不同。

　　学术考古主要是在大学、中央以及部分省一级考古研究机构中开展。学术考古关注考古学的基本理论方法以及一些重要学术议题的研究。作为纯学术的研究，它关注的范围比较狭窄，研究者群体相对小得多。学术考古也会有考古调查、勘探与发掘，不过更多是主动性的，是以解决某些重要学术议题为目的的。当然，目前有些大学也会参加基建考古，一方面是为了解决学生考古实习的问题，另一方面是为了获取横向的考古研究经费。学术考古完全以研究为导向，并不关心基建考古会遇到的问题，而基建考古考虑的是现实迫切要解决的一些难题，如怎么征地、怎么发掘、怎么保护等，很少会考虑学科的基本理论方法、学术议题的系统研究等问题。两者之间的交流减少是目前产生分裂的主要原因。不过，这种分裂在中国考古学中不如美国考古学严重，这主要是因为中国考古学的学术考古发展还相对薄弱，从事基建考古的考古机构也会开展一些主动性的研究项目，并没有完全失去研究的能力。基建考古与学术考古的分裂正在发展之中。

　　近些年来表现最突出的要数科技考古，或称考古科学，它与国际学术接轨良好，在强调国际发表的学术评估体系中占据了非常有利的位置。同时，因为秉持自然科学的色彩，在学术话语体系中能够获得更充分的表达机会。科技考古发展迅速，以至于学术考古都有被边缘化的趋势，这可能是学术考古始料未及的。中国的科技考古尤其侧重运用技术方法来测试、分析、鉴定考古材料，近年来的一个变化是，它逐渐与考古学者合作，增加其中考古学研究的成分，有时还会顺带发表考古材料的基本信息。这样的话，也满足了学术考古研究者国际发表的需要。我们应该乐于见到科技考古研究者与学术考古研究者的合作，我们不乐于见到的是学术评估体系对两者关系的扭曲。考古学研究毕竟不是自然科学研究（即使是自然科学研究，也不是什么都适合国际发表的），它涉及中国自身文化、价值体系的建设，与之相关的内容并不适合国际发表，即便有国际发表，对中国学术考古体系的建设也帮助不大。就好比我们不会因为中餐馆开遍全世界，中餐厨艺就会水平大涨，正相反，国际中餐水平的提高还是需要依赖国内餐饮艺术的发展。本末倒置促进了学术考古与科技考古的分裂，一个标志就是，科技考古不需要依赖学术考古就可以产生学术成果，仅仅需要得到考古材料就可以了。

基建考古（合同考古）在美国都归为文化资源管理（cultural resource management），中国将之归口于文博系统。所谓文博事业，包括文物、博物馆、文化遗产的研究与管理，它属于考古学的社会实践领域，也就是运用考古学研究成果的领域。基建考古的主要目的是保护文化遗产，同时也为学术研究提供材料。科技考古更多是运用科技方法来研究考古材料。因此，它们与学术考古的关系实际上是一个学科的实践、方法、理论之间的关系。它们之间的矛盾是学科内部的事情，对于学科发展而言，实践、方法、理论之间存在适度的紧张是有利的。当前存在的问题主要反映了中国考古学研究中学术考古（理论）部分偏于薄弱，以文化历史考古范式为中心的研究无法应对实践与方法的发展，从而导致学科发展呈现出一种分裂状态。从这个角度来说，究竟是谁的考古学其实并不是一个问题，所有的问题都是学科之内的问题。但是，相对于另外一个考古学发展趋势来说，究竟是谁的考古学则非常关键，考古学就是考古学家的考古学，这个底线是需要坚守的。

随着中国经济与社会的迅速发展，异军突起的还有民间考古。民间考古有各种形态，有一部分属于不值一驳的伪考古、伪科学，还有一部分处在半专业状态。这部分半专业的公众对考古学研究很有热情，愿意参与考古调查与发掘工作，为专业的考古学研究者发现某些遗址提供了重要的线索。在当前这个自媒体流行的时代，民间考古获得了较为充分的表达渠道，其观点较之专业的考古学研究要大胆得多，非常能够制造新闻效果，加之其中混合一些民族中心论，比专业的考古学研究还能吸引观众，这一定程度上给专业的考古学研究带来了困扰。民间考古者甚至能够混迹于中国考古学会的学术年会中，如2018年成都会议中就可以看到他们的身影。

后现代时期主张多元话语，能够容忍不同的表达，但即便是后过程考古学，也还是强调淘汰机制的。相对主义是有限度的，完全无视事实与逻辑的研究还算不上多元话语。这里我们不妨跟医学做个比较，有句话称，每个人都是自己最好的医生，因为没有人比你本人更了解你的身体，但这并不意味着你生病了不需要去看医生。考古学存在的意义就是它能够提供专业服务，这种专业服务是需要长期训练才能形成的，不是凭借一时的热情所做的事情。所以，从这个角度来说，考古学研究还需要坚守自己的领域。

八、结论：考古学研究的本分

我们生活在一个亟须学术伦理但又难以抉择的时代，这个时代人们都很匆忙，急于完成一些事情，因为竞争，因为压力，或因为一种莫名其妙的紧张气氛。科研的生存之道似乎就是论文，有了足够的论文才可以申请资助、申请奖项、评职称等，论文似乎主宰了一切。为了发表论文，需要去争取新的材料，需要去运用新的方法。方法主义配合新材料几乎是打遍天下的制胜秘诀，不论是国内还是国际。可以想象，一个充满理想的人面对这样的现实时，恐怕会非常失望。难道这就是考古学研究吗？考古学研究究竟有什么意义？难道我们潜心研究就是为了发表论文？我们看到高产学者数以百计的论文与著作的时候，心里恐怕很难保持平衡。计算机从业者自称"码农"，学术研究者似乎就是"字农"，不断生产能够通过学术体系评估的文字。我们如何来评估不同的工作？如何来评估自己参与考古学研究的意义？

后现代时期，我们从前信奉的许多标准都已经崩塌，似乎做什么都可以，连我们曾经绝对相信的科学方法也被费耶阿本德否定了，他说根本就没有什么科学方法，充其量我们只能回到波普尔，理论不能证实，至少还可以证伪。没有标准的结果就只能看实践，也就是所谓实用主义的立场。按照这样的立场，论文主义、方法主义、材料主义、数量主义都是非常符合现实需要的。当然这样立场的背后都是个人利益，我们所需要的标准应该超越个人利益，但是如果将之归于国家、民族与社会，似乎又把考古学研究泛政治化了。考古学研究自然是要服务社会，但它首先需要解决研究本身的问题，然后才可能服务社会。正如前文所讲，其间的关系非常复杂，滥用、误用都是存在的。这里强调，考古学研究的学术伦理还是要扎根于其本身的意义，也就是前文所说的本分。

考古学研究由两个方面组成，一是科学，二是人文，两者缺一不可。科学求真，没有求真的精神与方法，考古学与传说、八卦、"民科"就区分不开，考古学之所以成其为一门学问，就是因为它遵循广义的科学原则。尽管科学有种种不完善的地方，但迄今为止，它还是我们认识世界、认识人本身最有效的途径。我们评估不同的研究，符合科学研究的基本原则（事实、逻辑）仍然是不二选择。人文的标准是对科学的平衡，考古学是研究人及其历史与文化的学科，人的世界中，一切都是有意义的，一草一木，一言一行，都是如此。人的世界因为有意义而丰富多彩。因此，它需要研究者去理解而不仅仅去解释事实，需要研究者以同理心、同情心去看待世界、看待他人，包括过去的人们。这里可能不是对与错的问题，可能根本不存在标准，若能理解，就是成功，就像我们看一幅画、欣赏一首音乐、读一本书，能够得到的共鸣。不科学，但是很合理。

第十五章 学术的“秘密”

这个“秘密”一词是必须加上引号的，因为既然这么公开，何谈秘密？然而，不称秘密似乎也不合适，因为很少有考古学者，甚至是讲一般学术研究的学者会讨论到下面这些内容。而且，我通常也是在私下与学生交谈的时候才会谈到这些问题，于是就有了那么一点秘密的意思。前面我们系统地探讨了考古学研究的方方面面，有理论方法，也有很具体的案例与体验，剩下来的只能是琐谈了。我想谈的内容是我对学术研究的理解，也是学习前人学术心得与自己研究实践的一些总结。大家对学术研究感到失望的时候，可以看看这一章，也许能够得到一丝鼓励与安慰，这跟我们在现实生活中分享秘密的价值差不多。

一、再说学术的本分

考古学研究是学术研究的一种，我们进行学术研究的时候，尤其是遇到困难的时候，会产生一点怀疑：写这些所谓的文章有意义吗？用不了多少年，就不会有人记得这些文章。写这些文章，我们拿到学位，找到工作，评上职称，得到某些头衔，这些是我们在现实中看到的好处，既然是好处，自然竞争激烈。得不到的时候，可能会让我们对学术研究感到失望，甚至绝望，最后放弃学术研究。我很能理解这种感受，不过与好处相比，意义或许更加重要。人是一种很特殊的动物，我们也许害怕艰苦，但我们更害怕没有意义。写文章，帮助我们解决许多现实的问题，某种程度上说，它也是一种意义，但这种意义是短暂的，一旦得到满足之后，马上就会感到空虚。苦熬四年（或者更长的时间），终于完成博士论文，拿到学位。从兴奋走向若有所失，恐怕只需要区区一秒钟。学位拿到了，然后呢？我们需要去寻找新的意义。对于学术研究，我们需要理解它的终极意义，我们终生都要追求而且永远不可能完成的意义。

我想我们还是需要那个信念，即"本分"！在我们这个时代，几乎所有的东西都包装过度，以至于我们忘记了它的本分——它究竟是什么东西。学术的本分是什么？我生在一个医生家庭，爷爷、父亲都是医生，我从小得到的教育就是，医生的本分是给人治病，帮助病人摆脱疾病的困扰，这也是医生的天职。不要说中医西医，不要说主任医师副主任医师，不要说老医生年轻医生，重要的是能治好病的医生。一个医生的一生都应该精益求精，这是没有止境的，他此生的意义就是在解决一个个疑难疾病中实现的。苏格拉底有言，人的天职在于探索真理。学术研究就是探索真理的活动，它的目的也就是要探索真理。在后现代思想流行的现在，说到真理，几乎等于贬义词，这让大家似乎一下子失去了目标。我理解的后现代，并非不追求真理，而是首先要批判那些伪真理，那些暗含着权力、偏见的所谓的真理。后现代实际上促进了我们对真理的认识。广义上说，前面所说的医术也是求真的活动，也是一个去伪存真的过程，是一个发现错误、纠正错误的过程。不能说我们的学术研究就一定发现了真理，而是说我们一直在朝这个方向努力。有些人走到错误的道路甚至歪路上去了，不等于说学术研究整体就失去了意义，就像江湖郎中的存在不能否定医学的意义一样。

学术研究是永无止境的事业，穷尽我们的一生也只是沧海之一粟。回到学术的本分上来，有利于我们在纷繁芜杂的现实面前保持清醒的头脑，保持前进的方向。正所谓"非宁静无以致远，非淡泊无以明志"。现实利益的诱惑是一桩接着一桩的，实现了一个，下一个就会来到，而且永远不由我们做主，我们就像一片树叶在现实的波涛中沉浮，最终完全失去自我。学术作为事业的好处就在于，这是一个个人能够主导的事业，这是向内求的事业。努力向学，就可能学有所成；虚掷光阴，到头来一定是一事无成。一分辛劳，一分收获，无须乞求命运。按照冯友兰先生的说法，这是圣贤的事业。相反，功利的事业，如当官发财，这是向外求的事业，不是仅仅自己努力就能实现的，很大程度上还取决于你的对手，他们比你强，你就无缘了，他们犯傻，你就可能有机会。以学术的本分作为指引，我们也许不会成功，但至少我们可以生活得真实。

二、高挂理想的风帆

我这里所说的成功，不是指社会意义上的成功，即学术研究能够给研究者带来多少好处，而是指学术研究本身的成功，即突破了什么难题，取得了怎样的发现。如前文所说，社会意义上的成功是由社会决定的，非个人能力所为，而学术意义上的成功则是个人可为的。要做到这一点，就需要有理想，有兴趣，有天赋。我们首先从最无关紧要的天赋说起。考古学不像艺术那样非常依赖天赋，我看不出考古学需要什么特殊的天赋，而且考古学领域也足够宽广，可以接纳各种各样的人。它跨越自然、社会与人文科学，几乎所有的知识都与之相关。在这里一个人总是可以找到适合自己的方面。你擅长艺术，这里有艺术考古；你擅长技术，有无数需要技术的工作；你擅长思辨，这里还有专门的理论领域。不喜欢野外工作，也没有关系，部分考古学研究是在实验室里完成的，甚至是坐在沙发上思考中完成的。简言之，只要真的去寻找，你是可以找到适合自己的考古学领域的。

　　排除了天赋，再来说兴趣。兴趣是个很飘忽的东西，有时会不经意地产生。不过，它更多与接触、与投入相关。所谓日久生情，接触多了，难免会产生兴趣。而且一件事物，你了解越多，越投入努力去了解，你对它的兴趣就会越浓厚。有没有天生的兴趣？我相信是有的，人有天性的差别，但是天性在学术研究这种需要长期努力的活动中所发挥的作用是相对有限的。一个人要对考古产生兴趣是比较容易的，经过电影、小说以及其他文艺形式的渲染，考古工作充满了神秘，具有英雄与神话般的色彩；即便是科普之类的节目，为了吸引观众，其中也穿插着许多让人着迷的奥秘。不少学生就是因为看了这类节目而喜欢上考古的，然后进入了考古学研究领域。就考古学研究而言，兴趣也不是一个特别重要的变量。

　　影响更大的可能是理想。我们不妨比较一下中国的革命先烈，你能说他们干革命是因为兴趣吗？恐怕没有人对这种随时可能掉脑袋的事情感兴趣，之所以去做，是不得不去做，是心底里发出的呐喊：只有这样才能建立一个理想的中国。因为这个理想，他们甘愿牺牲自己的生命。我们现代人生活在一个物质的时代，已经很难理解这样的理想。不管能不能理解，至少我们应该知道一个人为理想所驱动的动力是最持久、最坚强的，尤其在这个理想是出于必要，出于一个不只是为了私利的必要的时候。然而，要在考古学领域产生理想，似乎有点天方夜谭。曾看到英国媒体排出的十大无用（useless）的专业，排名第十（所幸不是第一）的就是考古学。理由是就业范围窄，除了读到博士之外，一般情况下没有什么岗位需要考古学专业的毕业生。中国的情况似乎要好一些，一个方面是因为中国处在发展之中，还有许多考古工作要做；另一方面是因为在中国，考古对应的是文博行业，这里包括各级考古研究机构（大学与研究所）、保护管理机构（各级文物管理部门）、博物馆，以及一些新兴的文化遗产开发利用机构（如考古公园）。以中国的规模、上百万年的人类史、几千年的文明史，这个行业接纳几十万专业人员没有问题，目前其实非常缺乏专业人员。当然，每年毕业生找工作的时候，都不容易，这也是实情。数十年来，这种情况都没有改变过，显然，这不是因为人才饱和，而是与事业编制有关，即国家有没有财力支持考古工作。考古不是一个只花钱的行业，看看各个名胜古迹区汹涌的人潮，看看各大博物馆排队的长龙，看看每年评十大考古发现与世界文化遗产时地方政府的热情，你就知道考古其实是一只能生金蛋的母鸡。

考古最重要的价值还不是生金蛋，作为一门学问，它为未来而研究过去，它是通过研究实物来追求文化/精神的学问。我们不是喜欢回忆，喜欢古老，而是因为其中包含着未来的答案。我们了解一个人，不可能不需要了解他的过去，正是通过了解一个人的过去，我们才更好地了解他、理解他。我们了解一个民族乃至整个人类，也是如此。我们专注实物遗存，不仅希望了解这些实物所揭示的故事（往往是文献记载所不能覆盖到的），还希望揭示这些实物中所包含的文化与精神。现代西方人在观赏古希腊雕塑的时候，还能感受到西方文化的审美原则。我们中国人在临习石鼓文的时候，还能感受到中国人的审美情趣（吴昌硕的书法就得益于此）。这里我们可以看到考古学双重的魅力，一方面，它就像自然科学一样，揭示真实发生的往事；另一方面，它又充满了人文色彩，帮助我们传承文化与精神。前者近似于司马迁所说的"究天人之际"，后者近似于"通古今之变"，考古学研究最终要"成一家之言"，为后世所有的人，为国家、为民族、为地方等，留下知识与文化财富。

在这个意义上理解考古学，我们的研究就不是可有可无的。说到这里，我不禁想起了清初四大家黄宗羲、王夫之等，他们在反清复明的斗争失败后，选择了做学问。他们知道，政治上的统治（政统）总是暂时的，真正长久的是文化（道统）。当代中国，在政治（赢得了民族的独立）、经济（四十多年的高速发展）乃至科技上都取得了巨大的成就，但是在文化领域，我们还面对着巨大的挑战，我们与西方还有巨大的差距。"为往圣继绝学，为万世开太平"。我们的文化载体绝不仅仅只有传世经典，只有文献，我们还有带着几千年文化积淀的物质，也就是考古学研究的物质遗存，需要我们去揭示，去理解，它们比文献更具体、更直接，甚至更真实。作为考古学研究者，我们要有这种文化使命感、紧迫感。我认为这应该成为我们中国考古学研究者的理想，我们终生为之奋斗的事业。

三、置之一处，无事不办

读《曾国藩家书》，曾文正公有句话可以作为座右铭："置之一处，无事不办。"意思就是，把自己的注意力集中到一件事上，时时思考，时时关注，时时行动，那么就没有什么难事完成不了。我建议在写博士论文的同学把这句话放在自己的书桌前。写博士论文是一项很有挑战性的工作，要写作十多万字，要有自己的创见，要构建一个体系，等等，对于还没有多少研究经验的学生来说，这个过程充满了挫折。不过，话又说回来，博士四年基本都是围绕这件事展开的，四年磨一剑，一千多个日夜，好像这个工作量也不算大。现在博士延期普遍，其中一个原因还是在这个"一"字上用功不够，没有把自己的时间、精力、注意力集中到一点上。就像聚光镜，把光线聚焦到一点上，就可能白热化，就可能冒烟，就可能燃烧。某种意义上说，博士教育学习的就是这个能够做到"一"的能力。

如果说做学术研究一定需要什么品质的话，那么这个品质一定是专一。研究不是非得在书桌前、图书馆里或实验室中才能做的，它可以在任何地方进行。它不仅可以在工作时间做，也可以在闲暇时间做，甚至可以在梦里做。一般人一天只能工作八小时，对于做研究的人来说，工作时间可能是二十四小时！做到这些的前提就是专一。人云，专心致志可以通神。古往今来，不知道有多少事例告诉我们专一的效果。阿基米德可以在洗澡中高呼"尤里卡"（我发现了），而浑然忘却自己所处的情境。我们生活中常有"傻博士"的说法，其中一个缘由就是他们太专注于自己的研究，神思恍惚，忘记了周围正在发生的事情，所以答非所问，行非所由，让人哭笑不得。"傻博士"是一种境界，我们甚至要说，博士不"傻"，说明还没有进入博士状态。正是因为高强度的投入，思维全部牵挂到一点上，于是就可能在不经意间为某事所触动，从而获得突破性的认识。

专注是一种很美好的状态，是人生的高峰体验。凡是经历过这种状态的人，都会反复回味，记忆犹新。在这种状态中，你会发现生活一下子变简单了，琐事不再让人烦恼。人事也不会再让你心烦，你会觉得那些纷争都无足挂齿。因为简单，快乐变得非常纯粹。偶有发现，就会有一种类似于气贯丹田的愉快感，无关成功，无关利益，就是感到开心。而我们离开了这种状态，就发现生活简直是一团乱麻，永远一件事接着一件事，其中还有好些事很无聊，还不得不去做，一件小事也会把人搞得焦头烂额。这个时候，你就会怀念自己写博士论文的状态，自己曾经投入地做一件事的状态，会为自己曾经有这么一段纯粹的生活而欣慰；你也会发现，正是在这样的状态中，你可能贡献了你最杰出的智慧、最美好的创意。

当然，我们都是普通人，不大可能永远处在这样的状态中，而且它对于身体的状态也有一定的要求。到了一定的年龄，精力就不可能总那么集中，总还有许多重要的事情，如成家有了孩子，会分散一部分精力。所以，对于写博士论文这种需要高度专注力的事情，最好趁自己还年轻，还没有成家时完成。曾国藩讲，学问要"猛火煮，慢火温"。读博士就是猛火煮学问的过程，需要全力以赴，彻底突破学术研究的关卡。在之后的日子里，则是要慢慢酝酿，发展自己的思想。就像牛吃草一样，先赶紧吃下去，然后回去慢慢地反刍。猛火煮是学习的过程，慢火温是创造的过程。其实不论是猛火还是慢火，保持思考的头脑是研究者必备的素质。如果此生要以学术研究为目的的话，那么就需要让自己保持专一，要让研究随时随地都在进行之中。你总是在抱怨研究条件的时候，也许需要反思一下，自己是否偏离了研究的轨道，因为你用来抱怨的时间其实是可以去做许多事情的。

"猛火煮，慢火温"，还有一层意思是从学术社会学的角度讲的，它意味着一名研究者能够较早确立自己的学术位置，赢得较为有利的学术发展态势。一名学生经过本科、硕士、博士的专业训练，初步有了独立研究能力；之后，为了找到理想的工作，往往还需要去做博士后研究。博士后阶段一方面是为了深化与拓展研究，另一方面（也是更重要的）就是要迅速推出自己的成果，确立自己在学术体系中的有利位置。从当前的学术体系来看，那些早年出成果比较"猛"的研究者在后来获取学术资源方面明显占优势。这里并不鼓励拔苗助长、弄虚作假，而是说学术起步阶段，此时精力充沛，应该专注努力，真正把"火"烧起来。否则，随着年龄的增长，家累与其他事务增加，比较难集中精力。了解这一点，对于今后有志于从事学术研究的同学还是比较重要的。这样的话，就可以早做准备，避免错过时机。我自己在这方面没有经验，只有教训，希望为后来者鉴。

四、不谋全局者不足以谋一域

如前面所言，考古学领域不是一个热门领域，有旺盛的社会需求；相对而言，它是曲高和寡的。一旦进入这个领域，最好读到博士，这样的话，可以做的事情能够多一点。也就是说，在这个领域，需要做得非常好，才可能找到自身的位置。其实，在任何领域都是如此，不过这个问题在考古学领域更加突出一点，因为这里的位置没有那么多。而一旦准备读到博士，首先就意味着至少需要在求学阶段花费十多年的时间。正常情况下，是本科四年、硕士三年、博士四年。现在有的学校推行直博，最快五年拿下博士学位。不过从目前的情况来看，效果并不是很好。学生难以按时完成学业是一方面，另一方面的问题更突出，那就是质量不佳。学生没有经过硕士阶段的磨炼，仓促进入博士阶段，许多东西都有些茫然。如果我们把考古学作为一门人文社会学科来看，它实际需要阅历与经验的积累，从书本上看考古报告，跟到现场参与调查、发掘与整理所得到的体会，其层次是有很大差别的。换句话说，攻读考古学领域的博士，如果不能做到比较好，就没有必要赶着毕业。就博士训练而言，美国的学生拿到博士学位，平均是本科毕业后的 13 年。如果加上本科，就是 17 年（美国本科是通识教育，所学专业内容比较少）[1]。相比而言，自然科学方向的博士，不到 30 岁毕业者比比皆是。学科不同，不能一概而论。

其实，即便拿到了博士学位，也不过是学问刚刚入门，并没有如这个名称所显示的那样，真的很"博"了。这个名称似乎是反其道而行之，博士其实是非常窄的，博士是在某一个专业领域实现了专深的研究。就我个人的体验而言，尽管我在国内有硕士三年的训练，之后还在国内工作了两年，我在美国读博士仍然花了六年。不是说我不能早一点毕业，而是我认为这没有必要。美国考古学跟中国考古学不属于同一体系。它属于人类学，我需要学习许多新的内容。六年已经有点赶了。完成博士论文之后，我最真切的梦想是找个安静的地方去消化我所学习的东西（参见序言）。

①　T. D. Price and G. M. Feinman, "The Archaeology of the Future," in *Archaeology at the Millennium: A Sourcebook*, eds. G. M. Feinman and T. D. Price (New York: Kluwer Academic/Plenum Publishers, 2001), pp. 475 – 495.

的确，博士阶段，同时往往有生活压力、工作压力，博士论文的完成通常都是匆忙的，很少有人能够在这个阶段从容思考，形成成熟的体系。我个人的体验是，博士毕业之后还需要一个5~10年的"内化再造"过程，在实际工作实践中，深化自己的思想，进一步拓宽视野，把从前所学经过消化之后，重新创造，形成自己的东西。

这么来计算的话，一个人要在考古学领域有些作为的话，从开始学习考古学算起，一般都需要20年的时间，相当于四个五年计划。你如果一开始就知道自己必定要经历这么长的时间的话，也许可以做一个更好的规划。比如说第一个五年，夯实知识基础，发展必要的技能；第二个五年，开始训练专业技能；第三个五年，开始研究的训练；最后一个五年，可以完成内化再造。当然，这是一个理想的状况，实际情况远比这复杂。我们都是常人，都会犯错误，都可能迷惘。小的失误是难免的，需要避免的是大方向的错误。尤其是就青年学生而言，青春十分宝贵，但它给人的感觉是年轻时有许多可以挥霍的空间，于是随心所欲地折腾，当青春消逝的时候，突然发现自己错过了人生最好的时节。这个时节就是确定自己人生发展轨迹的节点，人生的格局就在这个时期奠定，看起来这个时期可能没有闪耀的成绩，殊不知后来的成就全都是这个时期努力的延伸。

很抱歉给大家提供这种鸡汤式的教导，可能是因为现实中看到太多的同学没有长远的规划。他们的口号是"随缘"，或者说是看情况再说。看情况肯定是对的，即便是坚持理想的人也需要考虑实际情况。二战名将艾森豪威尔曾说：没有人会按照计划打仗，但没有计划是绝对不行的。我们人生绝大部分时间不会像战场一样瞬息万变，连战场都离不开计划，更何况是我们的人生呢。时代的发展总是难以预测的，这几年时髦的东西，过几年可能就烂大街了。前文我强调坚持学术的本分，就是考虑到一定时代的特殊性。假如我们生活在一个反智的时代，是否就怀疑知识本身的价值？我们生活在一个物质的时代，是否就否定文化与精神的价值？因为有本分可以坚守，所以我们可以进行长远的规划，可以从一生的角度来考虑学术，考虑自己的考古学研究生涯。这样的话，就可以提前做准备。为什么我反对随缘或者看情况？因为事情的来临，可能是机遇，也可能是困难，总是那么突然，尽心准备都不一定能够抓住，更何况是临时行动，随缘的人生会非常被动。

从全局的角度来看考古学研究，对学生来说，可能需要了解的是哪些活动最有利于学术发展。现代教育体系有非常系统的专业培养方案，你可以从本科一直读到博士，还可以从事博士后研究。即使是一个智力平平之人，经过长期的、系统的专业教育，也可以有所作为。这里值得注意的是，中国教育体系中专业基础是本科阶段奠定的，而不像美国是在研究生阶段开始的。本科大体就确定了未来的发展方向，也就是说高中毕业的时候，你基本就确定了未来的人生方向。这不免有点残酷，但又是现实。所以，本科毕业选择改行，挑战就会相当严峻。如果将来要做研究的话，我的建议是硕士阶段可以读一个与自己本科专业相关的学科，然后博士阶段再返回到本科方向上来。我们的学术界能够接受这样的改行，而不大能够接受本科阶段方向与考古学差异特别大的情况。各大考古研究机构在招聘工作人员时，都优先考虑本科就是考古学专业的学生。

除了系统的教育之外，另一项有利于提高学术水准的途径就是国际交流，包括留学、访学、参加国际合作。这是经过实践验证的。过去几年来，我注意到博士论文的质量有明显的提高，其中主要原因之一就是国际交流。向先进的水平学习，尤其是这种学习与中国的实践结合起来的时候，就可能达到事半功倍的效果。中国科技的迅速发展得益于此，考古学研究也得益于此，这也是国家、大学大力支持与鼓励博士生出国交流的动因所在。而且目前更是把财力集中到了博士阶段，这也是经过实践检验的，硕士或本科阶段去交流，学生由于还没有清晰的问题，难以进行针对性的学习，而且也没有一定的学习压力，所以效果没有博士阶段那么明显。从这里我们也可以看出，国际交流是需要有所准备的，你如果头脑中没有什么问题的话，交流也不会有什么帮助。

另外一个值得一说的就是研究生选择导师，合适的导师对于学生未来的研究发展无疑是非常有帮助的。导师对学生的影响许多时候可能是潜移默化式的，我自己曾经在宾福德博士门下学习了五年（第一年在大导师温道夫博士的门下，温道夫一直是我的名义大导师），当时我觉得好像没有学到什么特殊的东西，过了一些年之后，我发现这种影响其实是非常大的，我的主要研究方向还是在他的研究基础上的延伸。我注意到我们的研究生在选择导师时好像没有什么特别明确的目标，有时看名气，有时看导师的资源（是否有职位、名头、项目以及社会资源等）。我有个建议，如果是就业导向的研究生，建议选择资源型的导师，那样更可能实现目标；如果是研究导向的研究生，一定要考虑自己的研究方向与导师是否契合，否则即便你是世上最优秀的学生，导师指导不了你，对你也不会有所帮助。再就是研究方向上的考虑，你应该优先选择那些在学术前沿进行研究的导师，这样可能对你更有帮助。

至于说深造的选择，基本可以分为大学与研究所两类，它们各有所长，适合不同类型的学生。如果你更侧重基础研究，更倾向于以后在大学里从事研究，那么建议你报考大学的研究生。如果你更喜欢在某个方向深入，研究所无疑更合适。相对而言，在研究所攻读研究生通常有更多的实践机会，研究生的补贴也会更高一些（对于家庭经济基础一般的学生可能会更有帮助一些）。在研究所读研更像在工作，在大学里则还是更像学生。再就是选择大学的问题，一般地说，北京的高校有天然的优势，毕竟处于文化中心，各种讲座众多，有利于学生拓宽视野。不过在北京读研，竞争压力会比较大，这是由这个城市的整体氛围决定的，你不敢不拼。所以，有可能的话，不论是硕士阶段还是博士阶段，选择一个阶段到文化中心读书，还是值得推荐的。

五、在合适的地方努力

研究是一项有些艰苦的劳动，但不是吃苦比赛，不是谁写论文时费的功夫多，谁的论文就优秀。研究需要在合适的地方吃苦，这样才有更大的收获。回顾考古学史，我们总是惊奇某个时段人才辈出，其他时段则没有那么突出，虽然每个时代都会评出自己时代杰出的考古学家，但是在考古学史上我们更看重突破性的进展。20 世纪 60 年代前期，宾福德还在芝加哥大学任教，那个时候正好新考古学崛起，一批优秀的学生云集在芝大，这批学生基本囊括了新考古学的主要代表人物，如弗兰纳里（Flannery）、朗艾克（Longacre）、华伦（Whallon）、沃森（Waston）等。我想后来优秀的学生也应该有不少，为什么不如他们有成就？如宾福德、温道夫一代考古学家，则是美国的"英雄一代"，他们是经历过经济危机与二战洗礼的一代人，正是这一代杰出人士与其学生推动了考古学的范式变迁。也正因为是在这样的关节点上，每位学生的表现都非常突出。按宾福德的说法，弗兰纳里之所以拿博士学位晚，不是因为他不优秀，而是因为他太热衷于野外工作，根本没有时间回来参加答辩。在新考古学的问题导引下，每位年轻的研究者都希望在某个方向找到突破点，所以他们到处去开拓，从而形成了"时势造英雄"的局面。

回顾考古学史，这样的局面曾经反复出现多次。19 世纪末是考古大发现时期，可以称为考古学史上"阳光灿烂的日子"，一个一个考古大发现让学科内外的人们都热血沸腾。这样一个时代到 20 世纪之后基本结束了。20 世纪 30 年代在剑桥大学产生了史前考古学的"古经济学派"，格拉汉姆·克拉克与他的学生们推动考古学的功能主义转型，此时产生了一批优秀的考古学家。20 世纪 80 年代，随着后过程考古学的出现，伊恩·霍德也带出了一批优秀的学生。在中国考古学史上，曾经有一个黄金时代，那就是 20 世纪 50 年代，随着大规模野外工作开展，尤其是大面积揭露新石器时代的聚落遗址，当时北京大学的本科生直接参与到田野实践中去，学生的思想活跃，问题新颖，由此诞生了新中国最有代表性的考古学家队伍。近些年来，中国考古学研究最活跃的莫过于考古科学的进步，其中最突出的要数古 DNA 研究，产生了不少引人关注的成果。从学科历史中我们可以看出，不同时期的问题是不同的，最佳的研究关注点就是这些问题，这些问题就是学术前沿的问题，是促进学科重大发展的问题。

从我个人相对较为熟悉的旧石器考古研究领域来说，目前研究的核心问题是人类起源与进化，进一步可以分为最早的石器、石器文化的形成、文化的现代性（或称旧石器时代晚期革命）、旧新石器时代过渡（或称农业起源）等重大问题。但是当前的旧石器考古研究应该说处在一个较为困难的时期，既有的技术类型学以及功能研究陷入"莫斯特难题"之中，即我们研究的石器究竟能够代表什么。把技术-类型当成社会群体的划分标准，而且这些标准还可以扩散，就像当代文化一样。这种研究的理论前提是存在问题的（参见理论与概念相关章节）。也就是说，我们现在实际上很难确定"石器文化"中的文化是什么。由于同样的困难，我们也无法用石器去回答解剖学上的现代人的起源与扩散问题，因为单纯从石器组合上来看，我们根本看不出特定人群的扩散。但是结合其他的遗存，如艺术品、遗址结构等，我们大抵可以确定旧石器时代晚期革命的面貌，其中石器可以代表人类认知上的重大变化。也就是说，从功能-过程的角度来研究，更容易接近古人的行为，如旧石器时代的终结代表人类文化适应的重大变迁，即从狩猎采集转向食物生产，这个重大的变化导致人类的生产工具、居住方式、社会关系乃至意识形态都发生了剧烈的变化。于其中，石器研究具有文化适应的意义。

从旧石器考古的发展来看，技术-类型学研究是较传统的方法，当代旧石器考古的前沿课题是文化适应、文化认知。还有一个趋势，我在前面没有提到，就是社会考古。这个方向的研究是受到后过程考古学影响而产生的，它强调社会关系的变化在人类演化与发展中具有特别重大的意义，比如它认为农业起源不只是为了吃饭（因为人口压力），还是为了"请客吃饭"（因为社会关系的竞争）[①]；它认为技术发展不只是为了解决一些实际的问题，还是为了实现某些社会关系（竞争与协调）；在解释现代人起源这个问题上，它认为现代人与尼安德特人的关键区别在于现代人能够拥有扩展的社会关系，而不像尼安德特人那样只能依靠传统的亲密以及效用关系[②]。人的天性是喜欢探索的，学术研究就是在知识前沿探索。我们在做旧石器考古研究的时候，如果不能站在学术前沿，那么研究就很可能失去意义。

　　从整个考古学科来看，当代考古学研究范式的多元化趋势非常明显，传统的文化历史考古仍在延续，但是影响力在萎缩；过程考古学方兴未艾，后过程考古学还在发展之中。进入 21 世纪以来，整个考古学的发展大体可以说沿着两条路径在发展：一条是继续走向科学，尤其是在考古材料研究层面；另一条是走向人文，它侧重关注考古学与当代社会的关系。两条路径相互纠缠，有时候看起来互相批判，似乎是矛盾的；有时候又会发现两者其实是互补的，就像科学与人文的关系一样。科学与人文的矛盾是当代知识领域最显著的鸿沟（Great Divide），考古学作为一门交叉性的学科深受整个知识领域内在矛盾的影响。在两者之间，科学的趋势占据优势地位，人文的趋势所受到的关注相对有限。目前考古学研究的诸多范式基本都可以划分到这两个范畴里，除了文化历史考古。

　　当代中国考古学研究因为主体还处在文化历史考古之中，所以我们看到的情况是，一方面科学性不足，另一方面也缺乏人文性。其整体的发展趋势有两个比较明显的特征：一个特征是考古科学发展迅速，它与中国考古学研究的功能主义转向有关。越来越多的研究关注古人的生活方式，而要了解这个方面的内容，离不开考古科学的发展。与此同时，对考古推理的严格性的强调，也需要考古科学提供的准确信息，想当然式的推导会受到质疑。另一个特征是强调研究古代社会发展的研究，我们或许可以称之为社会考古。聚落考古、家户考古、城市考古、墓葬考古等都是侧重这个

---

① 　B. Hayden, "Practical and Prestige Technologies: The Evolution of Material Systems," *Journal of Archaeological Method and Theory* 5 (1998): 1 - 55. 马丁·琼斯：《宴飨的故事》，陈雪香译，山东人民出版社，2009。

② 　C. Gamble, *Paleolithic Societies of Europe* (Cambridge: Cambridge University Press, 1999).

方面的考古学研究方法。相比而言，传统以类型学为中心的研究出现了萎缩的趋势。从我过去十多年时间里看到的研究生论文来看，这一类研究明显减少。即便是以新材料整理为中心的研究，学生也试图探讨一些与古人生活方式或古代社会发展相关的问题。

中国考古学研究的主要问题包括三个所谓的终极问题：人类起源、农业起源、文明起源。这三个问题中都贯穿着另一个问题，就是中西文化交流。于人类起源而言，就是非洲起源说与本土起源说之争；于农业起源而言，涉及北方旱作农业与南方稻作农业的扩散，还有与西亚农业交流的问题；文明起源研究则更加复杂，从欧亚文明发展的大框架来理解中国文明起源与发展已成为一个趋势。对中西交流的关注与当代中国改革开放的大背景密不可分，尤其是"一带一路"倡议的提出，对中国考古学研究产生了明显的影响。当然，在有关研究中，目前还缺少理论方法与材料上的突破，可以想见，这将是未来中国考古学研究的热点方向。

对于研究生，尤其是博士生而言，在考虑研究的时候，不能只考虑完成博士论文，还需要考虑未来五年、十年乃至更长时间的研究。不然的话，完成博士论文之后，就会感到自己的研究道路越走越窄，最后不得不放弃。所以，博士研究生在选择自己的研究方向时，要注意学术前沿在哪里，哪些方向有研究前景，是不是有足够的研究空间可供自己在较长的时间进行研究。博士论文方向往往代表一个青年学者的发展潜力，我们从一名学生的博士论文甚至可以判断他未来的发展空间，所以选择合适的研究方向十分重要。只有在合适的地方努力，才可能真正有所作为。

六、习惯成就人生

不知从哪里听来的一句话，说是成功是一种习惯。对其他人我不敢说这是正确的，但对孩子来说，的确是一句真理。好孩子都是夸出来的。对孩子来说，不论是生活还是学习，一开始都是困难的，从蹒跚学步到开始每一阶段的学习，都充满了挑战，他从每一次失败中获得教训，从每一次成功中重拾信心。当孩子长大成人之后，他需要把外在鼓励转换成内在的自我激励，从成功走向成功。

学术研究与其说是一种创造性的活动，不如说是一种习惯。要想在学术领域有所作为，一个重要的习惯就是勤奋好学。在许多人看来，这种

"头悬梁、锥刺股"的活动是不可能成为习惯的，其实不然，勤学就是一种习惯。它跟长跑一样，偶尔一天跑一万米，可能会把人累瘫，但是养成了长跑习惯的人，经常跑一万米，也不会觉得有什么了不起。对那些已经习惯勤奋工作的人来说，不努力才是难受的事情，虽然在旁观者看来，他们生活得简直就像苦行僧一样。考古学史有名的大家格拉汉姆·克拉克，人称考古机器，以此形容他对考古学研究的执着。二战期间，他也积极参与到战争服务中，担任地图分析员，在往来伦敦的火车上他完成了许多研究，包括数部著作。对他来说，勤学就是一种习惯。这种习惯不仅仅指平时规律地努力，同时也意味着可以在几乎任何时间、任何地方工作。对于勤学的人来说，是没有地方不适合工作的。许多同学认为野外考古条件差，不适合学习。我非常不同意这一点。恰恰相反，野外工作期间，因为随身携带的书比较少，往往都是精心选择的作品；野外条件是差一些，毕竟没有书房、办公室那样的舒适条件，但也没有那么多的诱惑（舒适本身就是一种诱惑），所以无论是读书还是写作都更容易集中注意力。考古工作还有许多差旅活动，也很耗费时间，但我发现火车上很适合工作。如果你嫌吵闹的话，可以戴上耳机。如果你觉得住在宾馆里，空间逼仄，光线昏暗，不适合工作，我有个建议，你不妨去周围麦当劳、肯德基这样的餐厅工作，那里光线明亮，环境亲民。万一周围环境实在不具备工作的条件，你至少可以让自己去思考问题，没有谁能够钻到你的脑海中去阻止你思考问题。当勤学成为习惯之后，我相信你感到的不会是痛苦，而是无法割舍，若不能这么做，便若有所失。

与学术研究关系密切的另一个习惯就是读书。从事学术研究，通俗的说法叫做学问，基础就是读书。然而，有些讽刺的是，现实中，从事学术研究但不读书的情况并不罕见。在自然科学研究中，研究者极其关注研究进展，阅读的内容基本限于论文，剩下的工作就是做实验。鉴于自然科学的优势地位，这样的研究模式影响到了考古学。不读书就可以做学问，说起来不可能的事情现实中已经实现了。我们这里所说的读书，首先指的就是人文社科类的阅读，它跟我们的专业研究可能并不直接相关，而是我们作为一个个体所需要的。它帮助我们理解人之存在的意义，也包括理解考古学本身的意义。考古学并不只是一门研究实物遗存，通过研究重建古人生活方式与古代社会的学科，它涉及我们对过去的价值判断，什么样的过去值得保留、值得继承，它涉及我们该如何看待别人的过去。这些问题不是仅仅靠自然科学研究就能解决的。

　　其次，考古学研究古代社会、古人行为、古代文化等，都需要借鉴相关学科的知识，如社会学、人类学、历史学、艺术学科等，如果我们没有装备这些知识，就算物质遗存摆在我们面前，我们还是无法看见相关的内容。再者，读书提供的是更宏观的知识视野。整个人类的知识应该是一个完整的系统，只是为了研究的方便才划分为不同的学科，困扰考古学的某些问题，在其他学科看来其实是小儿科的问题。另外，有些与考古学相距甚远的学科也可能为考古学研究带来有益的启示。"开卷有益"的确不是虚言！当代学术生活压力山大，对学术研究的产量要求让人难得静下心来认真读书，尽管我们知道读书对于研究至关重要。长此以往，考古学研究者就彻底成了专家，更近似于网上说的"砖家"——一种仅掌握一些专业知识而缺乏基本常识的人。行走在人群中，不会有任何特色。古人说"腹有诗书气自华"，读书人自有一种文气，没有这种文气的确是一件令人遗憾的事情。

　　思考是一个值得拥有的习惯。拥有这个习惯也就意味着经常保持着思考，即便生活中有再多的叨扰，头脑中始终在思考一些问题。对于研究者而言，这样的问题不是琐屑的事务，而是困扰自己的学术问题，是自己正在研究的问题，以及下一步的计划。保持思考的头脑会让我们的生活有轴心，有锚索，虽然生活纷繁芜杂，但我们不会失去自我，我们知道自己的意义所在。保持思考的头脑还可以把生活中许多零碎的时间利用起来，等车的时候、行走的时候都可以思考，有了这个习惯，连睡梦中的时间都可以利用起来。人在睡着的时候也是可以思考的，一些白天想不明白的事情，在睡梦中，所有的想法都分散开来，在脑海中自由地飘游，无意中两个看似毫不相关的想法碰撞到一起，于是灵感就产生了。我个人非常喜欢早上醒来的那一会儿，那是思维最清晰、最有创意的时候。我也喜欢把一些难解的问题放在这个时候思考。

　　我们生活的这个网络时代有非常多的便利，但是也带来了一个非常不利的东西，那就是失去了关注点。网络上的信息都是片段性的，没有什么焦点，完全凭借自己的兴趣来浏览，网络公司甚至能够按照你的浏览偏好为你推荐类似的信息。长期进行这样的浏览，慢慢就失去了自我思考的能力。要保持思考的头脑，就需要抵制这种漫无目的浏览习惯。

　　每有所思，就及时把所得记录下来。灵光总是闪现的，如果不能及时捕捉到，可能很快就忘记了，所以要养成及时记录思考的习惯。小的灵感积累多了，就可能构成一个体系性的东西，就可能写成比较大的论文。单纯一个灵感往往不足以写一篇论文。还需要注意的是，思考是一种对思维的挤压、挖掘，它代表人之能动性的表现。灵光闪现是我们积极思考的结果，而不能守株待兔，期待灵感从天而降。我们有时候需要刻意围绕某个问题进行思考，反复推敲，可能一无所得，但是这些努力不会白费，当时机到来时，灵感会不期而遇。所谓"文章本天成，妙手偶得之"，但其实从来没有天成的东西，只是因为最后的出现过程难以控制而已，前期的努力是一丝一毫也不能省略的。

思考是积累的，知识是积累的，经验也是积累的，学术研究需要长期的积累。积累，系统地积累，是研究者特别宝贵的习惯。地质学家刘东生先生有数以百计的田野记录笔记，这些第一手考察材料构成了他的思考基础。所谓积累，在我的理解里，最重要的就是做笔记。做田野笔记、做研究笔记、做思考笔记等，要做好各种各样的笔记。从小我的父亲就给我展示他做的几十本笔记，他高小毕业，没有机会接受高等教育，就把高等学校的教材反复阅读，做成笔记，用不同颜色的笔做笔记。布面书脊上工整地写着笔记的名称。他的这个习惯对我影响甚大。我也看过宾福德的研究笔记，他把一些自己来不及记录的东西打印或复印了粘贴在笔记本上。他在阿拉斯加的野外考察笔记是非常工整的，他很善于绘图，所以这样的笔记拿出来，就像是一件艺术品。我自己尝试过许多种做笔记的方法，也曾向历史上的名人学习如何做笔记，如达尔文用纸片做记录，定期进行整理；马克思是把一张白纸分为上下两截，上面做摘录，下面记录自己的思考。我都尝试过，最终发现，这些方法都不适合我，我还是更习惯用笔记本做笔记。我做笔记的时候，一般只做一面，把对页的那面留出来，记录自己的思考，或用来增补内容。笔记本的前面两页留出来做目录，把每一页都标上页码，这样的话，很方便检索，即便内容庞杂也没有关系。

七、理解研究的过程

本书的主旨就是讲如何进行考古学研究，这里再来说理解研究的过程似乎有些多余。不过，这里所说的一方面是指研究过程的关键环节，是对前面内容的提炼与强调；另一方面说的是研究中实际可能遇到的问题。对学生而言，在研究过程中，首先遇到的问题就是没有问题。没有问题如何能够开展研究？这里特别强调的是，问题是发现的，而不是摆在面上的。考古学研究常常要研究出土材料，看不出来需要什么问题，把材料整理出来，论文似乎就完成了。但是，这样的论文往往说不上是真正的研究，而且也不是每位同学都能拿第一手材料写论文，再者，第一手材料的数量与质量往往不足以做一篇论文（也有可能是材料太多），尤其是博士论文。这个时候，就需要研究者分析材料、分析既往的研究，从中去发现问题，然后重新组织理论、方法与材料，进行论证，回答问题。如果没有找到问题，就无法开展后续的研究，或者只能让自己的研究止步于材料整理。我们切记，问题是发现的！研究过程的第一步就是要去发现问题，遗憾的是，我们许多同学似乎没有意识到这一点，总是在抱怨自己的材料太少或太多、太零碎或太庞杂。不要被材料缠住手脚，材料只是你研究的出发点，并不能决定你的研究。它好比你做一道菜的原料，究竟怎么去做，有着怎样的创意，还是取决于你自己。你需要考虑的是如何尽可能地发挥出这些原料的特点，发挥出自己的长处。考古学研究同样如此，考古材料是宝贵的，每一批材料都有其特点，适合回答不同的问题；作为研究者个人，每个人都有自己的优点，也会有自己的不足，需要扬长避短；"学术市场"的需要也是要考虑的，我们需要考虑自己的研究是否可能被基金会、期刊或出版社接受。

　　研究过程的另一个关键节点是遇到困难的时候。我们的研究过程极少是一帆风顺的，遇到困难挫折是再正常不过的事情，但是我们的同学有时候会被它们吓到，开始怀疑自己，怀疑自己是否适合做研究，怀疑自己是否选错了方向。人在困难面前的第一反应往往是逃避，然而逃避对于研究来说是没有帮助的，只会让你陷入更加困难的境地。这种情况在做博士论文研究时更为常见，博士阶段是有时限的，而且以博士生的年龄，大多都会有生活压力，还有社会压力（周围的人对博士生都会有很高的期许）。正是因为这些压力，博士生的发际线不断失守。我想说的是，当遇到研究危机的时候，我希望大家看到危机与机遇是并存的，甚至要说机遇诞生于危机。这是我研究的切身体会，这也是研究中最吸引人、最值得回味的。"山重水复疑无路，柳暗花明又一村。"我在前面讲过我发掘余嘴 2 号旧石器遗址的体会，也讲过研究大山前遗址石器工具的体会，美好的计划在无情的现实面前撞得粉碎，但是此时我又发现了一些有趣的问题。丢了西瓜，捡到芝麻，把芝麻做成香油也很不错哦！因此，当你遇到困难的时候，你同时需要考虑到，机会可能到来了。我不是在安慰大家，困难还是存在的，我只是告诉大家，困难还有另外一方面的事实。不要害怕困难，困难是非常有价值的。

在研究过程中，还需要强调的一点是，不要追求面面俱到。要知道，不是你一个人在从事研究，别人在看你的研究时，是要看你最有贡献的一个方面。你的研究就是要凸显你的贡献。刚刚开始学习写论文的同学常犯的一个错误，就是想在一篇文章中讨论许多问题，结果每个问题都是浅尝辄止。我在前面谈及研究视角的时候，曾详细地讨论过这个方面。所谓"道尚贯通"，"吾道一以贯之"，古往今来，学术研究讲究的都是通透，一名学者，一篇论文，必定有所局限，所以需要高度集中，围绕一点把问题说透，让自己的贡献最大化。

前面所说的都是以问题为中心的研究方式，当代考古学研究中还有另外一种方式，那就是以理解考古材料（物质）为中心的研究。以问题为中心的研究也是自然科学的研究方式，而以理解考古材料为中心的研究是一种较为人文的方式。理解考古材料就像我们理解一个人一样，需要把它放在背景关联中看，这样的研究意味着需要进行详细的梳理，需要不断添加背景信息。这样的研究还有一个非常显著的特点，就是同一批材料，可以进行几乎无限的研究，研究越做越丰富。就像我们研究《红楼梦》，经过众多研究者的参与，逐渐形成了一门叫作"红学"的学科，它没有因为研究的增加，得到"真理"性的认识，然后就消失；恰恰相反，正是因为研究的增加，文本的意义越来越丰富，我们从中体会到更加丰富的文化意义。后过程考古学把物质材料视为文本，视为具有能动性的存在，研究的过程是一个丰富意义的过程，每个时代有自己的理解，不同阶层、不同性别、不同文化背景等的人，乃至于不同个体都会有自己的理解。这里研究就是阐释（理解），这种研究方式为考古学研究开辟了另一条道路。学会理解物质材料跟我们学习理解人是一样的，需要换位思考，需要站在对方的立场上思考，需要自我反思。这样的研究在中国考古学研究中还非常罕见，应该说是今后的研究方向。

最后要说的是，研究总是不完美的。这不是说，我们可以随便糊弄了事，而是说经过我们的努力，研究的结果最终还是不会完美。我们需要学会接受这种不完美，学会包容别人以及自己的不完美。追求完美是博士论文写作的大忌，这会让你止步不前，吃尽苦头，最后甚至不得不放弃。完美主义者总是希望自己的研究无懈可击，但是我们都生活在现实之中，现实是不完美的，你很可能没有那么多的时间，没有那么多的资源，没有那么充分的能力，去完成任务。更多的可能是，你能够完成大部分的工作，能够在某个方面有所贡献。这其实已经很完美了，"自强不息，厚德载物"，努力是硬道理，这是我们始终需要坚持的。另外，要有足够的包容，考古材料是不完善的，通常会零碎不堪，其中还会有许多主观性的东西；前人的研究也不完善，里面经常有许多错误。这些都是现实，必须要承认。我们的研究是在不完美中寻求最好的结果。能够做到这一点，你就可能发现研究其实很美好，就像你欣赏你所爱的人一样，他或她的不足也很可爱。

电影《笑傲江湖》中华山派大弟子令狐冲想带领师弟们退出江湖，归隐山林，日月神教的教主任我行劝他说：有人就有恩怨，有恩怨就有江湖，人就是江湖，你如何退出江湖？在大众心目中，学术研究是阳春白雪的职业，学者似乎都是不食人间烟火的人。而处在学术圈中的人，又分明感觉到无所不在的烟火气息，间或有愤世嫉俗者，希望退出学术圈这是非之地。学术圈是社会的一部分，它并没有脱离社会，它既不是一个遁世的清静之地，也不是藏污纳垢之所。对于进入学术研究领域来说，这就是我们的生存空间，非常平凡、平常。跟社会的其他行当一样，大家进入这个领域，无不希望有所作为。用衣锦还乡、出人头地来形容，似乎太过于夸张，但是期望社会意义上的成功，我想是所有研究者共同的梦想。需要指出的是，成功不仅仅是个人的事情，它更多是社会的事情，也就是说，你是否成功不仅取决于你个人的努力，还取决于社会状况。刚出道的研究者，总不免有怀才不遇的感觉，或者怀疑自己的能力，原因都在于不大理解社会现实。

前文所说的学术市场就是社会现实的一部分，你所研究的如果不是学术市场当下需要的，那么很可能不会引起学术市场的关注。当然，学术市场流行的不一定就是好的，就是有学术价值的，流行只是反映社会现实状况。市场的热度是难以把握的，有时候赶巧，你正好身处其间，成为明星般的存在；有时候，尽管你认为做出了自己最好的研究，结果发现学术界没有任何反响。这些都是学术市场的事，不是个人所能左右的。学术不只是市场，它也可以是政治。学术与政治的关联不用我多说，大家都能体会到。这里我不禁又想起哲学家冯友兰先生，冯先生在"文革"期间突然受到赏识，在那个学者普遍受到冲击的时代，这不免显得反常，"文革"结束后，这成了他的过错，冯先生直到 1980 年才得到平反。他自此决定不再考虑这些是是非非，潜心写作《中国哲学史新编》。学术与政治的复杂关系是绝大多数学术研究者不能控制的。学术研究唯真唯实，这是学术的本分，它代表一个社会的良心。如果失去了这个本分，也就失去了其真正的社会意义。

对于学生而言，进入学术圈是一个被接纳与认同的过程。通过参加与组织学术会议，发展学术合作研究，以及采用其他的形式，逐渐形成自己的学术圈。这是一个社会化的过程，没有它，就不会有成功，因为成功是社会意义上的。当前在中国学术界，学术意义上的成功大体有两种：一种通过行政体系体现出来，各种头衔代表既有学术体系的承认；另一种是学术圈中的，是无形的，通过各种形式的学术出版体现出来，表现的形式为"学术威望"。前者是实体性的，与现实利益挂钩，竞争性强，不可预测性非常高；后者是虚体的、民间性的，没有什么直接利益，也有一定的竞争性，只是比较含蓄。除此之外，其实还有一杆秤，我认为同样非常重要，那就是自己心中的那杆秤，自己如何看待自己。当然，有些人内在的价值观已经扭曲，那杆秤已经失效，或者被异化，也是不争的事实。

古之学者为己，今之学者为人。古人治学首先看重的是自己内心的那杆秤，现在学者可能更看重外在的评价，包括学术行政体系的头衔、学术圈中的威望。治学问，我以为还是要向古人学习，要以内为主，以外为辅，而不是相反。不然的话，大师满天飞，就是不知道学问在哪里。外在的成功是可遇而不可求的，它受制于很多因素，不是研究者个人所能掌控的，所以需要淡泊对待。正所谓"非宁静无以致远，非淡泊无以明志"。内在的标准是自己可以追求的，不妨努力一点，做有志者，做有心人。

结　语

　　我想大家读罢本书的主体内容之后，可能会产生一种感觉或认识：本书不是一般意义上的考古学研究指要，而是暗含着作者的理论主张，因此它更像是一本探讨考古学研究应该如何开展的理论著作。如果作为读者的您有这样的发现，我将可以引您为知音。不同学科往往都会有研究指要一类的书，通常是许多基础知识或信息的汇编。我不想做这样的工作，某种意义上说，我也不大擅长做这样的工作，我所关注的核心问题是"考古学如何可能"，也就是考古学研究如何才能得到有价值、有意义的东西，不论我们叫它真理、历史规律、真实的过去、科学材料，抑或是其他。考古学研究的对象是实物遗存，换句话说，就是"垃圾"——古人废弃的并经过后期改造过的东西，有的已经彻底腐烂消失，有的破烂且零散，有的经过转化而变得面目全非。我们就是在这样的基础上开始研究，要从中发现过去、解释过去、理解过去。通常我们把这个过程叫作"透物见人"，因此，所谓考古学研究的问题就是如何透物见人。

　　这个问题是我特别希望读者能够关注与把握的，它一直伴随着考古学的诞生与成长，每个时代的考古学家都提出自己的解决方案，有的实现了，有的还是乌托邦。这里我也提出了一个方案，尽管它号称"指要"，但我认为它还只是一个参考。考古学虽然是一个小学科，但是内部的差异却惊人地巨大，它有三个分支，即旧石器-古人类考古、新石器-原史考古、古典-历史考古，它们分别有不同的来源，适用不同的理论与方法。因此，要提出一个全面通用的研究指要，实际是不太可能的。不过，如果我们把它们的共性找出来，即考古学研究如何透物见人，它就是不同分支的共同任务。围绕这个中心，我们去寻找具体的问题，寻找合适的理论方法，分析考古材料，组织论证。这无疑是我们最经常运用的途径，也是科学研究的一般途径。不过，这里我们还应该注意到，考古学研究存在一种人文的方式，这种方式现在还很少有人提及，虽然实践上其实是存在的。

　　简言之，就考古学研究"透物见人"这个中心任务而言，存在两种实现目标的方式：科学与人文。

　　之所以会存在两种方式，这又与考古学研究对象的性质相关。我们的研究对象是实物遗存，一种客观化的实在，我们需要通过实物遗存重建已经消失的人及其社会的活动，而这些活动确实发生过，不论我们能否认识到。理论上说，这样的考古学研究是可以验证的，即符不符合真实的过去。虽然我们无法回到过去，但是通过建立一系列可以验证的标准，我们可以比较不同的假说。即便是在自然科学领域，如天文学探讨宇宙的起源，也不可能回到过去进行验证。与此同时，我们还需要注意，考古学研究实物遗存是为了了解人及其社会，考古学研究的最终目的还是人，跟人文社会科学的其他分支一样，因此，考古学研究不可避免地带有人文性。科学与人文同时也是当代学术研究中最大的分歧所在，而在学术发展史上，两者又是相辅相成的。既矛盾又统一，科学与人文的关系是辩证的。这也是当代考古学研究最基本的框架。这种辩证关系给我们带来很大的困扰，大多数人还是更习惯非此即彼的思维方式，习惯把科学与人文对立起来，但是不能把握这种辩证关系，就很难理解当代学术发展。

　　在这个总体框架中，我们再来看科学，对它又可以做进一步的区分，本书是从两个维度着手的。一个维度是区分一般的科学方法论（广义的方法）与特殊的科学方法（狭义的方法）。一般的科学方法论指科学研究需要遵循的一般原则，即理性、逻辑、客观、现实等。考古学虽然属于人文社会科学，但毕竟这里带有"科学"二字，它需要遵循这些原则。或者说，至少它有部分研究是需要遵循的。更何况，考古学的研究对象是实物遗存（考古材料），与典型自然科学的研究对象一样，是外在的。由此，考古学需要大量的科学分析工作，运用多学科的方法分析考古材料，从中提取信息，这些都属于特殊的科学方法。考古学研究既需要运用一般的科学方法论，也需要运用多学科的科学分析方法。当前，我们对后者强调得较多，相对忽视前者。而过程考古学兴起之时，特别强调的是前者，由于前者的带动，后者蓬勃发展。我们在说考古学是一门科学的时候，要注意这句话的基本内涵，它是从一般与特殊两个层面讲的。

　　从另一个维度来看，我们把考古学研究区分为理论、方法与材料三个层面，科学研究围绕着三者展开，形成不同的推理路径。我曾经将其总结为三条路径，或者说三种考古推理方式：从上而下，即演绎推理，也就是从理论到材料，从理论中推导出可以通过材料来检验的假说；从下而上，即归纳推理，就是从材料中提炼、抽象出带有普遍性的理论；平行推理，即类比推理，通常采用实验考古、民族考古或其他中程理论研究，为考古学研究提供一个参考的框架。考古学研究的平行推理比较特殊，这与考古学的特殊性相关，因为我们的古代社会早已消失，我们并不能直接研究古代社会，而需要通过考古材料进行重建。如果没有一个框架，碎片、残缺的考古材料是无法安置的。中程理论研究并不能告诉我们古代社会是什么样的，它们最有价值的地方是提供一个参考的框架。古今社会虽有不同，但毕竟在大的方面还是有共性的，否则我们就不可能去探究古代社会。三条推理路径相辅相成，缺一不可，但遗憾的是，目前我们的研究太过于依赖归纳推理，由于缺乏理论思维，归纳时不容易上升到理论的层面。

　　需要注意的是，三条推理路径是通过五个层次的研究实现的，它们就如同台阶一样，考古学研究者由此一个台阶一个台阶从考古材料走向了解古人。更准确的描述是，透物见人就像一座山峰，考古学研究者从三条不同的路径向上攀登。第一个层次是研究考古材料的时空分布特征。我们首先需要了解材料是怎么分布的，是什么时代的，这项工作通常是由考古地层学与类型学做的，由此获取考古材料。不是说古代的东西都是考古材料，传世品、盗墓出土的（尤其是不知道出土地点的）东西，由于失去了时空关联，其研究价值就会大打折扣。第二个层次是弄清楚考古材料的形成过程，包括文化形成过程与自然形成过程。我们不能假定所见到的遗存就是古人活动的完整遗留，不了解考古材料是如何形成的，就无法开展下一步推理。当前这项工作很大程度上被忽视了。第三个层次是狭义的透物见人，即通过分析考古材料去了解古人的活动、古代社会的发展状况。这个过程涉及各种科技分析手段的运用。正如上文所说，透物见人需要三条途径并用，这里所做的是其中的一部分，是从考古材料出发的。

　　还有不是从考古材料而是从理论出发的，这涉及第四个层次的研究，即结合行为、社会、历史与文化等方面的理论开展演绎推理。古人也是人，古代社会也是人类社会，那些适用于人与社会的、具有普遍性的理论，应该可以用于研究古人与古代社会，这里我们可以把古人与古代社会看作特殊的个案。也就是说，不了解一般意义上的人与社会，如何能够把握特殊意义上的人与社会？我们不能只见树木不见森林。这一步的重要意义还在于，考古学研究者可以借用大量相关学科的理论。打破了学科的藩篱，考古学研究者有了理论修养，就不只是考古材料的发现者，就不是考古工匠。这样的话，不仅其他学科的成果能够为考古学所用，而且在此过程中，考古学也能发展出为这些学科所用的成果。否则，闭门造车会导致自说自话，形成一套其他学科难以理解的话语体系。第五个层次更加抽象一点，它涉及考古学的本体论、认识论与价值论，考古学研究不可能不受到这三个出发点的影响。我们知道的过程考古学与后过程考古学在这三个出发点上存在巨大的差异。

我们一般理解的考古学研究都是从考古材料出发的，考古学家的本职工作就是去发现材料、发掘材料、整理材料与研究材料。前辈学者强调我们应该要让考古材料牵着鼻子走，要立足于考古材料，要尊重考古材料。并不能说这样的主张是错误的，而只是说它仅仅提及了考古学研究的一个方面，因为考古学研究还存在另一个方面，那是从理论出发的。当代考古学研究有许多不同的"范式"，诸如生态学范式、能动性的范式、达尔文（进化论）的范式，如此等等范式都是从新的理论进展出发的，这就要求我们去发现与研究考古材料的新性质特征。这些理论的引入大大拓展了考古学研究的范畴。如能动性的范式源于哲学思想的发展，尤其是存在主义。因此，简单说考古学研究要从考古材料出发是不完整的。考古学研究要善用两者，如当前有关中国文明起源的研究，理论研究与考古材料研究脱节比较严重，虽然促进学科对话的会议开了不少，但是效果并不理想。一个重要原因是理论研究没有发展演绎，即演绎出可以经过考古材料验证的假说。与此同时，从考古材料出发的研究缺乏足够理论化的归纳，没有上升到可以进行理论交流的程度。这也就是说，具体研究实践中从理论出发与从材料出发应该是相向而行的，以一个问题为中心，而不是从理论到理论，从材料到材料，最后都还是自说自话。

之所以举中国文明起源这个例子，不仅因为这个问题最近非常热，大家耳熟能详，而且因为通过这个例子我们可以比较清楚地看出"中程研究"的重要性。前面说到理论研究与材料研究存在疏离的问题，不能说我们的研究者没有注意到这个问题，也不能说他们没有试图努力跨越这个鸿沟。关键在于方法，这里中程研究能够提供非常合适的途径，它可以包括历史学、文献学、社会学、人类学等方面的研究。研究中国文明起源，中国有不少传世文献与出土文献，先秦史研究也不少，它们相当于考古学上的"直接历史法"。中国文明没有中断，中国人还生活在自己祖先居住的土地上，许多传统还保留着，至少是很容易理解的。直接历史的上溯可以帮助我们把握新石器时代之末的文化现象。历史研究还可以包括世界文明的比较研究，如西亚文明与中国文明基本处在相同的纬度，有较大的可比性；同时，与世界不同文明起源过程的比较也有助于发现中国文明起源的特征。人类学能够提供更加鲜活的参考，从中提取的理论模型有重要的借鉴意义。从社会学中发展出来的理论同样如此。当然，需要注意的是，这些理论虽有借鉴价值，但不能直接套用。

从三条路径都可以登上峰顶，实现目标，所不同于登山的是，三条路径相互穿插、交融，而非绝对分开、只在山顶相会。所有这些构成了科学方法论体系。然而，科学方法论是考古学研究的一个方面，而不是唯一方面，考古学研究还有另外一个方面，也就是人文的方法。长期以来，我们似乎忘记了考古学研究还需要采用人文的方法，我们认为科学就是唯一的方法，唯一正确的方法，不科学就是错误的。随着后现代思潮的兴起，从20世纪80年代开始，西方考古学研究发生了"人文转向"，批判以科学（狭义的科学，更近于自然科学）为圭臬的现代性，认为这是一种忽视历史、地方、人的主观能动性的理论框架。在寻求统一性的背后是以西方文化为中心的价值评判体系，以局限的标准去衡量多样的文化，并试图建立统一的、排他的所谓规律。以一种貌似客观的、外在的视角排除人自身存在的意义，殊不知人生活在一个一切已经被赋予意义的世界中，人的生活会受到这些意义的影响，同时人也在不断构建新的意义，因此要理解人的世界是不能脱离对意义的理解的，而意义的形成是历史的产物。

人文的方法寻求从内而外的理解，而不是外在的解释。理解需要结合理性思辨与直觉体验，理解是站在解释基础之上的研究。同时，我们需要注意的是，理解没有否定经验，而是充分肯定经验。又由于它立足于解释基础，所以它没有囿于经验主义。以中国考古学为例，尤其是在历史考古研究中，我们研究的对象都是带有文化意义的，而这种意义往往只有中国人或能够深入中国文化的人才能理解。就好比不理解佛教思想文化而去研究佛教考古一样，再好的类型学分析、再多的科学分析手段，也不可能帮助我们揭示出研究对象的文化意义。对意义的理解不是简单地获取与分析资料就能实现的，研究者必定需要深入社会历史文化背景中，必定需要切身地体验感受，当然也必定需要结合科学的基础研究，然后才可以得到比解释层次更深的理解。

从上面的讨论中，我们不难发现，人文的方法非常强调体验、关联。人类的文化是社会性的、历史性的，必定需要放在特定的社会历史关联中才能够理解，需要结合长时段的历史分析完整地把握研究对象或问题的来龙去脉，需要从不同的视角进行多元的考察，其中可以包括政治、经济、意识形态等角度。我们要分析那些可见的、在场的因素，更要分析那些<u>不</u>能直接可见的、不在场的因素。就像我们了解一个人一样，那些不在场的因素如童年生活经历、朋友关系等，跟学历、外貌等可见的因素同等重要。人文的方法不是严格遵循逻辑分析的，它只是粗略地符合逻辑，其观点的形成并不是严格逻辑分析的产物，而是基于模糊的整体性判断。判断的准确性取决于研究者的知识基础、理论修养、深入实践的程度以及对不同角度的权衡。人文的方法不是一种更简单，而是一种更复杂的方法，它不是随心所欲的臆测，而是研究者面对高度复杂的对象所采取的整体性处理方式。

　　科学与人文构成考古学研究的基本线索和框架，这个框架一头连着古人，另一头连着今人。古人的那头已经过去，是我们需要探究的，而究竟应该探究什么、怎么探究，都是由今人决定的，所以说，考古学虽然是一门研究人类过去的学问，但与时代现实是密不可分的。每个时代、每个社会都有自己的问题，都有自己习惯的认知方式，就像东西方社会在考虑问题的时候，明显存在区别。过去一百多年来，中国人认识世界的方式也发生了巨大的变化。由此，我曾经提出一个审视考古学研究的关联结构，它由外部关联与内部关联组成，前者包括时代背景、社会思潮、相关学科的发展，后者包括考古学理论、方法、实践之间的互动。也许我们身处当代的时候，不容易看清自己，如果离开一段距离，时间上的或者空间上的，那么就有可能发现内外关联的影响。考古学研究不是简单的灵感闪现，它在偶然性中蕴含着必然性。对于研究者而言，需要有反思精神与价值自觉，这样有助于我们去发现既有研究存在的问题，从而提高当前的研究水平。

　　回到具体研究的形式表达上，本书最后想特别强调的是：选题、内容、论证、规范这四个方面，它们构成一项研究最基本的要素。判断选题的标准是价值与意义，即值不值得研究，还有哪些东西可以研究。所谓内容，就是视角与观点，包括理论、方法与材料，还有组织结构、观点等，也就是一项研究必须有新颖的方面。我们现在所说的创新就是指这个，研究中没有新的东西，即便发表出来，也是浪费读者的时间，这样的文章，我们称之为"灌水"。在当前论文GDP"大跃进"的氛围中，的确有这样的现象。对于任何一个有职业操守的人来说，都应该尽力避免做这样的事。创新不是说一说就可以，它需要论证，科学研究需要严格的论证，人文的方法不那么强调逻辑，并不是说不要逻辑，而是说它采用的是粗线条的逻辑。人文的研究涉及的变量太多，无法采用自然科学那样的严密逻辑。弄一堆数学模型，其实是假装严密，得出的结论往往还不如常识。规范方面前面已经说得比较详细了，这里我只想说，规范是训练出来的，就像军训中的队列，规则并不复杂，要做好则需要反复练习。除此之外，我不知道还有什么更好的方法。

以上我对全书的要旨做了一个简要的归纳。之所以写作这个结语部分，除了希望帮助读者更便捷地把握全书的主旨之外，还希望补充说明一个情况：本书并不只是一个考古学方向写作论文的指要，它更重要的意义是讨论了考古学研究的若干核心问题：我们为什么要开展考古学研究？考古学研究的性质是什么？我们应该如何开展考古学研究？这些问题较少有人系统回答过，本书作为一个尝试，一己之见，谨供读者参考。

图书在版编目（CIP）数据

考古学研究指要 / 陈胜前著 . -- 北京：中国人民
大学出版社，2022.12
国家社科基金后期资助项目
ISBN 978 - 7 - 300 - 31180 - 7

Ⅰ.①考… Ⅱ.①陈… Ⅲ.①考古学－研究－中国
Ⅳ.①K870.4

中国版本图书馆 CIP 数据核字（2022）第 202966 号

国家社科基金后期资助项目
考古学研究指要
陈胜前　著
Kaoguxue Yanjiu Zhiyao

出版发行	中国人民大学出版社				
社　　址	北京中关村大街 31 号		邮政编码	100080	
电　　话	010 - 62511242（总编室）		010 - 62511770（质管部）		
	010 - 82501766（邮购部）		010 - 62514148（门市部）		
	010 - 62515195（发行公司）		010 - 62515275（盗版举报）		
网　　址	http://www.crup.com.cn				
经　　销	新华书店				
印　　刷	唐山玺诚印务有限公司				
规　　格	165 mm×238 mm　16 开本		版　　次	2022 年 12 月第 1 版	
印　　张	21.25 插页 2		印　　次	2023 年 6 月第 2 次印刷	
字　　数	352 000		定　　价	69.00 元	